本书列入中国科学技术信息研究所学术著作出版计划

国家创新型城市创新能力评价报告

2024

中国科学技术信息研究所 著

图书在版编目（CIP）数据

国家创新型城市创新能力评价报告.2024 / 中国科学技术信息研究所著. -- 北京：科学技术文献出版社，2024.12. -- ISBN 978-7-5235-1993-6

Ⅰ.F299.21

中国国家版本馆CIP数据核字第2024UH2577号

国家创新型城市创新能力评价报告2024

| 策划编辑：郝迎聪 | 责任编辑：李 鑫 | 责任校对：王瑞瑞 | 责任出版：张志平 |

出 版 者	科学技术文献出版社
地 址	北京市复兴路15号　邮编 100038
出 版 部	（010）58882941，58882087（传真）
发 行 部	（010）58882868，58882870（传真）
邮 购 部	（010）58882873
官方网址	www.stdp.com.cn
发 行 者	科学技术文献出版社发行　全国各地新华书店经销
印 刷 者	北京地大彩印有限公司
版 次	2024年12月第1版　2024年12月第1次印刷
开 本	889×1194　1/16
字 数	266千
印 张	15.75
书 号	ISBN 978-7-5235-1993-6
定 价	138.00元

版权所有　违法必究

购买本社图书，凡字迹不清、缺页、倒页、脱页者，本社发行部负责调换

《国家创新型城市创新能力评价报告 2024》编写组

组　　长　杨朝峰　张志娟

成　　员　徐　峰　程如烟　张翼燕　王开阳

　　　　　郄海拓　杨　扬　谭文喆　朱倍其

　　　　　虎嘉欣　何　平　王伟楠

前　言

2010年以来，科技部会同有关部门先后共支持103个城市（区）开展创新型城市建设（名单见附录），成效显著。103个创新型城市（区）占全国1/8的国土面积、一半的人口，汇聚了全国85%的研发经费投入、83%的研发人力投入和70%的地方财政科技投入，拥有全国89%的有效发明专利，培育了全国85%的高新技术企业，产出了全国2/3的国内生产总值，辐射带动区域乃至全国高质量发展，在创新型国家建设中起到了决定性作用。当前，新一轮科技革命和产业变革深入发展，世界百年未有之大变局加速演进，科技革命与大国博弈相互交织，全球秩序和发展格局正在重塑。科技立则民族立，科技强则国家强。新形势对城市创新发展提出了新的更高要求，如何在创新型城市建设的基础上进一步提升城市科技创新能级，形成创新城市—创新强市—科技强市—区域科技创新中心—国际科技创新中心的区域创新发展新格局，有力支撑高水平科技自立自强和科技强国建设，是新时期推动城市创新发展的新课题。

2019年以来，中国科学技术信息研究所在国家创新调查制度的支持下，年度发布《国家创新型城市创新能力评价报告》，为创新型城市建设提供决策支撑。2024年，按照《区域科技创新体系建设总体方案》（中科委发〔2023〕11号）"完善区域创新能力评价指标体系，针对国际科技创新中心、区域科技创新中心、创新型省份、创新型城市等研究设立关键指标，开展常态化监测评价工作"有关任务部署要求，继续编制发布《国家创新型城市创新能力评价报告》。2024年报告的评价体系在上年基础上，参考《新型城镇化 创新型城市评价指南》（GB/T 43560—2023），构建了一个包含5个维度（创新治理力、原始创新力、技术创新力、成果转化力、创新引领力）、30个具体指标的城市创新能力评价指标体系，并根据全国科技大会和党的二十届三中全会精神、政府统计制度的变化、数据可获得性等最新情况，对部分具体指标进行了优化（主要考虑的是强化企业科技创新主体地位及科技创新的引领带动作用）。一是增加私募股权和创业投资基金数、地区生产总值增长率、科技领军企业数、规上工业企业技术获取和改造经费支出与营业收入之比、专精特新"小巨人"企业数、规上工业企业营业收入利润率等指标，删除人均实际使用外资额、"双一流"建设学科数、国家级科技企业孵化器和大学科技园新增在孵企业数、国家高新区营业收入与地区生产总值之比、地区生产总值与固定资产投资之比、城乡居民人均可支配收入之比等指标；二是按照国家科技创新平台基地"白名单"规范调整了基础研究类、技术创新类、成果转化与产业化类科技创新平台数的统计口径。

本报告对 101 个国家创新型城市的创新能力进行了评价（由于数据可获得性及可比性问题，4 个直辖市城区以直辖市代替，2 个县级市未包含在内），此外，为便于地方和公众全面了解我国城市创新发展情况，本报告还采用同样的评价方法对全国 288 个地级及以上城市的创新能力进行了评价，给出了中国城市创新能力百强榜和百强城市创新发展画像分析。

为保持统计口径一致，本报告测算所涉及数据来源于国家统计局、科技部、财政部、工业和信息化部等权威部门的统计和调查。本报告主要采用 2022 年数据，私募股权和创业投资基金数、高层次科技人才数、上市科技型中小企业数、高新技术企业数、地区生产总值增长率等指标采用 2023 年数据。

评价城市创新能力，推动城市创新发展，需要不断探索和深入研究，需要社会各界的广泛关注和共同努力。本报告在编制过程中，得到了中国科学技术发展战略研究院、中国科学院科技战略咨询研究院等单位的大力支持，在此表示衷心的感谢！本报告仍有一些不足之处，欢迎社会各界批评指正，以助我们进一步修改完善，为加快实现高水平科技自立自强和建设世界科技强国贡献绵薄之力。

《国家创新型城市创新能力评价报告》编写组

2024 年 12 月

目 录

第一章 创新型城市创新能力指数表现 1

一、评价指标体系、评价方法及数据来源 1
（一）评价指标体系 1
（二）评价方法及数据来源 3

二、创新型城市创新能力评价 4
（一）国家创新型城市创新能力评价排名 4
（二）中国城市创新能力百强榜 6

第二章 创新能力百强城市创新发展画像 8

一、东部地区 8
（一）北京 8
（二）上海 12
（三）深圳 14
（四）杭州 16
（五）南京 18
（六）广州 20
（七）苏州 22
（八）青岛 24
（九）天津 26
（十）济南 28
（十一）无锡 30
（十二）厦门 32
（十三）常州 34
（十四）宁波 36

（十五）东莞 ... 38

（十六）烟台 ... 40

（十七）珠海 ... 42

（十八）嘉兴 ... 44

（十九）福州 ... 46

（二十）温州 ... 48

（二十一）威海 ... 50

（二十二）绍兴 ... 52

（二十三）南通 ... 54

（二十四）湖州 ... 56

（二十五）镇江 ... 58

（二十六）扬州 ... 60

（二十七）石家庄 ... 62

（二十八）金华 ... 64

（二十九）泰州 ... 66

（三十）海口 ... 68

（三十一）淄博 ... 70

（三十二）佛山 ... 72

（三十三）潍坊 ... 74

（三十四）连云港 ... 76

（三十五）衢州 ... 78

（三十六）徐州 ... 80

（三十七）中山 ... 82

（三十八）台州 ... 84

（三十九）惠州 ... 86

（四十）保定 ... 88

（四十一）盐城 ... 90

(四十二) 泰安 ... 92

(四十三) 江门 ... 94

(四十四) 济宁 ... 96

(四十五) 秦皇岛 ... 98

(四十六) 东营 ... 100

(四十七) 廊坊 ... 102

(四十八) 泉州 ... 104

(四十九) 德州 ... 106

(五十) 淮安 ... 108

(五十一) 临沂 ... 110

(五十二) 唐山 ... 112

(五十三) 宁德 ... 114

(五十四) 宿迁 ... 116

(五十五) 日照 ... 118

(五十六) 三亚 ... 120

二、中部地区 ... 122

(一) 武汉 ... 122

(二) 长沙 ... 124

(三) 合肥 ... 126

(四) 郑州 ... 128

(五) 芜湖 ... 130

(六) 南昌 ... 132

(七) 太原 ... 134

(八) 株洲 ... 136

(九) 洛阳 ... 138

(十) 马鞍山 ... 140

(十一) 蚌埠 ... 142

- （十二）宜昌 ... 144
- （十三）湘潭 ... 146
- （十四）滁州 ... 148
- （十五）新乡 ... 150
- （十六）赣州 ... 152
- （十七）景德镇 ... 154
- （十八）铜陵 ... 156
- （十九）襄阳 ... 158
- （二十）宣城 ... 160
- （二十一）黄石 ... 162
- （二十二）新余 ... 164
- （二十三）衡阳 ... 166

三、西部地区 ... 168

- （一）西安 ... 168
- （二）成都 ... 170
- （三）重庆 ... 172
- （四）贵阳 ... 174
- （五）兰州 ... 176
- （六）昆明 ... 178
- （七）绵阳 ... 180
- （八）呼和浩特 ... 182
- （九）乌鲁木齐 ... 184
- （十）南宁 ... 186
- （十一）银川 ... 188
- （十二）柳州 ... 190
- （十三）德阳 ... 192
- （十四）包头 ... 194

　　　　（十五）西宁 196

　　　　（十六）鄂尔多斯 198

　　　　（十七）拉萨 200

　四、东北地区 202

　　　　（一）沈阳 202

　　　　（二）大连 204

　　　　（三）哈尔滨 206

　　　　（四）长春 208

第三章　创新能力百强城市部分指标 210

　一、创新治理力部分指标 210

　二、原始创新力部分指标 214

　三、技术创新力部分指标 218

　四、成果转化力部分指标 222

　五、创新引领力部分指标 227

附　录 232

　一、国家创新型城市名单 232

　二、指标解释及数据来源 233

　　　　（一）创新治理力 233

　　　　（二）原始创新力 234

　　　　（三）技术创新力 235

　　　　（四）成果转化力 236

　　　　（五）创新引领力 237

　三、制造业、科技服务业、IT业行业分类表 238

第一章　创新型城市创新能力指数表现

一、评价指标体系、评价方法及数据来源

（一）评价指标体系

本报告评价体系在上年的基础上，参考《新型城镇化 创新型城市评价指南》（GB/T 43560—2023），构建了一个包含 5 个维度（创新治理力、原始创新力、技术创新力、成果转化力、创新引领力）、30 个具体指标的城市创新能力评价指标体系。其中，创新治理力反映城市创新创业生态环境，引导城市转变科技管理职能，深化科技体制改革，形成支持全面创新的体制机制，加快集聚资金、人才等科技创新资源；原始创新力反映城市产出重大原创性科技成果的能力，引导城市强化战略科技力量，加强原创性、引领性科技攻关，抢占科技制高点；技术创新力反映城市改进或创造新技术的能力，引导城市强化企业科技创新主体地位，提供高质量技术供给；成果转化力反映城市推动科技成果向现实生产力转化的能力，引导城市完善创新创业服务，加快科技成果熟化、中试和孵化；创新引领力反映科技创新对本地及区域经济社会发展的引领能力，引导城市强化科技赋能，推动高质量发展，辐射带动区域发展。

在遵循评价结果动态可比的原则下，《国家创新型城市创新能力评价报告 2024》根据全国科技大会和党的二十届三中全会精神、政府统计制度的变化、数据可获得性等最新情况，对部分具体指标进行了优化（主要考虑的是强化企业科技创新主体地位及科技创新的引领带动作用）。一是增加私募股权和创业投资基金数、地区生产总值增长率、科技领军企业数、规上工业企业技术获取和改造经费支出与营业收入之比、专精特新"小巨人"企业数、规上工业企业营业收入利润率等指标，删除人均实际使用外资额、"双一流"建设学科数、国家级科技企业孵化器和大学科技园新增在孵企业数、国家高新区营业收入与地区生产总值之比、地区生产总值与固定资产投资之比、城乡居民人均可支配收入之比等指标；二是按照国家科技创新平台基地"白名单"规范调整了基础研究类、技术创新类、成果转化与产业化类科技创新平台数的统计口径。

调整后的创新型城市创新能力评价指标体系如表 1-1 所示。

表 1-1 创新型城市创新能力评价指标体系

一级指标	序号	二级指标
创新治理力	1	全社会研发经费支出与地区生产总值之比/%
	2	财政科技支出占公共财政支出比重/%
	3	私募股权和创业投资基金数/只
	4	万名就业人员中研发人员/人年
	5	万人普通高校在校学生数/人
	6	地区生产总值增长率/%
原始创新力	7	基础研究经费占研发经费比重/%
	8	高层次科技人才数/人
	9	高水平研究型大学和科研机构数/个
	10	科技领军企业数/家
	11	高水平基础研究类科技创新平台数/个
	12	高水平科技成果数/项当量
技术创新力	13	规上工业企业研发经费支出与营业收入之比/%
	14	规上工业企业技术获取和改造经费支出与营业收入之比/%
	15	上市科技型中小企业数/家
	16	专精特新"小巨人"企业数/家
	17	高水平技术创新类科技创新平台数/个
	18	万人发明专利拥有量/件
成果转化力	19	技术输入合同成交额与地区生产总值之比/%
	20	高新技术企业数/家
	21	高水平成果转化与产业化类科技创新平台数/个
	22	高新技术企业营业收入与规上工业企业营业收入之比/%
	23	规上工业企业新产品销售收入占营业收入比重/%
	24	规上工业企业营业收入利润率/%
创新引领力	25	万元地区生产总值技术国际收入/美元
	26	技术输出合同成交额与地区生产总值之比/%
	27	高技术产业营业收入占规上工业营业收入比重/%
	28	人均地区生产总值/万元
	29	一般公共预算收入占地区生产总值比重/%
	30	城镇居民人均可支配收入/万元

（二）评价方法及数据来源

本报告中定量指标得分的计算采用国际上通用的标杆法。标杆法在国内外的相关评价中经常被采用，其原理是：对被评价对象给出基准值，并以此标准去衡量所有被评价对象，得到单项指标的得分。各城市创新能力指数通过综合加权平均计算得出。

各一级指标下二级指标的权重总体上遵循平均分配的原则。突出目标导向和结果导向，对全社会研发经费支出与地区生产总值之比、财政科技支出占公共财政支出比重、高水平科技成果数、技术合同成交额与地区生产总值之比、科技领军企业数、高新技术企业数等创新发展的关键指标适当调增权重。

《国家创新型城市创新能力评价报告 2024》测算所涉及数据来源于国家统计局、科技部、财政部、工业和信息化部等权威部门的统计和调查。本报告主要采用 2022 年数据，私募股权和创业投资基金数、高层次科技人才数、上市科技型中小企业数、高新技术企业数、地区生产总值增长率等指标采用 2023 年数据。

二、创新型城市创新能力评价

（一）国家创新型城市创新能力评价排名

截至 2023 年，科技部会同有关部门先后共支持 103 个城市（区）建设国家创新型城市，包括 97 个地级和副省级城市，北京市海淀区、上海市杨浦区、天津市滨海新区、重庆市沙坪坝区 4 个直辖市城区，以及昌吉市、石河子市 2 个县级市。103 个创新型城市（区）占全国 1/8 的国土面积、一半的人口，汇聚了全国 85%的研发经费投入、83%的研发人力投入和 70%的财政科技投入，拥有全国 89%的有效发明专利，培育了全国 85%的高新技术企业，产出了全国 2/3 的国内生产总值，辐射带动区域乃至全国高质量发展，在创新型国家建设中起到了决定性作用，同时也是新时期推动高水平科技自立自强和科技强国建设的生力军。由于数据可获得性及可比性问题，编写组仅对 101 个地级及以上国家创新型城市（4 个直辖市城区以直辖市代替，2 个县级市未包含在内）的创新能力进行评价，结果如图 1-1 所示。排名居前 20 位的城市依次是北京、上海、深圳、杭州、南京、武汉、西安、广州、长沙、合肥、成都、苏州、青岛、天津、济南、无锡、厦门、常州、沈阳和宁波。

从创新能力分布看，国家创新型城市创新能力呈明显的"长尾分布"：75%的城市创新能力得分在 60 以下；相比之下，仅不到 10%的城市创新能力得分超过 70，创新能力得分超过 80 的城市只有 3 个（北京、上海和深圳，其中北京创新能力得分超过 90）。这说明，科技创新具有明显的区域集聚效应，越是创新资源富集的城市，往往就越容易集聚更多的创新资源。在区域协调发展的大背景下，科技创新的"马太效应"对科技创新中心的辐射带动作用提出了更高的要求。

与上年相比，金华（+16）、株洲（+14）、连云港（+13）、重庆（+11）、福州（+11）、新乡（+11）、石家庄（+10）、南阳（+8）、宜昌（+7）、泉州（+7）、哈尔滨（+6）、泰州（+6）、湘潭（+6）、滁州（+6）、遵义（+5）、太原（+4）、湖州（+4）、衡阳（+4）、宿迁（+4）、成都（+3）、烟台（+3）、芜湖（+3）、黄石（+3）、日照（+3）等城市创新能力提升幅度较大；徐州（-16）、长春（-12）、镇江（-10）、马鞍山（-9）、唐山（-9）、扬州（-8）、昆明（-8）、乌鲁木齐（-8）、南宁（-8）、东营（-8）、潍坊（-7）、南昌（-6）、铜陵（-5）、洛阳（-4）、台州（-4）、临沂（-4）、荆门（-4）、苏州（-3）、大连（-3）、嘉兴（-3）等城市创新能力出现较大幅度下降（括号内"+"、"-"及数字表示创新能力排名上升或下降的位数）。

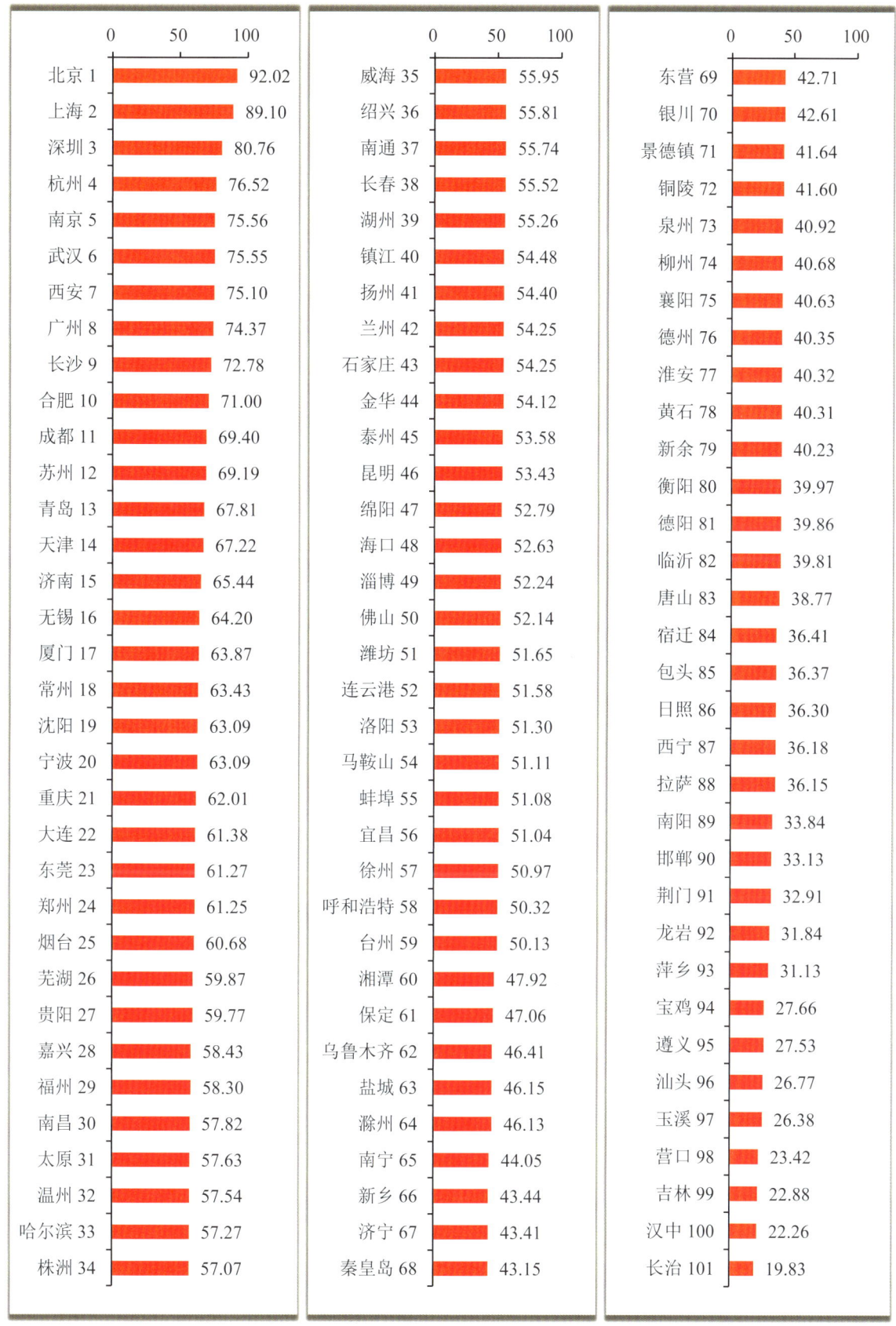

图 1-1　国家创新型城市创新能力指数及排名

（二）中国城市创新能力百强榜

我国地级及以上城市有 297 个（不包括自治州、直辖市辖区），编写组按照前述评价方法对其中 288 个城市的创新能力进行了评价（海南省三沙市、儋州市，西藏自治区日喀则市、昌都市、林芝市、山南市、那曲市，新疆维吾尔自治区吐鲁番市、哈密市由于数据可得性原因不在评价之列）。根据评价结果，得到中国城市创新能力百强榜（图 1-2）。

百强榜中排名居前 20 位的城市属于科技强市，依次为北京、上海、深圳、杭州、南京、武汉、西安、广州、长沙、合肥、成都、苏州、青岛、天津、济南、无锡、厦门、常州、沈阳和宁波。这批城市集聚了全国 80% 以上的高水平研究型大学和科研机构、高层次科技人才等创新资源，是我国高水平科技自立自强和科技强国建设的战略支点。其中部分城市单独或与其他城市一起构成国际科技创新中心（如北京、上海、深圳、广州）或区域科技创新中心（如成都、武汉、西安等），是带动全国高质量发展的动力源。百强榜中排名居第 21~第 50 位的城市属于创新强市，包括重庆、大连、东莞、郑州、烟台、芜湖、贵阳、珠海、嘉兴、福州等 30 个城市。这部分城市产业创新活跃，是带动区域高质量发展的创新增长极。百强榜中排名居第 51~第 100 位的城市属于创新城市（含部分国家创新型城市，以及创新能力较强的非国家创新型城市），包括佛山、潍坊、连云港、洛阳、马鞍山、蚌埠、宜昌、衢州、徐州、中山等 50 个城市，这些量大面广的城市积极承接先进地区的科技成果外溢，因地制宜发展新质生产力，创新驱动发展成效显著。

与上年相比，宁德、宿迁、日照、西宁 4 个城市新晋中国城市创新能力百强，桂林、舟山、大庆 3 个城市跌出百强；金华（+16）、株洲（+14）、新乡（+14）、宣城（+14）、连云港（+13）、重庆（+12）、福州（+11）、衢州（+11）、石家庄（+10）、滁州（+8）、泉州（+8）等城市排名提升较快，徐州（-17）、东营（-14）、长春（-12）、南宁（-12）、乌鲁木齐（-11）、镇江（-10）、唐山（-10）等城市排名出现较大幅度下降（括号内"+"、"-"及数字表示创新能力排名上升或下降的位数）。

仍有部分创新型城市需加倍努力，南阳、邯郸、荆门、龙岩、萍乡、宝鸡、遵义、汕头、玉溪、营口、吉林、汉中、长治等 13 个国家创新型城市仍然不在中国城市创新能力百强之列，这些城市科技创新资源较为匮乏，需要通过"东西联动""南北互动"等举措来增加科技创新力量，以创新的思维和坚定的信心探索创新驱动发展新路，力争早日进入中国城市创新能力百强榜。

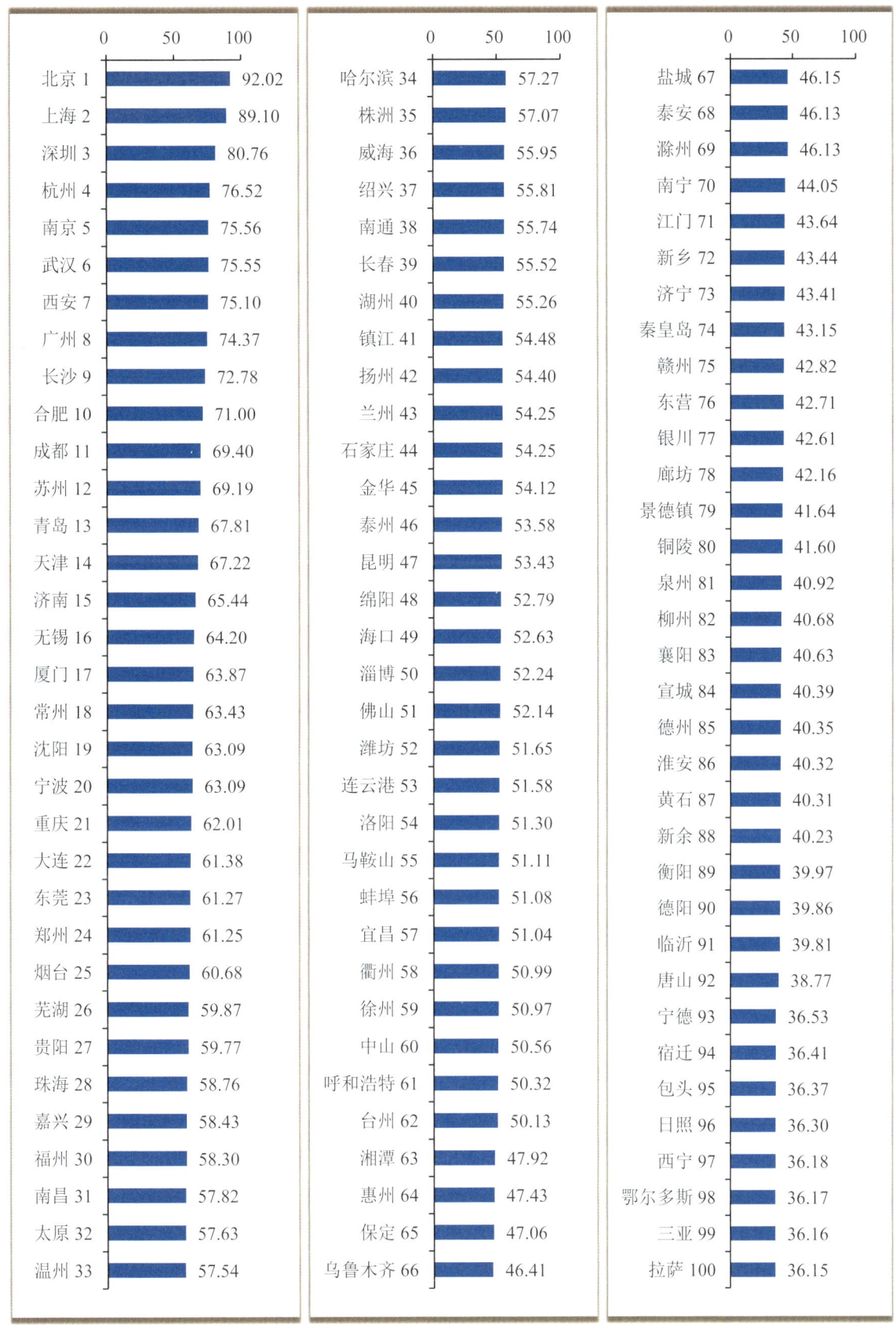

图1-2 中国城市创新能力百强榜

第二章　创新能力百强城市创新发展画像

一、东部地区

（一）北京

2022年，北京地区生产总值41611亿元，在全国地级及以上城市中排第2位；常住人口2184万人，排第3位。规上工业企业3141家，排第33位，营业收入27714亿元，排第5位。

截至2023年，北京有上市公司697家（居全国第1位，上市公司含在内地、香港上市的公司以及赴美上市的中国概念股中运营总部在北京的公司），其中制造业、科技服务业、IT业上市公司共378家，涉及电子等23个行业大类、电脑与外设等86个行业小类。图2-1展示的是北京制造业、科技服务业、IT业主要上市公司（营业收入规模较大的公司）有关情况。图中数据标签行业小类名称后括号内几个数据和名称分别表示北京该行业小类上市公司的营业收入（"亿"是指"亿元"）、利润率/全国平均利润率、研发强度/全国平均研发强度、代表性上市公司（受版面限制，部分行业仅展示代表性上市公司，规模较小行业不在图中展示）；板块面积越大表示该行业小类上市公司营业收入规模越大；底色红、白、蓝表示北京该行业小类上市公司利润率，越红表示利润率越高，越蓝表示利润率越低。行业数据来源于上市企业年报。行业分类见"附录 三、制造业、科技服务业、IT业行业分类表"。其他城市制造业、科技服务业、IT业主要上市公司有关情况图的内容同此说明。

从图中可以看出，电脑与外设（8630亿）、燃油炼制（4171亿）、互联网服务（4016亿）等行业上市公司营业收入规模较大；燃油炼制（41.4%）、云计算服务（13.7%）、服装（8.9%）、航空（8.7%）、消费电子终端（8.0%）、乘用车（7.8%）等行业利润率较高（图中底色偏红板块），通用软件（-2.4%）、船舶（-2.2%）、数据中心（-1.1%）等行业出现亏损（图中底色偏蓝板块）；通用软件（24.4%）、云计算服务（17.1%）、行业应用软件（13.1%）、航空（9.6%）、系统集成服务（9.2%）、工程机械（8.0%）、消费电子终端（7.1%）、数据中心（6.8%）、互联网服务（6.8%）、面板（6.5%）、城轨铁路（6.0%）等行业研发强度较高[1]。

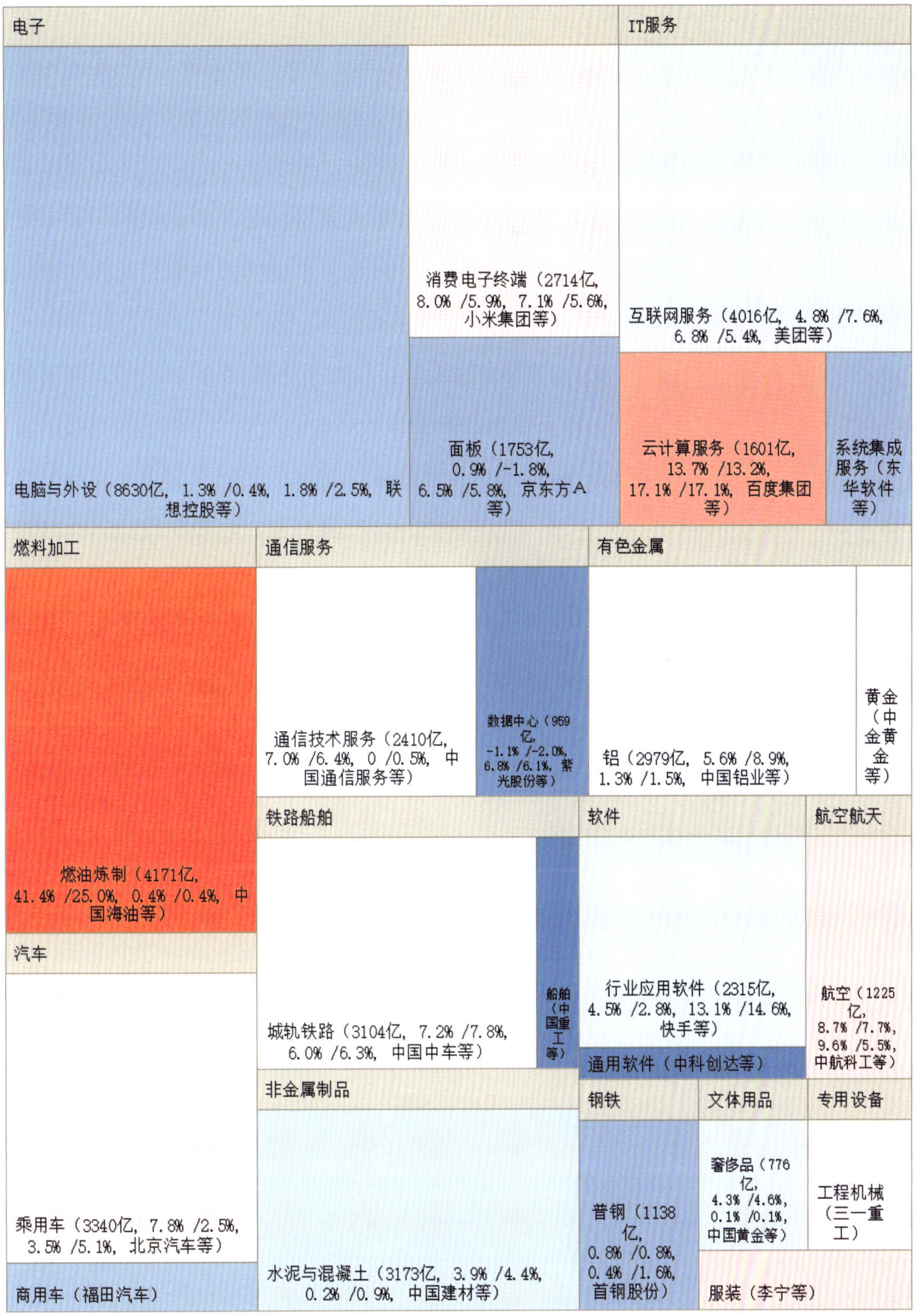

电子
IT服务
消费电子终端（2714亿，8.0% /5.9%，7.1% /5.6%，小米集团等）
互联网服务（4016亿，4.8% /7.6%，6.8% /5.4%，美团等）
电脑与外设（8630亿，1.3% /0.4%，1.8% /2.5%，联想控股等）
面板（1753亿，0.9% /-1.8%，6.5% /5.8%，京东方A等）
云计算服务（1601亿，13.7% /13.2%，17.1% /17.1%，百度集团等）
系统集成服务（东华软件等）
燃料加工
通信服务
有色金属
通信技术服务（2410亿，7.0% /6.4%，0 /0.5%，中国通信服务等）
数据中心（959亿，-1.1% /-2.0%，6.8% /6.1%，紫光股份等）
铝（2979亿，5.6% /8.9%，1.3% /1.5%，中国铝业等）
黄金（中金黄金等）
铁路船舶
软件
航空航天
燃油炼制（4171亿，41.4% /25.0%，0.4% /0.4%，中国海油等）
汽车
城轨铁路（3104亿，7.2% /7.8%，6.0% /6.3%，中国中车等）
船舶（中国重工等）
行业应用软件（2315亿，4.5% /2.8%，13.1% /14.6%，快手等）
通用软件（中科创达等）
航空（1225亿，8.7% /7.7%，9.6% /5.5%，中航科工等）
非金属制品
钢铁
文体用品
专用设备
奢侈品（776亿，4.3% /4.6%，0.1% /0.1%，中国黄金等）
工程机械（三一重工）
乘用车（3340亿，7.8% /2.5%，3.5% /5.1%，北京汽车等）
普钢（1138亿，0.8% /0.8%，0.4% /1.6%，首钢股份）
水泥与混凝土（3173亿，3.9% /4.4%，0.2% /0.9%，中国建材等）
商用车（福田汽车）
服装（李宁等）

图 2-1　北京制造业、科技服务业、IT 业主要上市公司有关情况

[1] 行业研发强度大于或等于 5.0%表述为较高，小于 5.0%但大于或等于全国平均研发强度表述为相对较高。

图 2-2 展示的是北京创新能力 5 个维度各指标的数据及各指标在全国 288 个地级及以上城市中的排名。该图直观地展示了城市创新能力的"长短板"：左边的条形越长，说明对应的指标全国排名越靠前；条形越短，说明对应的指标全国排名越靠后。需要说明的是，在城市创新能力评价的 30 个指标中，高水平基础研究类科技创新平台数、高水平技术创新类科技创新平台数、高水平成果转化与产业化类科技创新平台数 3 个指标按有关要求未展示。其他城市创新能力 5 个维度的指标数据及排名图所展示的情况类似，不再一一说明，图号在正文中也不再一一提及。

北京创新能力指数为 92.02，在全国地级及以上城市中排第 1 位（与上年持平），属于科技强市。从具体指标看，北京在全社会研发投入、创新生态、高层次科技人才、高水平研究型大学和科研机构、科技领军企业培育、高水平基础研究平台建设等方面优势突出，在企业技术获取和改造、经济活力、新产品开发、企业研发投入、经济发展新动能培育、企业经济效益等方面存在短板。

排名	指标	类别
1	北京创新能力指数 92.02	
1	全社会研发经费支出与地区生产总值之比 6.83%	创新治理力
13	财政科技支出占公共财政支出比重 6.54%	
1	私募股权和创业投资基金数 14080只	
2	万名就业人员中研发人员 329.71人年	
70	万人普通高校在校学生数 286.90人	
159	地区生产总值增长率 5.2%	
11	基础研究经费占研发经费比重 16.55%	原始创新力
1	高层次科技人才数 842人	
1	高水平研究型大学和科研机构数 343个	
1	科技领军企业数 123家	
1	高水平科技成果数 1795.58项当量	
120	规上工业企业研发经费支出与营业收入之比 1.26%	技术创新力
200	规上工业企业技术获取和改造经费支出与营业收入之比 0.11%	
1	上市科技型中小企业数 227家	
1	专精特新"小巨人"企业数 800家	
1	万人发明专利拥有量 218.77件	
4	技术输入合同成交额与地区生产总值之比 9.88%	成果转化力
1	高新技术企业数 28232家	
93	高新技术企业营业收入与规上工业企业营业收入之比 45.83%	
121	规上工业企业新产品销售收入占营业收入比重 20.22%	
81	规上工业企业营业收入利润率 7.21%	
2	万元地区生产总值技术国际收入 40.82美元	创新引领力
2	技术输出合同成交额与地区生产总值之比 19.10%	
26	高技术产业营业收入占规上工业营业收入比重 29.38%	
4	人均地区生产总值 19.03万元	
5	一般公共预算收入占地区生产总值比重 13.73%	
2	城镇居民人均可支配收入 8.40万元	

图 2-2 北京创新能力指标数据及全国排名

（二）上海

2022年，上海地区生产总值44653亿元，在全国地级及以上城市中排第1位；常住人口2475万人，排第2位。规上工业企业9432家，排第6位，营业收入45186亿元，排第3位。

截至2023年，上海有上市公司621家（居全国第2位），其中制造业、科技服务业、IT业上市公司共383家，涉及汽车等22个行业大类、乘用车等104个行业小类（图2-3中括号内数据分别为该行业小类上市公司营业收入、利润率/全国平均利润率、研发强度/全国平均研发强度、代表性上市公司；受版面限制，部分行业仅展示代表性上市公司，规模较小行业不在图中展示）。从图中可以看出，乘用车（7862亿）、普钢（3445亿）、药品制剂（2674亿）等行业上市公司营业收入规模较大；集成电路制造（13.1%）、光伏产品（8.1%）等行业利润率较高（图中底色偏红板块），医疗器械（-2.4%）等行业出现亏损（图中底色偏蓝板块）；集成电路设计（20.1%）、医疗器械（18.0%）、集成电路制造（10.5%）、消费电子终端（5.6%）等行业研发强度较高。

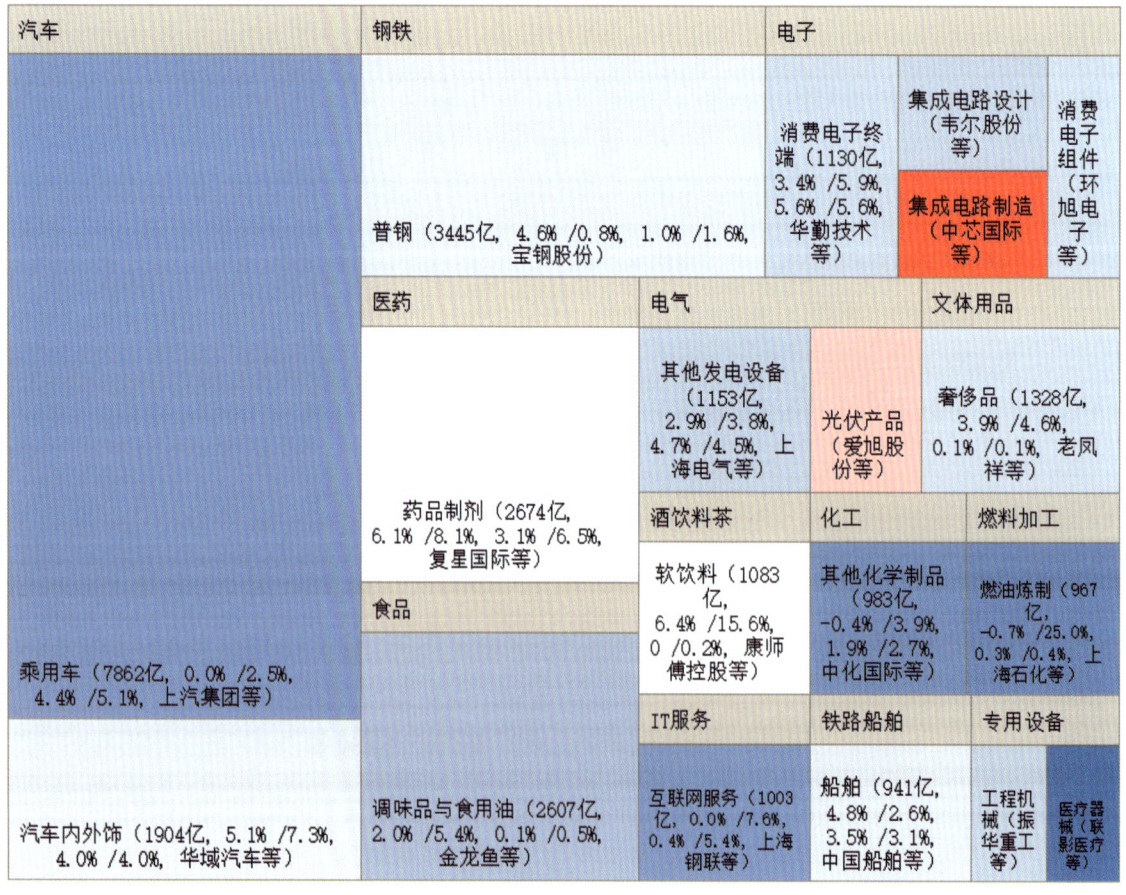

图2-3 上海制造业、科技服务业、IT业主要上市公司有关情况

上海创新能力指数为89.10，在全国地级及以上城市中排第2位（与上年持平），属于科技强市。从具体指标看，上海在国际技术输出、政府财力、居民收入、创新生态、高层次科技人才、高水平研究型大学和科研机构等方面优势突出，在经济活力、企业经济效益、新产品开发、人才培养、企业研发投入、技术吸纳等方面存在短板。

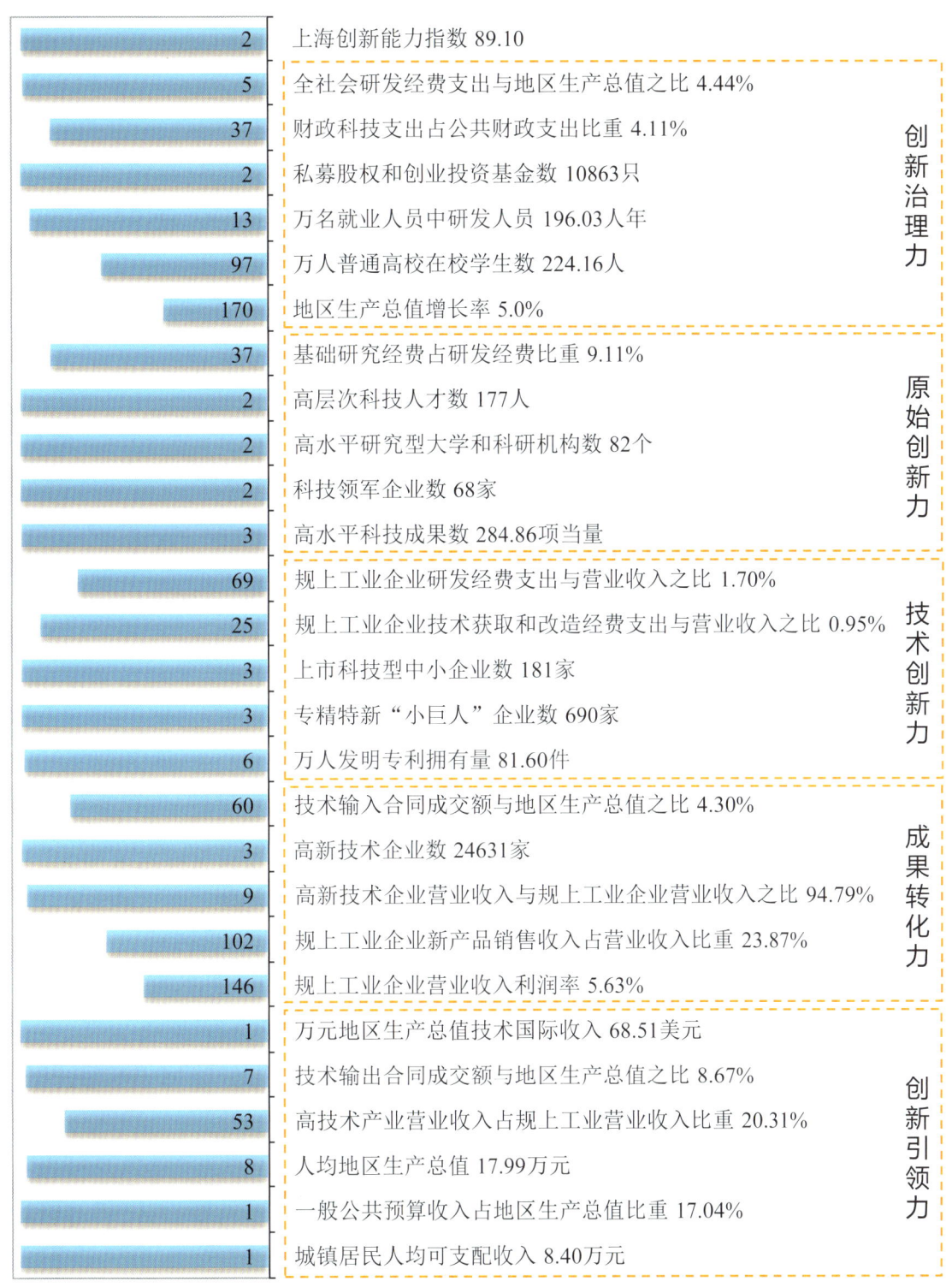

图 2-4 上海创新能力指标数据及全国排名

(三)深圳

2022年,深圳地区生产总值32388亿元,在全国地级及以上城市中排第3位;常住人口1766万人,排第6位。规上工业企业13790家,排第2位,营业收入46591亿元,排第1位。

截至2023年,深圳有上市公司526家(居全国第3位),其中制造业、科技服务业、IT业上市公司共349家,涉及电子等21个行业大类、消费电子组件等78个行业小类(图2-5中括号内数据分别为该行业小类上市公司营业收入、利润率/全国平均利润率、研发强度/全国平均研发强度、代表性上市公司;受版面限制,部分行业仅展示代表性上市公司,规模较小行业不在图中展示)。从图中可以看出,消费电子组件(7575亿)、乘用车(6023亿)等行业上市公司营业收入规模较大;医疗器械(30.8%)、电动机与工控(10.7%)、印制电路板(9.0%)等行业利润率较高(图中底色偏红板块),电脑与外设(-3.8%)等行业出现亏损(图中底色偏蓝板块);通信系统设备(18.4%)、行业应用软件(12.7%)、医疗器械(11.2%)等行业研发强度较高。

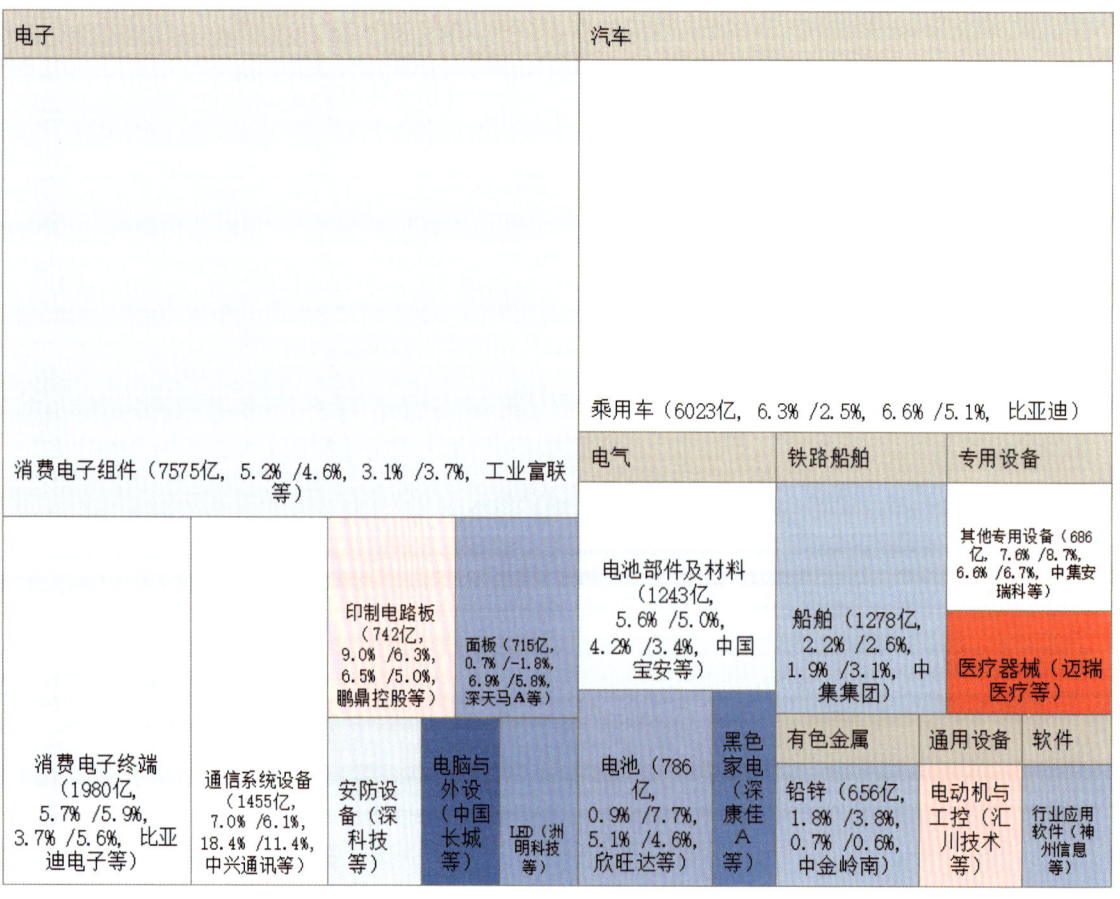

图2-5 深圳制造业、科技服务业、IT业主要上市公司有关情况

深圳创新能力指数为 80.76，在全国地级及以上城市中排第 3 位（与上年持平），属于科技强市。从具体指标看，深圳在全社会研发投入、上市企业培育、专精特新"小巨人"企业培育、专利产出、高新技术企业培育、财政科技投入等方面优势突出，在人才培养、企业技术获取和改造、基础研究投入等方面存在短板。

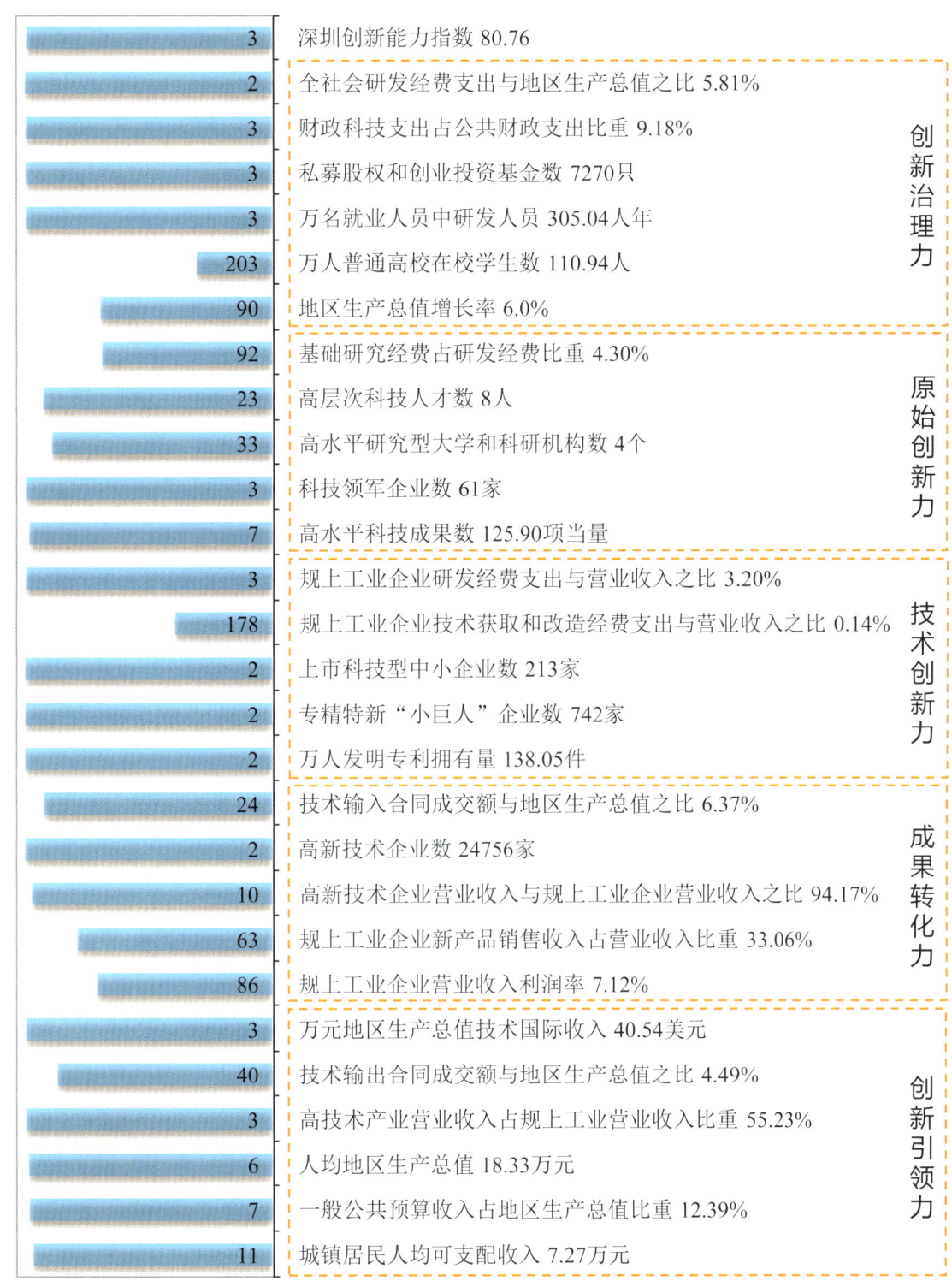

图 2-6 深圳创新能力指标数据及全国排名

（四）杭州

2022年，杭州地区生产总值18753亿元，在全国地级及以上城市中排第9位；常住人口1238万人，排第12位。规上工业企业6802家，排第11位，营业收入21288亿元，排第12位。

截至2023年，杭州有上市公司288家（居全国第4位），其中制造业、科技服务业、IT业上市公司共183家，涉及IT服务等23个行业大类、互联网服务等76个行业小类（图2-7中括号内数据分别为该行业小类上市公司营业收入、利润率/全国平均利润率、研发强度/全国平均研发强度、代表性上市公司；受版面限制，部分行业仅展示代表性上市公司，规模较小行业不在图中展示）。从图中可以看出，互联网服务（9390亿）、其他化学原料（3384亿）、安防设备（1271亿）等行业上市公司营业收入规模较大；软饮料（36.8%）、安防设备（19.5%）、行业应用软件（15.1%）等行业利润率较高（图中底色偏红板块），普钢（0.5%）、其他化学原料（0.9%）等行业利润率较低（图中底色偏蓝板块）；行业应用软件（29.1%）、安防设备（12.7%）等行业研发强度较高。

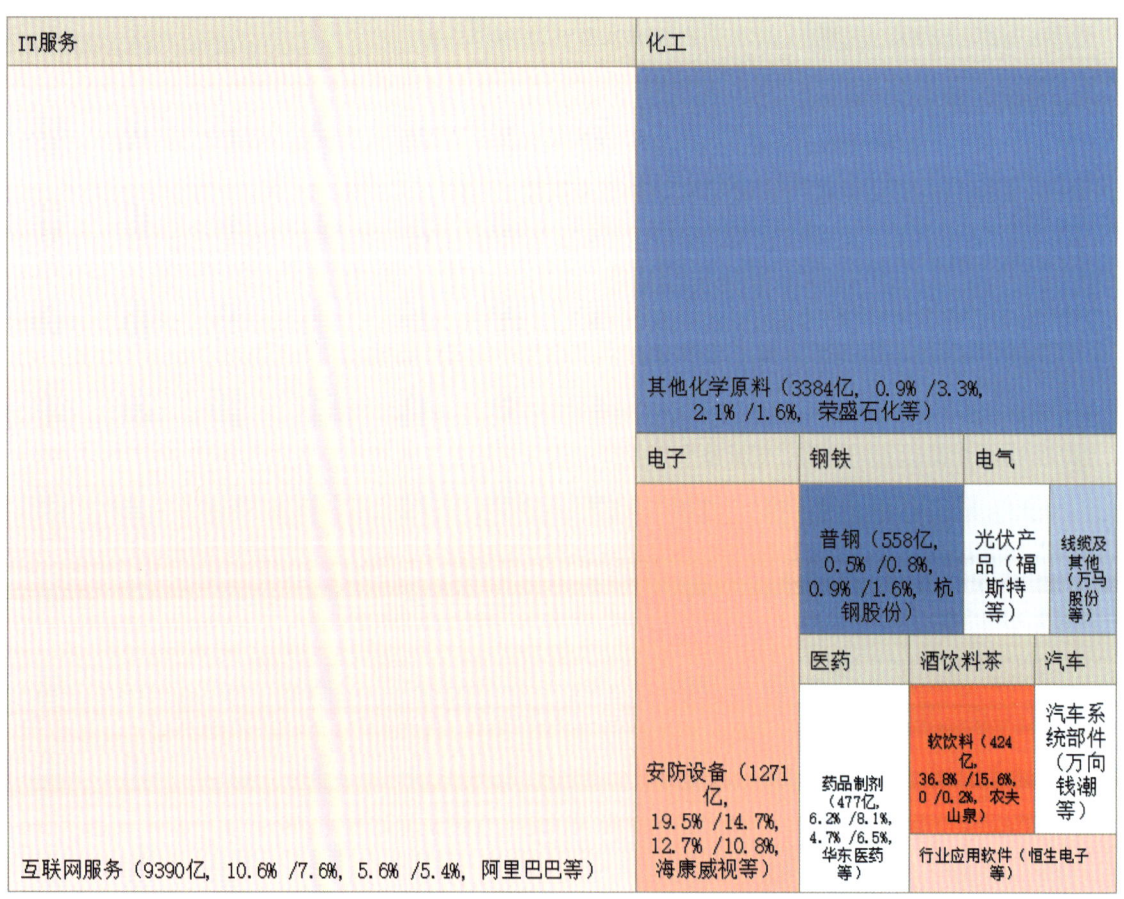

图 2-7　杭州制造业、科技服务业、IT业主要上市公司有关情况

杭州创新能力指数为76.52，在全国地级及以上城市中排第4位（与上年相比上升1位），属于科技强市。从具体指标看，杭州在创新生态、科技领军企业培育、国际技术输出、居民收入、上市企业培育、专利产出等方面优势突出，在经济活力、企业技术获取和改造、企业经济效益、企业研发投入、技术输出等方面存在短板。

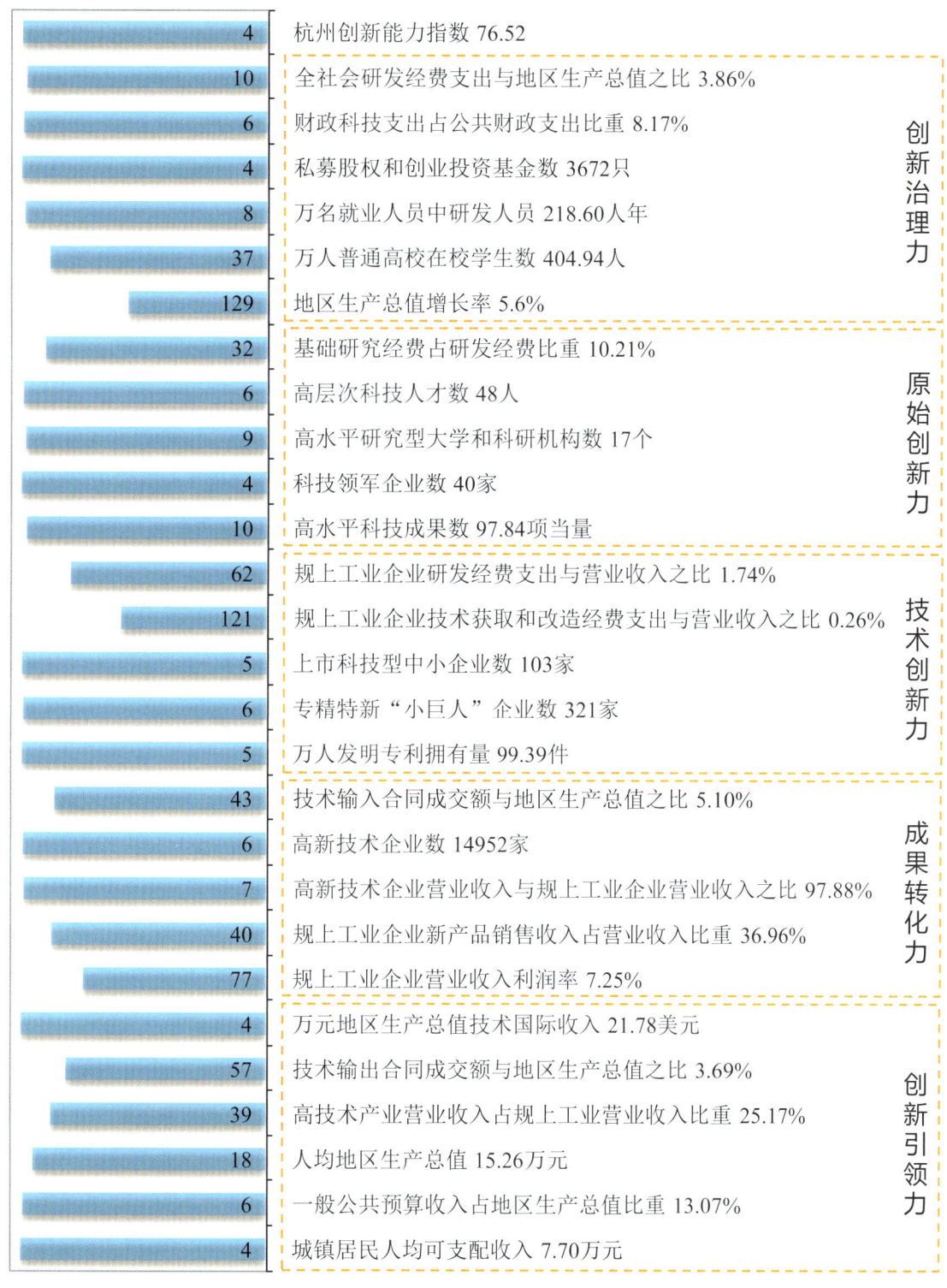

图 2-8 杭州创新能力指标数据及全国排名

（五）南京

2022年，南京地区生产总值16908亿元，在全国地级及以上城市中排第10位；常住人口949万人，排第25位。规上工业企业4294家，排第24位，营业收入16142亿元，排第15位。

截至2023年，南京有上市公司146家（居全国第7位），其中制造业、科技服务业、IT业上市公司共93家，涉及IT服务等22个行业大类、互联网服务等49个行业小类（图2-9中括号内数据分别为该行业小类上市公司营业收入、利润率/全国平均利润率、研发强度/全国平均研发强度、代表性上市公司；受版面限制，部分行业仅展示代表性上市公司，规模较小行业不在图中展示）。从图中可以看出，互联网服务（857亿）、普钢（725亿）等行业上市公司营业收入规模较大；医疗器械（17.2%）、电网自动化（14.7%）、国防装备（13.5%）等行业利润率较高（图中底色偏红板块），电池部件及材料（-21.0%）等行业出现亏损（图中底色偏蓝板块）；其他生物药品（28.3%）、药品制剂（14.9%）、医疗器械（14.0%）等行业研发强度较高。

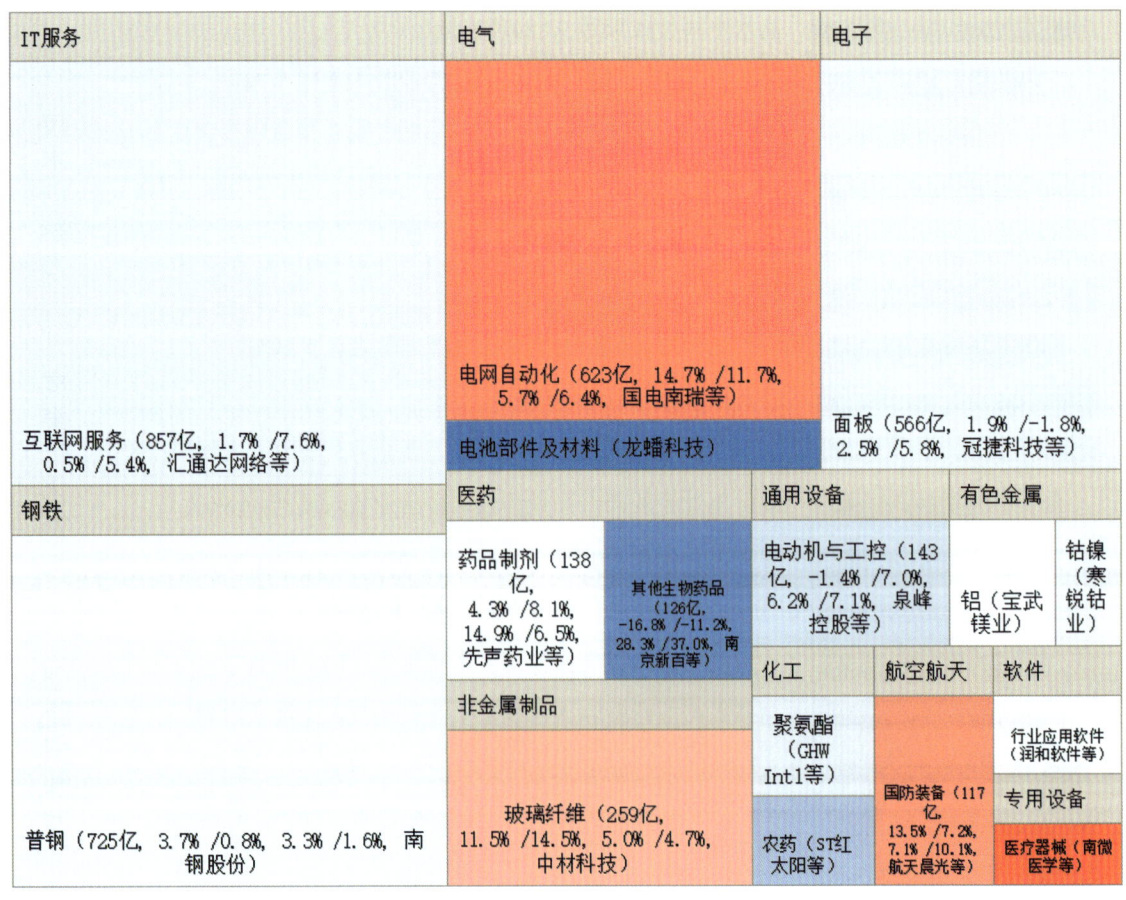

图2-9　南京制造业、科技服务业、IT业主要上市公司有关情况

南京创新能力指数为75.56，在全国地级及以上城市中排第5位（与上年相比下降1位），属于科技强市。从具体指标看，南京在研发人力投入、高层次科技人才、高水平基础研究平台建设、专利产出、高水平科技成果产出、高水平研究型大学和科研机构等方面优势突出，在经济活力、企业经济效益、新产品开发等方面存在短板。

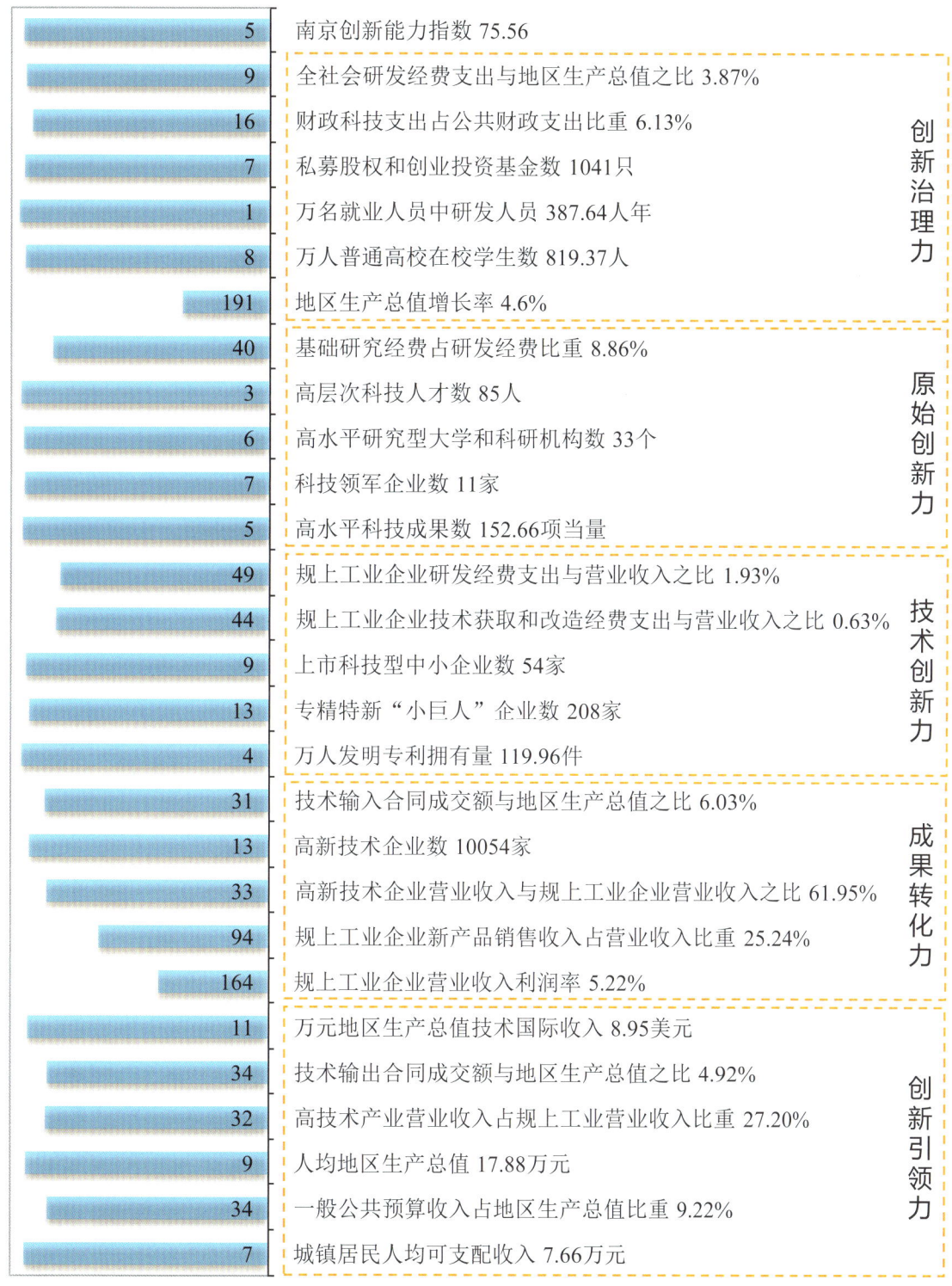

图2-10　南京创新能力指标数据及全国排名

（六）广州

2022年，广州地区生产总值28839亿元，在全国地级及以上城市中排第5位；常住人口1873万人，排第5位。规上工业企业6878家，排第10位，营业收入25182亿元，排第9位。

截至2023年，广州有上市公司230家（居全国第6位），其中制造业、科技服务业、IT业上市公司共128家，涉及汽车等21个行业大类、乘用车等65个行业小类（图2-11中括号内数据分别为该行业小类上市公司营业收入、利润率/全国平均利润率、研发强度/全国平均研发强度、代表性上市公司；受版面限制，部分行业仅展示代表性上市公司，规模较小行业不在图中展示）。从图中可以看出，乘用车（1592亿）、中成药（755亿）等行业上市公司营业收入规模较大；其他专用设备（17.7%）、安防设备（15.6%）、电池部件及材料（15.2%）等行业利润率较高（图中底色偏红板块），美容护理（-6.4%）、乘用车（-4.4%）等行业出现亏损（图中底色偏蓝板块）；通信系统设备（14.5%）、系统集成服务（10.0%）、安防设备（9.7%）等行业研发强度较高。

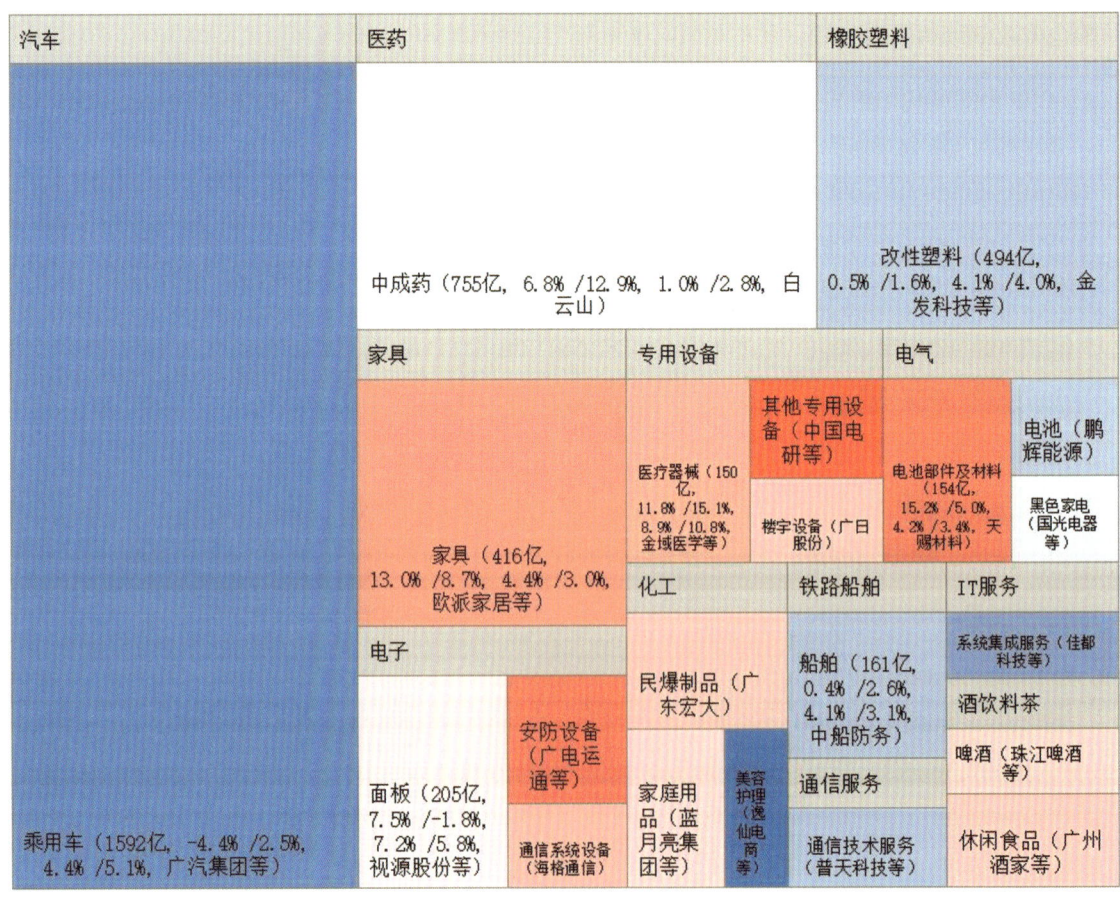

图2-11　广州制造业、科技服务业、IT业主要上市公司有关情况

广州创新能力指数为 74.37，在全国地级及以上城市中排第 8 位（与上年相比下降 1 位），属于科技强市。从具体指标看，广州在高水平技术创新平台建设、创新生态、居民收入、科技领军企业培育、高水平科技成果产出等方面优势突出，在经济活力、政府财力、企业经济效益、新产品开发、企业研发投入等方面存在短板。

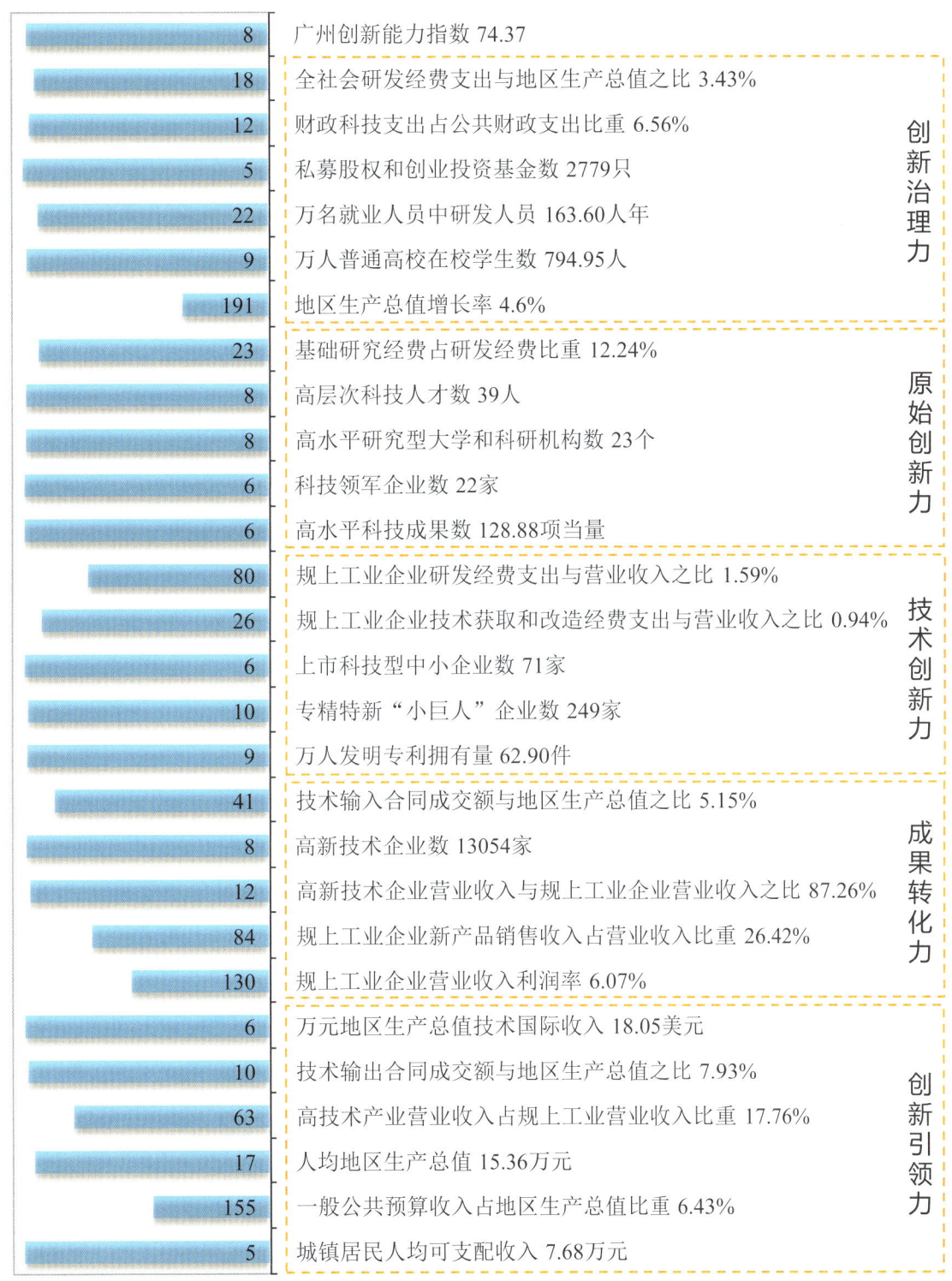

图 2-12　广州创新能力指标数据及全国排名

（七）苏州

2022年，苏州地区生产总值23958亿元，在全国地级及以上城市中排第6位；常住人口1291万人，排第10位。规上工业企业13277家，排第3位，营业收入45492亿元，排第2位。

截至2023年，苏州有上市公司243家（居全国第5位），其中制造业、科技服务业、IT业上市公司共197家，涉及电子等21个行业大类、其他化学原料等73个行业小类（图2-13中括号内数据分别为该行业小类上市公司营业收入、利润率/全国平均利润率、研发强度/全国平均研发强度、代表性上市公司；受版面限制，部分行业仅展示代表性上市公司，规模较小行业不在图中展示）。从图中可以看出，其他化学原料（1429亿）、光伏产品（1055亿）等行业上市公司营业收入规模较大；电池部件及材料（19.8%）、气液设备（14.5%）、电动机与工控（13.2%）等行业利润率较高（图中底色偏红板块），其他生物药品（-47.3%）、面板（-38.7%）等行业出现亏损（图中底色偏蓝板块）；其他生物药品（56.1%）、面板（11.8%）、其他专用设备（10.2%）等行业研发强度较高。

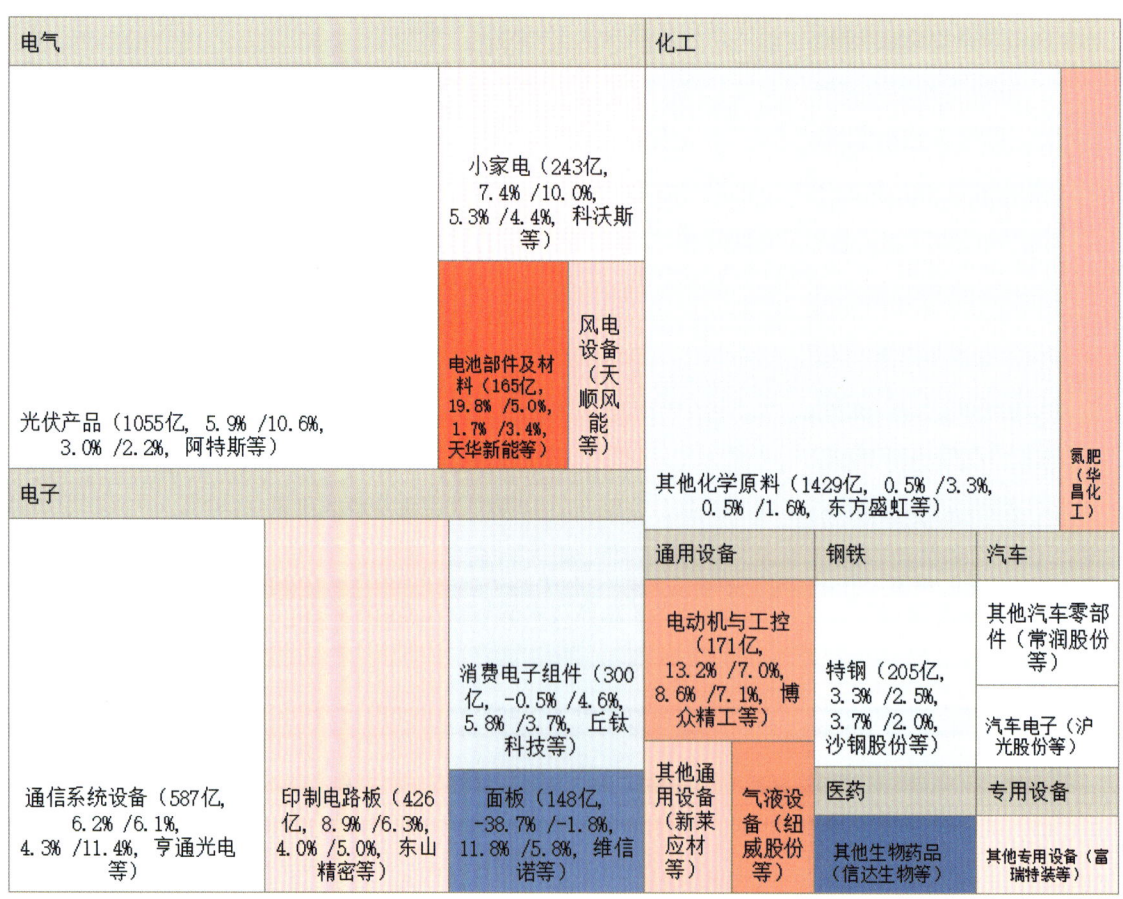

图2-13 苏州制造业、科技服务业、IT业主要上市公司有关情况

苏州创新能力指数为69.19，在全国地级及以上城市中排第12位（与上年相比下降3位），属于科技强市。从具体指标看，苏州在居民收入、财政科技投入、上市企业培育、专精特新"小巨人"企业培育、高新技术企业培育、研发人力投入等方面优势突出，在基础研究投入、经济活力、企业技术获取和改造等方面存在短板。

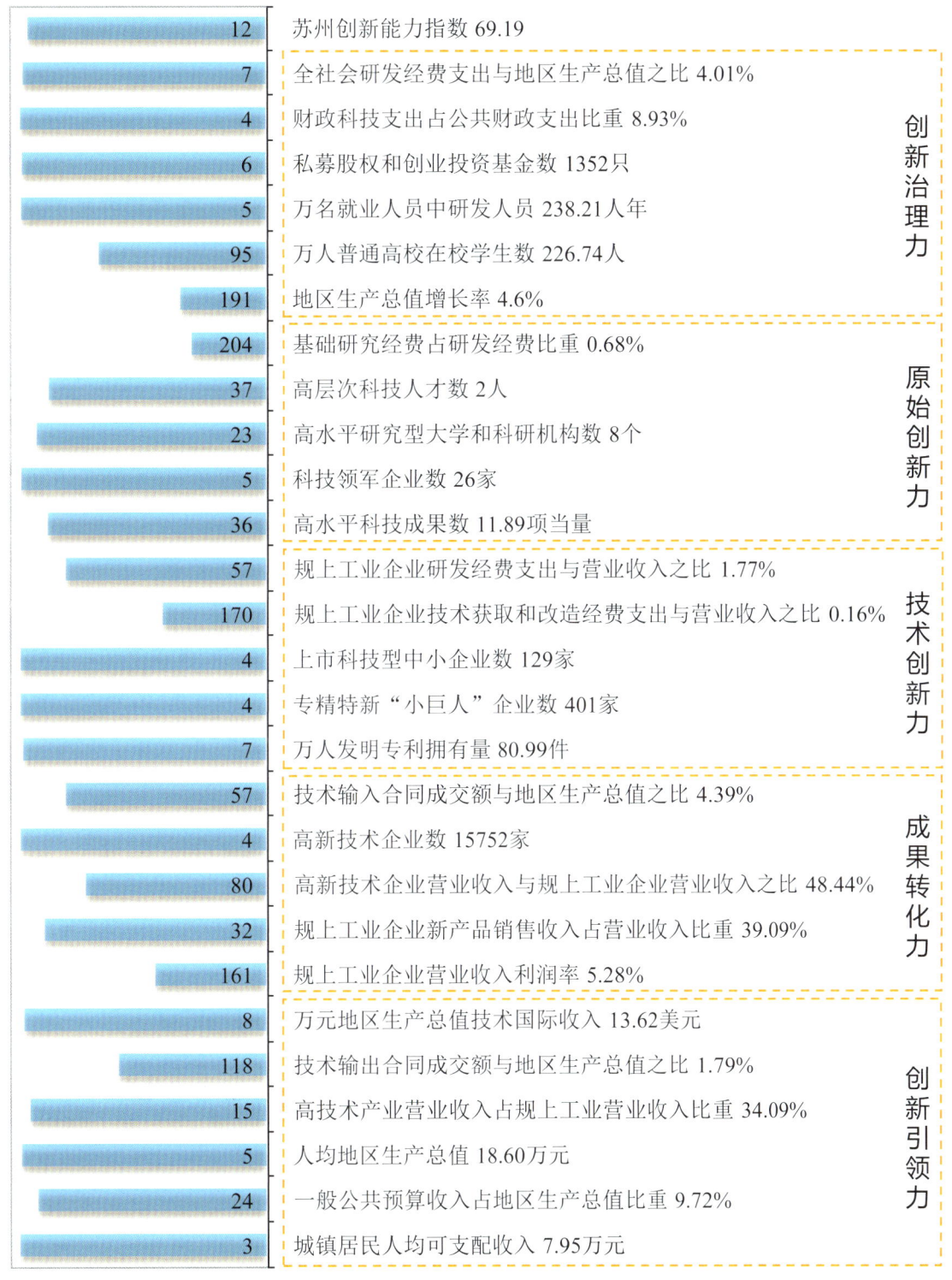

图 2-14　苏州创新能力指标数据及全国排名

（八）青岛

2022年，青岛地区生产总值14921亿元，在全国地级及以上城市中排第13位；常住人口1034万人，排第18位。规上工业企业4613家，排第21位，营业收入12278亿元，排第21位。

截至2023年，青岛有上市公司74家（居全国第20位），其中制造业、科技服务业、IT业上市公司共49家，涉及电气等16个行业大类、白色家电等34个行业小类（图2-15中括号内数据分别为该行业小类上市公司营业收入、利润率/全国平均利润率、研发强度/全国平均研发强度、代表性上市公司；受版面限制，部分行业仅展示代表性上市公司，规模较小行业不在图中展示）。从图中可以看出，白色家电（2707亿）、黑色家电（536亿）等行业上市公司营业收入规模较大；光伏产品（27.2%）、啤酒（16.9%）等行业利润率较高（图中底色偏红板块），化工设备（-22.7%）等行业出现亏损（图中底色偏蓝板块）；光伏产品（6.3%）、线缆及其他（5.5%）等行业研发强度较高。

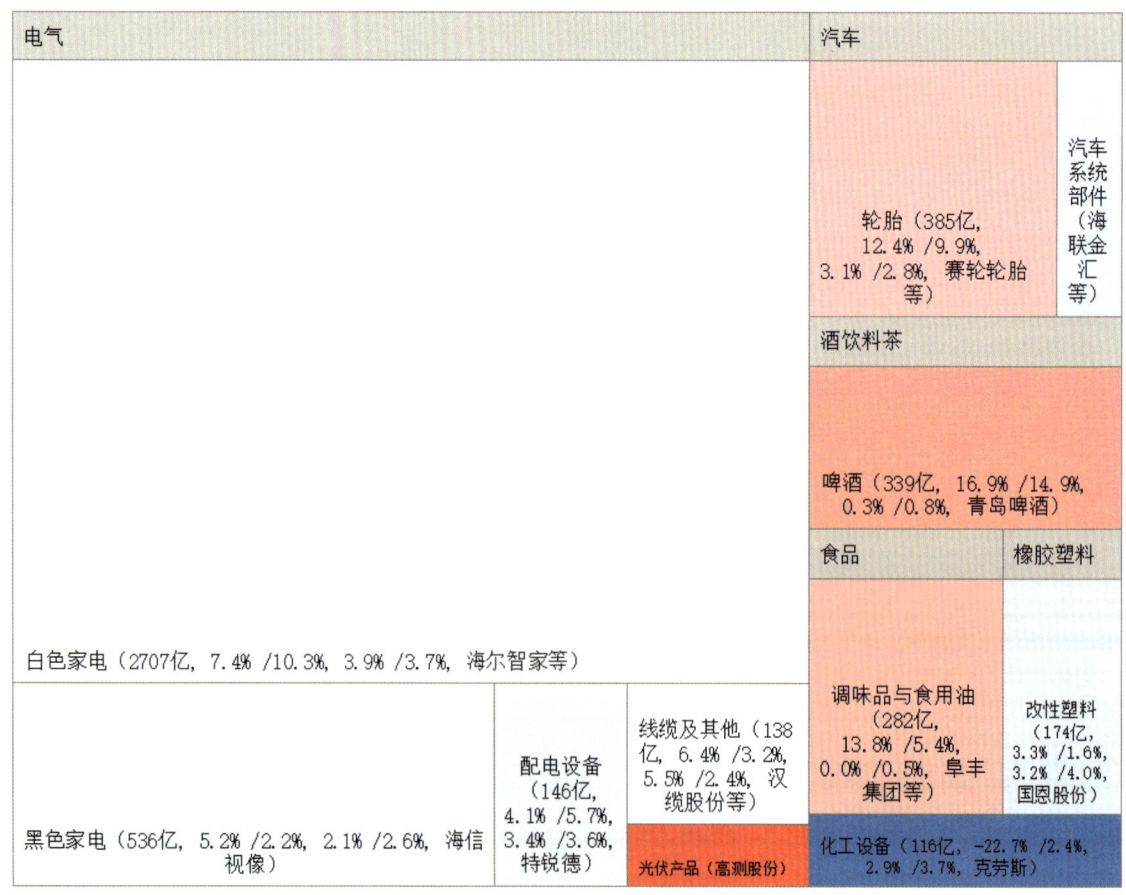

图2-15　青岛制造业、科技服务业、IT业主要上市公司有关情况

青岛创新能力指数为67.81,在全国地级及以上城市中排第13位(与上年持平),属于科技强市。从具体指标看,青岛在高水平研究型大学和科研机构、高水平技术创新平台建设、高水平科技成果产出等方面优势突出,在企业经济效益、高技术产业发展、企业技术获取和改造、经济活力、技术吸纳、技术输出等方面存在短板。

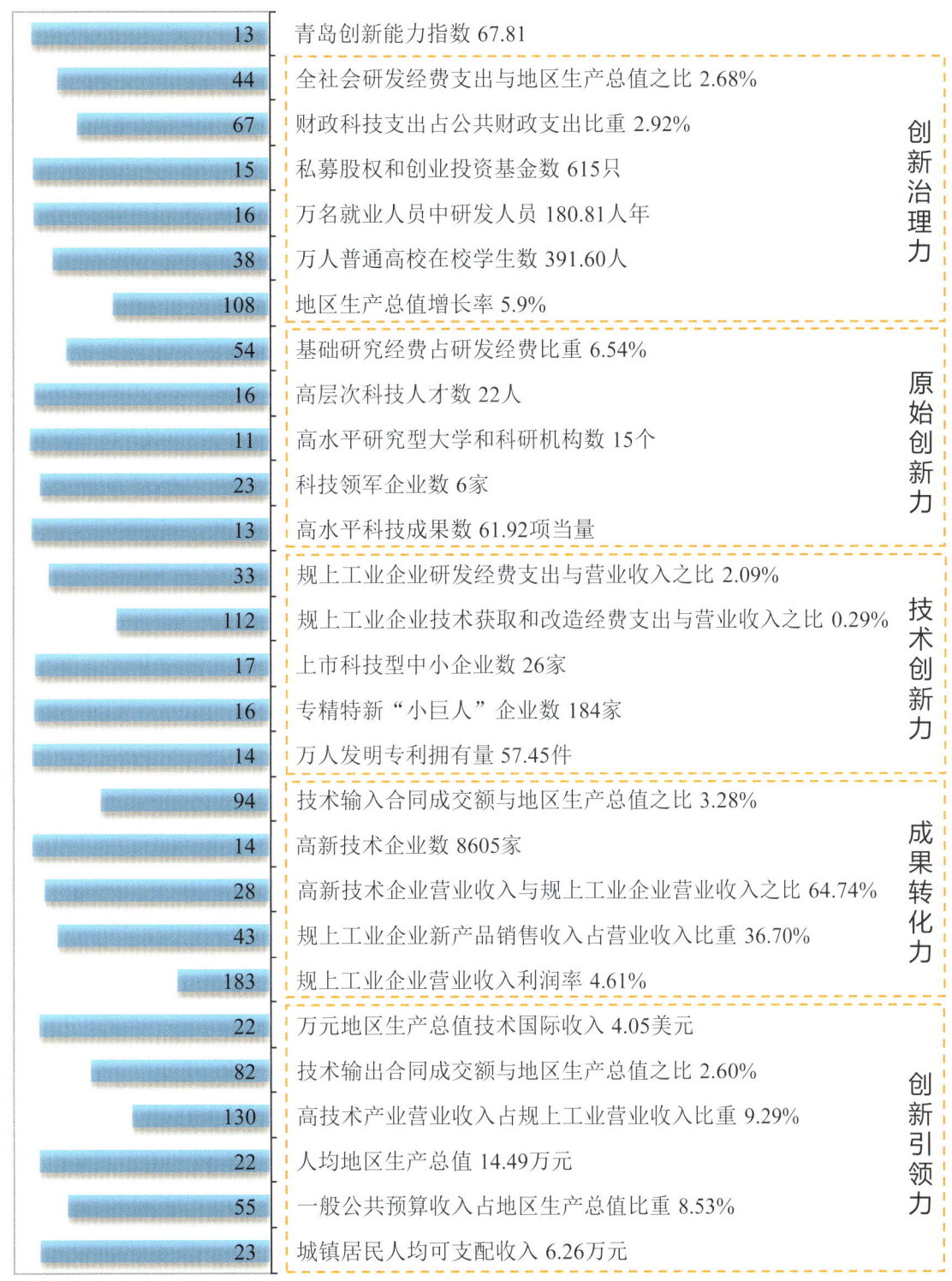

图2-16 青岛创新能力指标数据及全国排名

（九）天津

2022年，天津地区生产总值16311亿元，在全国地级及以上城市中排第11位；常住人口1363万人，排第8位。规上工业企业5812家，排第16位，营业收入24204亿元，排第10位。

截至2023年，天津有上市公司80家（居全国第17位），其中制造业、科技服务业、IT业上市公司共47家，涉及钢铁等14个行业大类、特钢等36个行业小类（图2-17中括号内数据分别为该行业小类上市公司营业收入、利润率/全国平均利润率、研发强度/全国平均研发强度、代表性上市公司；受版面限制，部分行业仅展示代表性上市公司，规模较小行业不在图中展示）。从图中可以看出，特钢（609亿）、光伏产品（591亿）等行业上市公司营业收入规模较大；生物制药（32.9%）、医疗器械（32.4%）、集成电路设计（20.2%）等行业利润率较高（图中底色偏红板块），其他化学原料（-20.0%）、面板（-7.9%）等行业出现亏损（图中底色偏蓝板块）；通用软件（34.3%）、集成电路设计（27.2%）、通信终端设备（20.6%）、医疗器械（11.2%）等行业研发强度较高。

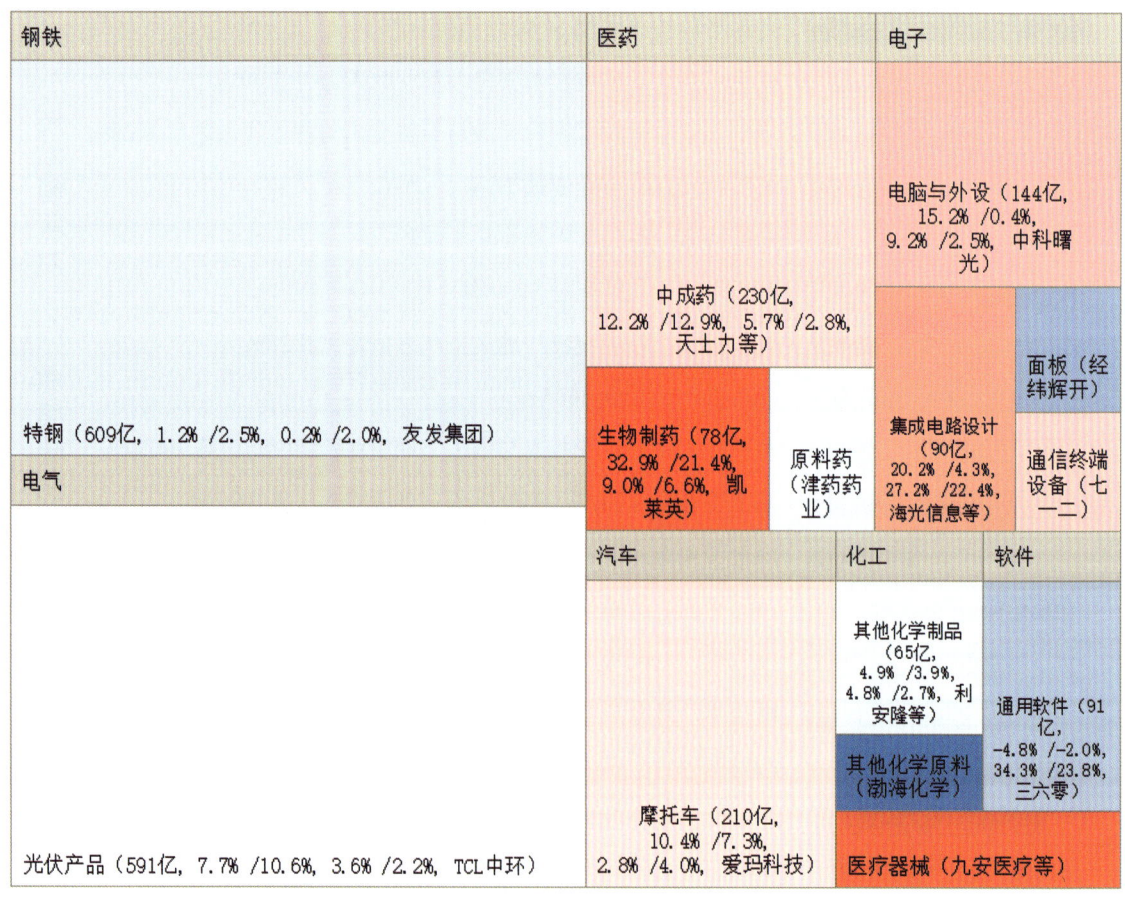

图2-17　天津制造业、科技服务业、IT业主要上市公司有关情况

天津创新能力指数为 67.22，在全国地级及以上城市中排第 14 位（与上年相比下降 2 位），属于科技强市。从具体指标看，天津在技术输出、高水平技术创新平台建设、高水平研究型大学和科研机构、高新技术企业培育等方面优势突出，在经济活力、企业技术获取和改造、企业研发投入、新产品开发、财政科技投入等方面存在短板。

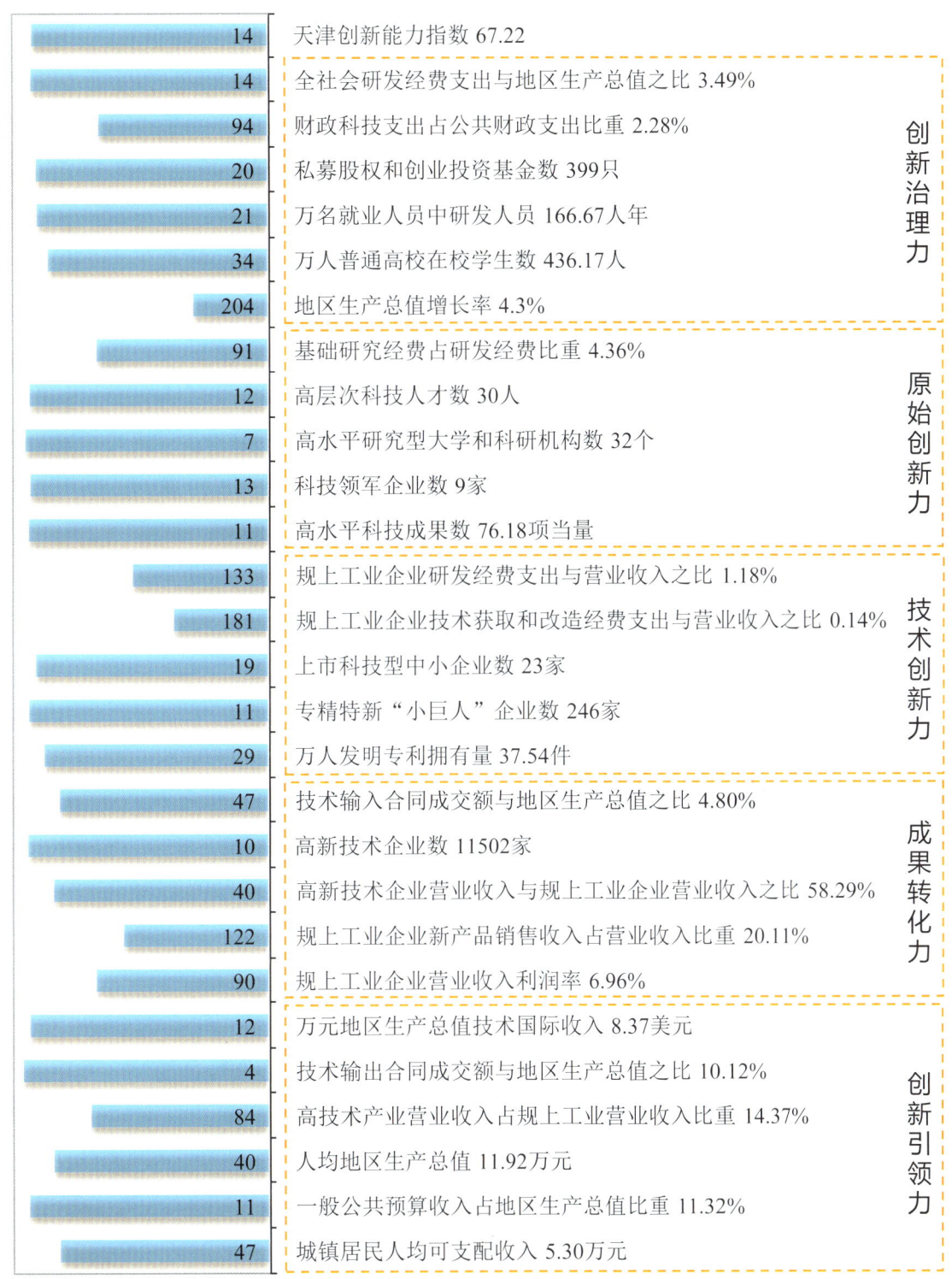

图 2-18　天津创新能力指标数据及全国排名

（十）济南

2022 年，济南地区生产总值 12027 亿元，在全国地级及以上城市中排第 20 位；常住人口 941 万人，排第 27 位。规上工业企业 2665 家，排第 41 位，营业收入 8370 亿元，排第 36 位。

截至 2023 年，济南有上市公司 57 家（居全国第 27 位），其中制造业、科技服务业、IT 业上市公司共 40 家，涉及汽车等 17 个行业大类、商用车等 30 个行业小类（图 2-19 中括号内数据分别为该行业小类上市公司营业收入、利润率/全国平均利润率、研发强度/全国平均研发强度、代表性上市公司；受版面限制，部分行业仅展示代表性上市公司，规模较小行业不在图中展示）。从图中可以看出，商用车（1270 亿）、普钢（927 亿）、电脑与外设（659 亿）等行业上市公司营业收入规模较大；美容护理（11.7%）、合成树脂（10.3%）等行业利润率较高（图中底色偏红板块），水泥与混凝土（-4.8%）、普钢（-0.1%）等行业出现亏损（图中底色偏蓝板块）；美容护理（7.3%）等行业研发强度较高。

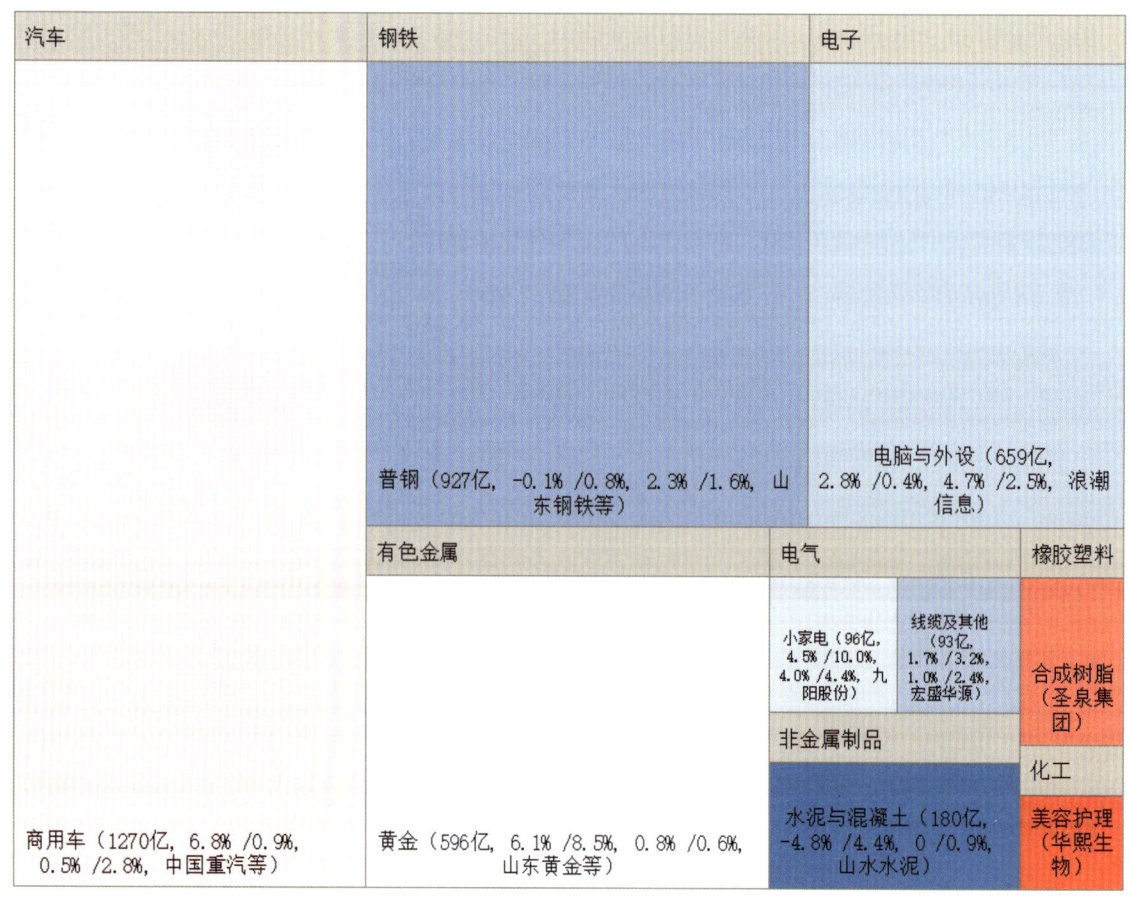

图 2-19　济南制造业、科技服务业、IT 业主要上市公司有关情况

济南创新能力指数为 65.44，在全国地级及以上城市中排第 15 位（与上年持平），属于科技强市。从具体指标看，济南在经济发展新动能培育、创新生态、人才培养、高新技术企业培育、研发人力投入等方面优势突出，在企业经济效益、高技术产业发展、财政科技投入、经济活力、技术吸纳等方面存在短板。

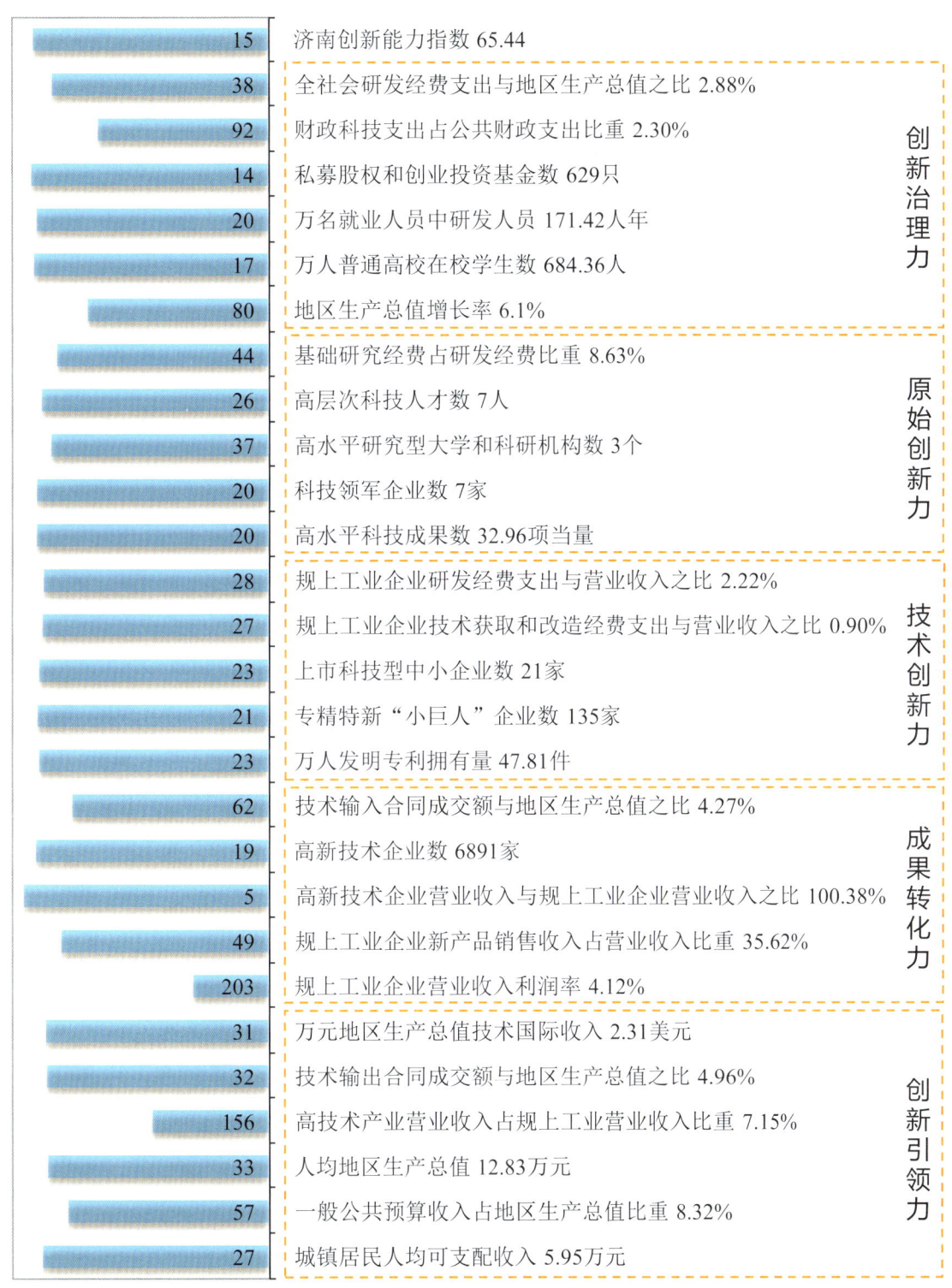

图 2-20 济南创新能力指标数据及全国排名

（十一）无锡

2022年，无锡地区生产总值14851亿元，在全国地级及以上城市中排第14位；常住人口749万人，排第45位。规上工业企业8132家，排第8位，营业收入23374亿元，排第11位。

截至2023年，无锡有上市公司144家（居全国第8位），其中制造业、科技服务业、IT业上市公司共118家，涉及电气等18个行业大类、光伏产品等53个行业小类（图2-21中括号内数据分别为该行业小类上市公司营业收入、利润率/全国平均利润率、研发强度/全国平均研发强度、代表性上市公司；受版面限制，部分行业仅展示代表性上市公司，规模较小行业不在图中展示）。从图中可以看出，光伏产品（575亿）、特钢（502亿）等行业上市公司营业收入规模较大；生物制药（29.4%）、集成电路设计（23.8%）、其他生物药品（17.1%）、集成电路制造（16.8%）等行业利润率较高（图中底色偏红板块），电动机与工控（-11.7%）等行业出现亏损（图中底色偏蓝板块）；集成电路设计（15.7%）、集成电路制造（11.7%）等行业研发强度较高。

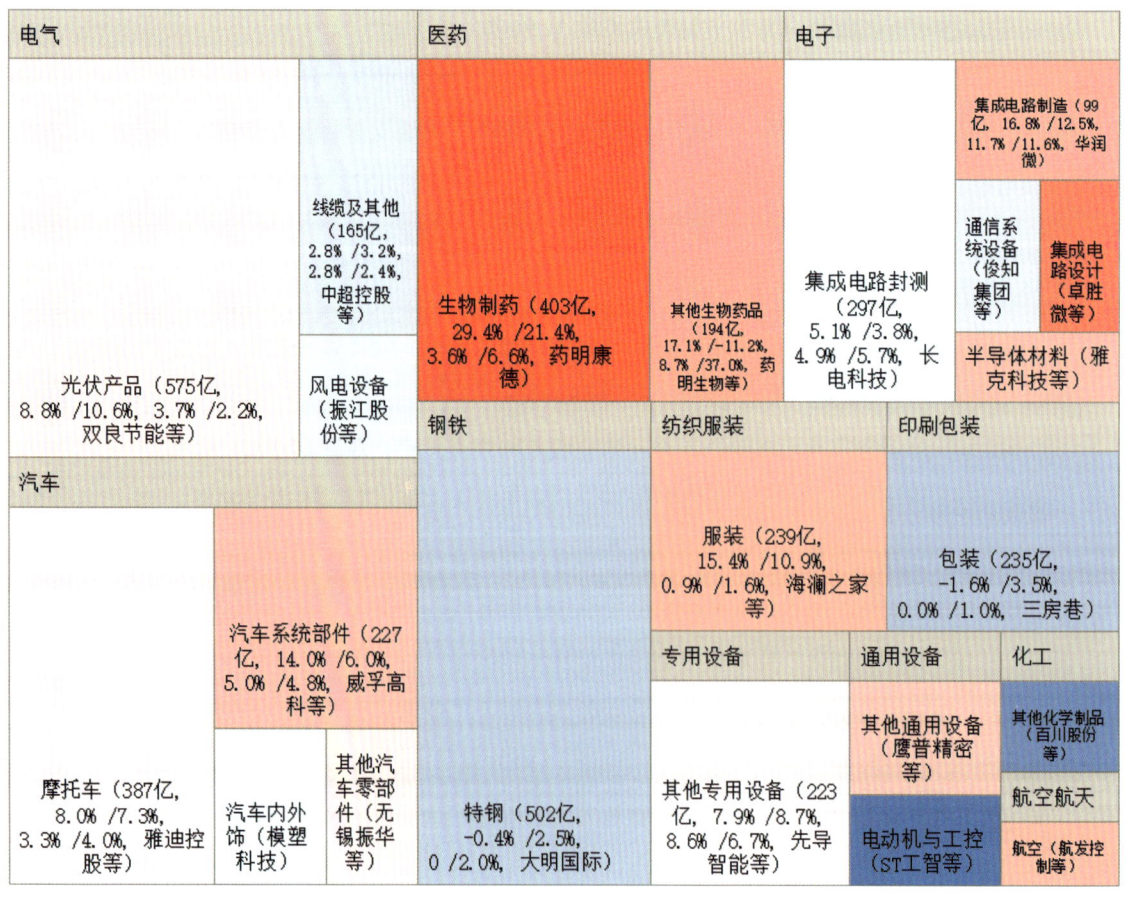

图2-21 无锡制造业、科技服务业、IT业主要上市公司有关情况

无锡创新能力指数为64.20，在全国地级及以上城市中排第16位（与上年持平），属于科技强市。从具体指标看，无锡在经济发展水平、研发人力投入、科技领军企业培育、上市企业培育、居民收入、专利产出等方面优势突出，在基础研究投入、企业技术获取和改造、技术吸纳、经济发展新动能培育等方面存在短板。

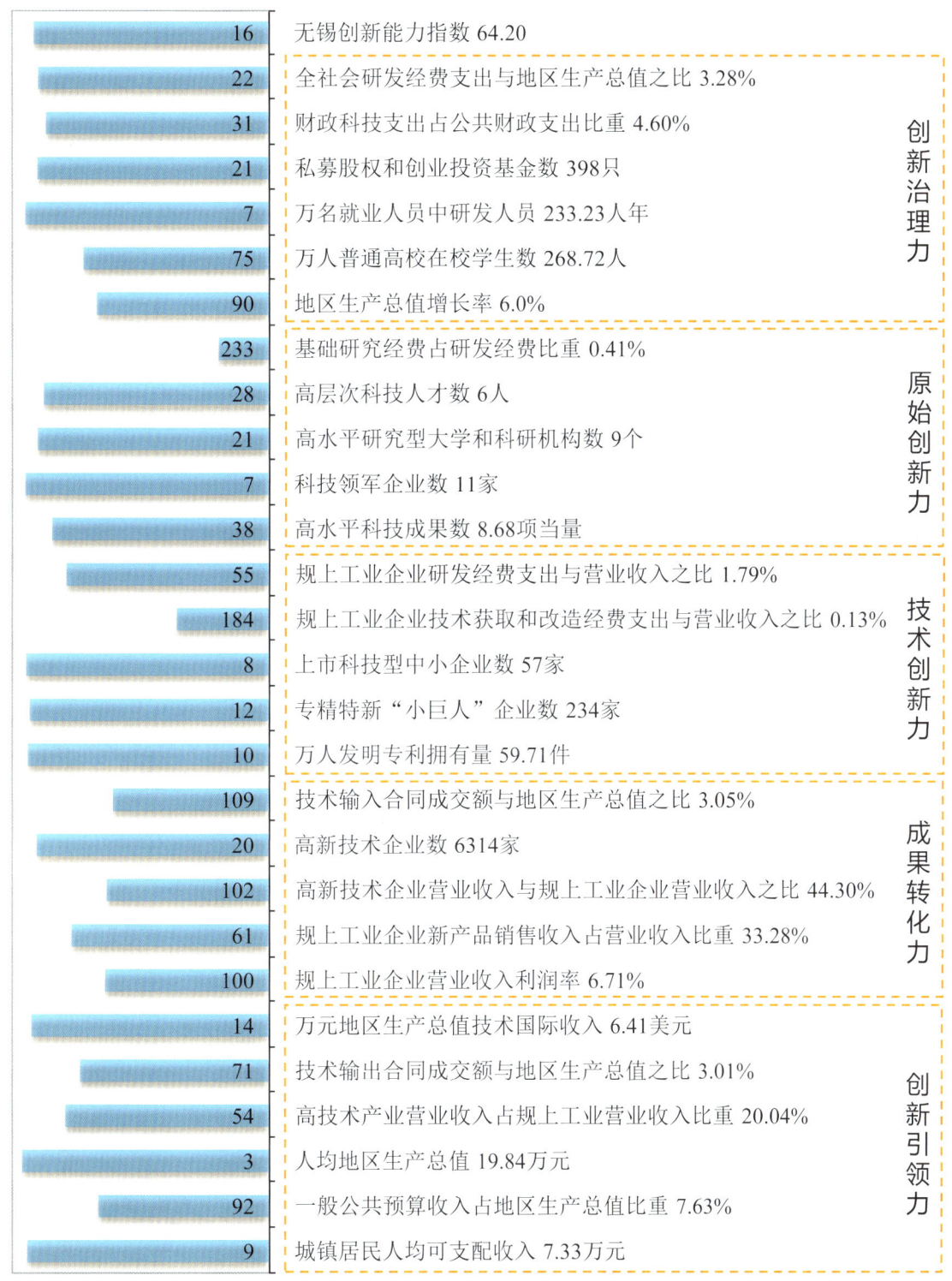

图 2-22　无锡创新能力指标数据及全国排名

（十二）厦门

2022年，厦门地区生产总值7803亿元，在全国地级及以上城市中排第31位；常住人口531万人，排第82位。规上工业企业3059家，排第34位，营业收入8142亿元，排第38位。

截至2023年，厦门有上市公司84家（居全国第15位），其中制造业、科技服务业、IT业上市公司共52家，涉及有色金属等18个行业大类、钨钼等40个行业小类（图2-23中括号内数据分别为该行业小类上市公司营业收入、利润率/全国平均利润率、研发强度/全国平均研发强度、代表性上市公司；受版面限制，部分行业仅展示代表性上市公司，规模较小行业不在图中展示）。从图中可以看出，钨钼（394亿）、钴镍（245亿）等行业上市公司营业收入规模较大；通信终端设备（50.1%）、被动元件（30.5%）、医疗器械（15.7%）、消费电子终端（14.1%）等行业利润率较高（图中底色偏红板块），印制电路板（-12.9%）等行业出现亏损（图中底色偏蓝板块）；行业应用软件（21.0%）、医疗器械（19.0%）、通信终端设备（11.5%）等行业研发强度较高。

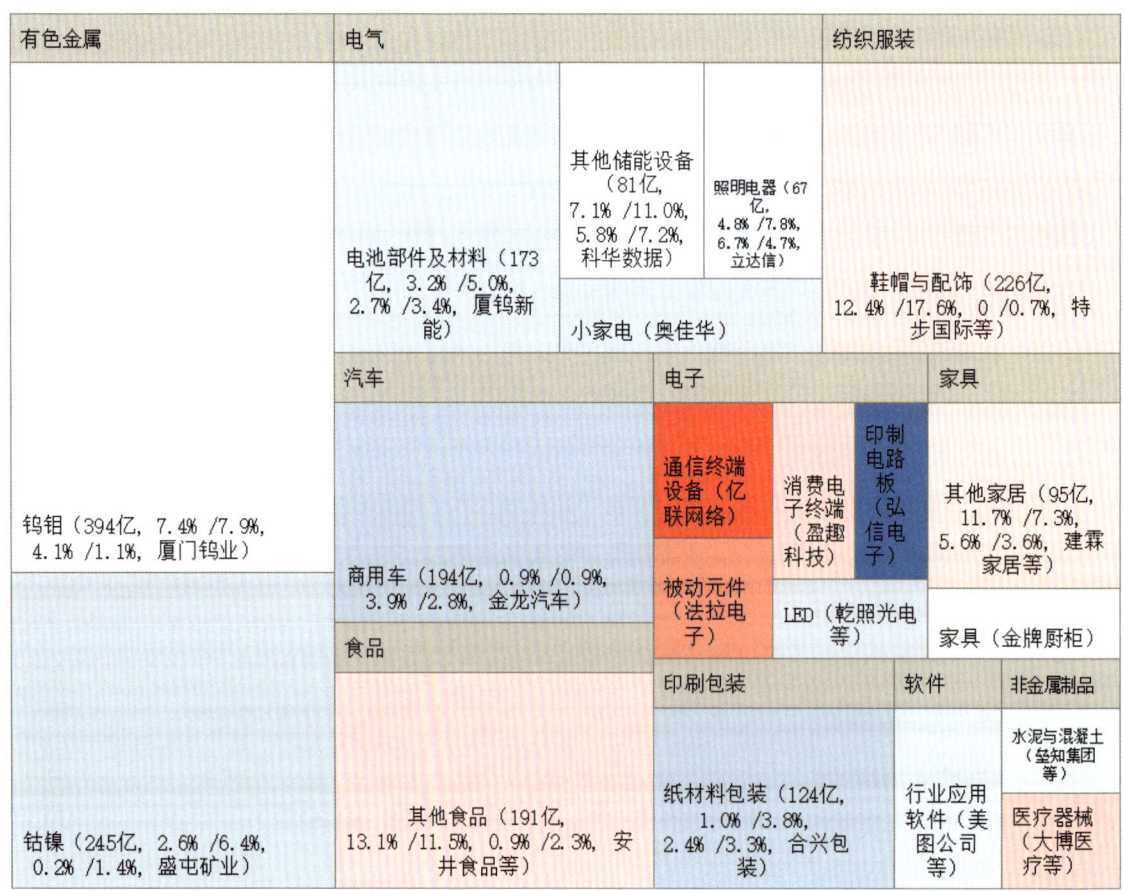

图2-23　厦门制造业、科技服务业、IT业主要上市公司有关情况

厦门创新能力指数为63.87，在全国地级及以上城市中排第17位（与上年相比上升1位），属于科技强市。从具体指标看，厦门在高技术产业发展、创新生态、政府财力、研发人力投入、国际技术输出、居民收入等方面优势突出，在经济活力、技术吸纳、技术输出、基础研究投入、经济发展新动能培育等方面存在短板。

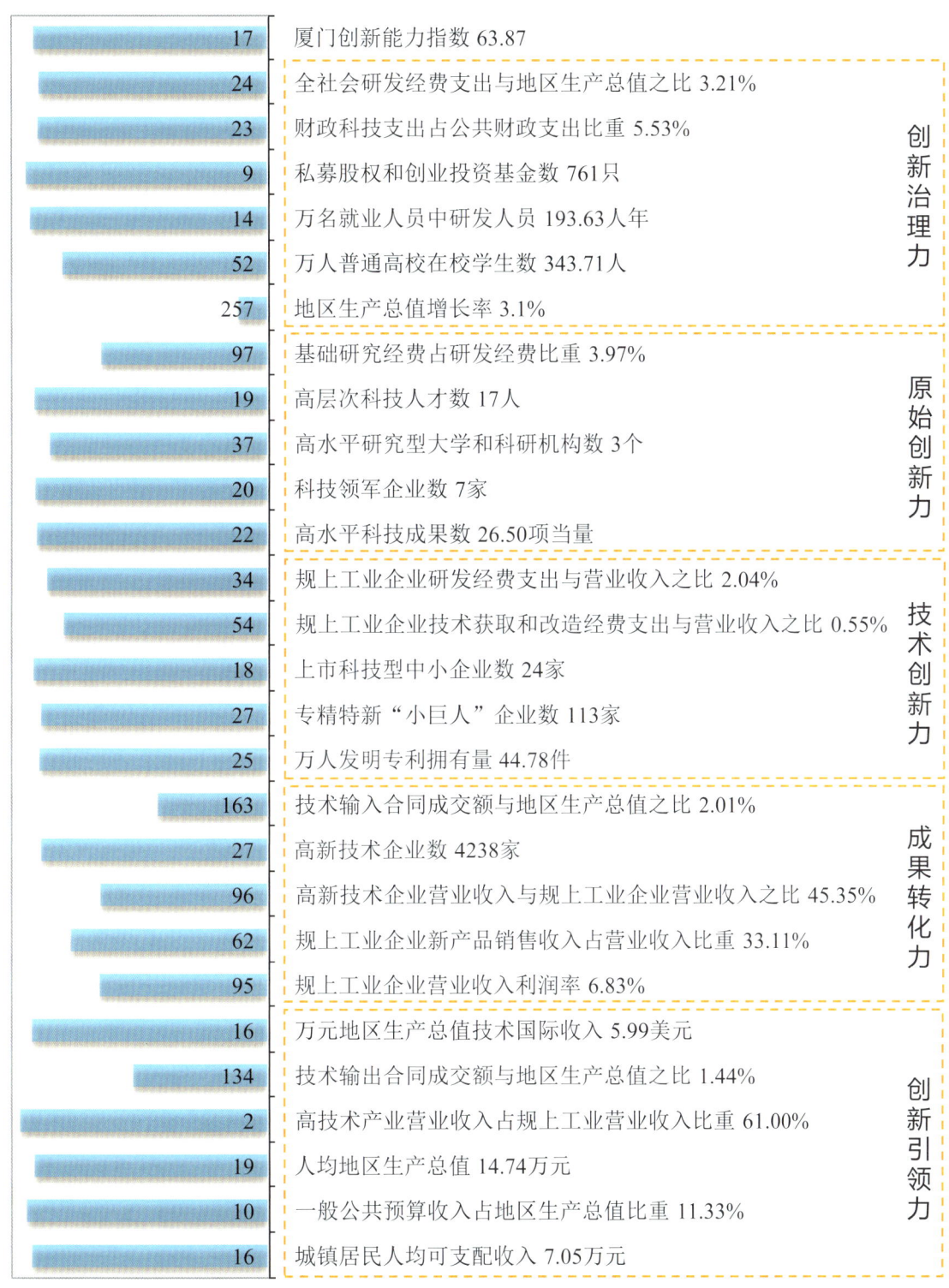

图 2-24　厦门创新能力指标数据及全国排名

（十三）常州

2022年，常州地区生产总值9550亿元，在全国地级及以上城市中排第25位；常住人口537万人，排第79位。规上工业企业6291家，排第14位，营业收入16908亿元，排第14位。

截至2023年，常州有上市公司78家（居全国第18位），其中制造业、科技服务业、IT业上市公司共65家，涉及电气等15个行业大类、光伏产品等36个行业小类（图2-25中括号内数据分别为该行业小类上市公司营业收入、利润率/全国平均利润率、研发强度/全国平均研发强度、代表性上市公司；受版面限制，部分行业仅展示代表性上市公司，规模较小行业不在图中展示）。从图中可以看出，光伏产品（1309亿）、电池（268亿）等行业上市公司营业收入规模较大；气液设备（31.3%）、电动机与工控（15.1%）、家电零部件（14.1%）、动力设备（12.3%）等行业利润率较高（图中底色偏红板块），农业机械（-13.2%）等行业出现亏损（图中底色偏蓝板块）；气液设备（7.7%）、汽车内外饰（5.5%）、电动机与工控（5.3%）等行业研发强度较高。

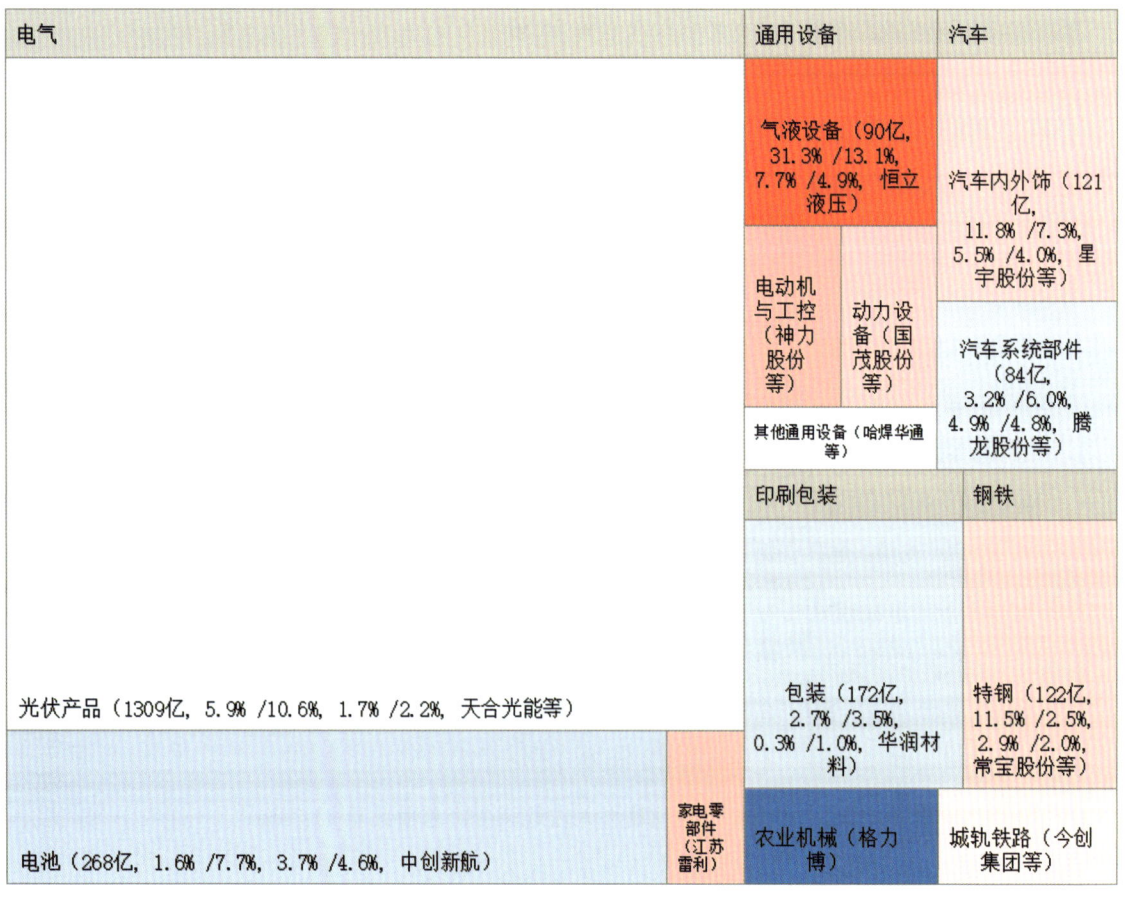

图 2-25　常州制造业、科技服务业、IT业主要上市公司有关情况

常州创新能力指数为 63.43，在全国地级及以上城市中排第 18 位（与上年相比下降 1 位），属于科技强市。从具体指标看，常州在研发人力投入、经济发展水平、上市企业培育、专利产出、专精特新"小巨人"企业培育、居民收入等方面优势突出，在政府财力、企业经济效益、企业技术获取和改造等方面存在短板。

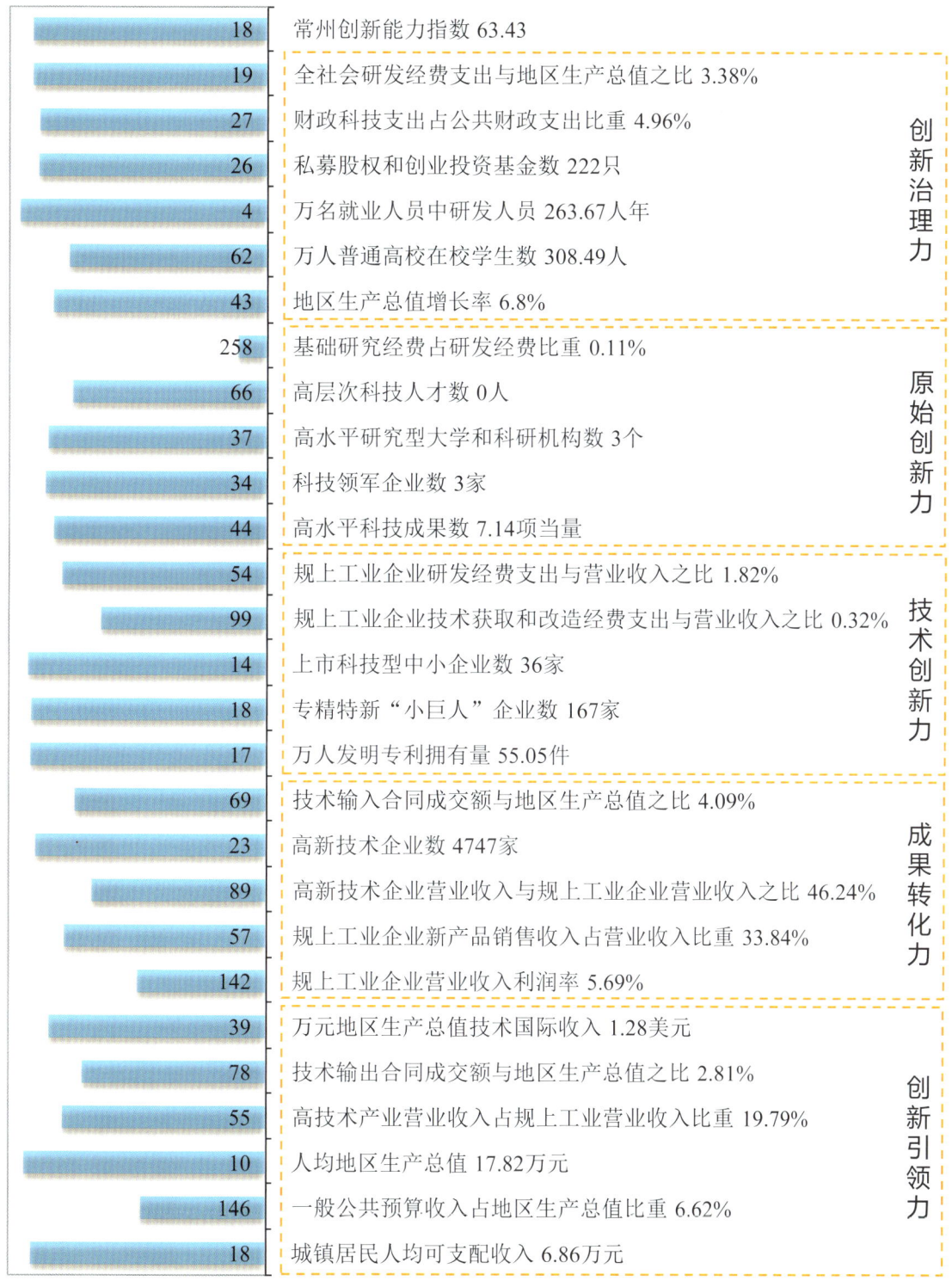

图 2-26　常州创新能力指标数据及全国排名

（十四）宁波

2022年，宁波地区生产总值15704亿元，在全国地级及以上城市中排第12位；常住人口962万人，排第22位。规上工业企业10342家，排第4位，营业收入25406亿元，排第7位。

截至2023年，宁波有上市公司134家（居全国第10位），其中制造业、科技服务业、IT业上市公司共108家，涉及汽车等16个行业大类、铜等50个行业小类（图2-27中括号内数据分别为该行业小类上市公司营业收入、利润率/全国平均利润率、研发强度/全国平均研发强度、代表性上市公司；受版面限制，部分行业仅展示代表性上市公司，规模较小行业不在图中展示）。从图中可以看出，铜（1345亿）、汽车电子（592亿）、光伏产品（570亿）等行业上市公司营业收入规模较大；家电零部件（25.1%）、服装（20.4%）、电网自动化（19.8%）、汽车系统部件（13.2%）、小家电（12.8%）等行业利润率较高（图中底色偏红板块），乘用车（-15.9%）等行业出现亏损（图中底色偏蓝板块）；乘用车（16.2%）、消费电子组件（7.8%）等行业研发强度较高。

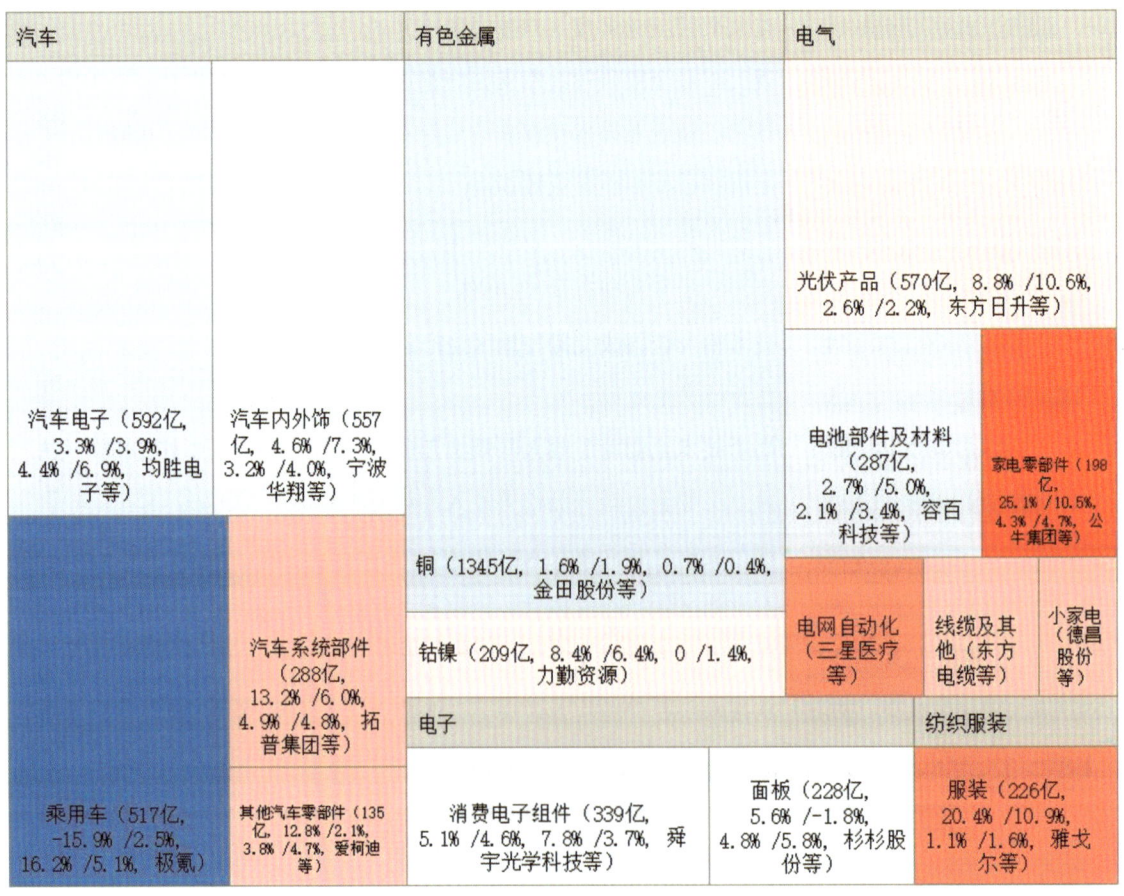

图2-27 宁波制造业、科技服务业、IT业主要上市公司有关情况

宁波创新能力指数为63.09，在全国地级及以上城市中排第20位（与上年相比上升1位），属于科技强市。从具体指标看，宁波在专精特新"小巨人"企业培育、居民收入、研发人力投入、科技领军企业培育、财政科技投入等方面优势突出，在企业经济效益、经济活力、基础研究投入、人才培养、技术吸纳等方面存在短板。

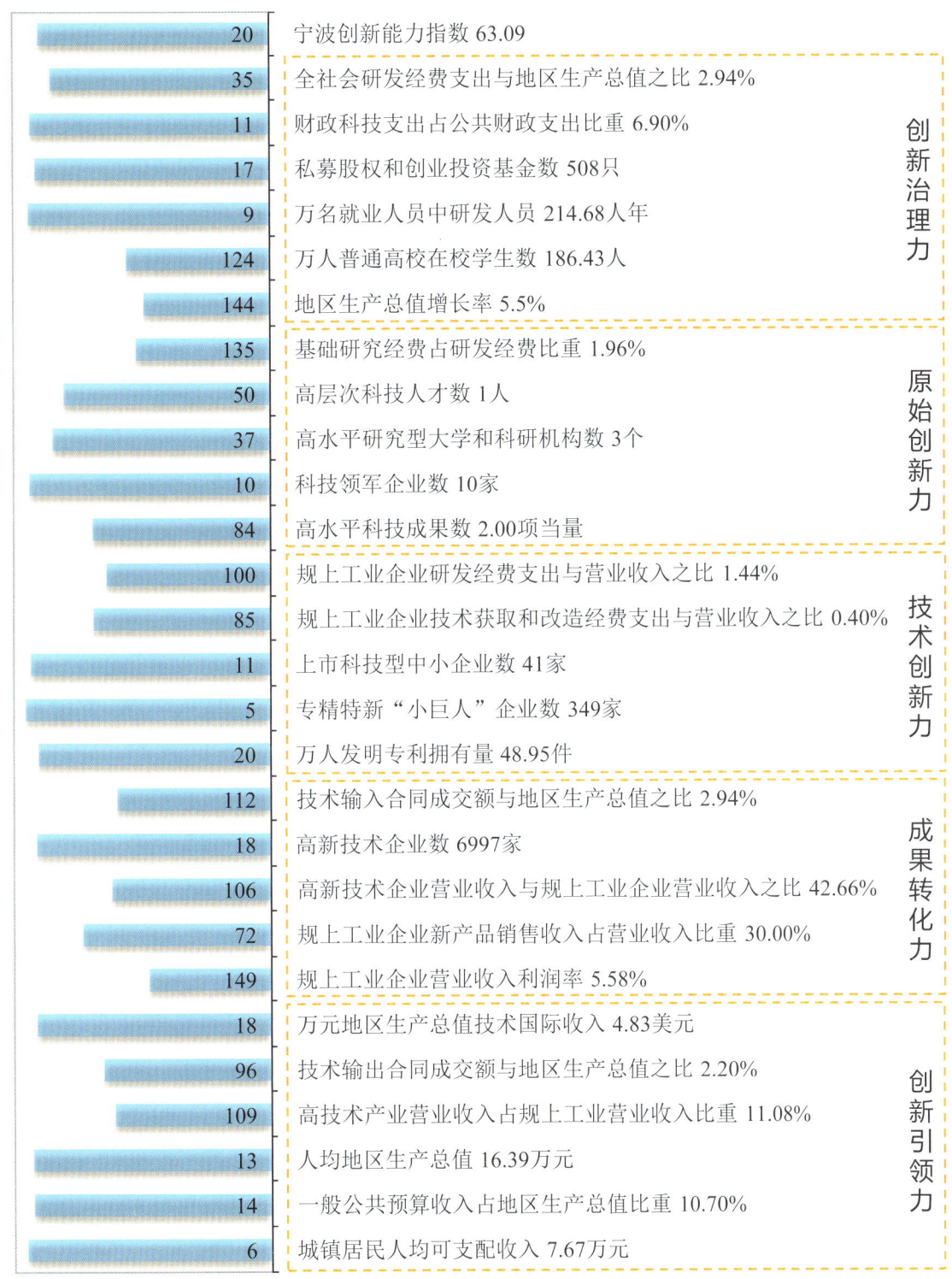

图2-28 宁波创新能力指标数据及全国排名

（十五）东莞

2022年，东莞地区生产总值11200亿元，在全国地级及以上城市中排第24位；常住人口1044万人，排第16位。规上工业企业13844家，排第1位，营业收入25356亿元，排第8位。

截至2023年，东莞有上市公司70家（居全国第23位），其中制造业、科技服务业、IT业上市公司共57家，涉及电子等11个行业大类、印制电路板等34个行业小类（图2-29中括号内数据分别为该行业小类上市公司营业收入、利润率/全国平均利润率、研发强度/全国平均研发强度、代表性上市公司；受版面限制，部分行业仅展示代表性上市公司，规模较小行业不在图中展示）。从图中可以看出，印制电路板（199亿）、消费电子组件（182亿）等行业上市公司营业收入规模较大；家具（17.3%）、其他储能设备（12.2%）、中成药（11.4%）等行业利润率较高（图中底色偏红板块），通信系统设备（-4.7%）、改性塑料（-3.6%）等行业出现亏损（图中底色偏蓝板块）；安防设备（10.8%）、通信终端设备（7.7%）、通信系统设备（7.6%）等行业研发强度较高。

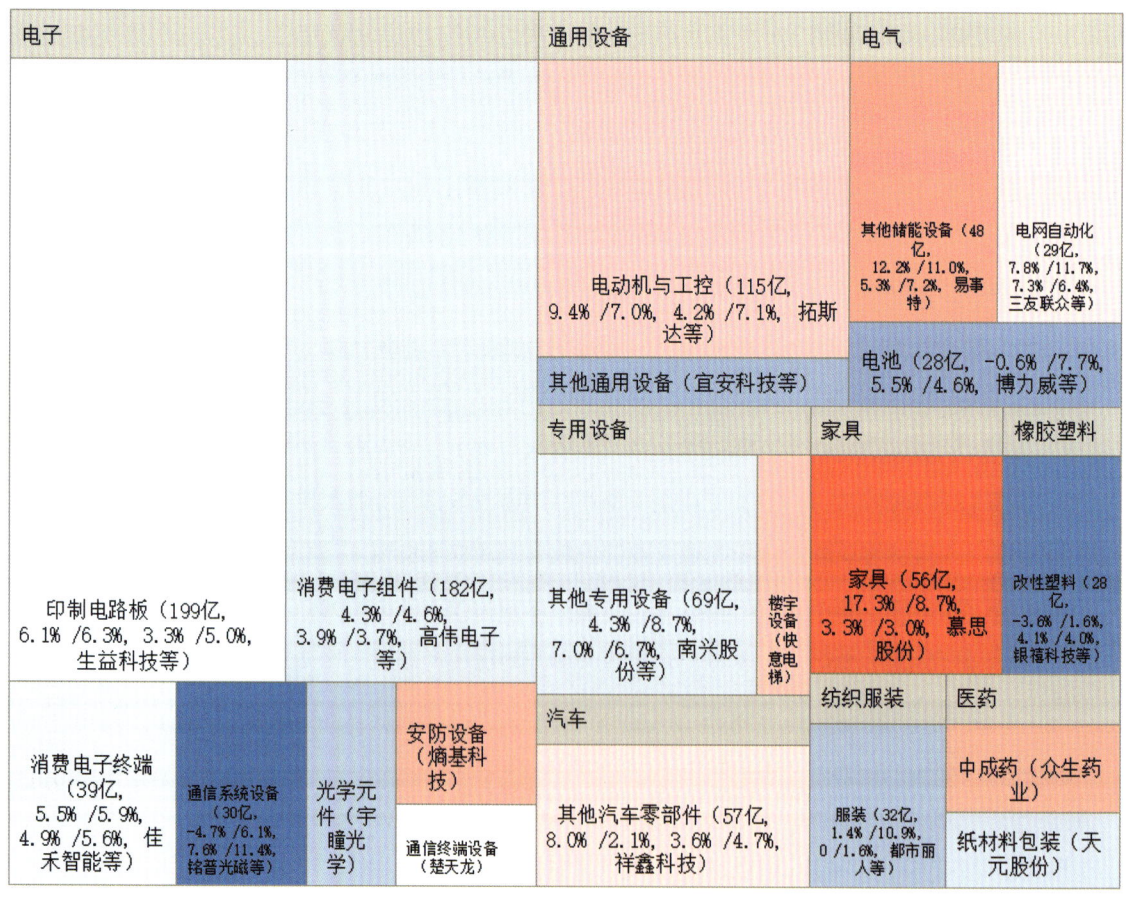

图 2-29　东莞制造业、科技服务业、IT业主要上市公司有关情况

东莞创新能力指数为61.27，在全国地级及以上城市中排第23位（与上年持平），属于创新强市。从具体指标看，东莞在全社会研发投入、国际技术输出、研发人力投入、上市企业培育、高新技术企业培育、高技术产业发展等方面具有相对优势，在经济活力、企业经济效益、人才培养、技术输出、政府财力等方面存在短板。

图 2-30　东莞创新能力指标数据及全国排名

（十六）烟台

2022年，烟台地区生产总值9516亿元，在全国地级及以上城市中排第26位；常住人口706万人，排第49位。规上工业企业2584家，排第44位，营业收入9524亿元，排第29位。

截至2023年，烟台有上市公司58家（居全国第26位），其中制造业、科技服务业、IT业上市公司共43家，涉及化工等16个行业大类、聚氨酯等33个行业小类（图2-31中括号内数据分别为该行业小类上市公司营业收入、利润率/全国平均利润率、研发强度/全国平均研发强度、代表性上市公司；受版面限制，部分行业仅展示代表性上市公司，规模较小行业不在图中展示）。从图中可以看出，聚氨酯（1768亿）、黄金（743亿）等行业上市公司营业收入规模较大；燃油炼制（37.3%）、通信系统设备（23.3%）、电子化学品（20.3%）、铝（15.1%）、聚氨酯（11.6%）等行业利润率较高（图中底色偏红板块），肉制品（-8.5%）等行业出现亏损（图中底色偏蓝板块）；电网自动化（8.5%）、电子化学品（8.1%）、通信系统设备（6.9%）等行业研发强度较高。

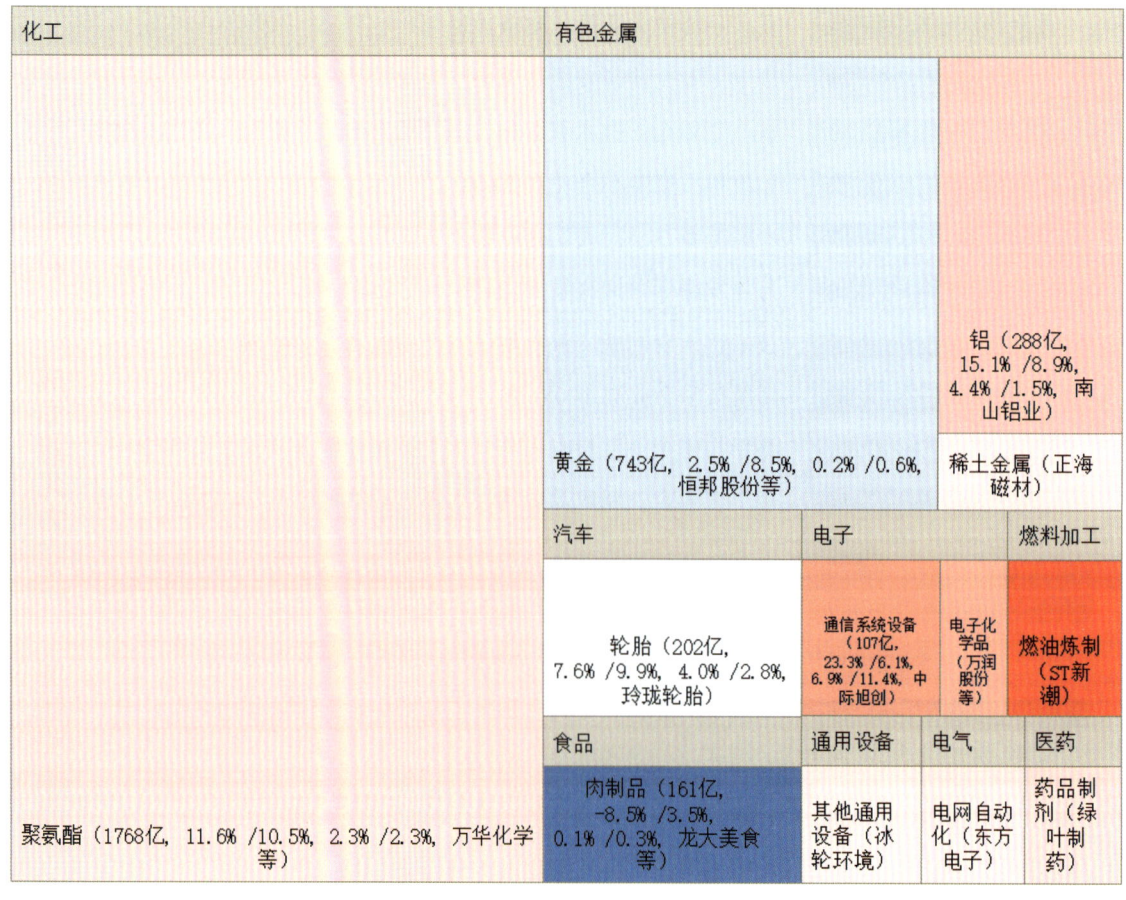

图2-31 烟台制造业、科技服务业、IT业主要上市公司有关情况

烟台创新能力指数为60.68，在全国地级及以上城市中排第25位（与上年相比上升4位），属于创新强市。从具体指标看，烟台在科技领军企业培育、专精特新"小巨人"企业培育、国际技术输出等方面具有相对优势，在企业技术获取和改造、政府财力、经济发展新动能培育、技术吸纳、全社会研发投入等方面存在短板。

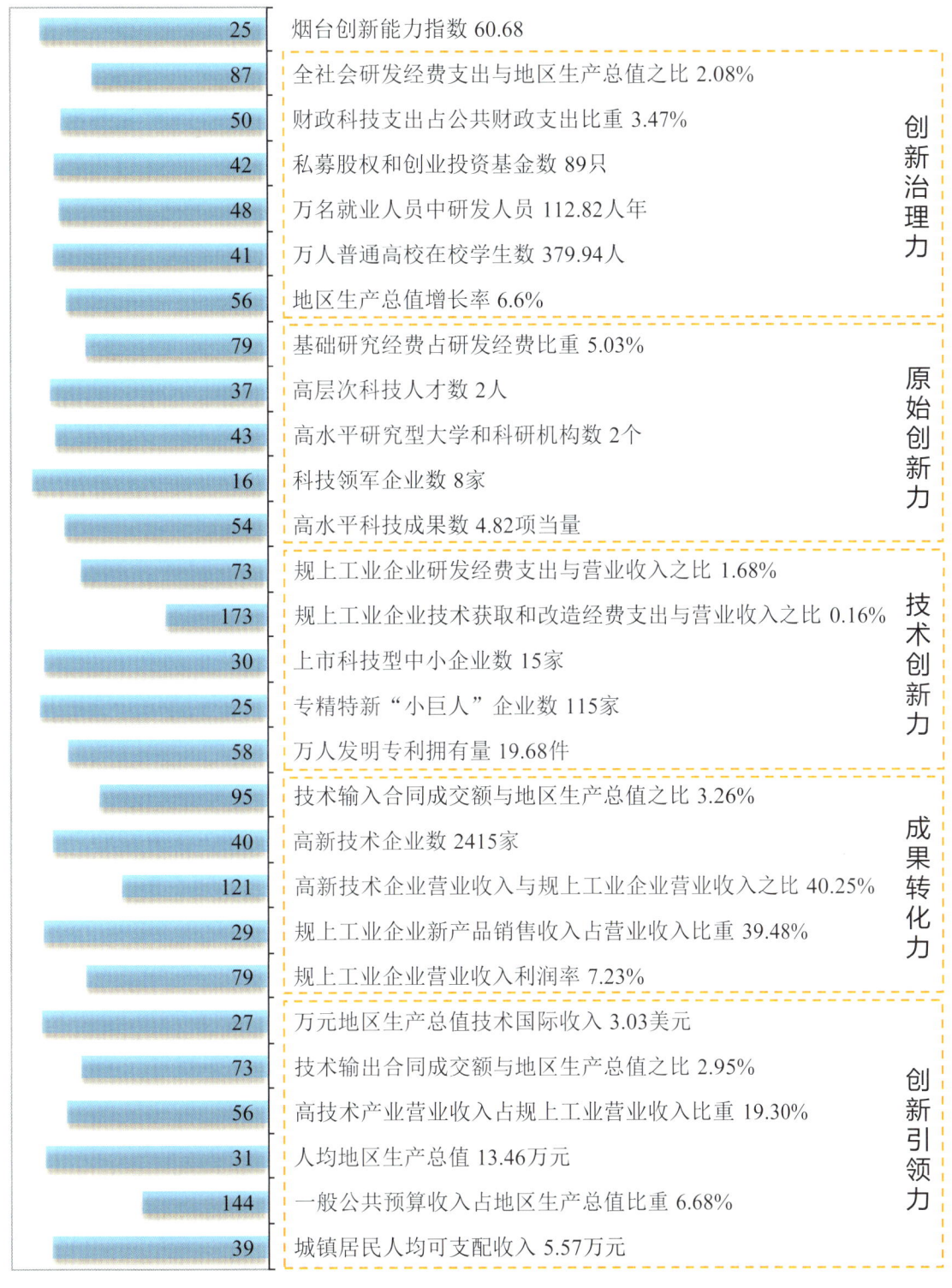

图 2-32　烟台创新能力指标数据及全国排名

（十七）珠海

2022 年，珠海地区生产总值 4045 亿元，在全国地级及以上城市中排第 73 位；常住人口 248 万人，排第 199 位。规上工业企业 1792 家，排第 77 位，营业收入 6643 亿元，排第 52 位。

截至 2023 年，珠海有上市公司 45 家（居全国第 30 位），其中制造业、科技服务业、IT 业上市公司共 36 家，涉及电气等 14 个行业大类、白色家电等 27 个行业小类（图 2-33 中括号内数据分别为该行业小类上市公司营业收入、利润率/全国平均利润率、研发强度/全国平均研发强度、代表性上市公司；受版面限制，部分行业仅展示代表性上市公司，规模较小行业不在图中展示）。从图中可以看出，白色家电（2040 亿）、电脑与外设（251 亿）等行业上市公司营业收入规模较大；其他食品（22.0%）、药品制剂（18.0%）、白色家电（16.1%）、医疗器械（12.7%）等行业利润率较高（图中底色偏红板块），电脑与外设（-36.0%）等行业出现亏损（图中底色偏蓝板块）；药品制剂（10.6%）、电池（10.0%）、医疗器械（9.8%）等行业研发强度较高。

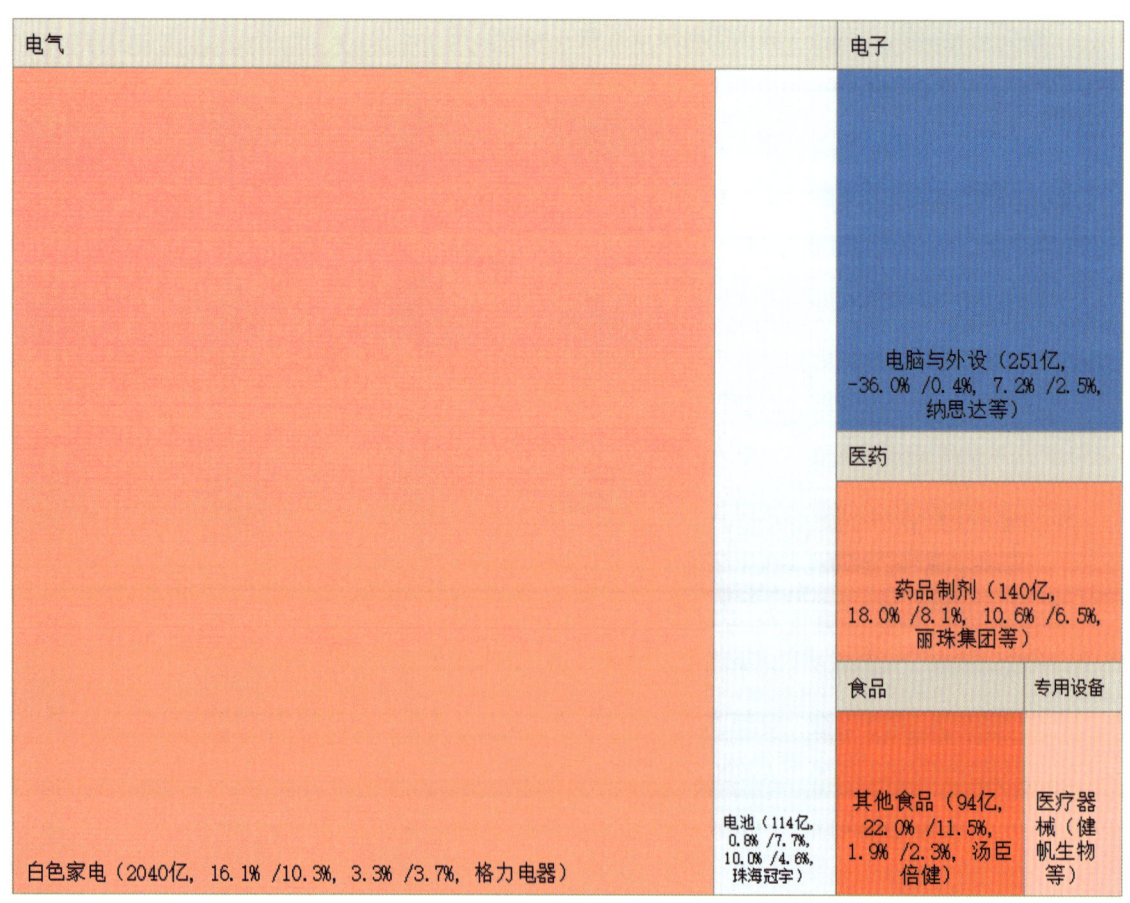

图 2-33　珠海制造业、科技服务业、IT 业主要上市公司有关情况

珠海创新能力指数为58.76，在全国地级及以上城市中排第28位（与上年相比下降6位），属于创新强市。从具体指标看，珠海在专利产出、研发人力投入、国际技术输出、创新生态等方面具有相对优势，在经济活力、技术输出、企业研发投入、高水平研究型大学和科研机构、新产品开发等方面存在短板。

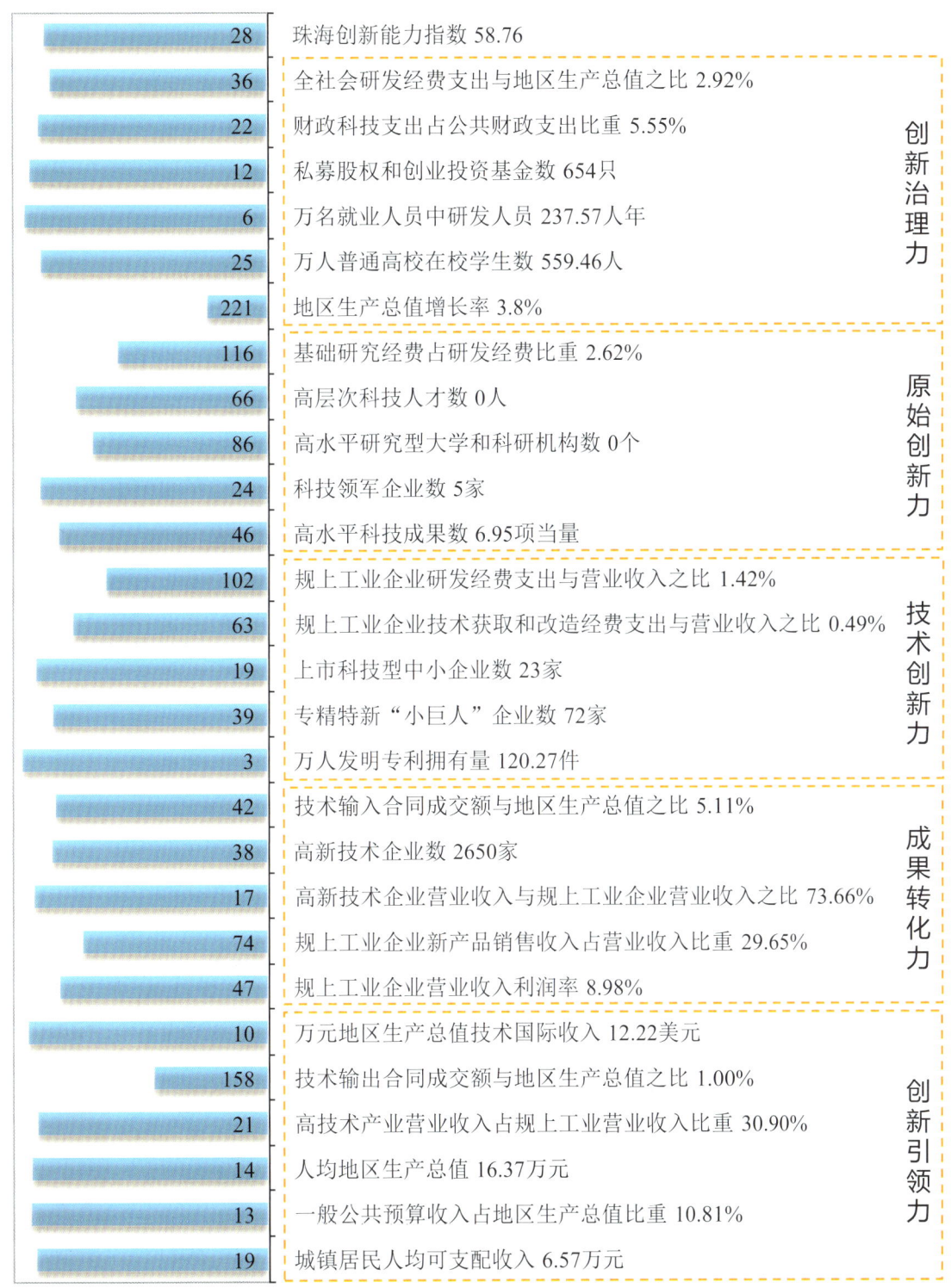

图 2-34　珠海创新能力指标数据及全国排名

（十八）嘉兴

2022 年，嘉兴地区生产总值 6739 亿元，在全国地级及以上城市中排第 41 位；常住人口 555 万人，排第 72 位。规上工业企业 6592 家，排第 12 位，营业收入 15114 亿元，排第 18 位。

截至 2023 年，嘉兴有上市公司 75 家（居全国第 19 位），其中制造业、科技服务业、IT 业上市公司共 60 家，涉及化纤等 17 个行业大类、锦纶与涤纶等 38 个行业小类（图 2-35 中括号内数据分别为该行业小类上市公司营业收入、利润率/全国平均利润率、研发强度/全国平均研发强度、代表性上市公司；受版面限制，部分行业仅展示代表性上市公司，规模较小行业不在图中展示）。从图中可以看出，锦纶与涤纶（1497 亿）、钴镍（663 亿）等行业上市公司营业收入规模较大；玻璃纤维（25.4%）、其他化学制品（15.0%）、光伏产品（14.3%）等行业利润率较高（图中底色偏红板块），锦纶与涤纶（1.4%）、包装（3.1%）等行业利润率较低（图中底色偏蓝板块）；纺织品（3.3%）、其他化学原料（3.0%）等行业研发强度相对较高。

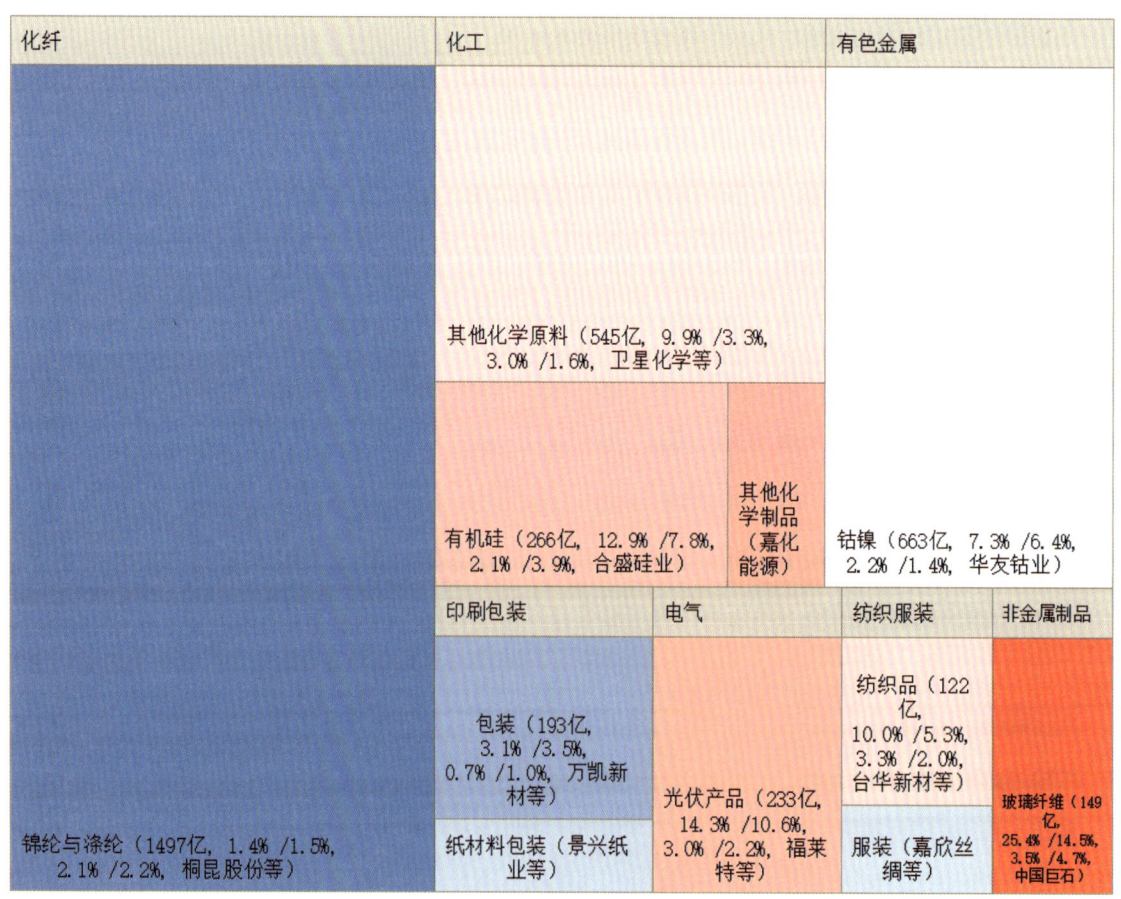

图 2-35　嘉兴制造业、科技服务业、IT 业主要上市公司有关情况

嘉兴创新能力指数为58.43,在全国地级及以上城市中排第29位(与上年相比下降3位),属于创新强市。从具体指标看,嘉兴在新产品开发、居民收入、全社会研发投入、科技领军企业培育、研发人力投入等方面具有相对优势,在企业技术获取和改造、企业经济效益、人才培养、技术输出、技术吸纳等方面存在短板。

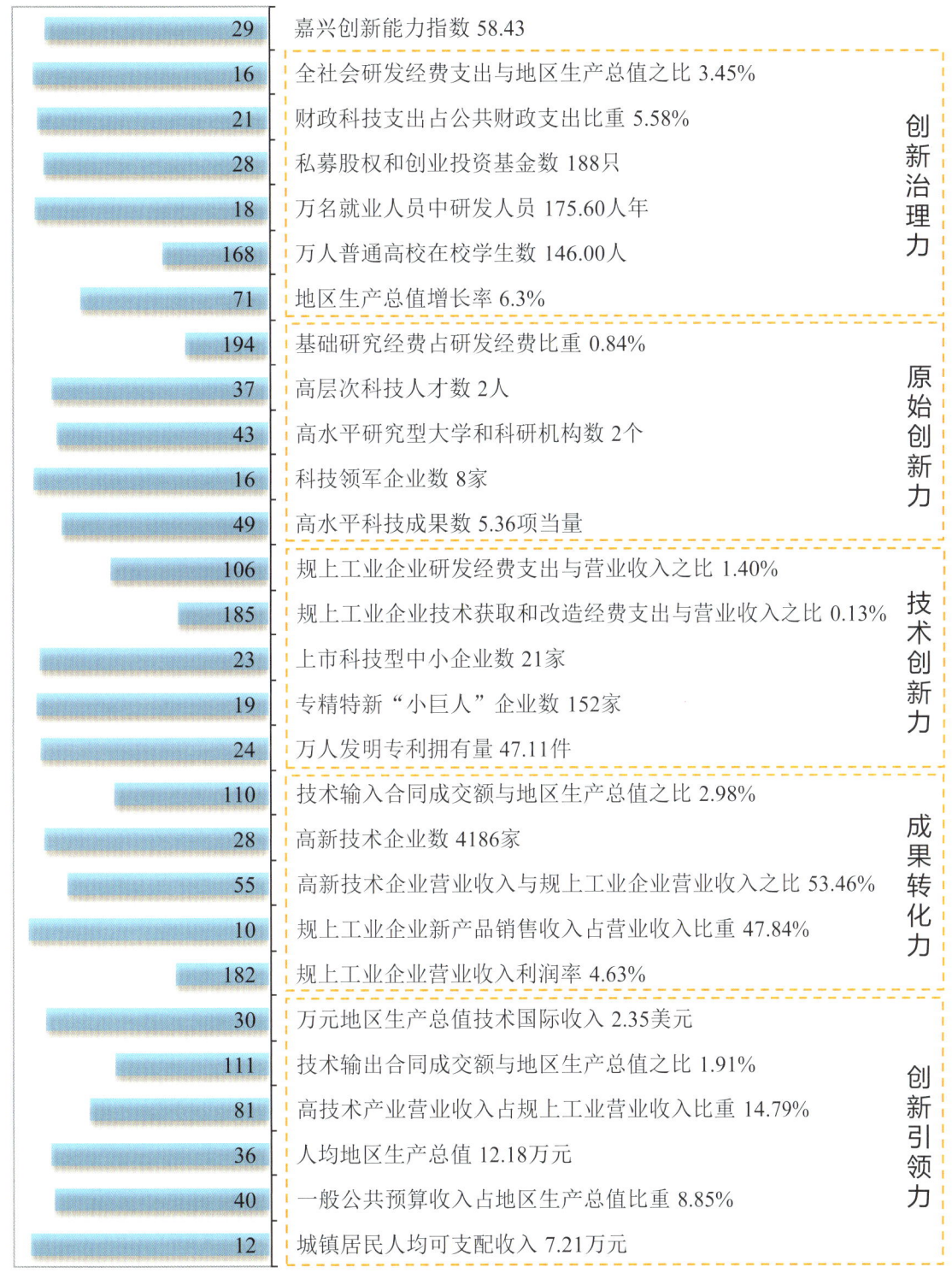

图2-36 嘉兴创新能力指标数据及全国排名

（十九）福州

2022年，福州地区生产总值12308亿元，在全国地级及以上城市中排第18位；常住人口845万人，排第38位。规上工业企业2894家，排第37位，营业收入8973亿元，排第32位。

截至2023年，福州有上市公司63家（居全国第25位），其中制造业、科技服务业、IT业上市公司共37家，涉及电子等15个行业大类、汽车内外饰等27个行业小类（图2-37中括号内数据分别为该行业小类上市公司营业收入、利润率/全国平均利润率、研发强度/全国平均研发强度、代表性上市公司；受版面限制，部分行业仅展示代表性上市公司，规模较小行业不在图中展示）。从图中可以看出，汽车内外饰（332亿）、通信系统设备（274亿）等行业上市公司营业收入规模较大；汽车内外饰（20.5%）、安防设备（15.7%）等行业利润率较高（图中底色偏红板块），国防装备（-125.1%）、面板（-65.9%）等行业出现亏损（图中底色偏蓝板块）；国防装备（28.4%）、集成电路设计（25.1%）、行业应用软件（19.2%）等行业研发强度较高。

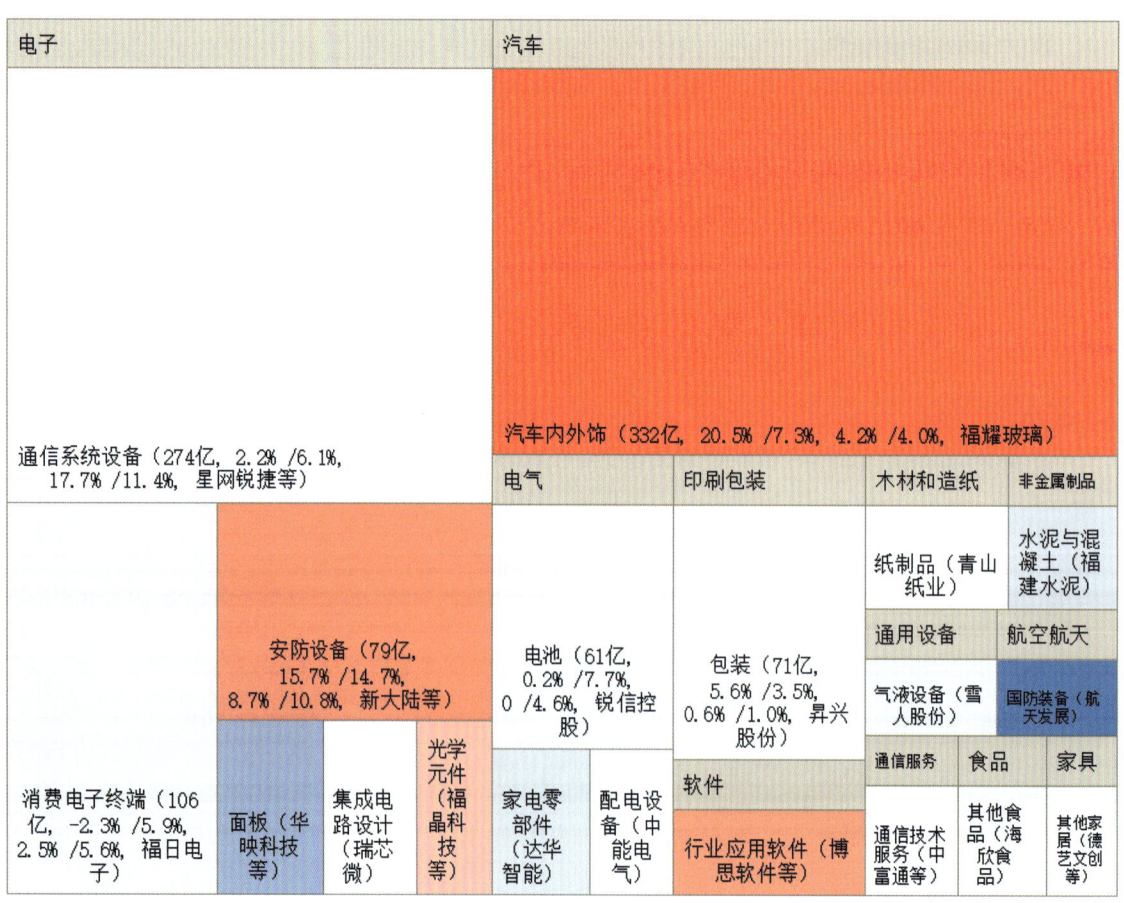

图2-37　福州制造业、科技服务业、IT业主要上市公司有关情况

福州创新能力指数为58.30，在全国地级及以上城市中排第30位（与上年相比上升11位），属于创新强市。从具体指标看，福州在科技领军企业培育、经济发展水平、创新生态、高水平科技成果产出等方面具有相对优势，在政府财力、技术输出、经济活力、经济发展新动能培育、技术吸纳、新产品开发等方面存在短板。

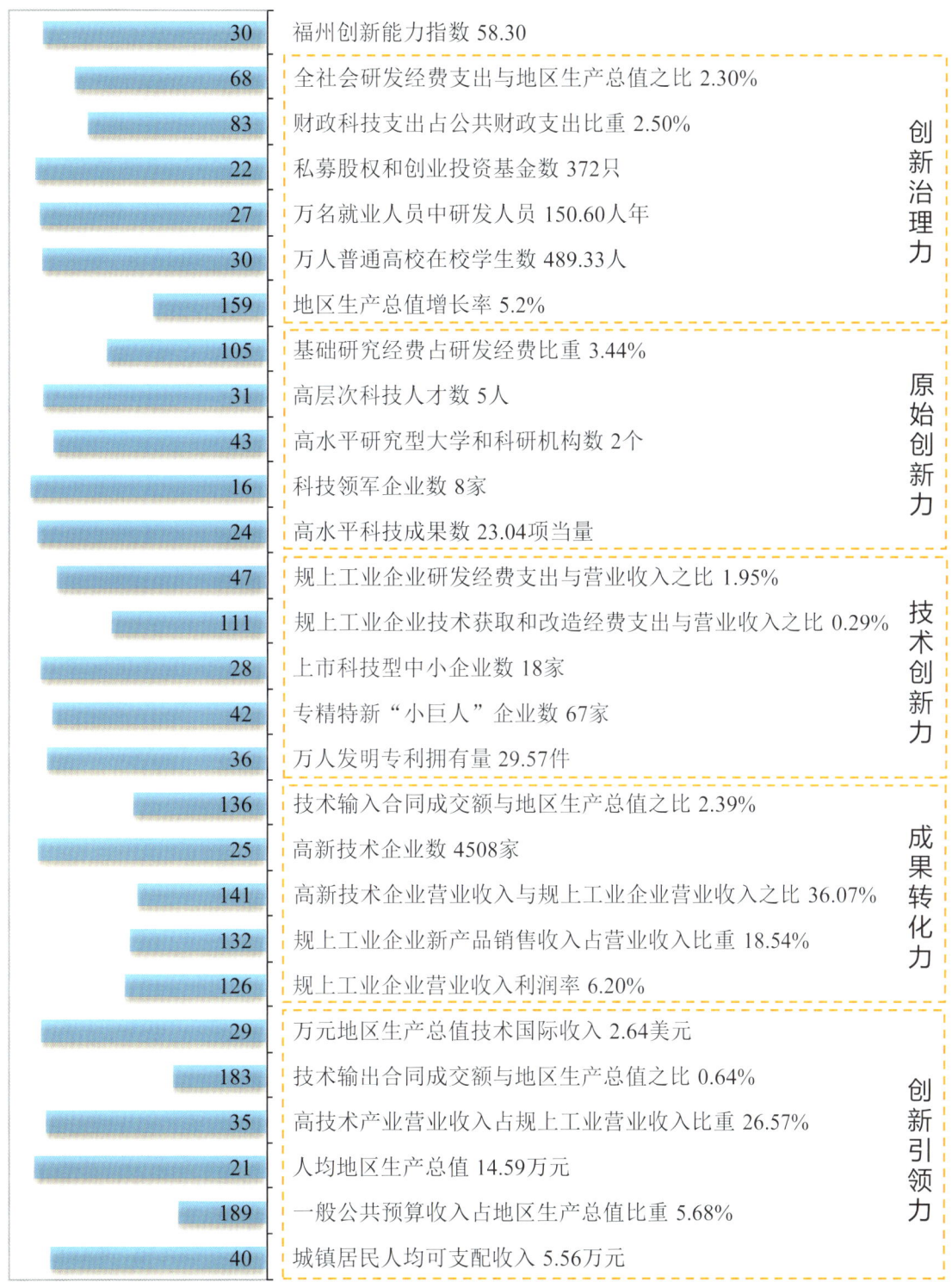

图2-38 福州创新能力指标数据及全国排名

（二十）温州

2022年，温州地区生产总值8030亿元，在全国地级及以上城市中排第30位；常住人口968万人，排第20位。规上工业企业8658家，排第7位，营业收入7374亿元，排第45位。

截至2023年，温州有上市公司44家（居全国第31位），其中制造业、科技服务业、IT业上市公司共36家，涉及电气等11个行业大类、配电设备等23个行业小类（图2-39中括号内数据分别为该行业小类上市公司营业收入、利润率/全国平均利润率、研发强度/全国平均研发强度、代表性上市公司；受版面限制，部分行业仅展示代表性上市公司，规模较小行业不在图中展示）。从图中可以看出，配电设备（689亿）、氨纶及其他（263亿）、服装（204亿）等行业上市公司营业收入规模较大；仪器仪表（15.1%）、服装（12.9%）、汽车系统部件（10.6%）等行业利润率较高（图中底色偏红板块），电池（-14.1%）、消费电子组件（-4.7%）等行业出现亏损（图中底色偏蓝板块）；电池（7.2%）、仪器仪表（7.0%）等行业研发强度较高。

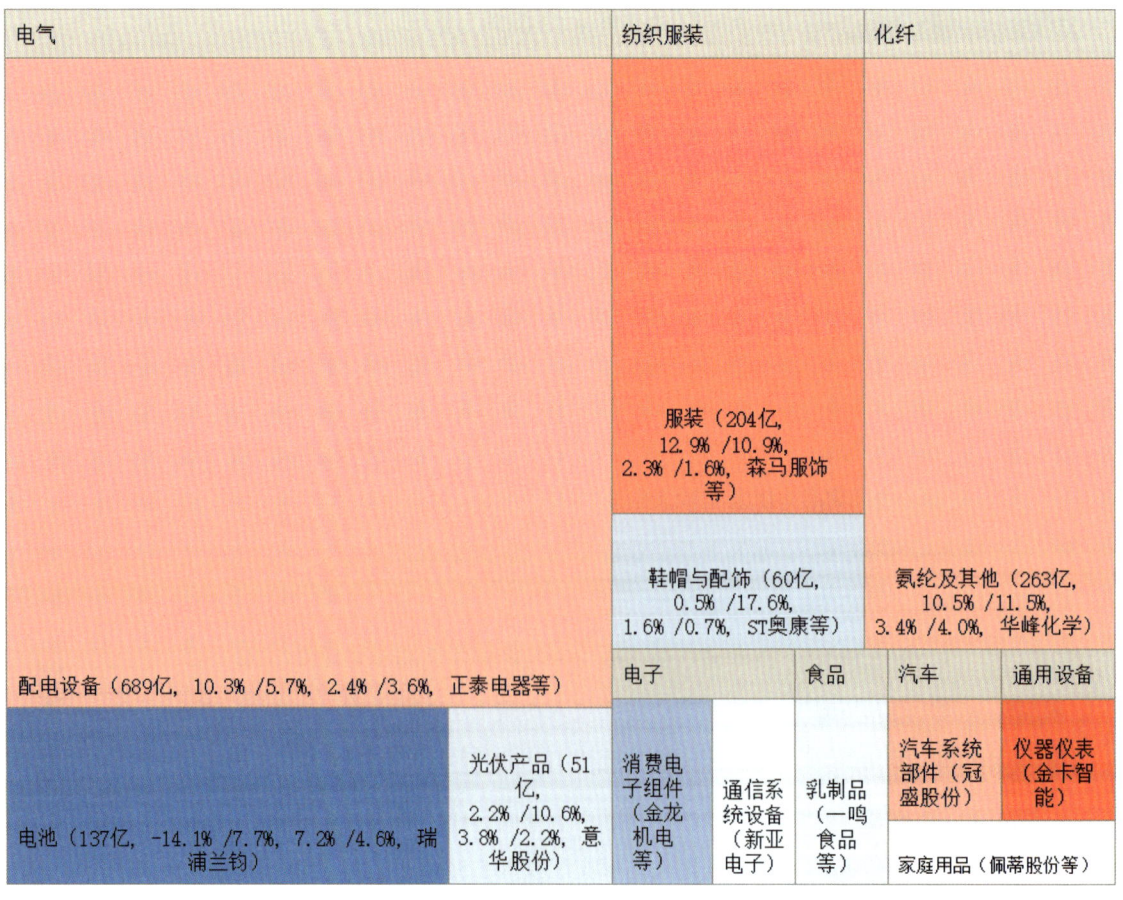

图2-39 温州制造业、科技服务业、IT业主要上市公司有关情况

温州创新能力指数为57.54，在全国地级及以上城市中排第33位（与上年相比下降1位），属于创新强市。从具体指标看，温州在居民收入、高水平技术创新平台建设、专精特新"小巨人"企业培育等方面具有相对优势，在人才培养、企业经济效益、技术吸纳、政府财力、高技术产业发展等方面存在短板。

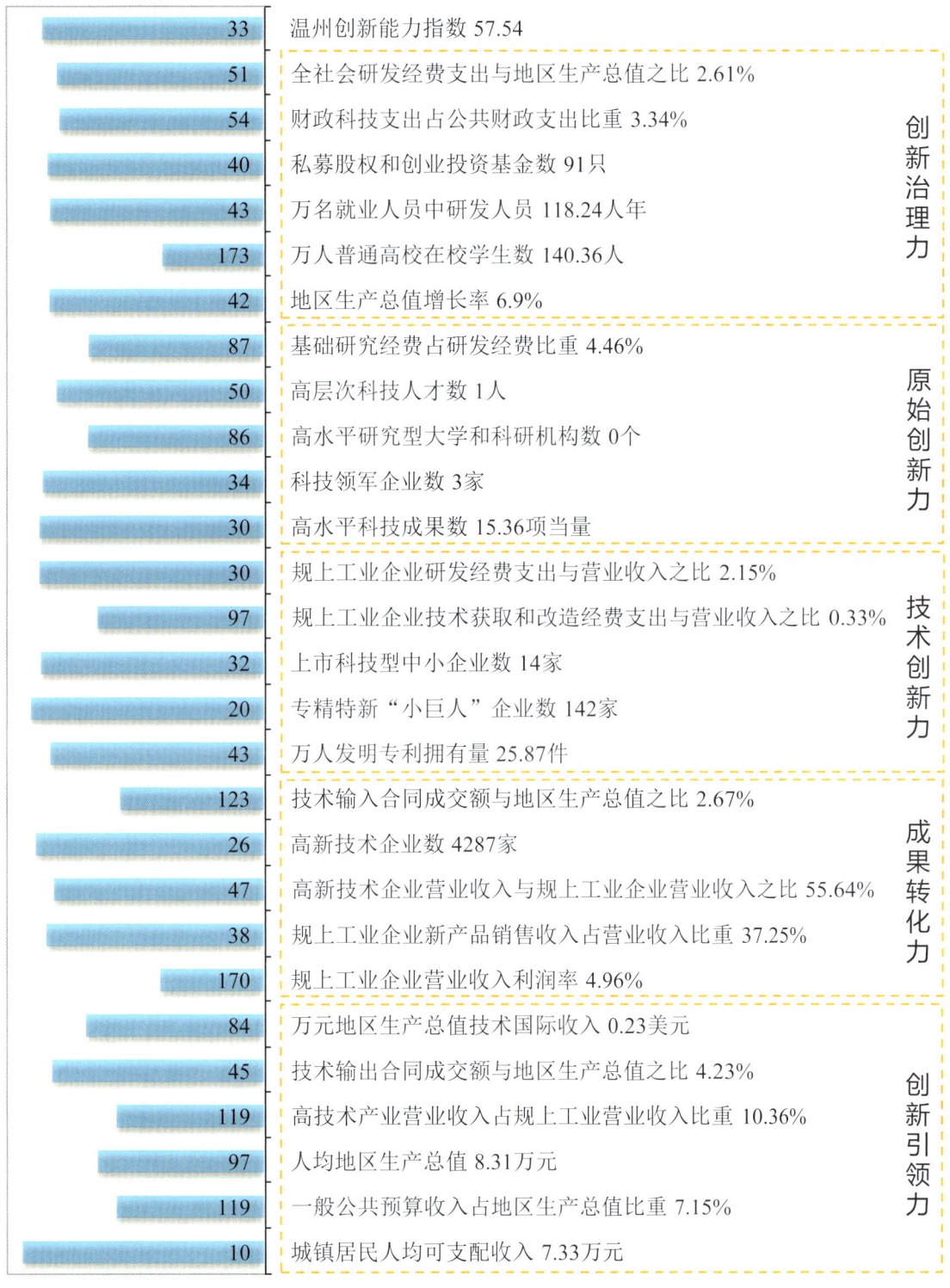

图2-40 温州创新能力指标数据及全国排名

（二十一）威海

2022年，威海地区生产总值3408亿元，在全国地级及以上城市中排第96位；常住人口292万人，排第174位。规上工业企业1312家，排第107位，营业收入2315亿元，排第146位。

截至2023年，威海有上市公司19家（居全国第55位），其中制造业、科技服务业、IT业上市公司共16家，涉及汽车等9个行业大类、轮胎等13个行业小类（图2-41中括号内数据分别为该行业小类上市公司营业收入、利润率/全国平均利润率、研发强度/全国平均研发强度、代表性上市公司；受版面限制，部分行业仅展示代表性上市公司，规模较小行业不在图中展示）。从图中可以看出，轮胎（203亿）、医疗器械（144亿）等行业上市公司营业收入规模较大；氨纶及其他（39.4%）、其他食品（22.3%）、医疗器械（17.2%）等行业利润率较高（图中底色偏红板块），包装（-48.0%）等行业出现亏损（图中底色偏蓝板块）；电脑与外设（15.6%）、氨纶及其他（6.7%）、汽车系统部件（6.6%）等行业研发强度较高。

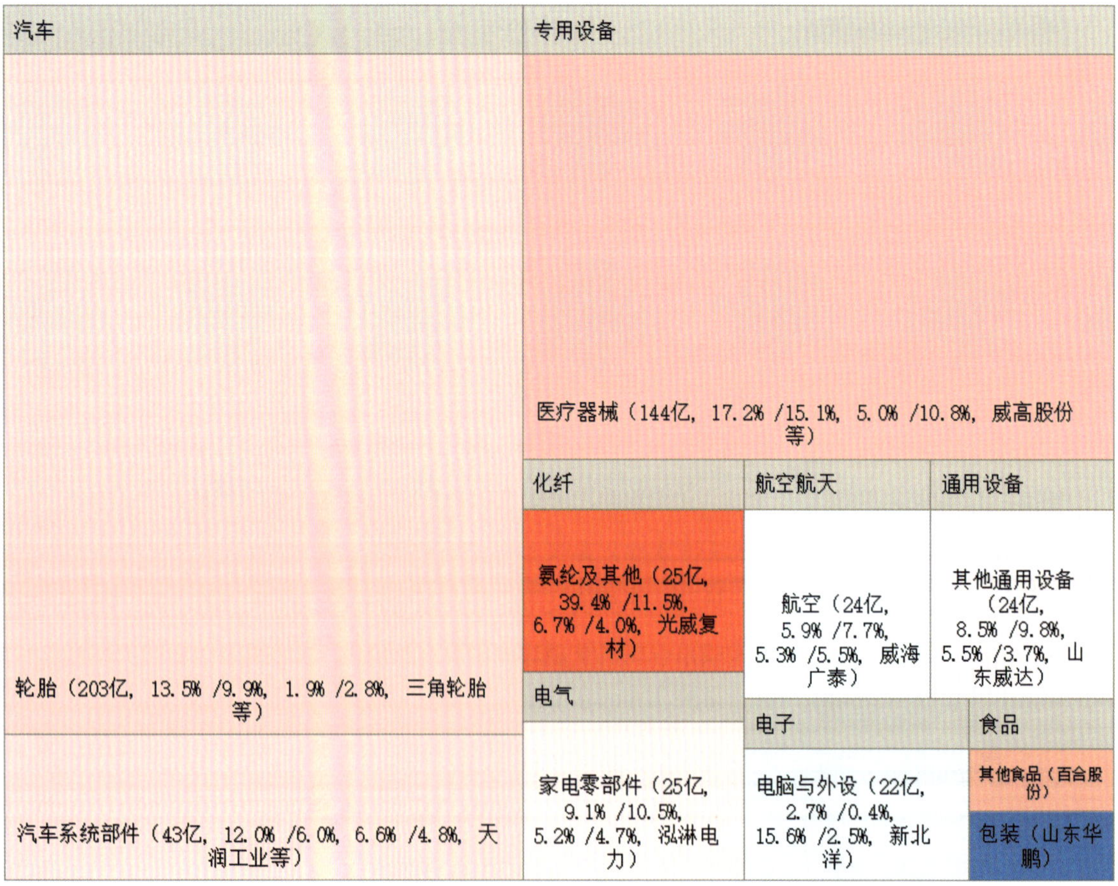

图2-41　威海制造业、科技服务业、IT业主要上市公司有关情况

威海创新能力指数为55.95，在全国地级及以上城市中排第36位（与上年相比下降1位），属于创新强市。从具体指标看，威海在企业研发投入、新产品开发、高技术产业发展、企业技术获取和改造等方面具有相对优势，在政府财力、经济活力、财政科技投入、高水平科技成果产出、创新生态等方面存在短板。

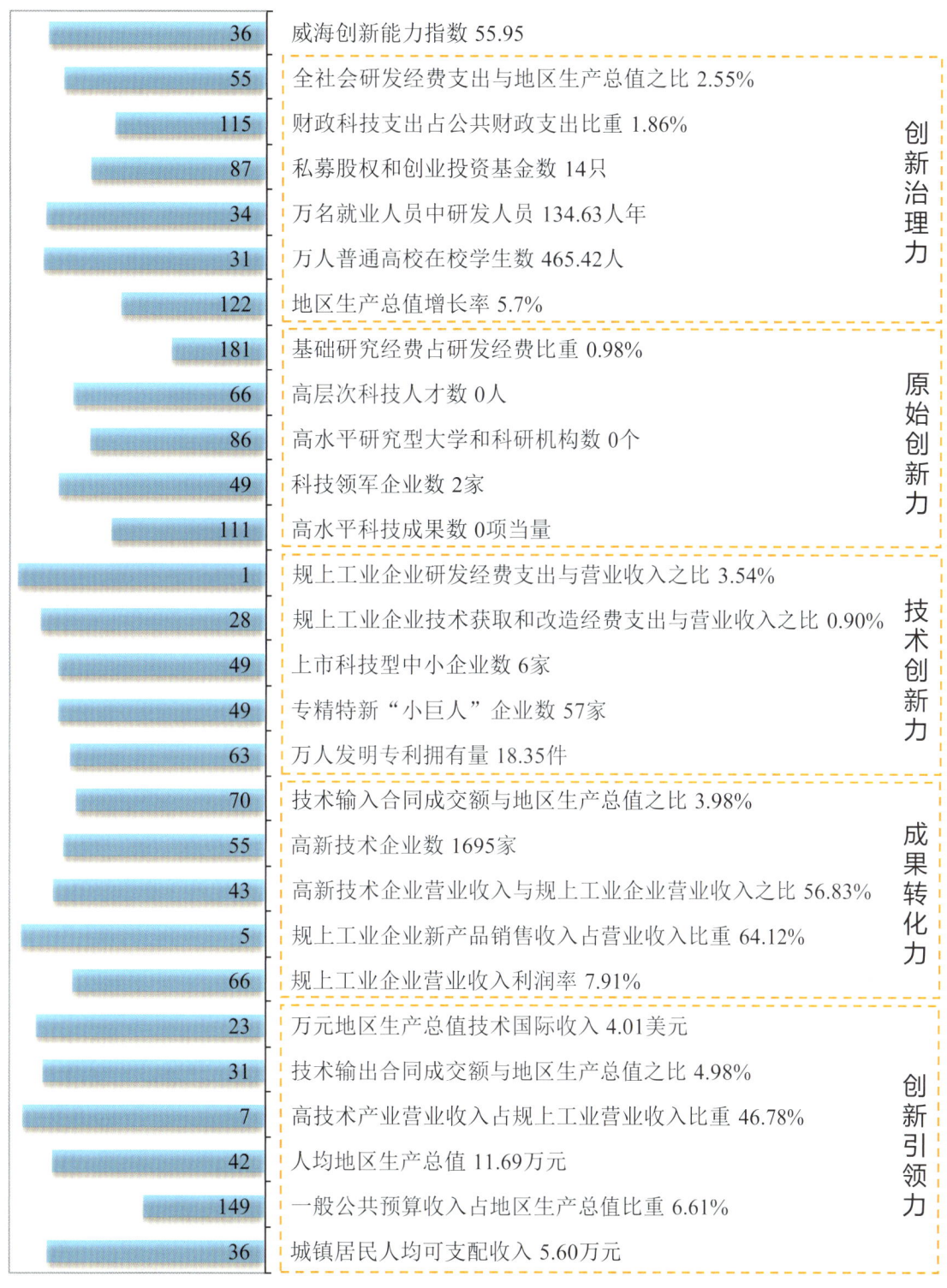

图2-42 威海创新能力指标数据及全国排名

（二十二）绍兴

2022年，绍兴地区生产总值7351亿元，在全国地级及以上城市中排第34位；常住人口535万人，排第81位。规上工业企业5263家，排第19位，营业收入8637亿元，排第34位。

截至2023年，绍兴有上市公司82家（居全国第16位），其中制造业、科技服务业、IT业上市公司共63家，涉及有色金属等14个行业大类、铜等38个行业小类（图2-43中括号内数据分别为该行业小类上市公司营业收入、利润率/全国平均利润率、研发强度/全国平均研发强度、代表性上市公司；受版面限制，部分行业仅展示代表性上市公司，规模较小行业不在图中展示）。从图中可以看出，铜（756亿）、原料药（286亿）、家电零部件（253亿）等行业上市公司营业收入规模较大；光伏产品（33.1%）、原料药（15.3%）、家电零部件（14.3%）、药品制剂（14.3%）等行业利润率较高（图中底色偏红板块），分立器件（-55.3%）等行业出现亏损（图中底色偏蓝板块）；分立器件（28.7%）、药品制剂（9.4%）、原料药（6.8%）等行业研发强度较高。

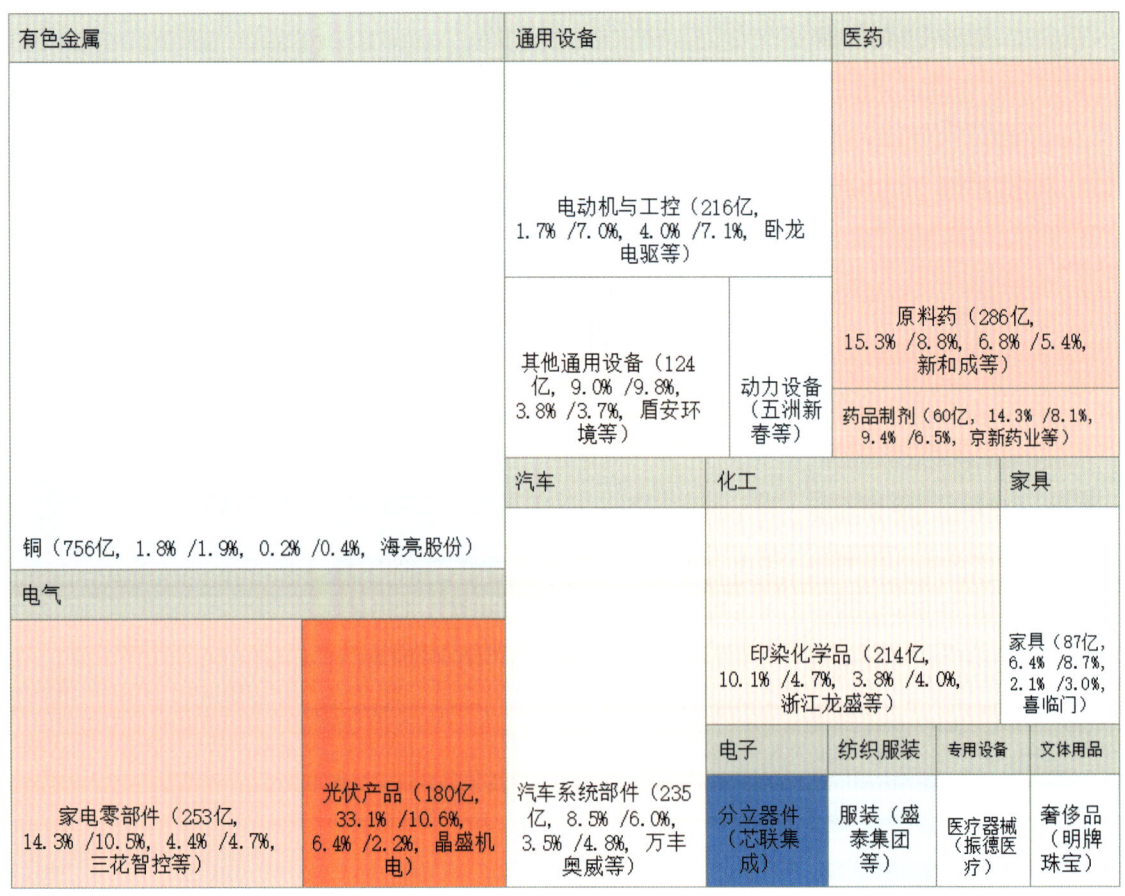

图 2-43　绍兴制造业、科技服务业、IT业主要上市公司有关情况

绍兴创新能力指数为55.81，在全国地级及以上城市中排第37位（与上年相比上升1位），属于创新强市。从具体指标看，绍兴在居民收入、科技领军企业培育、经济活力、企业研发投入、财政科技投入等方面具有相对优势，在企业技术获取和改造、企业经济效益、高水平科技成果产出、政府财力、高技术产业发展等方面存在短板。

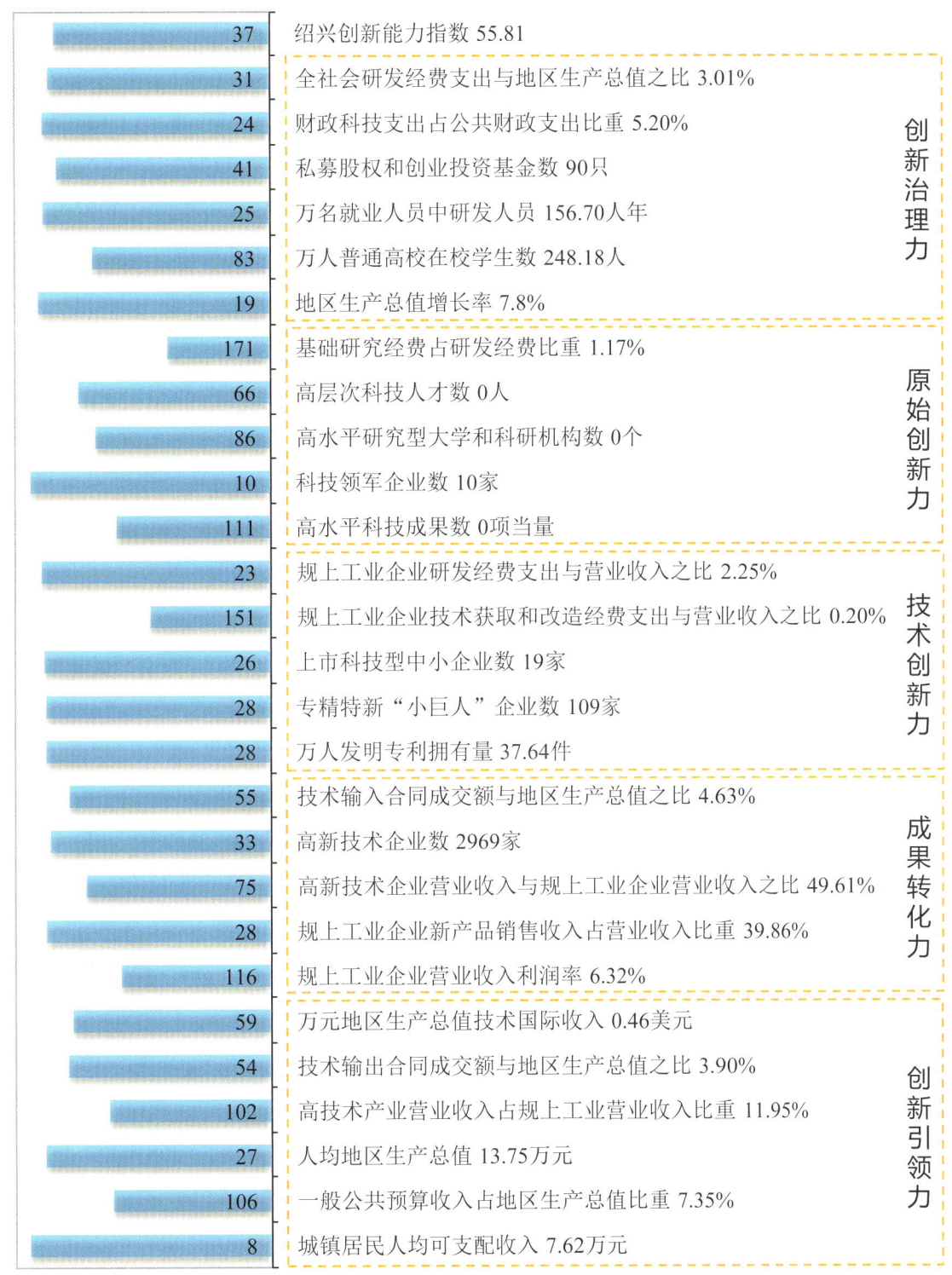

图2-44 绍兴创新能力指标数据及全国排名

（二十三）南通

2022年，南通地区生产总值11380亿元，在全国地级及以上城市中排第23位；常住人口774万人，排第41位。规上工业企业6541家，排第13位，营业收入12171亿元，排第22位。

截至2023年，南通有上市公司54家（居全国第28位），其中制造业、科技服务业、IT业上市公司共45家，涉及电子等15个行业大类、通信系统设备等37个行业小类（图2-45中括号内数据分别为该行业小类上市公司营业收入、利润率/全国平均利润率、研发强度/全国平均研发强度、代表性上市公司；受版面限制，部分行业仅展示代表性上市公司，规模较小行业不在图中展示）。从图中可以看出，通信系统设备（451亿）、集成电路封测（223亿）、家具（82亿）等行业上市公司营业收入规模较大；航空（24.7%）、被动元件（17.0%）、其他通用设备（16.9%）、船舶（14.6%）等行业利润率较高（图中底色偏红板块），气液设备（-8.2%）、风电设备（-2.1%）等行业出现亏损（图中底色偏蓝板块）；分立器件（12.2%）、电子化学品（7.3%）等行业研发强度较高。

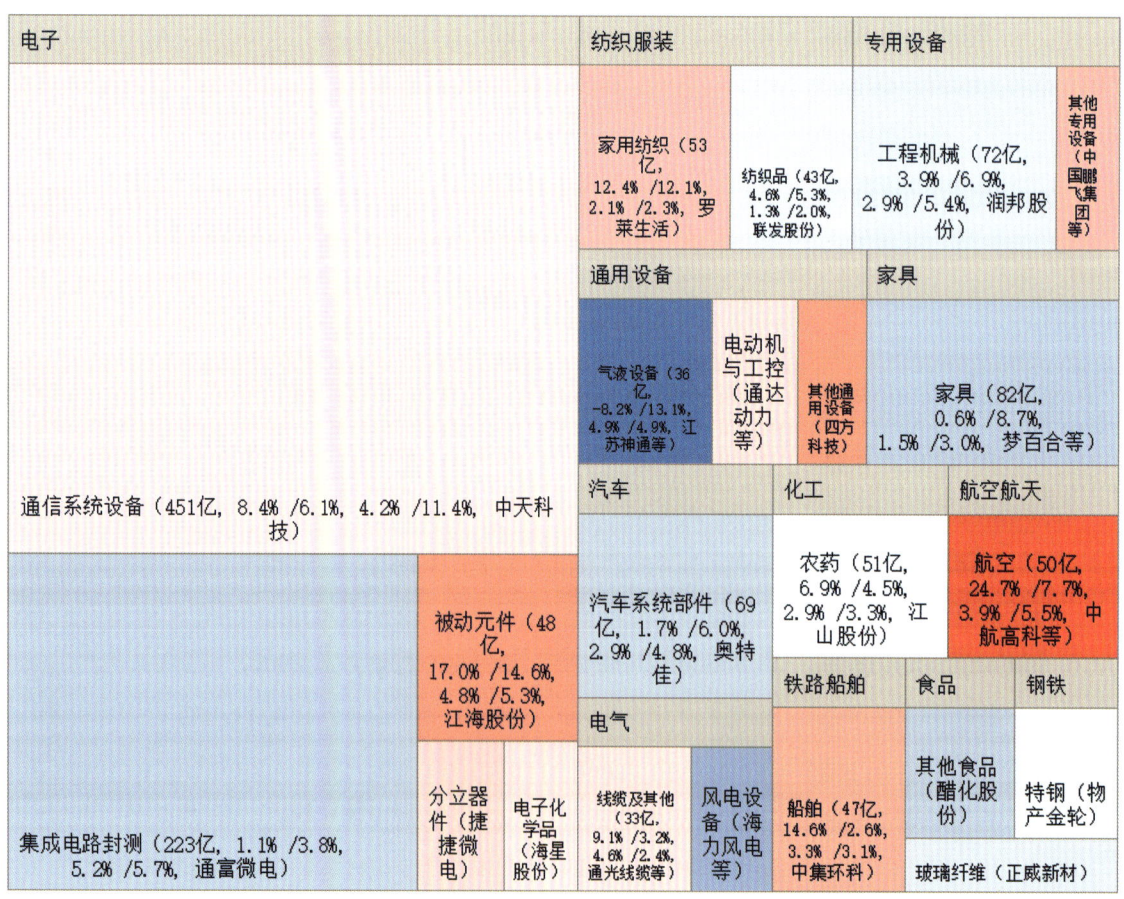

图2-45　南通制造业、科技服务业、IT业主要上市公司有关情况

南通创新能力指数为55.74，在全国地级及以上城市中排第38位（与上年相比下降1位），属于创新强市。从具体指标看，南通在企业研发投入、上市企业培育、专利产出、经济发展水平、专精特新"小巨人"企业培育等方面具有相对优势，在政府财力、企业技术获取和改造、人才培养、企业经济效益、经济活力等方面存在短板。

排名	指标	维度
38	南通创新能力指数 55.74	
43	全社会研发经费支出与地区生产总值之比 2.74%	创新治理力
30	财政科技支出占公共财政支出比重 4.61%	
32	私募股权和创业投资基金数 140只	
32	万名就业人员中研发人员 140.59人年	
118	万人普通高校在校学生数 192.62人	
113	地区生产总值增长率 5.8%	
237	基础研究经费占研发经费比重 0.35%	原始创新力
50	高层次科技人才数 1人	
86	高水平研究型大学和科研机构数 0个	
49	科技领军企业数 2家	
59	高水平科技成果数 4.16项当量	
17	规上工业企业研发经费支出与营业收入之比 2.41%	技术创新力
143	规上工业企业技术获取和改造经费支出与营业收入之比 0.22%	
19	上市科技型中小企业数 23家	
23	专精特新"小巨人"企业数 122家	
19	万人发明专利拥有量 48.98件	
80	技术输入合同成交额与地区生产总值之比 3.55%	成果转化力
29	高新技术企业数 3675家	
100	高新技术企业营业收入与规上工业企业营业收入之比 44.44%	
45	规上工业企业新产品销售收入占营业收入比重 36.52%	
117	规上工业企业营业收入利润率 6.31%	
35	万元地区生产总值技术国际收入 1.46美元	创新引领力
101	技术输出合同成交额与地区生产总值之比 2.10%	
64	高技术产业营业收入占规上工业营业收入比重 17.57%	
20	人均地区生产总值 14.71万元	
200	一般公共预算收入占地区生产总值比重 5.39%	
26	城镇居民人均可支配收入 5.96万元	

图2-46 南通创新能力指标数据及全国排名

（二十四）湖州

2022年，湖州地区生产总值3850亿元，在全国地级及以上城市中排第78位；常住人口341万人，排第147位。规上工业企业4251家，排第25位，营业收入7380亿元，排第44位。

截至2023年，湖州有上市公司42家（居全国第33位），其中制造业、科技服务业、IT业上市公司共36家，涉及电气等15个行业大类、电池等26个行业小类（图2-47中括号内数据分别为该行业小类上市公司营业收入、利润率/全国平均利润率、研发强度/全国平均研发强度、代表性上市公司；受版面限制，部分行业仅展示代表性上市公司，规模较小行业不在图中展示）。从图中可以看出，电池（881亿）、其他专用设备（147亿）、特钢（143亿）等行业上市公司营业收入规模较大；锂（35.1%）、其他专用设备（19.1%）、特钢（14.7%）、中成药（13.7%）等行业利润率较高（图中底色偏红板块），锦纶与涤纶（-1.3%）等行业出现亏损（图中底色偏蓝板块）；锦纶与涤纶（4.1%）、中成药（3.8%）等行业研发强度相对较高。

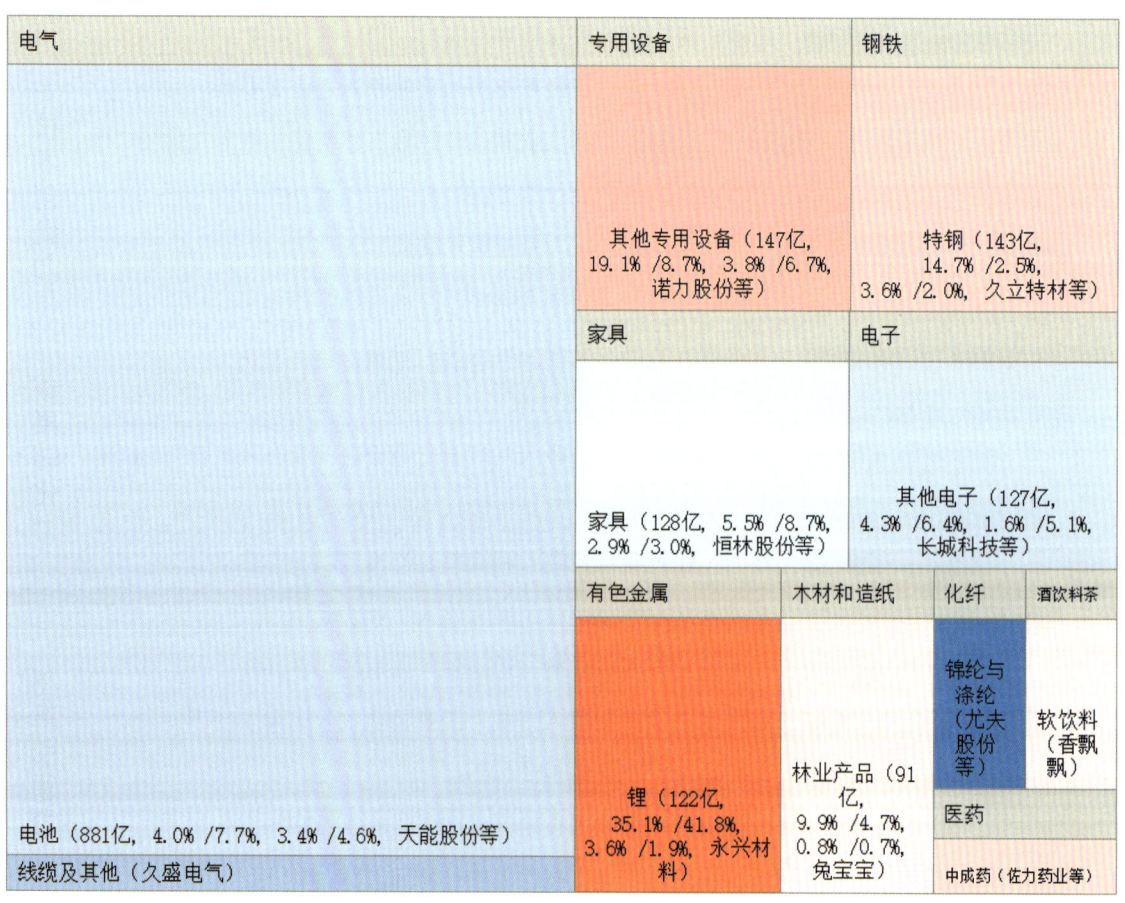

图2-47　湖州制造业、科技服务业、IT业主要上市公司有关情况

湖州创新能力指数为55.26，在全国地级及以上城市中排第40位（与上年相比上升4位），属于创新强市。从具体指标看，湖州在居民收入、研发人力投入、政府财力、全社会研发投入、专利产出等方面具有相对优势，在企业技术获取和改造、人才培养、企业经济效益、高技术产业发展、经济活力等方面存在短板。

图 2-48 湖州创新能力指标数据及全国排名

（二十五）镇江

2022 年，镇江地区生产总值 5017 亿元，在全国地级及以上城市中排第 57 位；常住人口 322 万人，排第 158 位。规上工业企业 2510 家，排第 47 位，营业收入 5478 亿元，排第 64 位。

截至 2023 年，镇江有上市公司 23 家（居全国第 50 位），其中制造业、科技服务业、IT 业上市公司共 21 家，涉及有色金属等 11 个行业大类、铝等 19 个行业小类（图 2-49 中括号内数据分别为该行业小类上市公司营业收入、利润率/全国平均利润率、研发强度/全国平均研发强度、代表性上市公司；受版面限制，部分行业仅展示代表性上市公司，规模较小行业不在图中展示）。从图中可以看出，铝（191 亿）、汽车内外饰（106 亿）、医疗器械（80 亿）等行业上市公司营业收入规模较大；医疗器械（36.3%）、药品制剂（28.9%）、航空（27.1%）等行业利润率较高（图中底色偏红板块），其他化学原料（-7.7%）等行业出现亏损（图中底色偏蓝板块）；通信终端设备（7.7%）、电池部件及材料（6.8%）、药品制剂（6.5%）、医疗器械（6.3%）等行业研发强度较高。

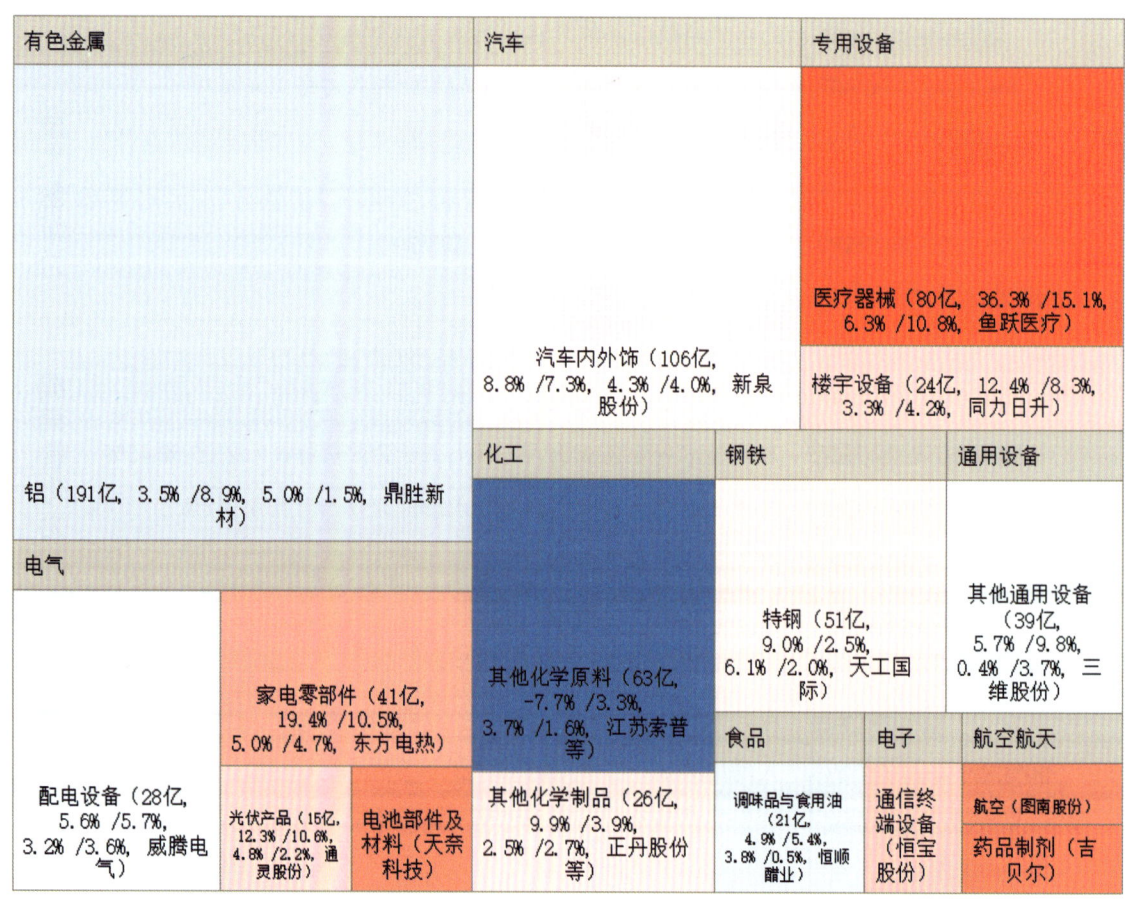

图 2-49　镇江制造业、科技服务业、IT 业主要上市公司有关情况

镇江创新能力指数为 54.48，在全国地级及以上城市中排第 41 位（与上年相比下降 10 位），属于创新强市。从具体指标看，镇江在专利产出、经济发展水平等方面具有相对优势，在政府财力、企业经济效益、技术吸纳、企业技术获取和改造等方面存在短板。

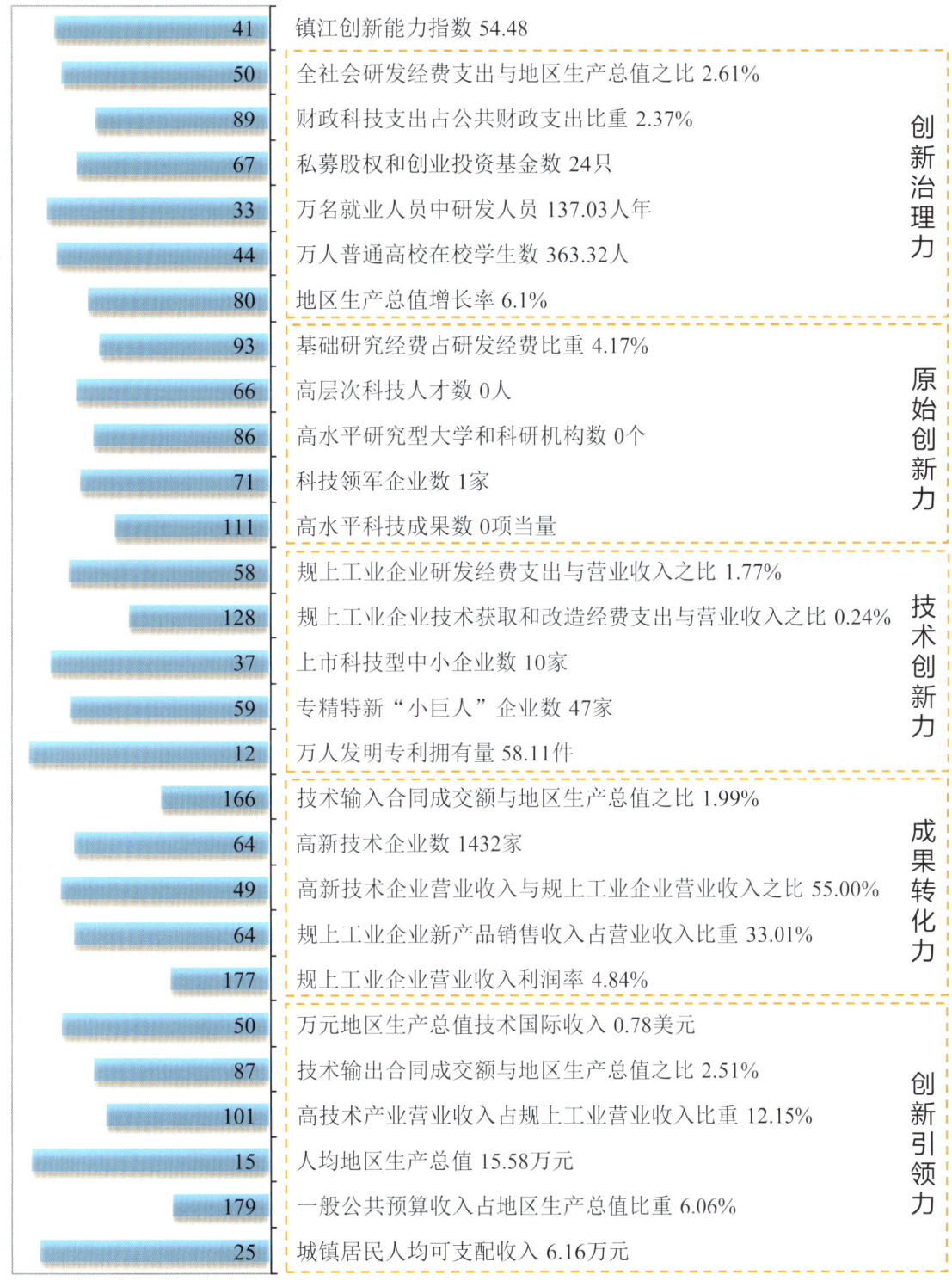

图 2-50　镇江创新能力指标数据及全国排名

（二十六）扬州

2022年，扬州地区生产总值7105亿元，在全国地级及以上城市中排第37位；常住人口458万人，排第105位。规上工业企业3863家，排第29位，营业收入6889亿元，排第51位。

截至2023年，扬州有上市公司18家（居全国第56位），其中制造业、科技服务业、IT业上市公司共17家，涉及电气等8个行业大类、线缆及其他等15个行业小类（图2-51中括号内数据分别为该行业小类上市公司营业收入、利润率/全国平均利润率、研发强度/全国平均研发强度、代表性上市公司；受版面限制，部分行业仅展示代表性上市公司，规模较小行业不在图中展示）。从图中可以看出，线缆及其他（438亿）、农药（151亿）等行业上市公司营业收入规模较大；分立器件（19.5%）、农药（12.9%）、汽车系统部件（8.7%）、药品制剂（8.0%）等行业利润率较高（图中底色偏红板块），商用车（-25.4%）等行业出现亏损（图中底色偏蓝板块）；商用车（7.2%）、分立器件（6.6%）、电动机与工控（6.3%）等行业研发强度较高。

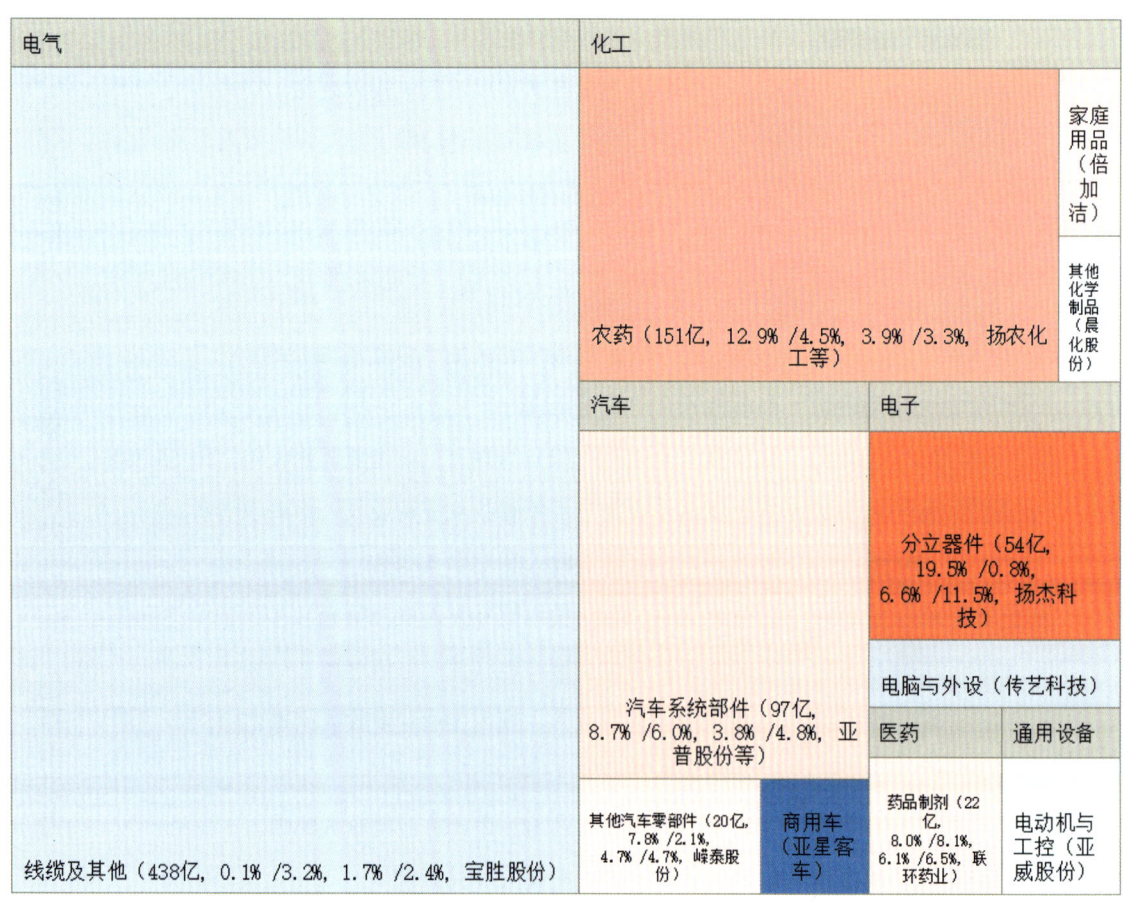

图2-51 扬州制造业、科技服务业、IT业主要上市公司有关情况

扬州创新能力指数为 54.40，在全国地级及以上城市中排第 42 位（与上年相比下降 8 位），属于创新强市。从具体指标看，扬州在经济发展水平、企业研发投入等方面具有相对优势，在政府财力、企业经济效益、财政科技投入、技术输出、高水平科技成果产出、经济发展新动能培育、企业技术获取和改造等方面存在短板。

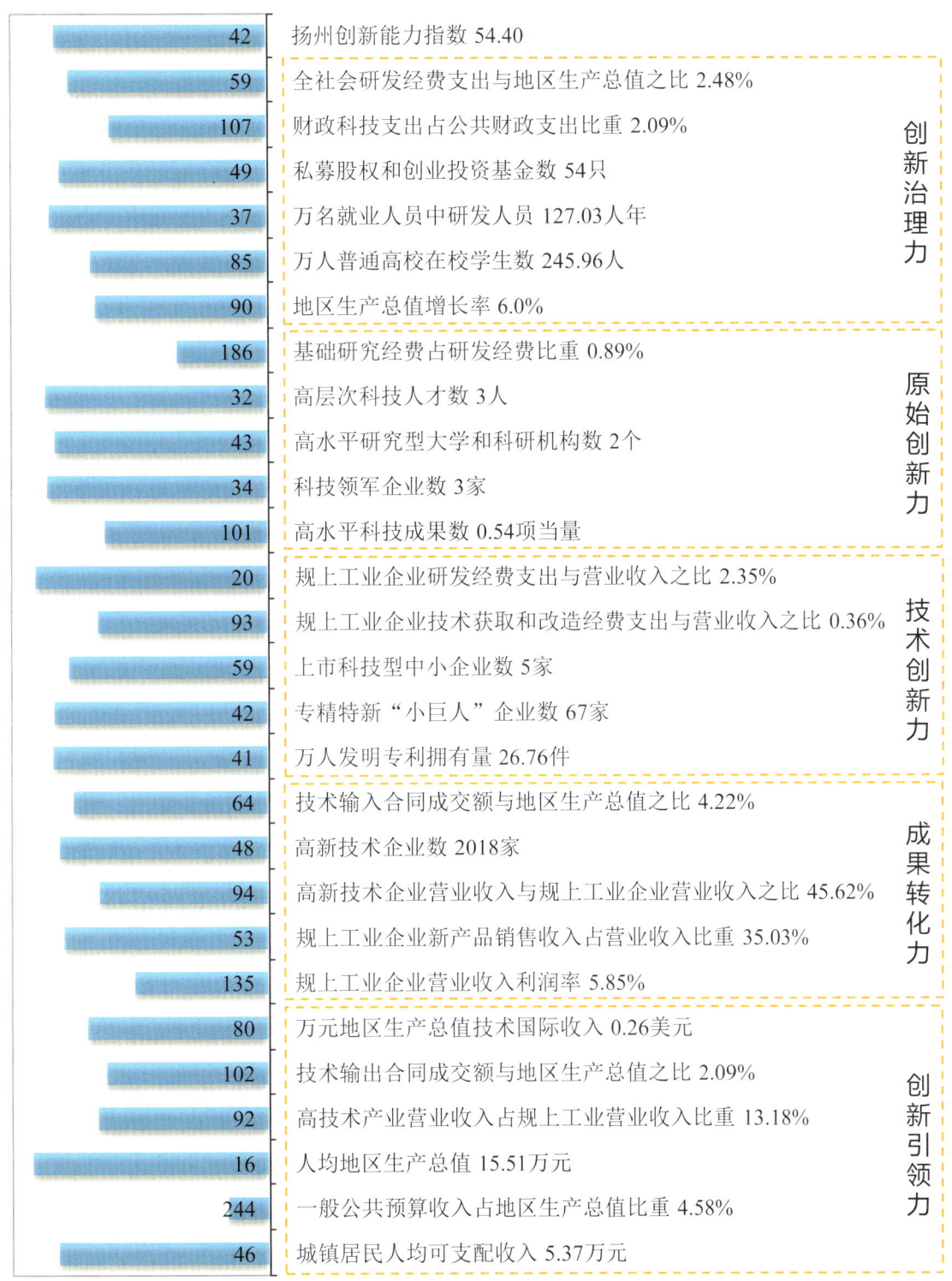

图 2-52　扬州创新能力指标数据及全国排名

（二十七）石家庄

2022年，石家庄地区生产总值7101亿元，在全国地级及以上城市中排第38位；常住人口1122万人，排第14位。规上工业企业2627家，排第43位，营业收入6297亿元，排第56位。

截至2023年，石家庄有上市公司25家（居全国第48位），其中制造业、科技服务业、IT业上市公司共19家，涉及钢铁等10个行业大类、普钢等16个行业小类（图2-53中括号内数据分别为该行业小类上市公司营业收入、利润率/全国平均利润率、研发强度/全国平均研发强度、代表性上市公司；受版面限制，部分行业仅展示代表性上市公司，规模较小行业不在图中展示）。从图中可以看出，普钢（1227亿）、中成药（148亿）、药品制剂（115亿）等行业上市公司营业收入规模较大；其他食品（35.6%）、通信系统设备（22.9%）、中成药（20.3%）、电池部件及材料（19.9%）等行业利润率较高（图中底色偏红板块），面板（-40.0%）、药品制剂（-9.3%）等行业出现亏损（图中底色偏蓝板块）；通信系统设备（10.5%）、中成药（6.5%）等行业研发强度较高。

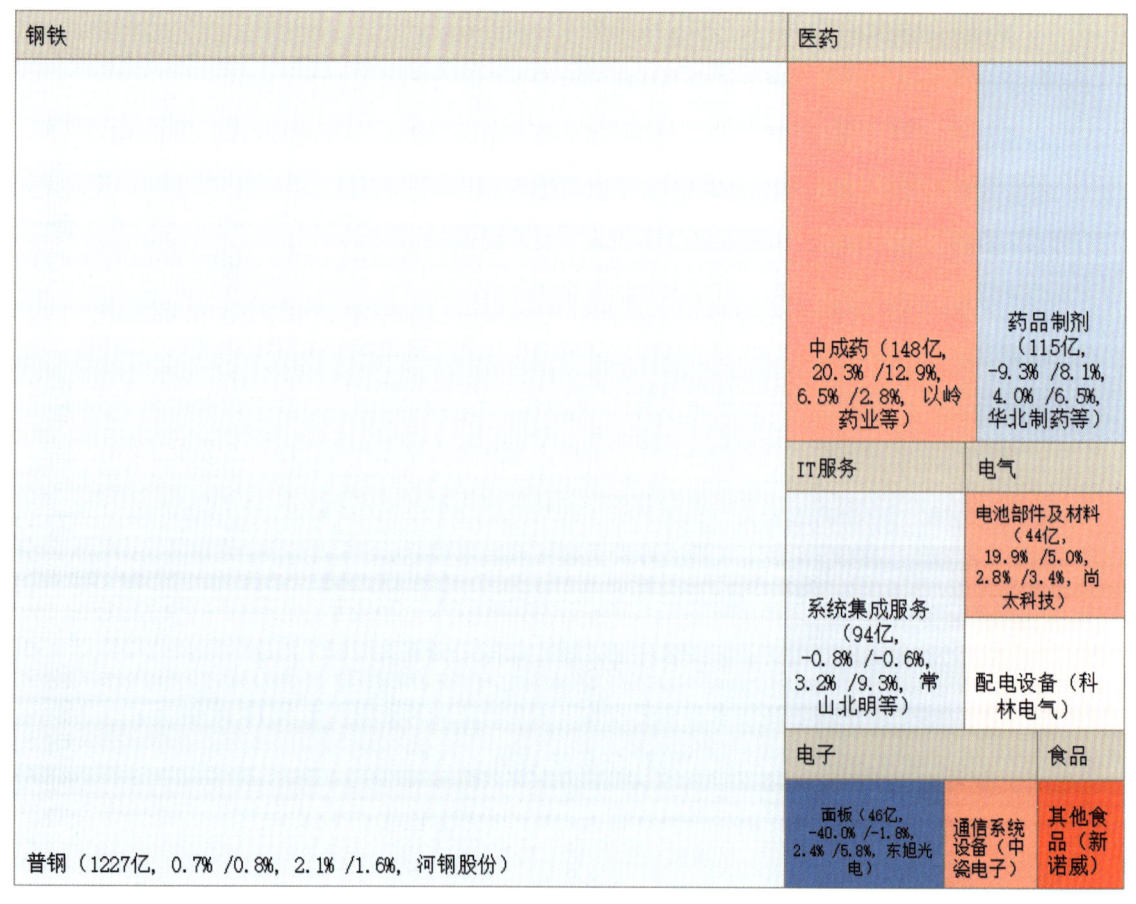

图2-53 石家庄制造业、科技服务业、IT业主要上市公司有关情况

石家庄创新能力指数为 54.25，在全国地级及以上城市中排第 44 位（与上年相比上升 10 位），属于创新强市。从具体指标看，石家庄在经济发展新动能培育、人才培养、政府财力、高层次科技人才等方面具有相对优势，在企业经济效益、技术吸纳、企业研发投入、经济发展水平、新产品开发、技术输出等方面存在短板。

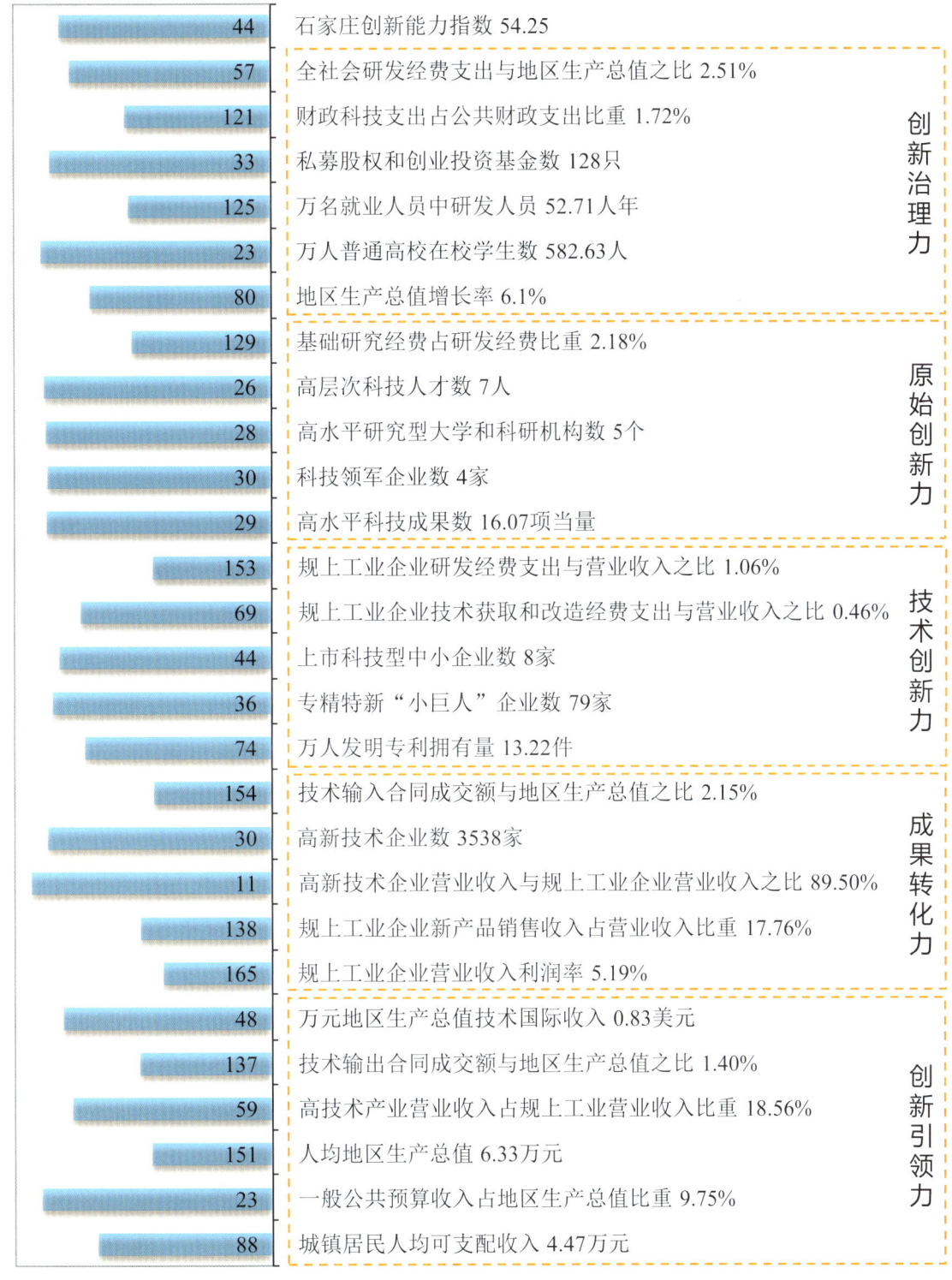

图 2-54　石家庄创新能力指标数据及全国排名

（二十八）金华

2022年，金华地区生产总值5562亿元，在全国地级及以上城市中排第51位；常住人口713万人，排第47位。规上工业企业5613家，排第17位，营业收入7033亿元，排第48位。

截至2023年，金华有上市公司44家（居全国第31位），其中制造业、科技服务业、IT业上市公司共36家，涉及钢铁等15个行业大类、特钢等25个行业小类（图2-55中括号内数据分别为该行业小类上市公司营业收入、利润率/全国平均利润率、研发强度/全国平均研发强度、代表性上市公司；受版面限制，部分行业仅展示代表性上市公司，规模较小行业不在图中展示）。从图中可以看出，特钢（399亿）、光伏产品（197亿）、汽车系统部件（121亿）等行业上市公司营业收入规模较大；软饮料（21.6%）、其他家居（18.5%）、中成药（11.7%）、原料药（11.3%）等行业利润率较高（图中底色偏红板块），肉制品（-6.8%）等行业出现亏损（图中底色偏蓝板块）；原料药（5.4%）、汽车系统部件（5.1%）等行业研发强度较高。

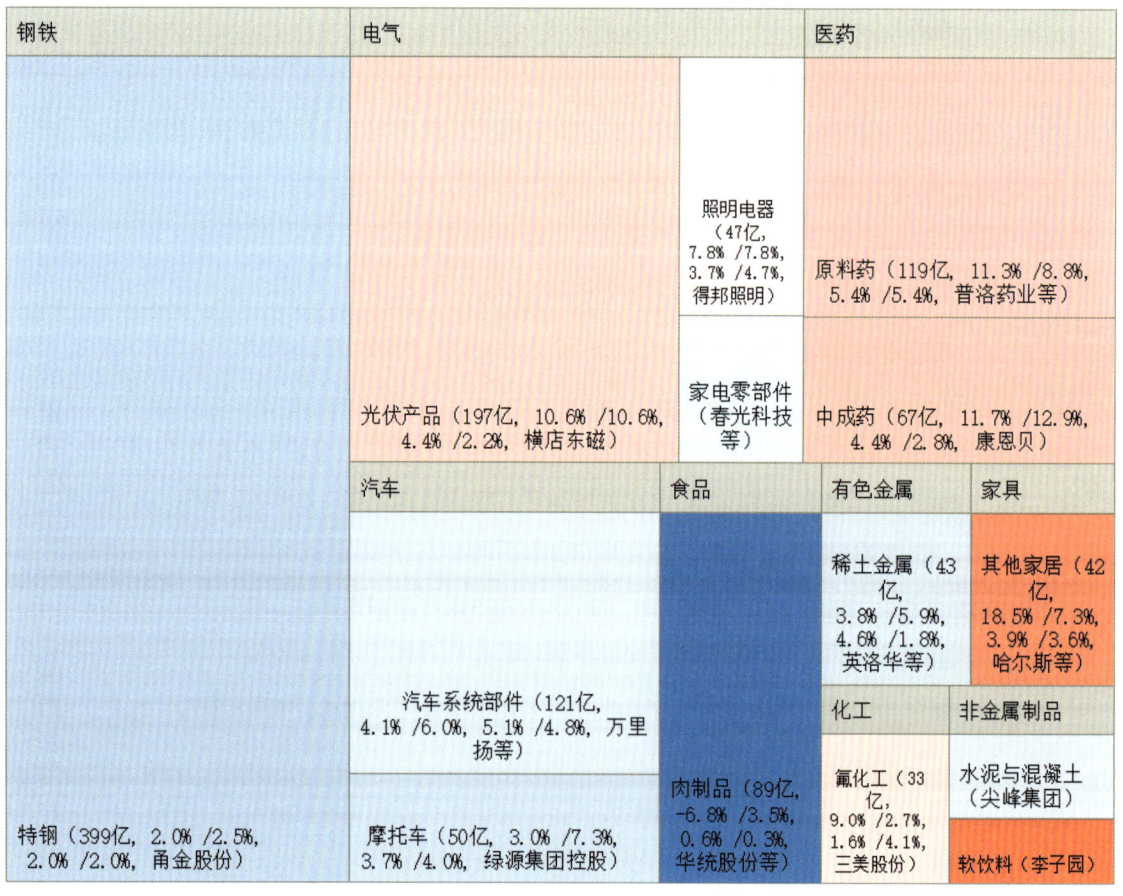

图2-55　金华制造业、科技服务业、IT业主要上市公司有关情况

金华创新能力指数为 54.12，在全国地级及以上城市中排第 45 位（与上年相比上升 16 位），属于创新强市。从具体指标看，金华在居民收入、新产品开发等方面具有相对优势，在企业经济效益、人才培养、高技术产业发展、经济发展水平、企业技术获取和改造、高水平研究型大学和科研机构等方面存在短板。

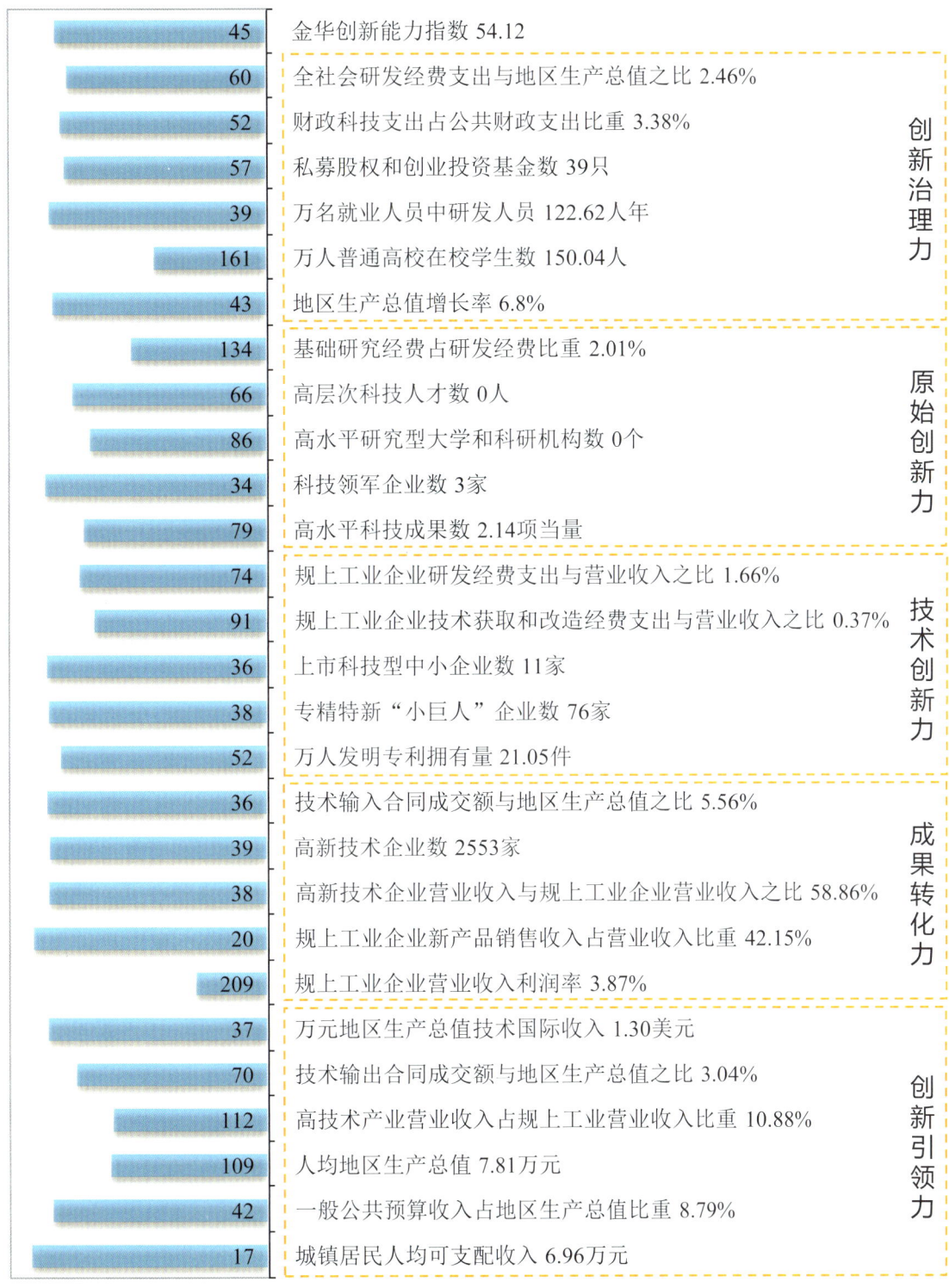

图 2-56　金华创新能力指标数据及全国排名

（二十九）泰州

2022年,泰州地区生产总值6402亿元,在全国地级及以上城市中排第43位;常住人口451万人,排第109位。规上工业企业3676家,排第30位,营业收入7425亿元,排第43位。

截至2023年,泰州有上市公司23家（居全国第50位）,其中制造业、科技服务业、IT业上市公司共21家,涉及汽车等10个行业大类、其他汽车零部件等18个行业小类（图2-57中括号内数据分别为该行业小类上市公司营业收入、利润率/全国平均利润率、研发强度/全国平均研发强度、代表性上市公司；受版面限制,部分行业仅展示代表性上市公司,规模较小行业不在图中展示）。从图中可以看出,其他汽车零部件（54亿）、汽车系统部件（21亿）等行业上市公司营业收入规模较大；航空（39.3%）、原料药（28.2%）、仪器仪表（26.4%）等行业利润率较高（图中底色偏红板块），医疗器械（-80.8%）、其他通用设备（-35.8%）等行业出现亏损（图中底色偏蓝板块）；医疗器械（38.9%）、仪器仪表（10.9%）、系统集成服务（10.6%）等行业研发强度较高。

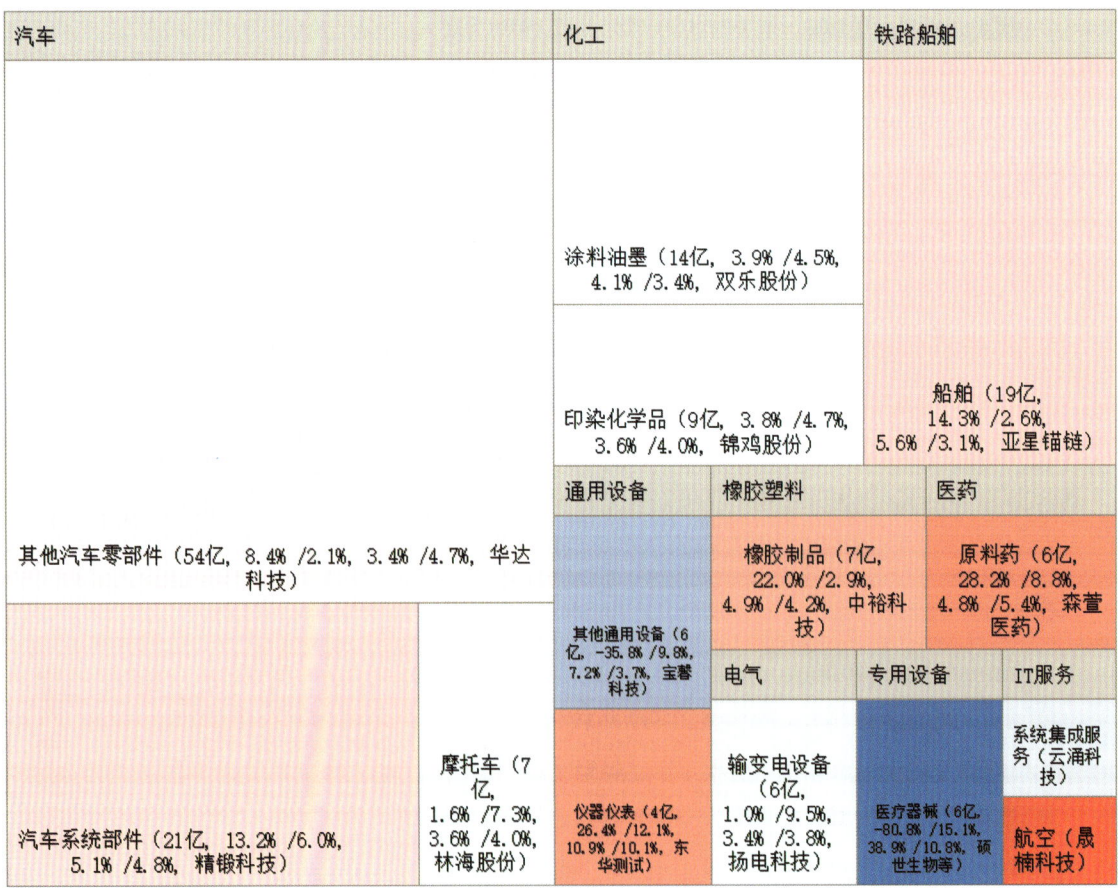

图 2-57　泰州制造业、科技服务业、IT业主要上市公司有关情况

泰州创新能力指数为53.58，在全国地级及以上城市中排第46位（与上年相比上升6位），属于创新强市。从具体指标看，泰州在经济发展水平等方面具有相对优势，在政府财力、人才培养、经济发展新动能培育、技术输出、财政科技投入、高技术产业发展等方面存在短板。

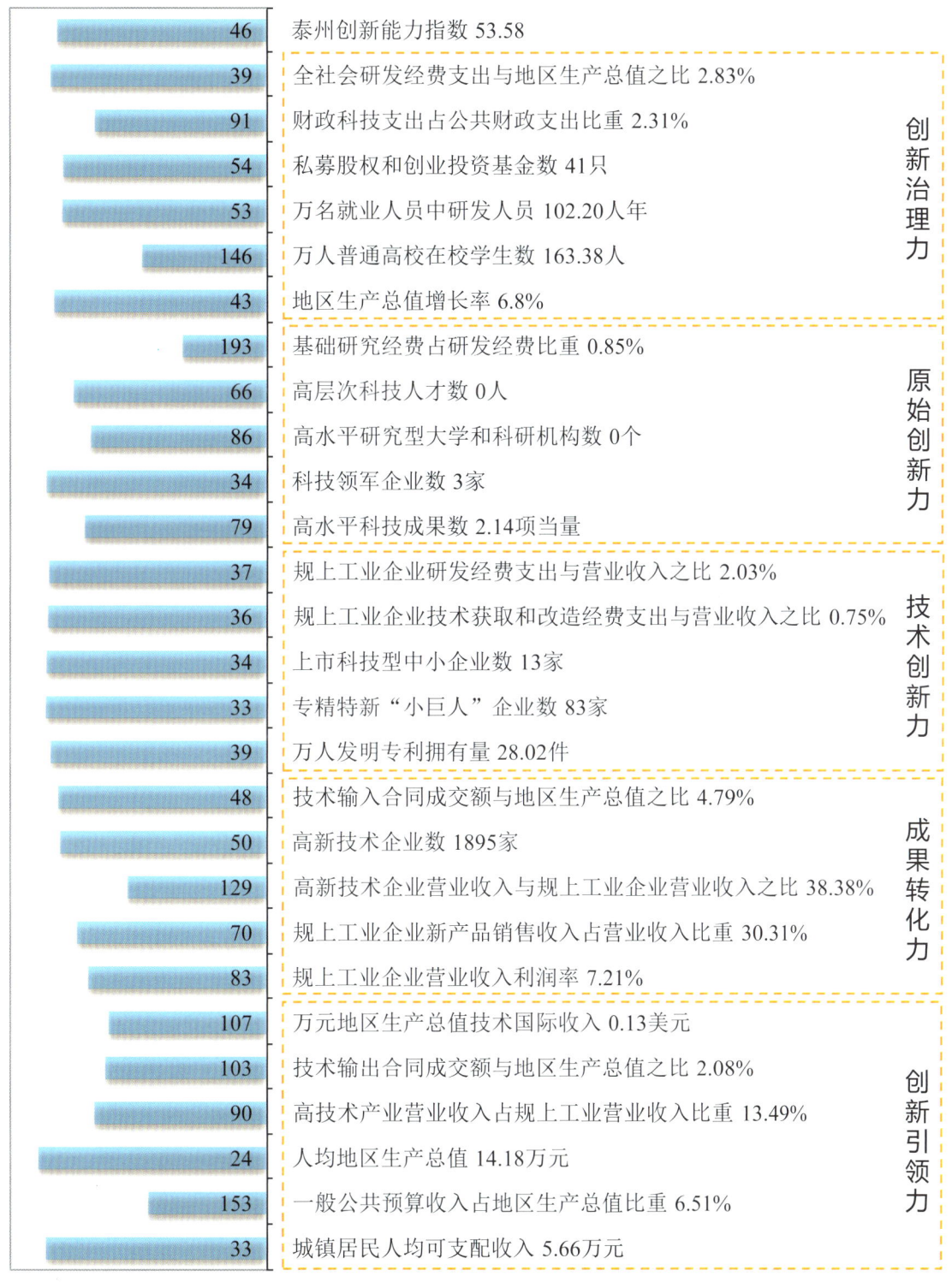

图2-58 泰州创新能力指标数据及全国排名

（三十）海口

2022年，海口地区生产总值2135亿元，在全国地级及以上城市中排第155位；常住人口294万人，排第173位。规上工业企业210家，排第259位，营业收入791亿元，排第241位。

截至2023年，海口有上市公司28家（居全国第46位），其中制造业、科技服务业、IT业上市公司共15家，涉及有色金属等7个行业大类、稀土金属等10个行业小类（图2-59中括号内数据分别为该行业小类上市公司营业收入、利润率/全国平均利润率、研发强度/全国平均研发强度、代表性上市公司；受版面限制，部分行业仅展示代表性上市公司，规模较小行业不在图中展示）。从图中可以看出，稀土金属（208亿）、光伏产品（187亿）、钨钼（127亿）等行业上市公司营业收入规模较大；燃油炼制（85.1%）、输变电设备（8.0%）等行业利润率较高（图中底色偏红板块），乘用车（-10.7%）、药品制剂（-3.7%）等行业出现亏损（图中底色偏蓝板块）；药品制剂（9.2%）、乘用车（8.3%）、输变电设备（5.2%）等行业研发强度较高。

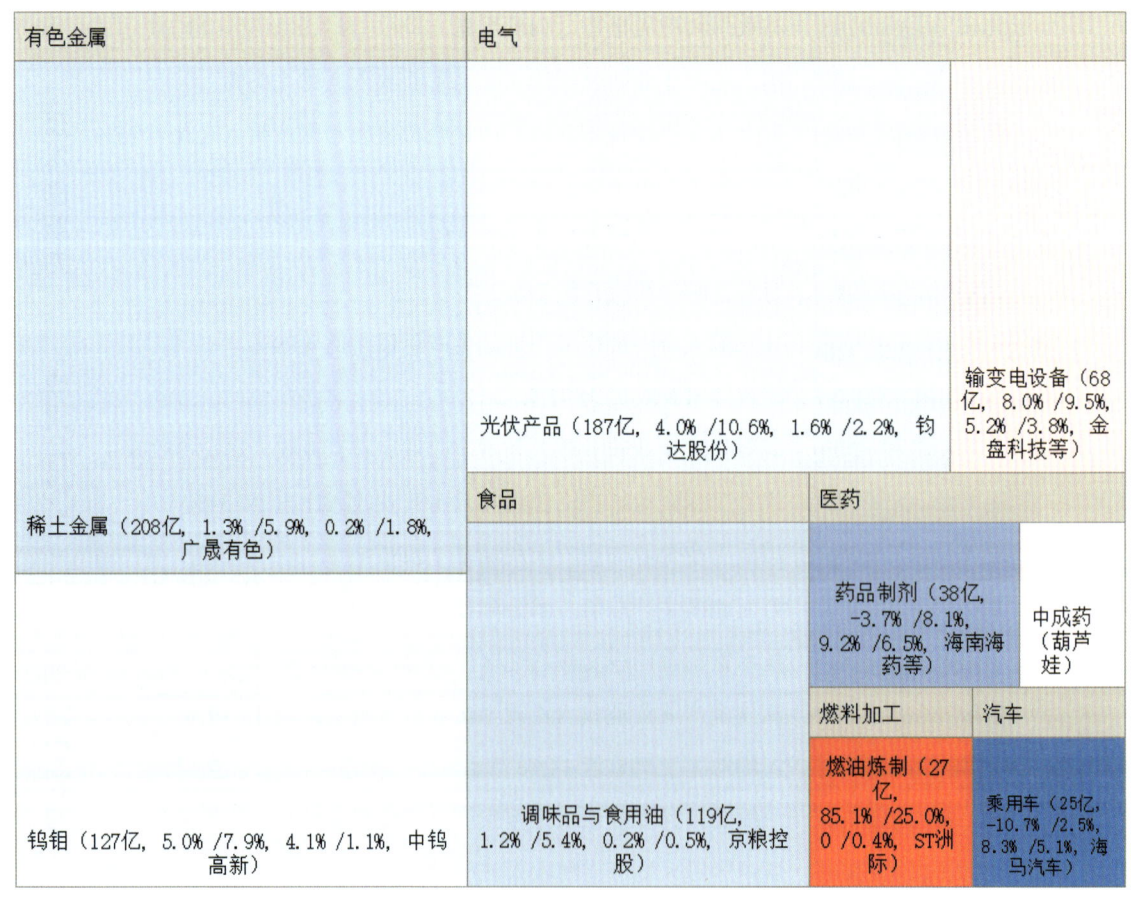

图2-59 海口制造业、科技服务业、IT业主要上市公司有关情况

海口创新能力指数为 52.63，在全国地级及以上城市中排第 49 位（与上年相比下降 2 位），属于创新强市。从具体指标看，海口在经济活力、人才培养、高技术产业发展、新产品开发、经济发展新动能培育等方面具有相对优势，在专精特新"小巨人"企业培育、全社会研发投入、财政科技投入、技术输出等方面存在短板。

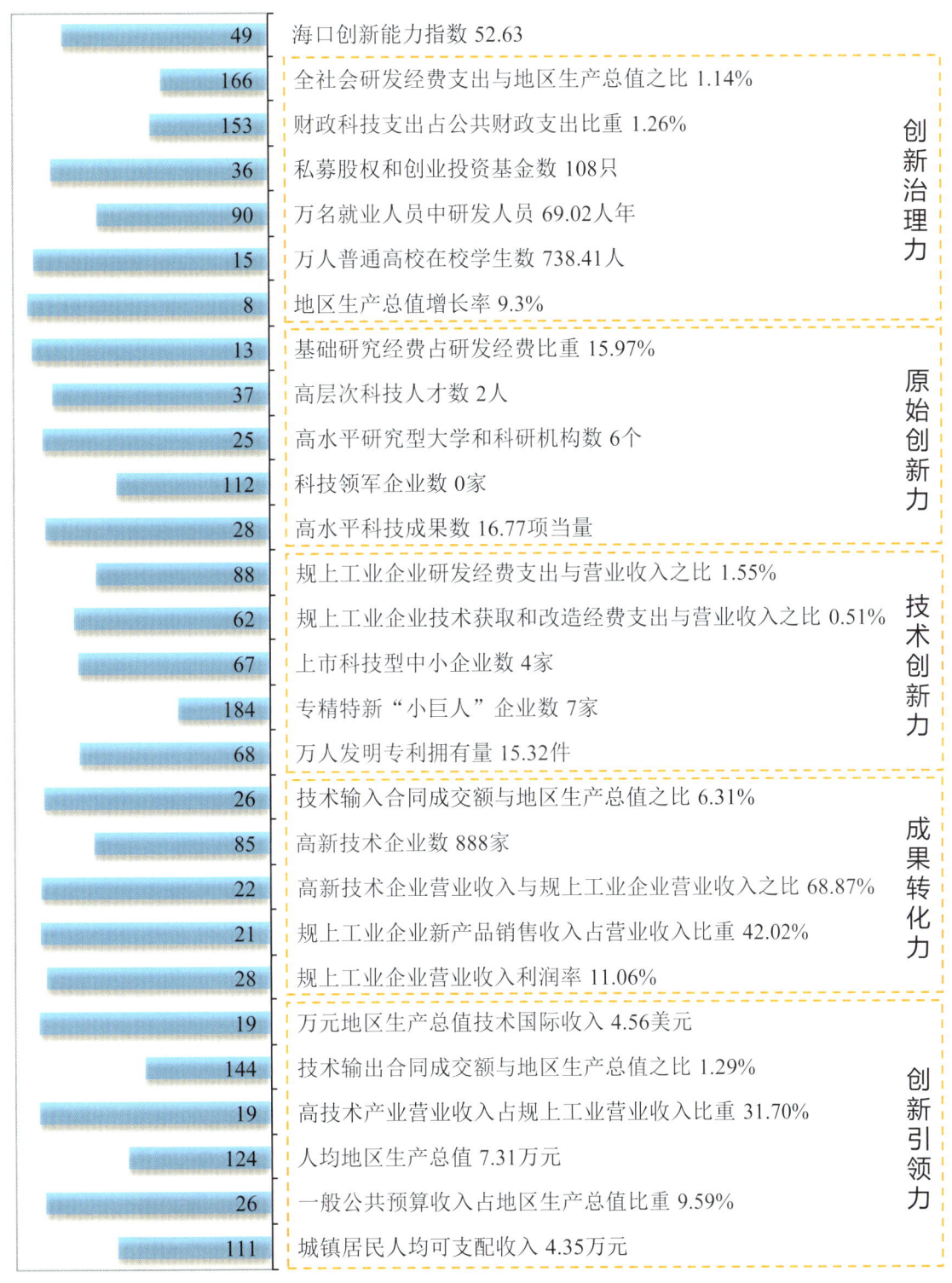

图 2-60　海口创新能力指标数据及全国排名

（三十一）淄博

2022年，淄博地区生产总值4403亿元，在全国地级及以上城市中排第65位；常住人口471万人，排第99位。规上工业企业2019家，排第60位，营业收入6514亿元，排第54位。

截至2023年，淄博有上市公司36家（居全国第36位），其中制造业、科技服务业、IT业上市公司共31家，涉及化工等11个行业大类、其他化学原料等21个行业小类（图2-61中括号内数据分别为该行业小类上市公司营业收入、利润率/全国平均利润率、研发强度/全国平均研发强度、代表性上市公司；受版面限制，部分行业仅展示代表性上市公司，规模较小行业不在图中展示）。从图中可以看出，其他化学原料（306亿）、医疗器械（268亿）、纸制品（224亿）等行业上市公司营业收入规模较大；其他非金属材料（15.8%）、其他化学制品（14.0%）、美容护理（9.2%）等行业利润率较高（图中底色偏红板块），其他化学原料（0.8%）、有机硅（1.8%）等行业利润率较低（图中底色偏蓝板块）；有机硅（6.1%）、药品制剂（5.2%）等行业研发强度较高。

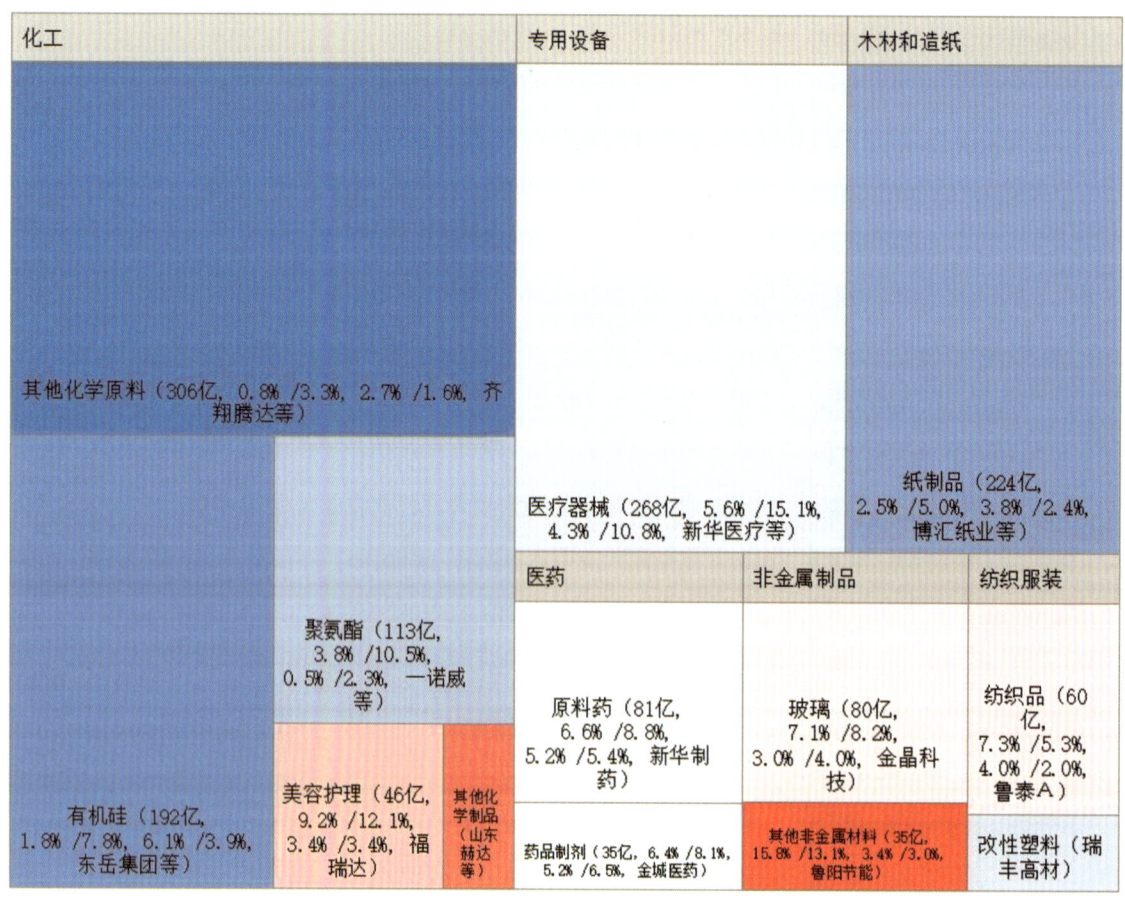

图 2-61 淄博制造业、科技服务业、IT业主要上市公司有关情况

淄博创新能力指数为52.24，在全国地级及以上城市中排第50位（与上年相比上升1位），属于创新强市。从具体指标看，淄博在新产品开发、研发人力投入等方面具有相对优势，在企业经济效益、财政科技投入、经济活力、高技术产业发展、高水平科技成果产出、经济发展新动能培育等方面存在短板。

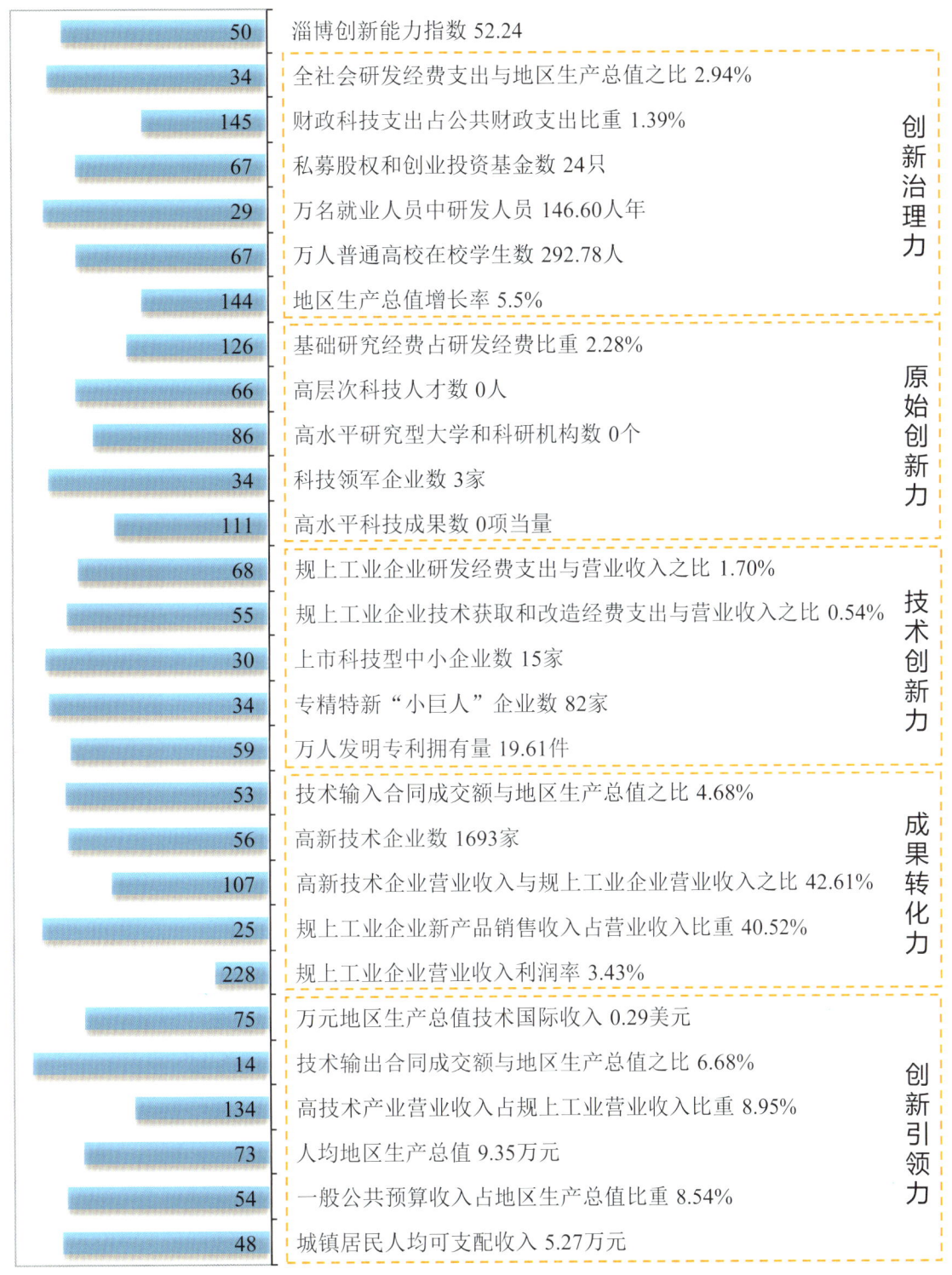

图2-62 淄博创新能力指标数据及全国排名

（三十二）佛山

2022年，佛山地区生产总值12698亿元，在全国地级及以上城市中排第17位；常住人口955万人，排第24位。规上工业企业9851家，排第5位，营业收入27764亿元，排第4位。

截至2023年，佛山有上市公司64家（居全国第24位），其中制造业、科技服务业、IT业上市公司共43家，涉及电气等11个行业大类、白色家电等31个行业小类（图2-63中括号内数据分别为该行业小类上市公司营业收入、利润率/全国平均利润率、研发强度/全国平均研发强度、代表性上市公司；受版面限制，部分行业仅展示代表性上市公司，规模较小行业不在图中展示）。从图中可以看出，白色家电（4576亿）、调味品与食用油（246亿）、小家电（225亿）等行业上市公司营业收入规模较大；调味品与食用油（27.5%）、其他专用设备（20.0%）、白色家电（10.0%）等行业利润率较高（图中底色偏红板块），照明电器（4.2%）等行业利润率较低（图中底色偏蓝板块）；照明电器（5.4%）等行业研发强度较高。

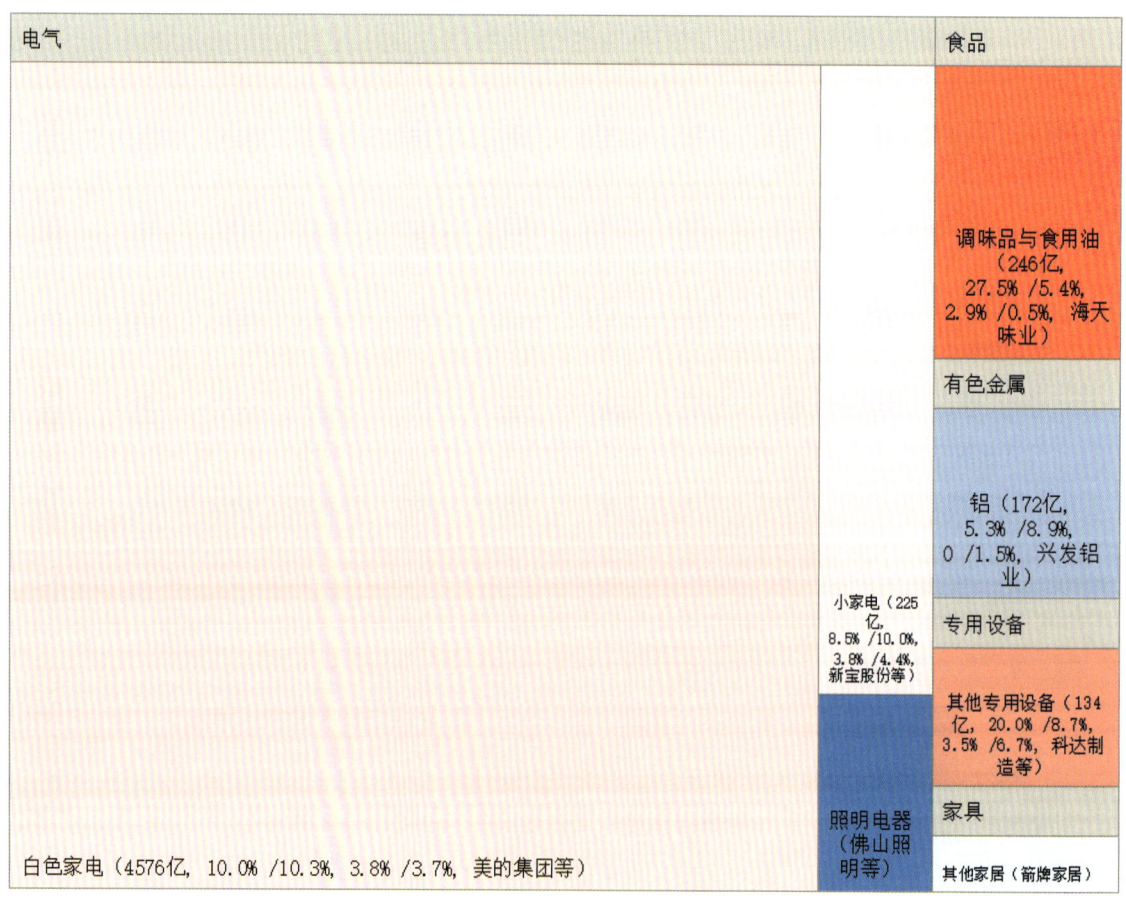

图 2-63　佛山制造业、科技服务业、IT业主要上市公司有关情况

佛山创新能力指数为52.14，在全国地级及以上城市中排第51位（与上年相比上升2位），属于创新城市。从具体指标看，佛山在财政科技投入、高新技术企业培育、居民收入、上市企业培育、创新生态等方面具有相对优势，在技术吸纳、经济活力、政府财力、企业技术获取和改造、经济发展新动能培育等方面存在短板。

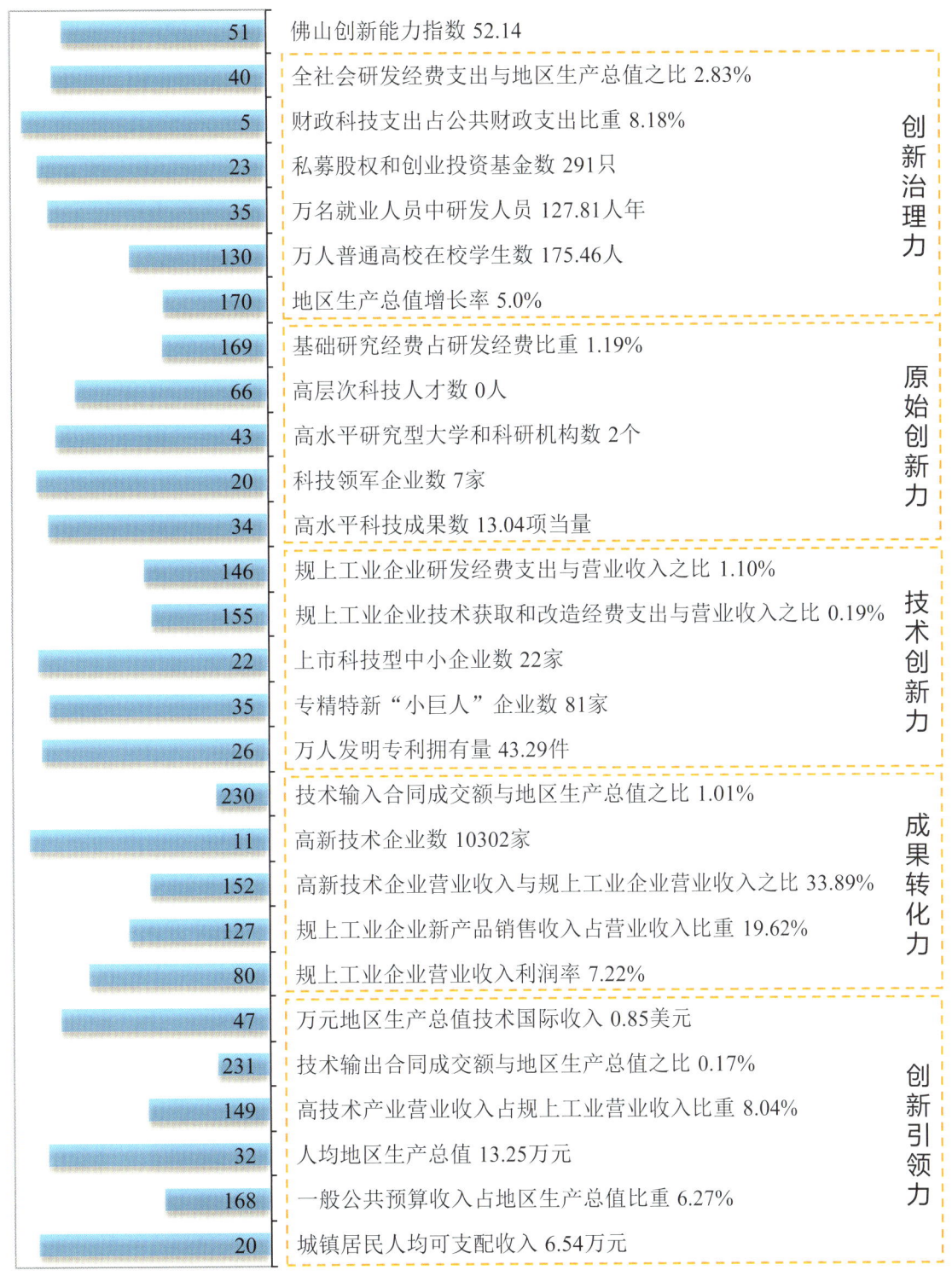

图2-64　佛山创新能力指标数据及全国排名

（三十三）潍坊

2022 年，潍坊地区生产总值 7306 亿元，在全国地级及以上城市中排第 35 位；常住人口 942 万人，排第 26 位。规上工业企业 4086 家，排第 26 位，营业收入 11386 亿元，排第 24 位。

截至 2023 年，潍坊有上市公司 34 家（居全国第 41 位），其中制造业、科技服务业、IT 业上市公司共 30 家，涉及汽车等 13 个行业大类、商用车等 25 个行业小类（图 2-65 中括号内数据分别为该行业小类上市公司营业收入、利润率/全国平均利润率、研发强度/全国平均研发强度、代表性上市公司；受版面限制，部分行业仅展示代表性上市公司，规模较小行业不在图中展示）。从图中可以看出，商用车（2140 亿）、消费电子组件（1000 亿）、纸制品（349 亿）等行业上市公司营业收入规模较大；其他专用设备（23.0%）、纯碱（15.9%）、农药（8.2%）等行业利润率较高（图中底色偏红板块），纸制品（-3.2%）等行业出现亏损（图中底色偏蓝板块）；消费电子组件（4.8%）、商用车（3.8%）等行业研发强度相对较高。

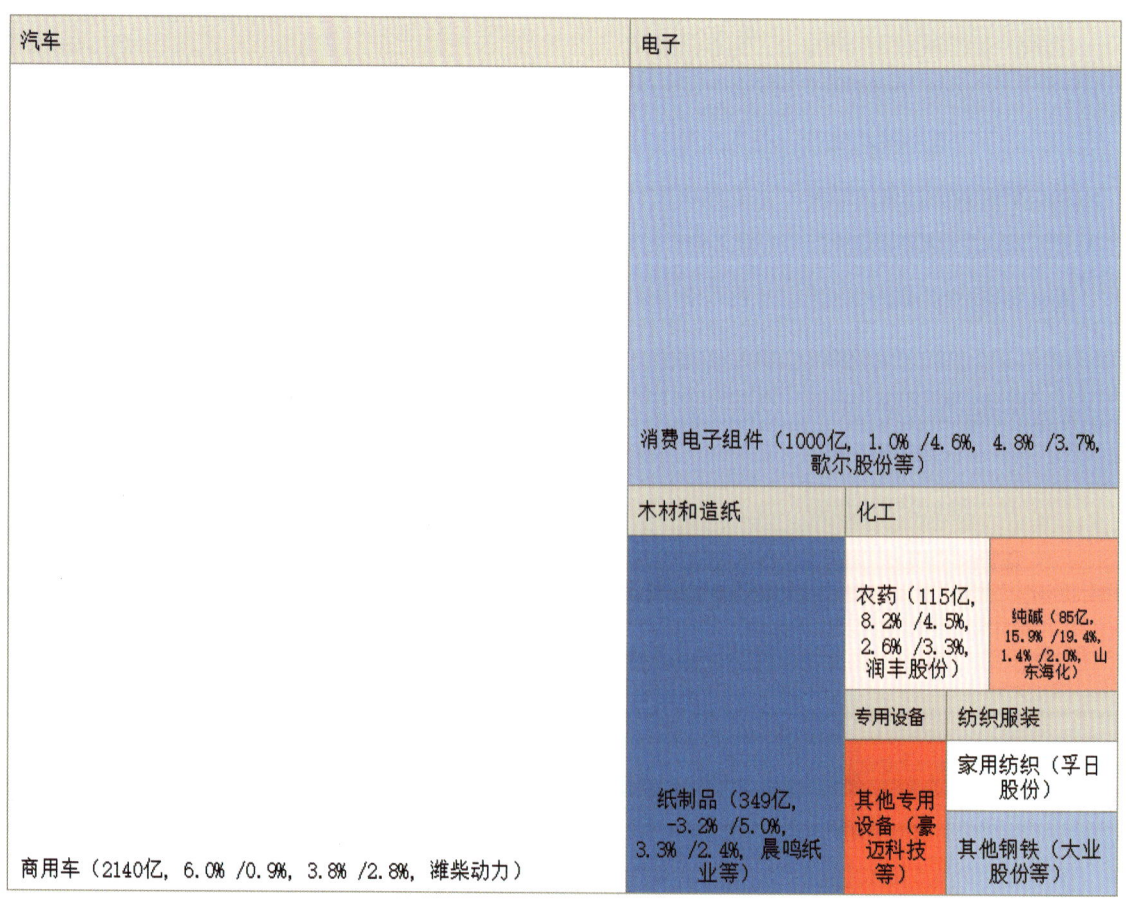

图 2-65　潍坊制造业、科技服务业、IT 业主要上市公司有关情况

潍坊创新能力指数为51.65，在全国地级及以上城市中排第52位（与上年相比下降7位），属于创新城市。从具体指标看，潍坊在专精特新"小巨人"企业培育、新产品开发等方面具有相对优势，在企业经济效益、经济活力、高技术产业发展、企业技术获取和改造、企业研发投入、经济发展水平等方面存在短板。

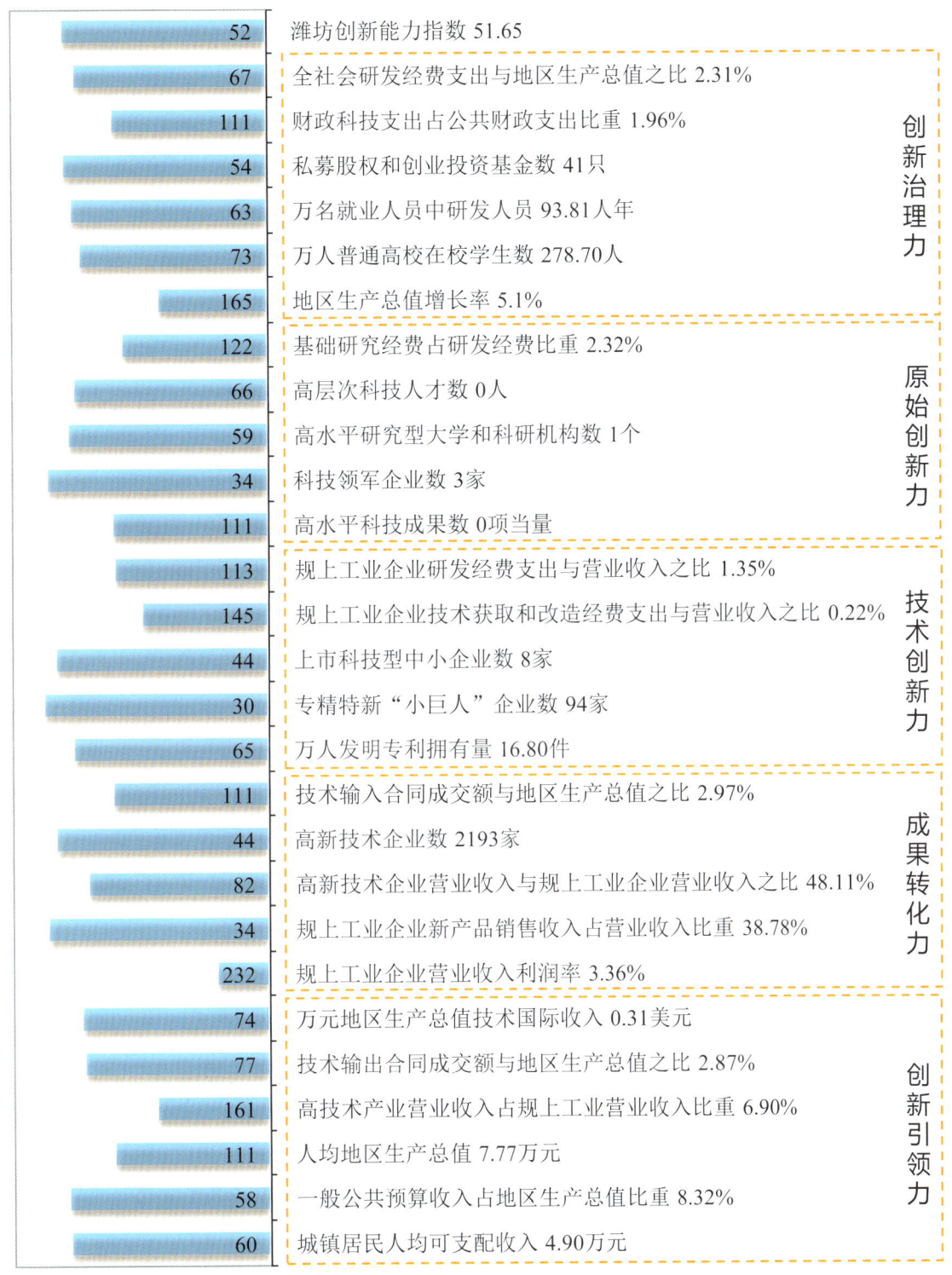

图2-66　潍坊创新能力指标数据及全国排名

（三十四）连云港

2022年，连云港地区生产总值4005亿元，在全国地级及以上城市中排第75位；常住人口460万人，排第104位。规上工业企业1287家，排第110位，营业收入4097亿元，排第85位。

截至2023年，连云港有上市公司12家（居全国第70位），其中制造业、科技服务业、IT业上市公司共10家，涉及医药等6个行业大类、药品制剂等8个行业小类（图2-67中括号内数据分别为该行业小类上市公司营业收入、利润率/全国平均利润率、研发强度/全国平均研发强度、代表性上市公司；受版面限制，部分行业仅展示代表性上市公司，规模较小行业不在图中展示）。从图中可以看出，药品制剂（235亿）等行业上市公司营业收入规模较大；其他非金属材料（77.9%）、药品制剂（21.5%）、生物制药（18.4%）、氨纶及其他（14.5%）、中成药（11.6%）等行业利润率较高（图中底色偏红板块），其他食品（2.2%）等行业利润率较低（图中底色偏蓝板块）；药品制剂（21.5%）、中成药（15.9%）、生物制药（12.1%）等行业研发强度较高。

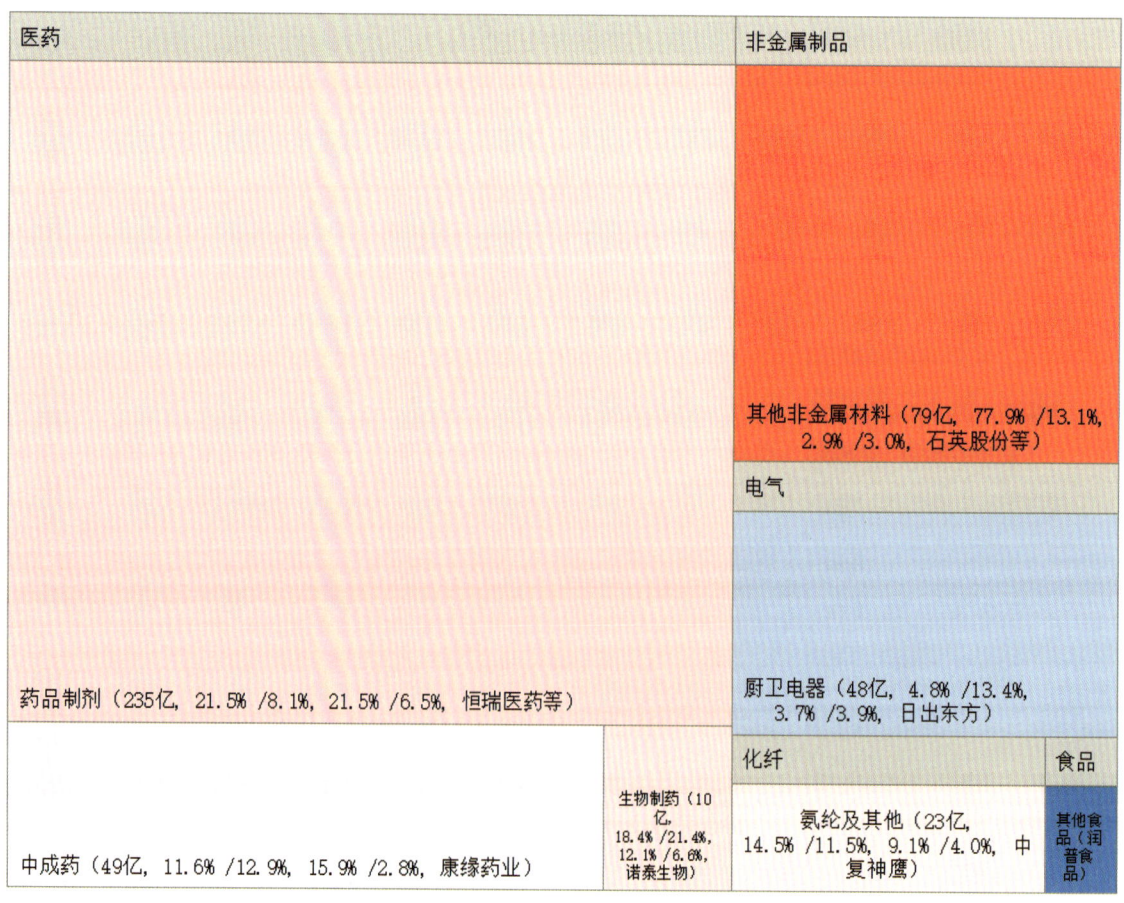

图2-67 连云港制造业、科技服务业、IT业主要上市公司有关情况

连云港创新能力指数为51.58，在全国地级及以上城市中排第53位（与上年相比上升13位），属于创新城市。从具体指标看，连云港在经济活力、企业研发投入、技术吸纳等方面具有相对优势，在政府财力、人才培养、居民收入、研发人力投入、财政科技投入、专精特新"小巨人"企业培育等方面存在短板。

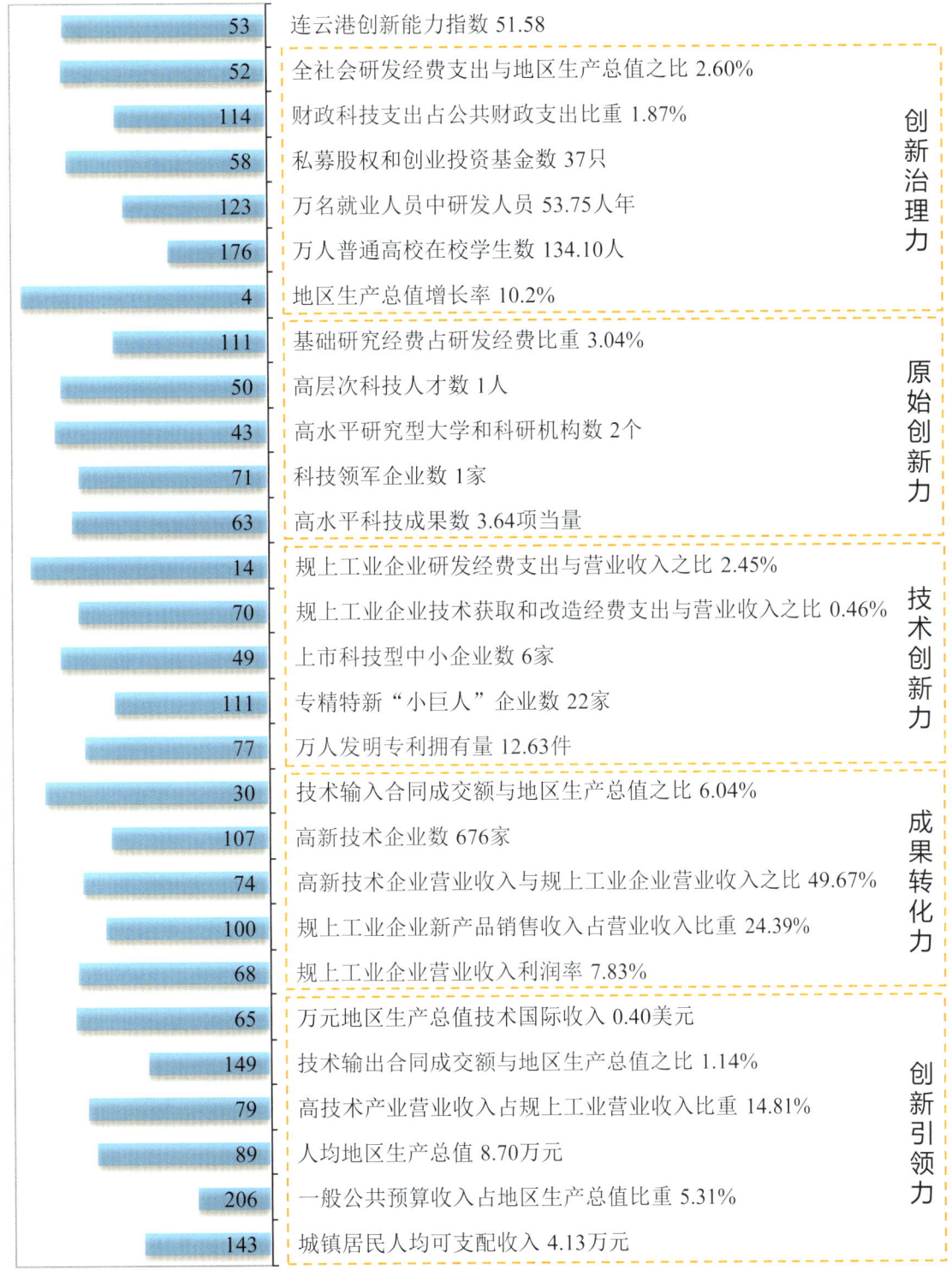

图2-68 连云港创新能力指标数据及全国排名

（三十五）衢州

2022年，衢州地区生产总值2003亿元，在全国地级及以上城市中排第164位；常住人口229万人，排第211位。规上工业企业1362家，排第103位，营业收入3095亿元，排第117位。

截至2023年，衢州有上市公司17家（居全国第59位），其中制造业、科技服务业、IT业上市公司共14家，涉及化工等9个行业大类、氟化工等12个行业小类（图2-69中括号内数据分别为该行业小类上市公司营业收入、利润率/全国平均利润率、研发强度/全国平均研发强度、代表性上市公司；受版面限制，部分行业仅展示代表性上市公司，规模较小行业不在图中展示）。从图中可以看出，氟化工（250亿）、纸制品（86亿）、纸材料包装（74亿）等行业上市公司营业收入规模较大；加工设备（20.1%）、其他食品（15.3%）、休闲用品（9.5%）、纸制品（8.6%）、输变电设备（7.6%）等行业利润率较高（图中底色偏红板块），其他电子（-12.4%）等行业出现亏损（图中底色偏蓝板块）；电动机与工控（13.6%）、电子化学品（7.1%）等行业研发强度较高。

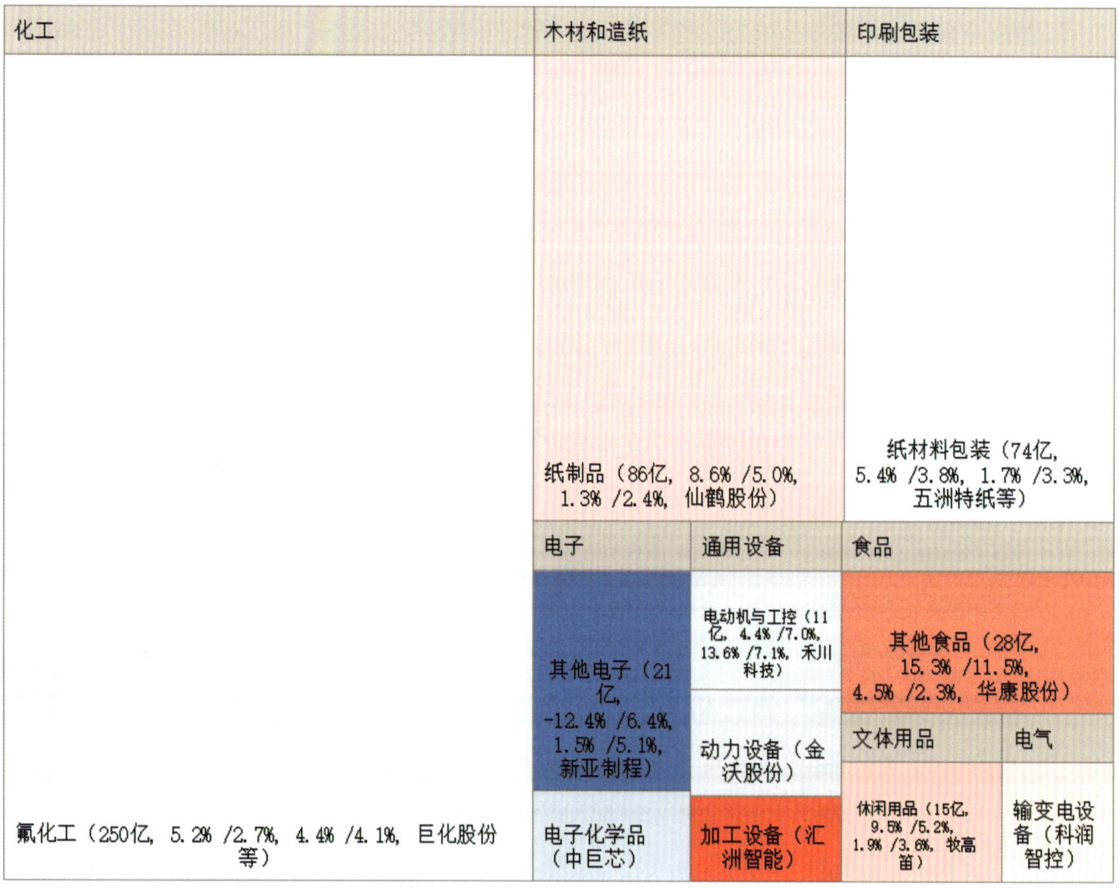

图 2-69　衢州制造业、科技服务业、IT业主要上市公司有关情况

衢州创新能力指数为50.99，在全国地级及以上城市中排第58位（与上年相比上升11位），属于创新城市。从具体指标看，衢州在企业技术获取和改造、技术吸纳、居民收入等方面具有相对优势，在人才培养、企业经济效益、企业研发投入、高技术产业发展、专精特新"小巨人"企业培育等方面存在短板。

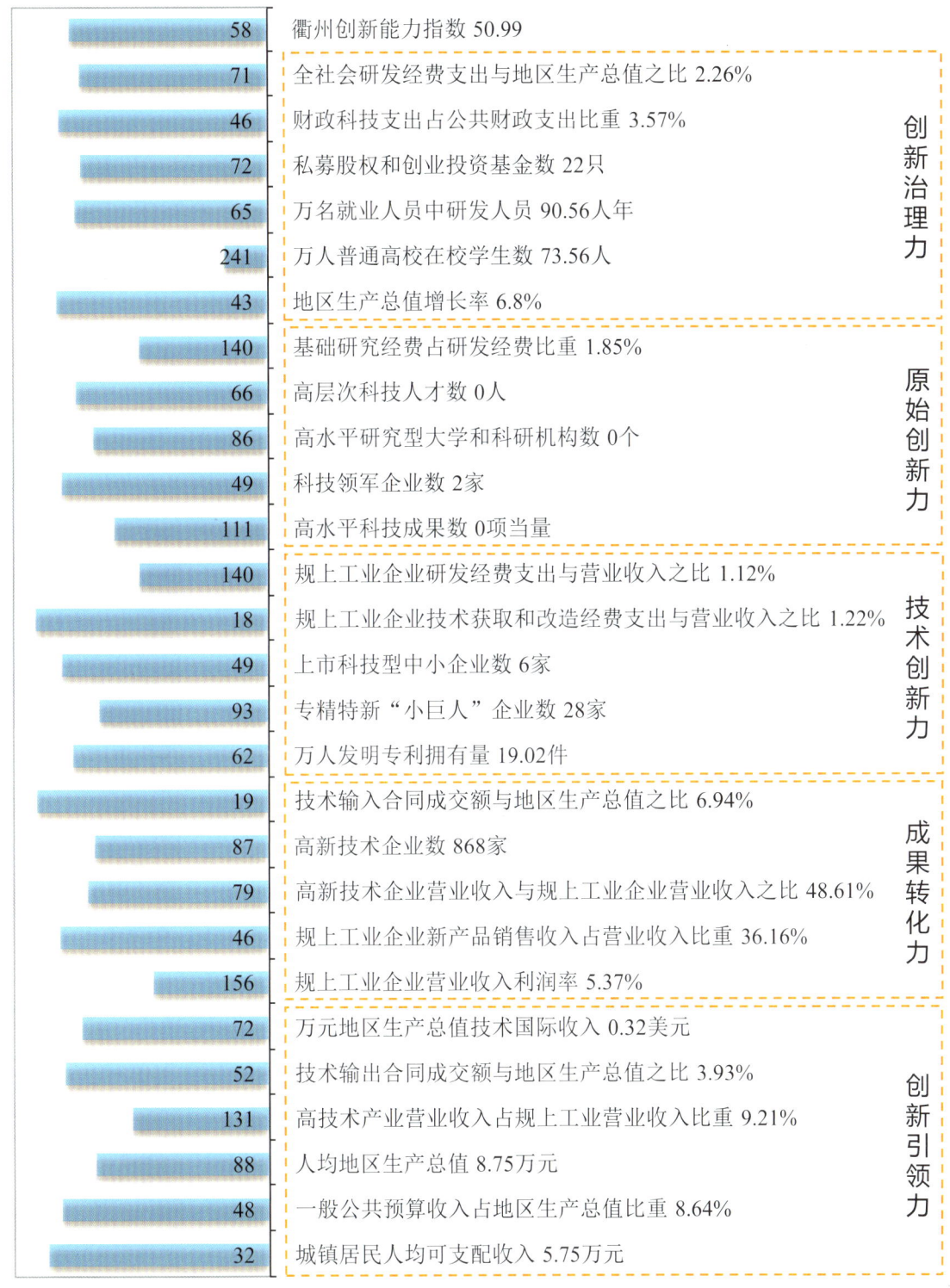

图2-70 衢州创新能力指标数据及全国排名

（三十六）徐州

2022 年，徐州地区生产总值 8458 亿元，在全国地级及以上城市中排第 28 位；常住人口 902 万人，排第 31 位。规上工业企业 3049 家，排第 36 位，营业收入 6399 亿元，排第 55 位。

截至 2023 年，徐州有上市公司 16 家（居全国第 62 位），其中制造业、科技服务业、IT 业上市公司共 13 家，涉及专用设备等 10 个行业大类、工程机械等 12 个行业小类（图 2-71 中括号内数据分别为该行业小类上市公司营业收入、利润率/全国平均利润率、研发强度/全国平均研发强度、代表性上市公司；受版面限制，部分行业仅展示代表性上市公司，规模较小行业不在图中展示）。从图中可以看出，工程机械（928 亿）等行业上市公司营业收入规模较大；药品制剂(23.5%)、汽车电子(22.1%)、商用车（16.4%）、输变电设备（8.9%）等行业利润率较高（图中底色偏红板块），农药（-4.7%）等行业出现亏损(图中底色偏蓝板块)；药品制剂(10.9%)、汽车电子(7.9%)、其他通用设备（6.6%）等行业研发强度较高。

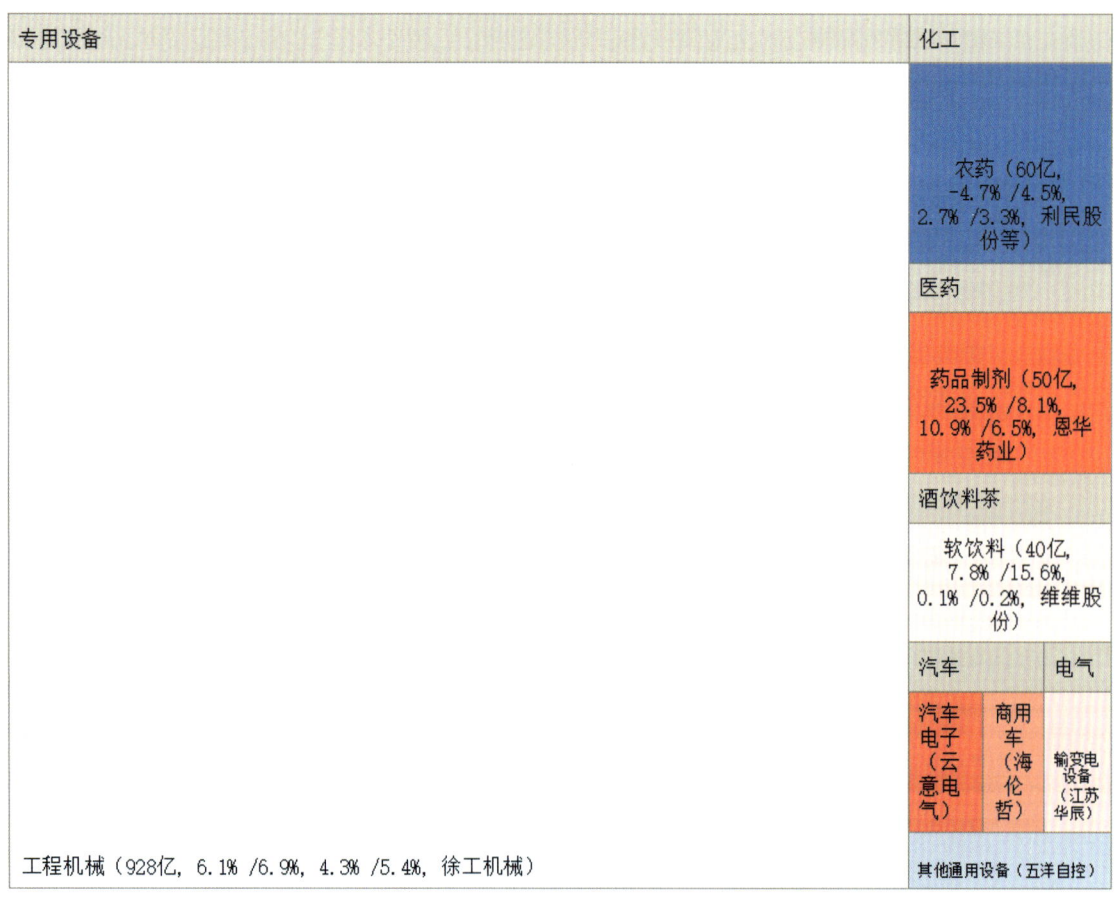

图 2-71　徐州制造业、科技服务业、IT 业主要上市公司有关情况

徐州创新能力指数为50.97，在全国地级及以上城市中排第59位（与上年相比下降17位），属于创新城市。从具体指标看，徐州在高水平成果转化与产业化平台建设、经济活力等方面具有相对优势，在政府财力、企业技术获取和改造、居民收入、高技术产业发展、经济发展新动能培育、企业经济效益等方面存在短板。

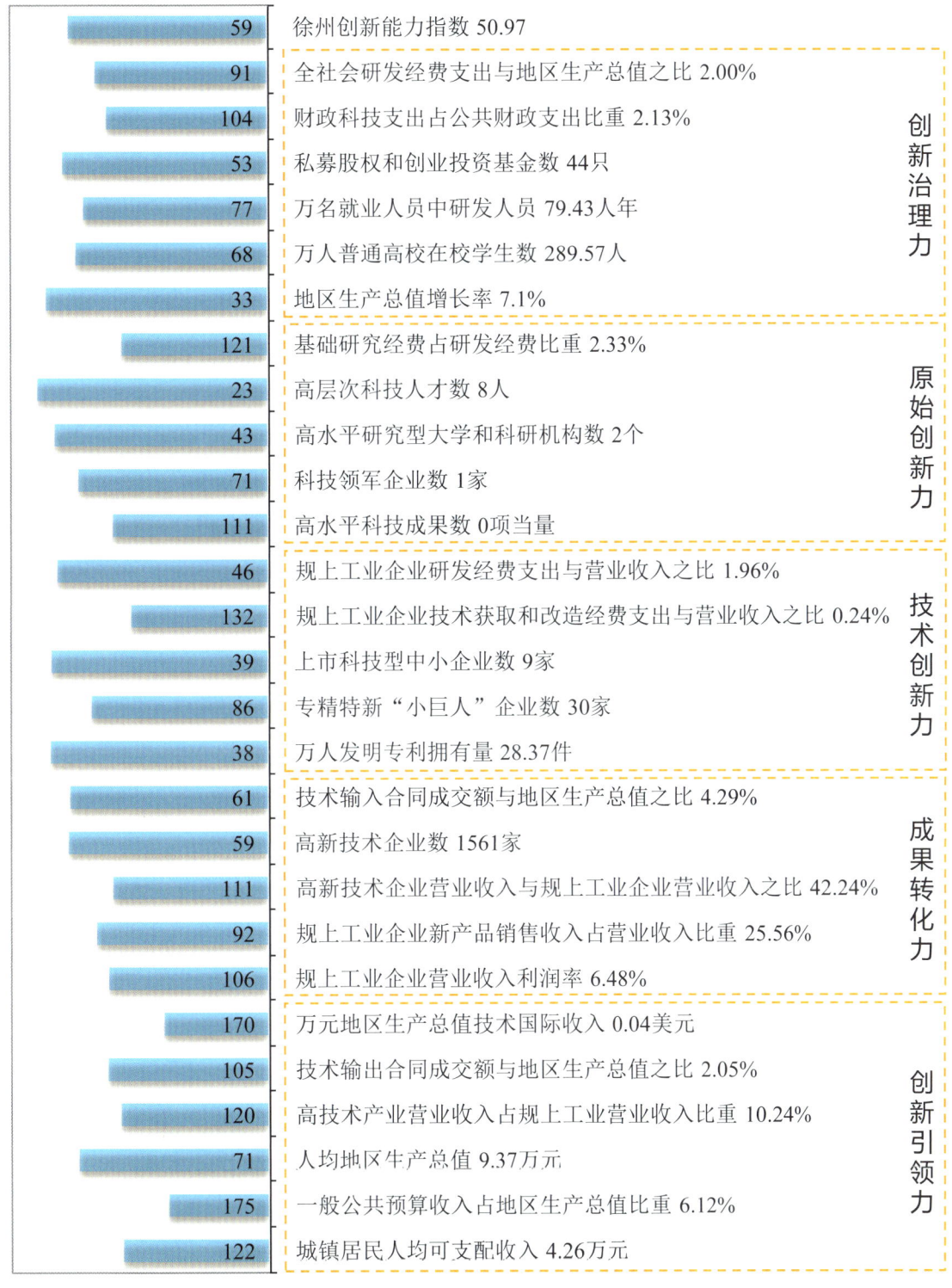

图2-72　徐州创新能力指标数据及全国排名

(三十七) 中山

2022年，中山地区生产总值3631亿元，在全国地级及以上城市中排第85位；常住人口443万人，排第110位。规上工业企业4959家，排第20位，营业收入6635亿元，排第53位。

截至2023年，中山有上市公司34家（居全国第41位），其中制造业、科技服务业、IT业上市公司共28家，涉及电气等15个行业大类、风电设备等27个行业小类（图2-73中括号内数据分别为该行业小类上市公司营业收入、利润率/全国平均利润率、研发强度/全国平均研发强度、代表性上市公司；受版面限制，部分行业仅展示代表性上市公司，规模较小行业不在图中展示）。从图中可以看出，风电设备（279亿）、鞋帽与配饰（201亿）、LED（175亿）等行业上市公司营业收入规模较大；其他生物药品（42.9%）、鞋帽与配饰（20.2%）、印制电路板（12.6%）、调味品与食用油（12.3%）等行业利润率较高（图中底色偏红板块），纸制品（-0.7%）等行业出现亏损（图中底色偏蓝板块）；其他生物药品（27.7%）、光学元件（10.4%）等行业研发强度较高。

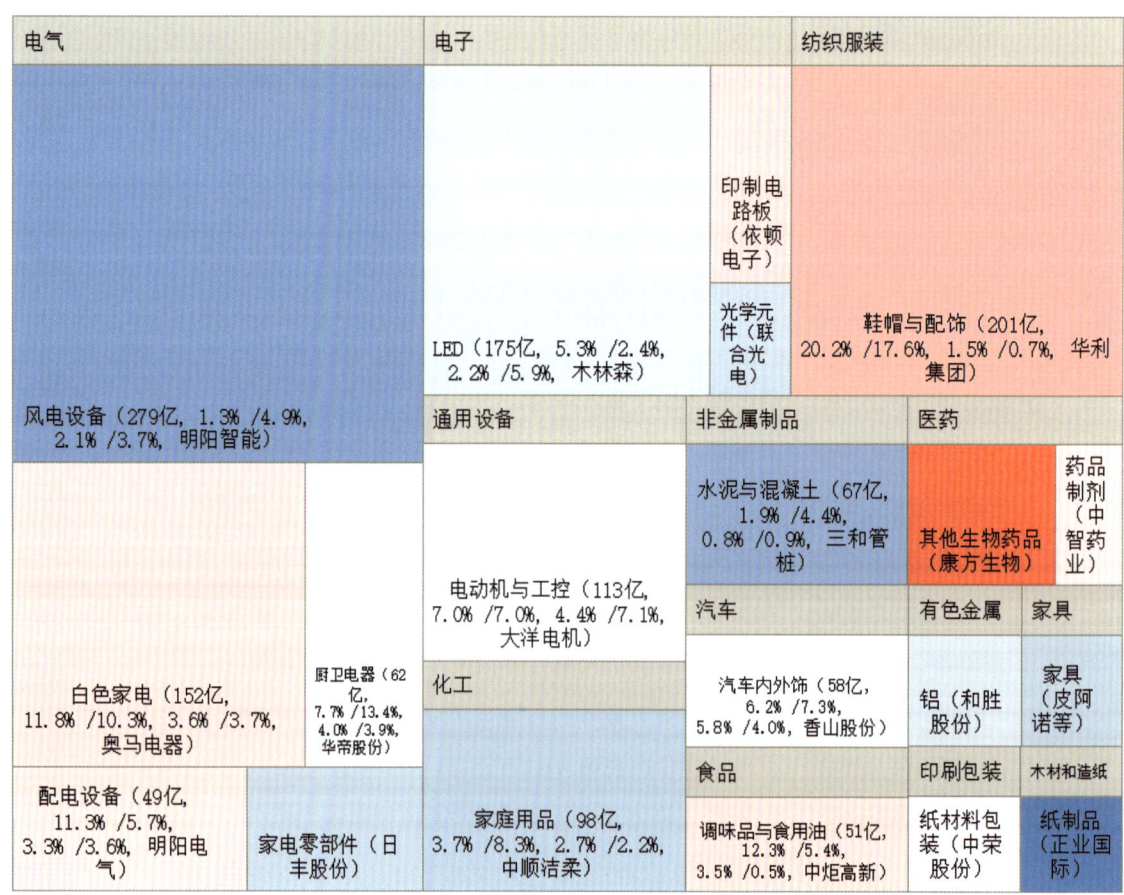

图2-73 中山制造业、科技服务业、IT业主要上市公司有关情况

中山创新能力指数为 50.56，在全国地级及以上城市中排第 60 位（与上年相比上升 7 位），属于创新城市。从具体指标看，中山在财政科技投入、高技术产业发展、居民收入等方面具有相对优势，在企业经济效益、人才培养、经济活力、企业研发投入、新产品开发、经济发展水平等方面存在短板。

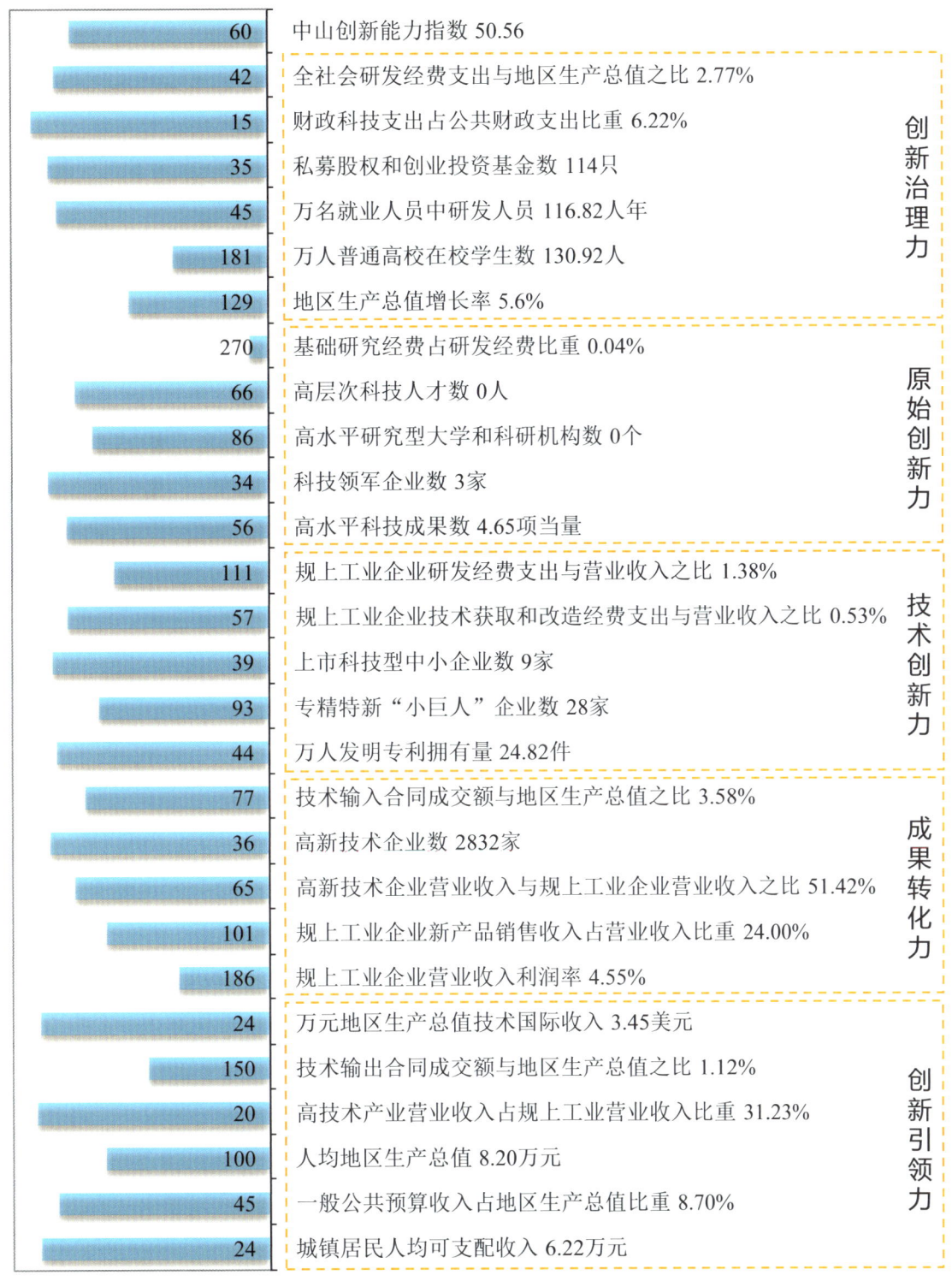

图 2-74　中山创新能力指标数据及全国排名

（三十八）台州

2022 年，台州地区生产总值 6041 亿元，在全国地级及以上城市中排第 44 位；常住人口 668 万人，排第 55 位。规上工业企业 5545 家，排第 18 位，营业收入 6908 亿元，排第 50 位。

截至 2023 年，台州有上市公司 72 家（居全国第 22 位），其中制造业、科技服务业、IT 业上市公司共 62 家，涉及医药等 17 个行业大类、铝等 37 个行业小类（图 2-75 中括号内数据分别为该行业小类上市公司营业收入、利润率/全国平均利润率、研发强度/全国平均研发强度、代表性上市公司；受版面限制，部分行业仅展示代表性上市公司，规模较小行业不在图中展示）。从图中可以看出，铝（290 亿）、药品制剂（228 亿）、小家电（213 亿）等行业上市公司营业收入规模较大；生物制药（21.3%）、纺织服装设备（19.9%）、服装（17.2%）、光学元件（13.1%）等行业利润率较高（图中底色偏红板块），氟化工（-19.6%）、其他家居（-15.1%）等行业出现亏损（图中底色偏蓝板块）；光学元件（8.4%）、原料药（7.4%）、药品制剂（7.2%）等行业研发强度较高。

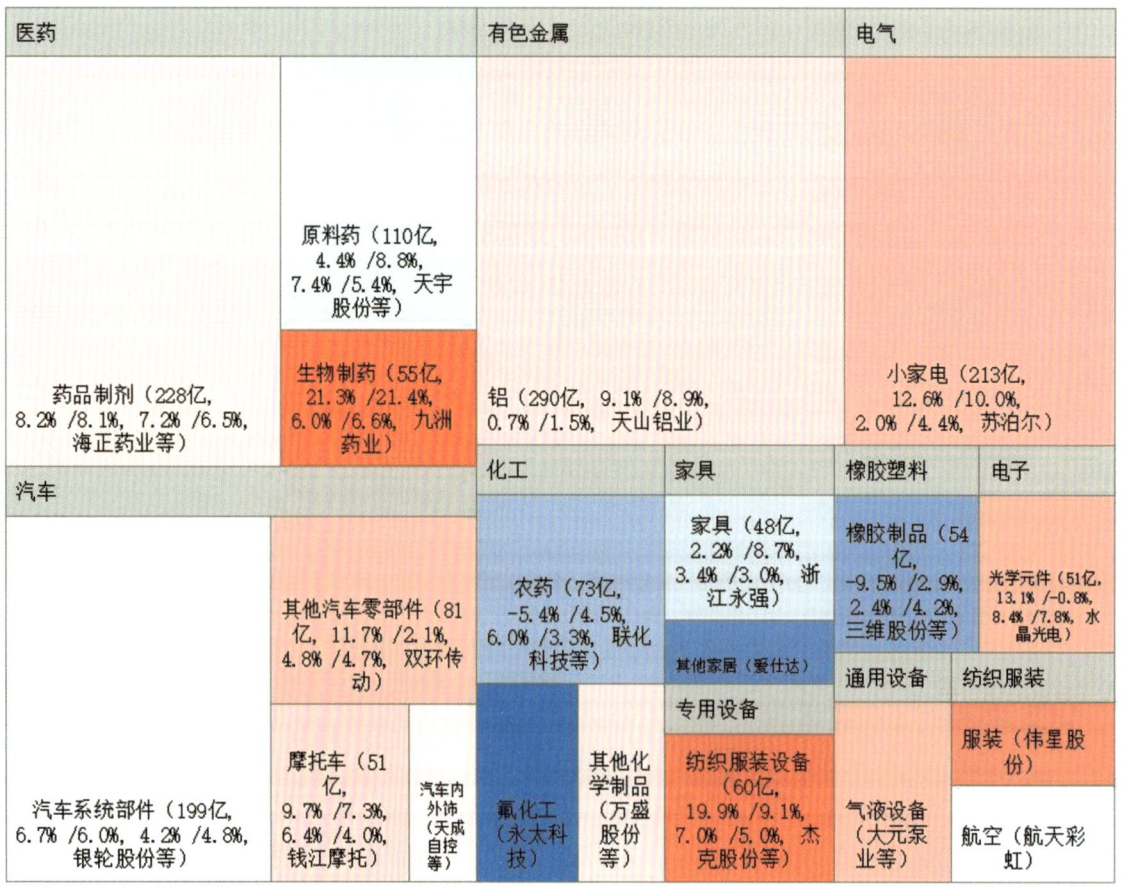

图 2-75 台州制造业、科技服务业、IT 业主要上市公司有关情况

台州创新能力指数为50.13，在全国地级及以上城市中排第62位（与上年相比下降6位），属于创新城市。从具体指标看，台州在居民收入、专精特新"小巨人"企业培育、上市企业培育、研发人力投入等方面具有相对优势，在人才培养、经济活力、企业经济效益、政府财力、创新生态、高技术产业发展等方面存在短板。

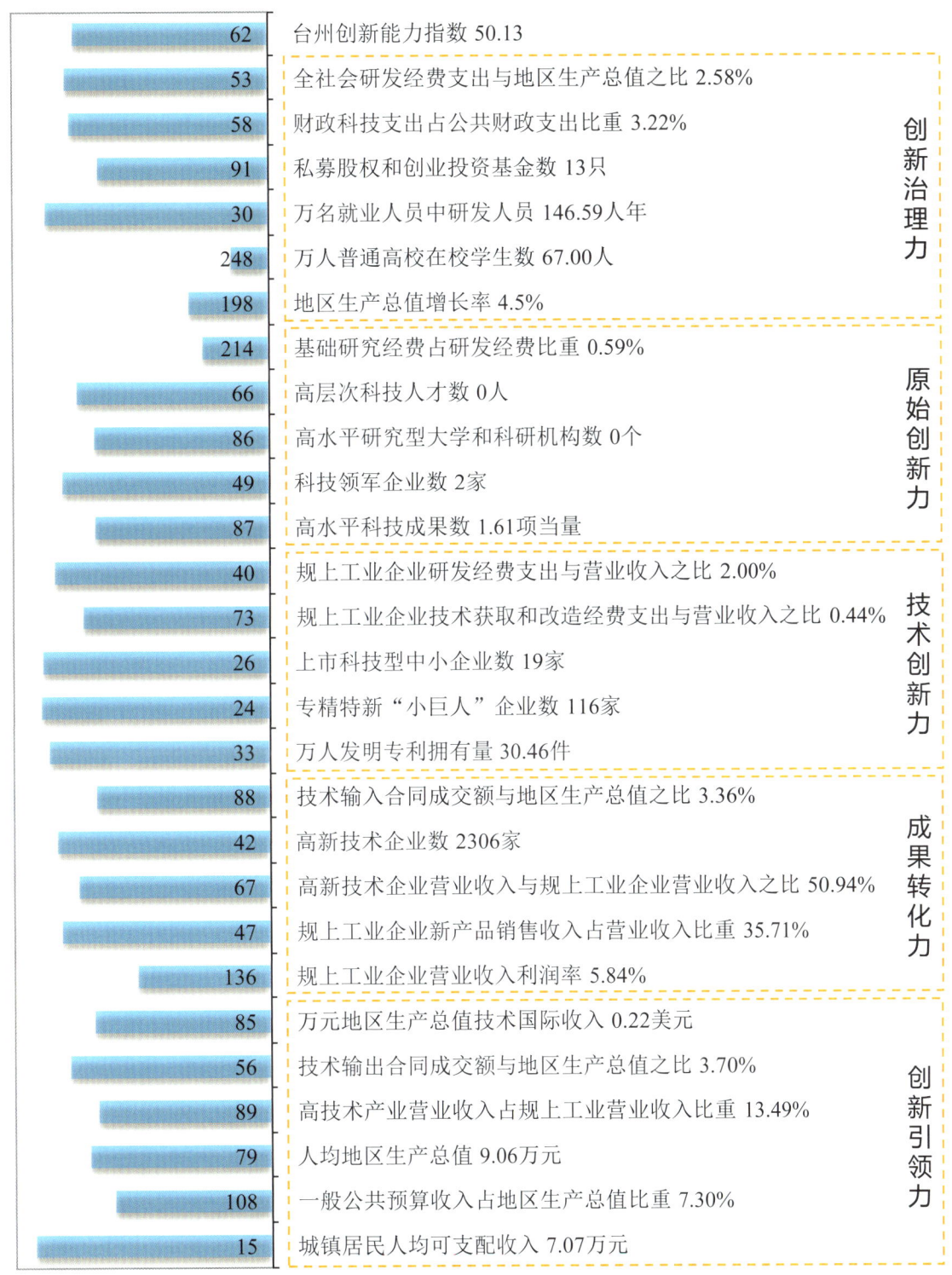

图 2-76　台州创新能力指标数据及全国排名

（三十九）惠州

2022年，惠州地区生产总值5401亿元，在全国地级及以上城市中排第54位；常住人口605万人，排第65位。规上工业企业4365家，排第23位，营业收入10863亿元，排第25位。

截至2023年，惠州有上市公司22家（居全国第52位），其中制造业、科技服务业、IT业上市公司共21家，涉及电子等7个行业大类、面板等14个行业小类（图2-77中括号内数据分别为该行业小类上市公司营业收入、利润率/全国平均利润率、研发强度/全国平均研发强度、代表性上市公司；受版面限制，部分行业仅展示代表性上市公司，规模较小行业不在图中展示）。从图中可以看出，面板（1744亿）、电池（491亿）、汽车电子（290亿）等行业上市公司营业收入规模较大；汽车内外饰（24.2%）、电池（10.0%）、其他化学原料（8.2%）等行业利润率较高（图中底色偏红板块），其他专用设备（-5.4%）等行业出现亏损（图中底色偏蓝板块）；其他专用设备（10.4%）、汽车电子（8.9%）、电池（5.6%）等行业研发强度较高。

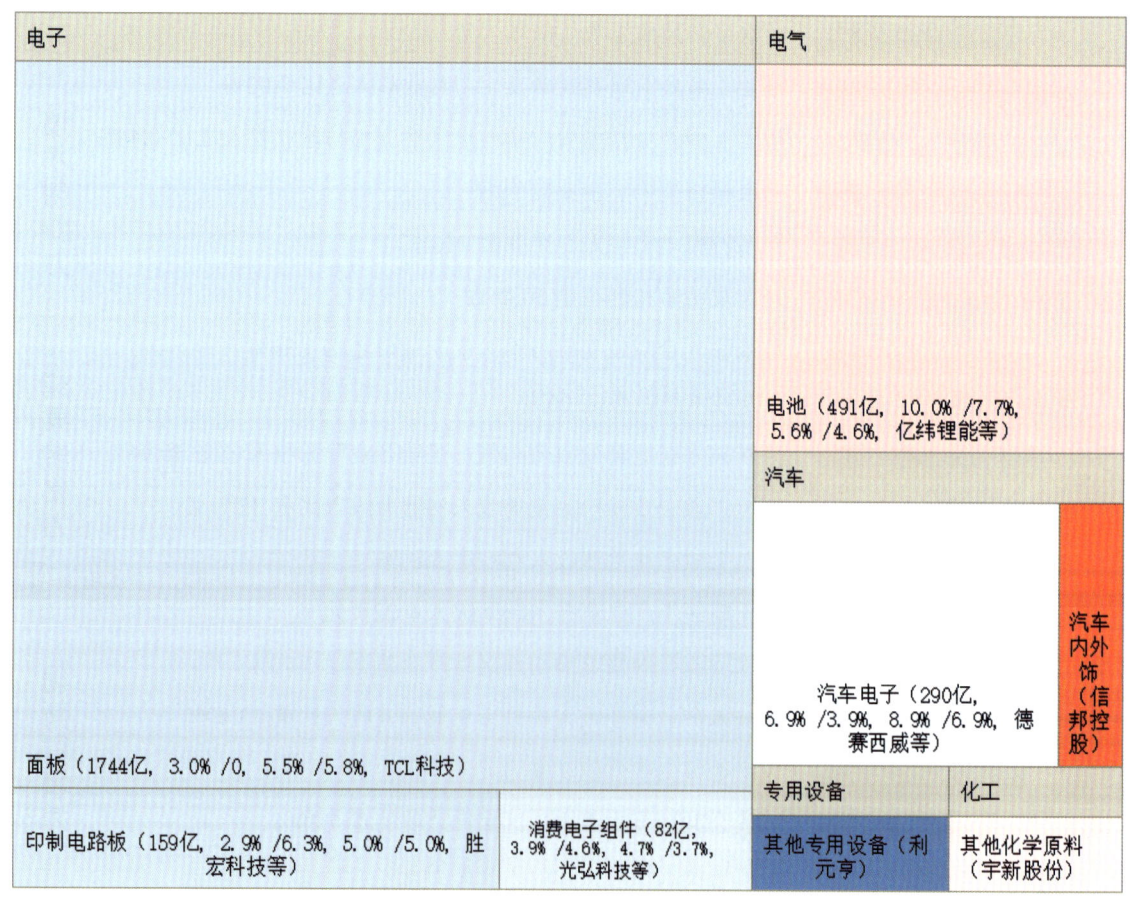

图2-77　惠州制造业、科技服务业、IT业主要上市公司有关情况

惠州创新能力指数为47.43，在全国地级及以上城市中排第64位（与上年相比上升7位），属于创新城市。从具体指标看，惠州在高技术产业发展、研发人力投入、全社会研发投入、高新技术企业培育等方面具有相对优势，在企业经济效益、企业技术获取和改造、技术吸纳、人才培养、经济活力等方面存在短板。

排名	指标	维度
64	惠州创新能力指数 47.43	
17	全社会研发经费支出与地区生产总值之比 3.44%	创新治理力
40	财政科技支出占公共财政支出比重 3.94%	
48	私募股权和创业投资基金数 55只	
12	万名就业人员中研发人员 196.92人年	
192	万人普通高校在校学生数 121.73人	
129	地区生产总值增长率 5.6%	
252	基础研究经费占研发经费比重 0.18%	原始创新力
66	高层次科技人才数 0人	
86	高水平研究型大学和科研机构数 0个	
24	科技领军企业数 5家	
111	高水平科技成果数 0项当量	
81	规上工业企业研发经费支出与营业收入之比 1.57%	技术创新力
216	规上工业企业技术获取和改造经费支出与营业收入之比 0.08%	
34	上市科技型中小企业数 13家	
53	专精特新"小巨人"企业数 51家	
55	万人发明专利拥有量 20.18件	
196	技术输入合同成交额与地区生产总值之比 1.49%	成果转化力
31	高新技术企业数 3390家	
87	高新技术企业营业收入与规上工业企业营业收入之比 46.55%	
69	规上工业企业新产品销售收入占营业收入比重 30.56%	
240	规上工业企业营业收入利润率 2.80%	
49	万元地区生产总值技术国际收入 0.83美元	创新引领力
237	技术输出合同成交额与地区生产总值之比 0.14%	
5	高技术产业营业收入占规上工业营业收入比重 48.83%	
82	人均地区生产总值 8.92万元	
64	一般公共预算收入占地区生产总值比重 8.18%	
54	城镇居民人均可支配收入 5.08万元	

图 2-78　惠州创新能力指标数据及全国排名

（四十）保定

2022年，保定地区生产总值4608亿元，在全国地级及以上城市中排第61位；常住人口1149万人，排第13位。规上工业企业2291家，排第51位，营业收入4498亿元，排第79位。

截至2023年，保定有上市公司16家（居全国第62位），其中制造业、科技服务业、IT业上市公司共11家，涉及汽车等6个行业大类、乘用车等9个行业小类（图2-79中括号内数据分别为该行业小类上市公司营业收入、利润率/全国平均利润率、研发强度/全国平均研发强度、代表性上市公司；受版面限制，部分行业仅展示代表性上市公司，规模较小行业不在图中展示）。从图中可以看出，乘用车（1732亿）、船舶（451亿）、其他汽车零部件（426亿）等行业上市公司营业收入规模较大；汽车内外饰（9.9%）等行业利润率较高（图中底色偏红板块），输变电设备（-4.3%）等行业出现亏损（图中底色偏蓝板块）；汽车内外饰（5.7%）等行业研发强度较高。

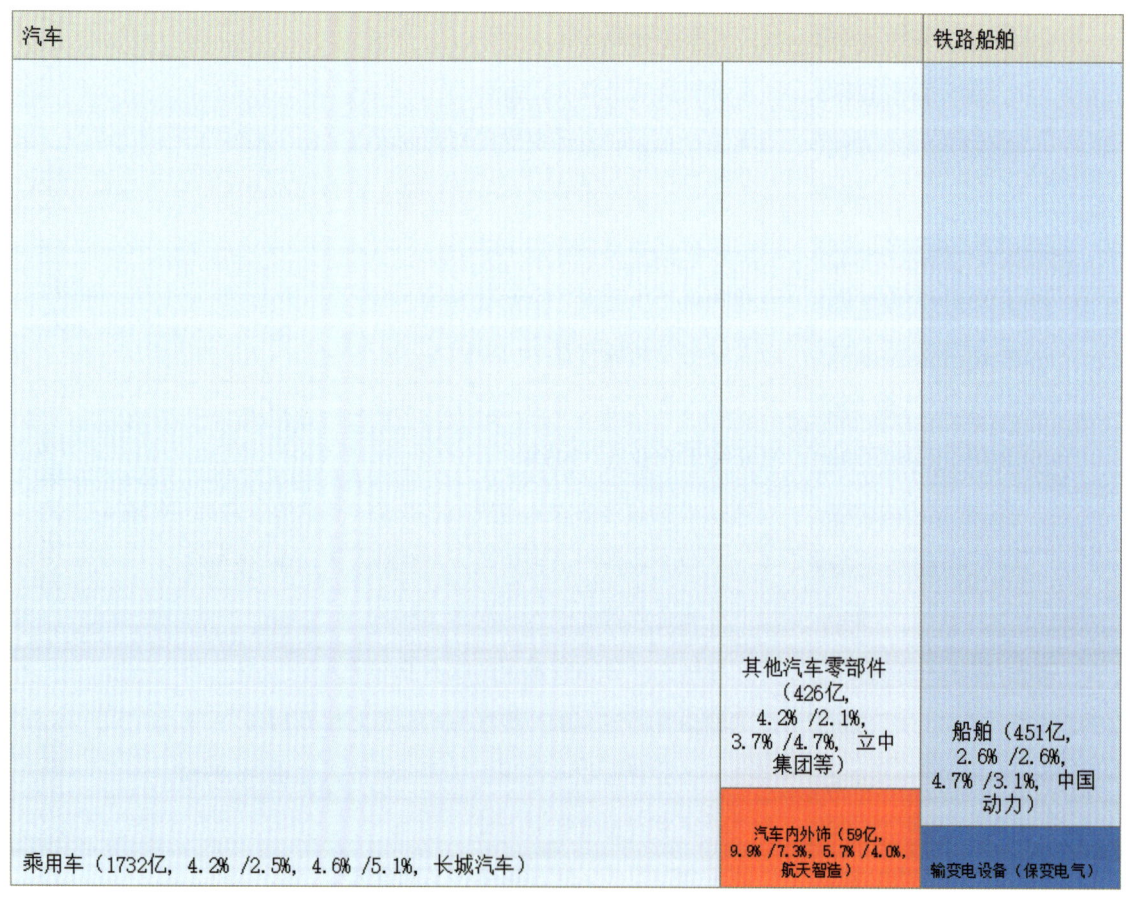

图2-79　保定制造业、科技服务业、IT业主要上市公司有关情况

保定创新能力指数为 47.06，在全国地级及以上城市中排第 65 位（与上年相比下降 6 位），属于创新城市。从具体指标看，保定在企业研发投入、经济发展新动能培育、全社会研发投入等方面具有相对优势，在经济发展水平、企业技术获取和改造、高技术产业发展、企业经济效益、居民收入、经济活力等方面存在短板。

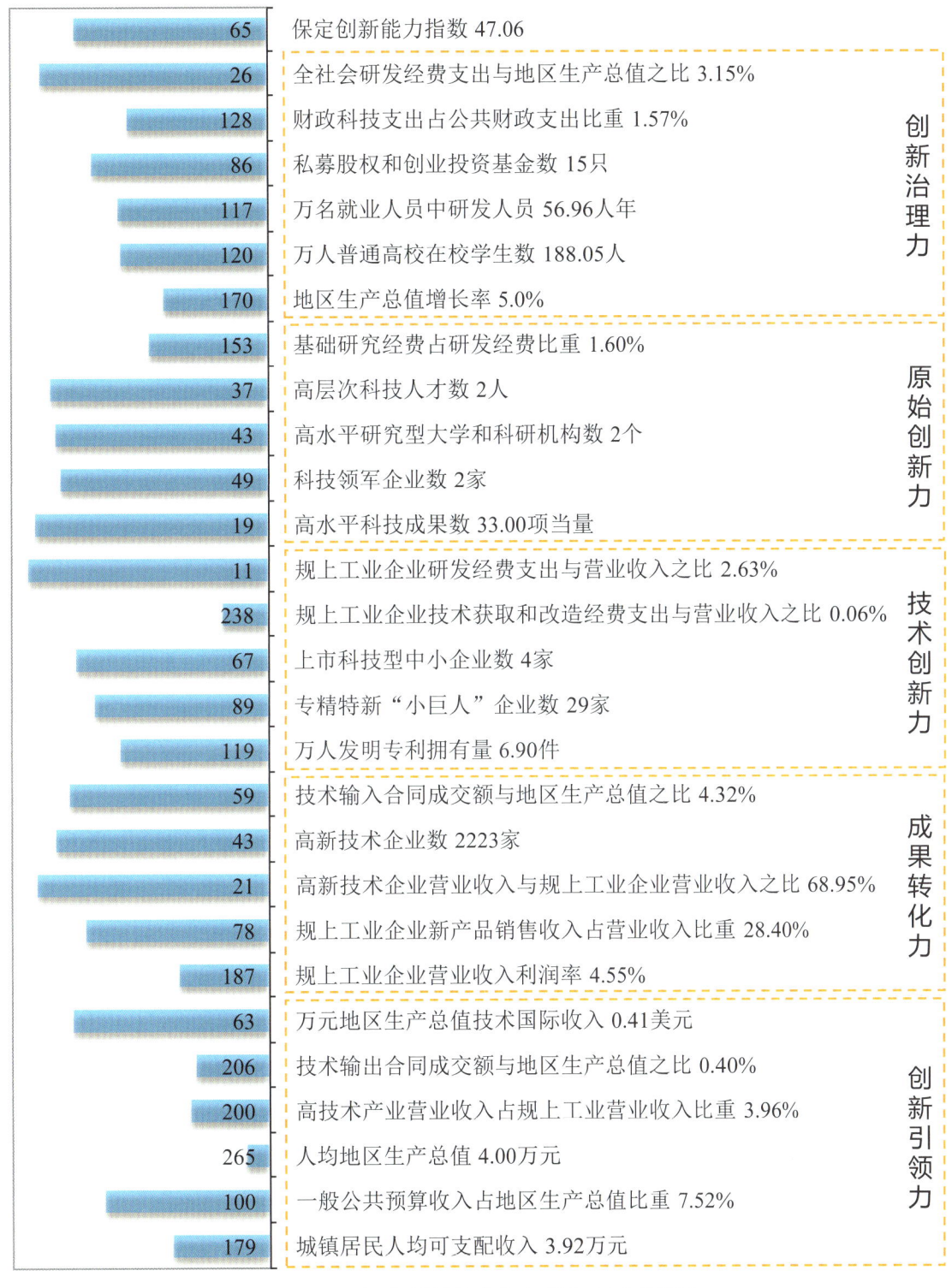

图 2-80　保定创新能力指标数据及全国排名

（四十一）盐城

2022 年，盐城地区生产总值 7080 亿元，在全国地级及以上城市中排第 39 位；常住人口 669 万人，排第 54 位。规上工业企业 3887 家，排第 28 位，营业收入 8153 亿元，排第 37 位。

截至 2023 年，盐城有上市公司 8 家（居全国第 94 位），其中制造业、科技服务业、IT 业上市公司共 6 家，涉及汽车等 4 个行业大类、乘用车等 5 个行业小类（图 2-81 中括号内数据分别为该行业小类上市公司营业收入、利润率/全国平均利润率、研发强度/全国平均研发强度、代表性上市公司；受版面限制，部分行业仅展示代表性上市公司，规模较小行业不在图中展示）。从图中可以看出，乘用车（31 亿）、农药（14 亿）、动力设备（13 亿）等行业上市公司营业收入规模较大；农药（-30.9%）、合成树脂（-24.2%）、动力设备（-4.2%）、其他通用设备（-3.4%）等行业出现亏损（图中底色偏蓝板块）；其他通用设备（8.7%）、合成树脂（5.0%）等行业研发强度较高。

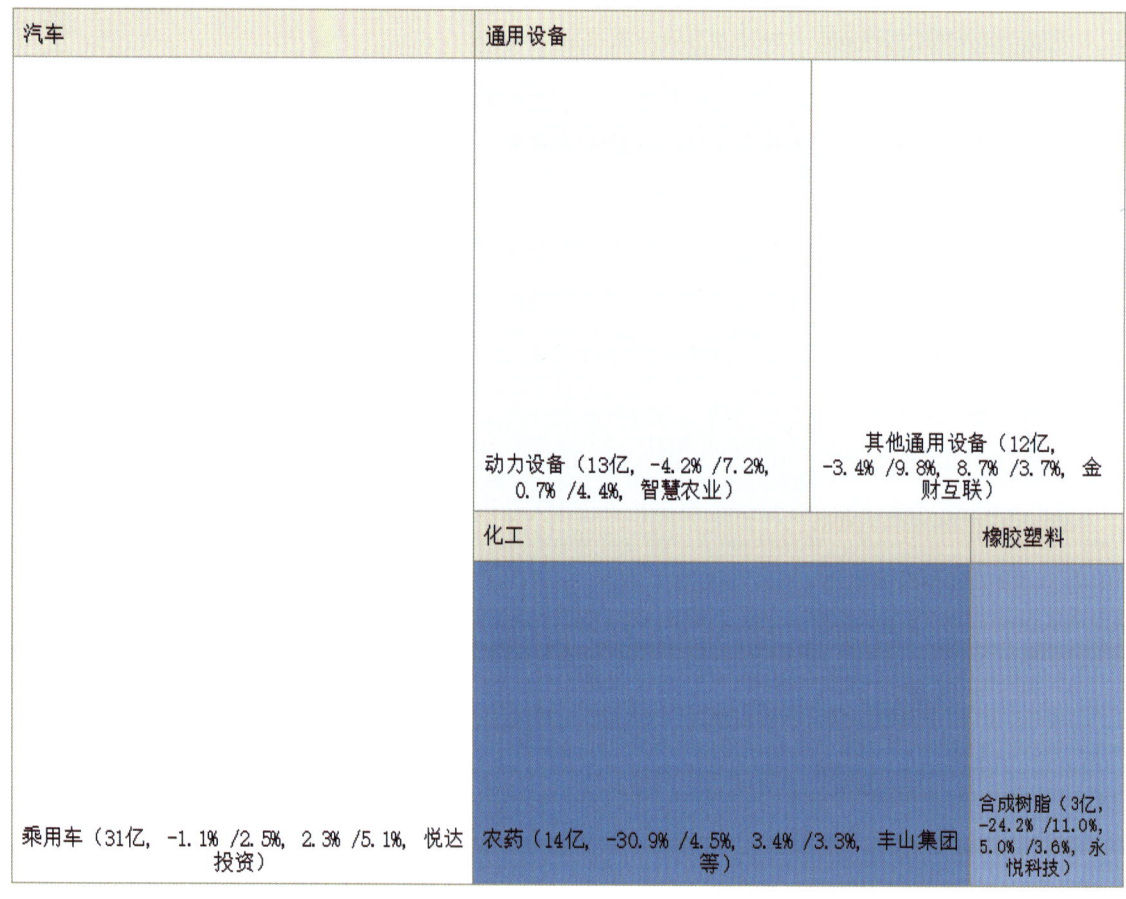

图 2-81 盐城制造业、科技服务业、IT 业主要上市公司有关情况

盐城创新能力指数为 46.15，在全国地级及以上城市中排第 67 位（与上年相比下降 4 位），属于创新城市。从具体指标看，盐城在高水平成果转化与产业化平台建设等方面具有相对优势，在企业经济效益、政府财力、新产品开发、人才培养、经济发展新动能培育、上市企业培育、经济活力等方面存在短板。

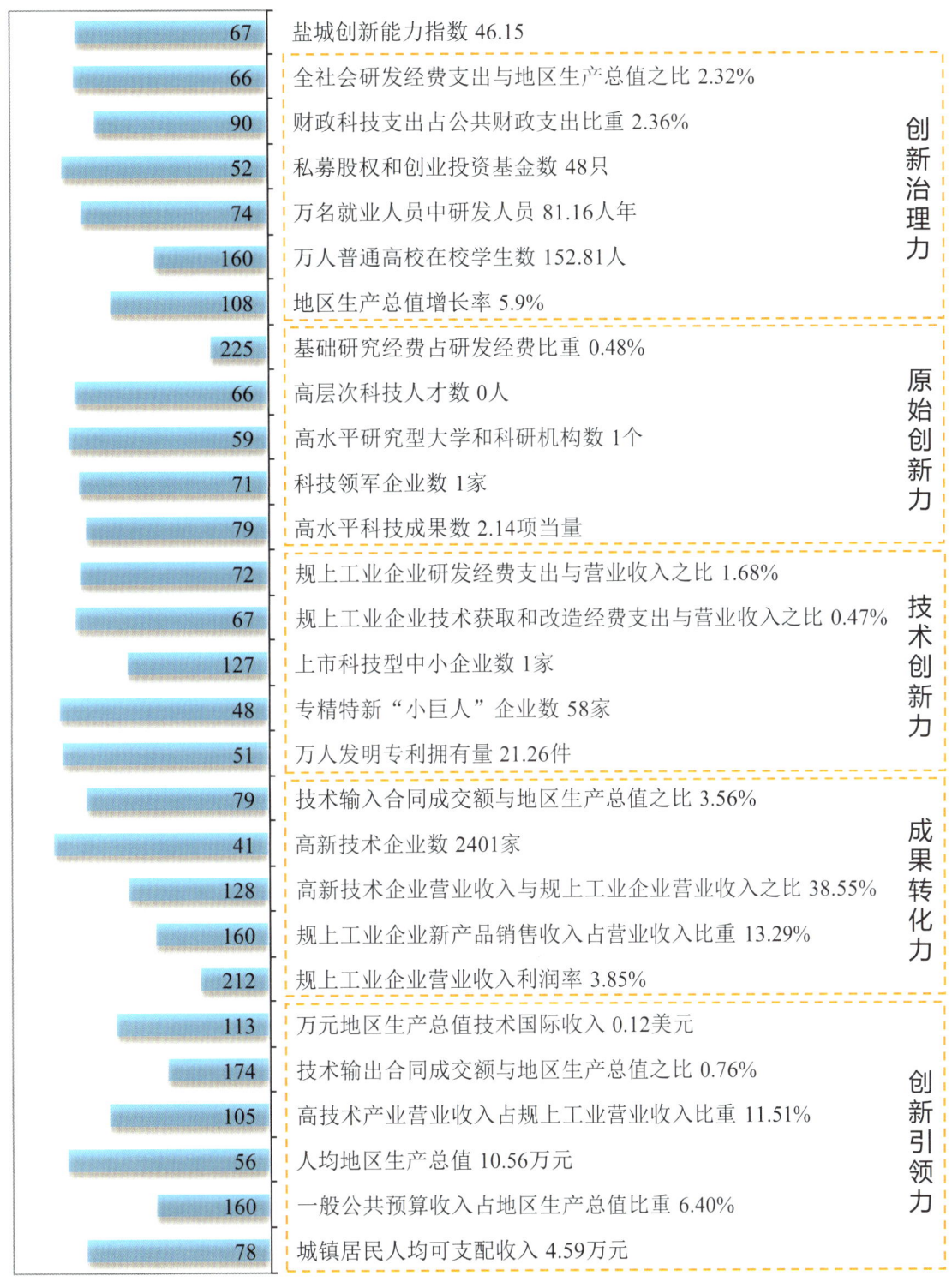

图 2-82　盐城创新能力指标数据及全国排名

（四十二）泰安

2022 年，泰安地区生产总值 3198 亿元，在全国地级及以上城市中排第 104 位；常住人口 540 万人，排第 78 位。规上工业企业 1346 家，排第 104 位，营业收入 2942 亿元，排第 120 位。

截至 2023 年，泰安有上市公司 8 家（居全国第 94 位），其中制造业、科技服务业、IT 业上市公司共 7 家，涉及软件等 6 个行业大类、行业应用软件等 6 个行业小类（图 2-83 中括号内数据分别为该行业小类上市公司营业收入、利润率/全国平均利润率、研发强度/全国平均研发强度、代表性上市公司；受版面限制，部分行业仅展示代表性上市公司，规模较小行业不在图中展示）。从图中可以看出，行业应用软件（26 亿）、纸材料包装（19 亿）等行业上市公司营业收入规模较大；采矿冶金设备（21.2%）、纸材料包装（13.6%）、休闲用品（13.1%）、其他化学原料（12.0%）等行业利润率较高（图中底色偏红板块），线缆及其他（-3.9%）等行业出现亏损（图中底色偏蓝板块）；行业应用软件（11.6%）、采矿冶金设备（8.2%）等行业研发强度较高。

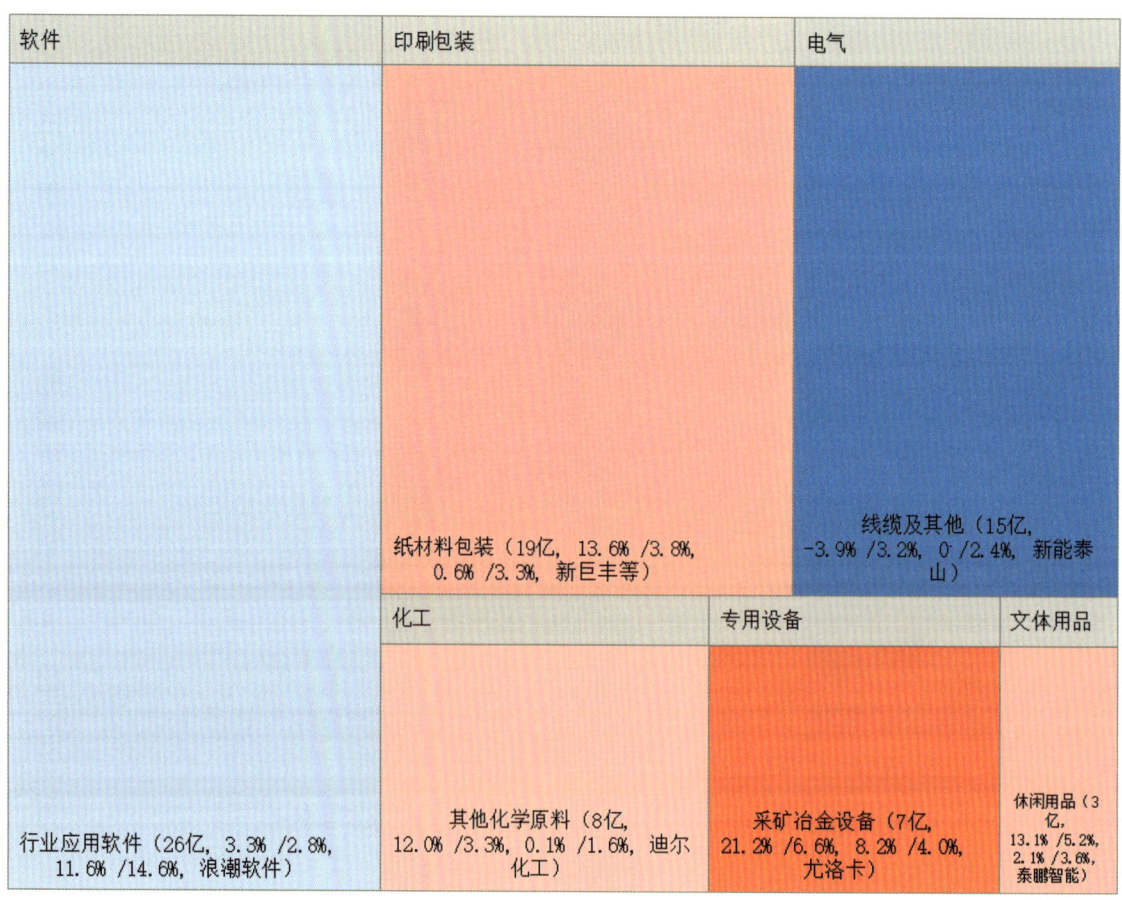

图 2-83　泰安制造业、科技服务业、IT 业主要上市公司有关情况

泰安创新能力指数为46.13,在全国地级及以上城市中排第68位(与上年持平),属于创新城市。从具体指标看,泰安在企业技术获取和改造、企业研发投入等方面具有相对优势,在技术吸纳、企业经济效益、经济发展水平、财政科技投入、高技术产业发展、政府财力等方面存在短板。

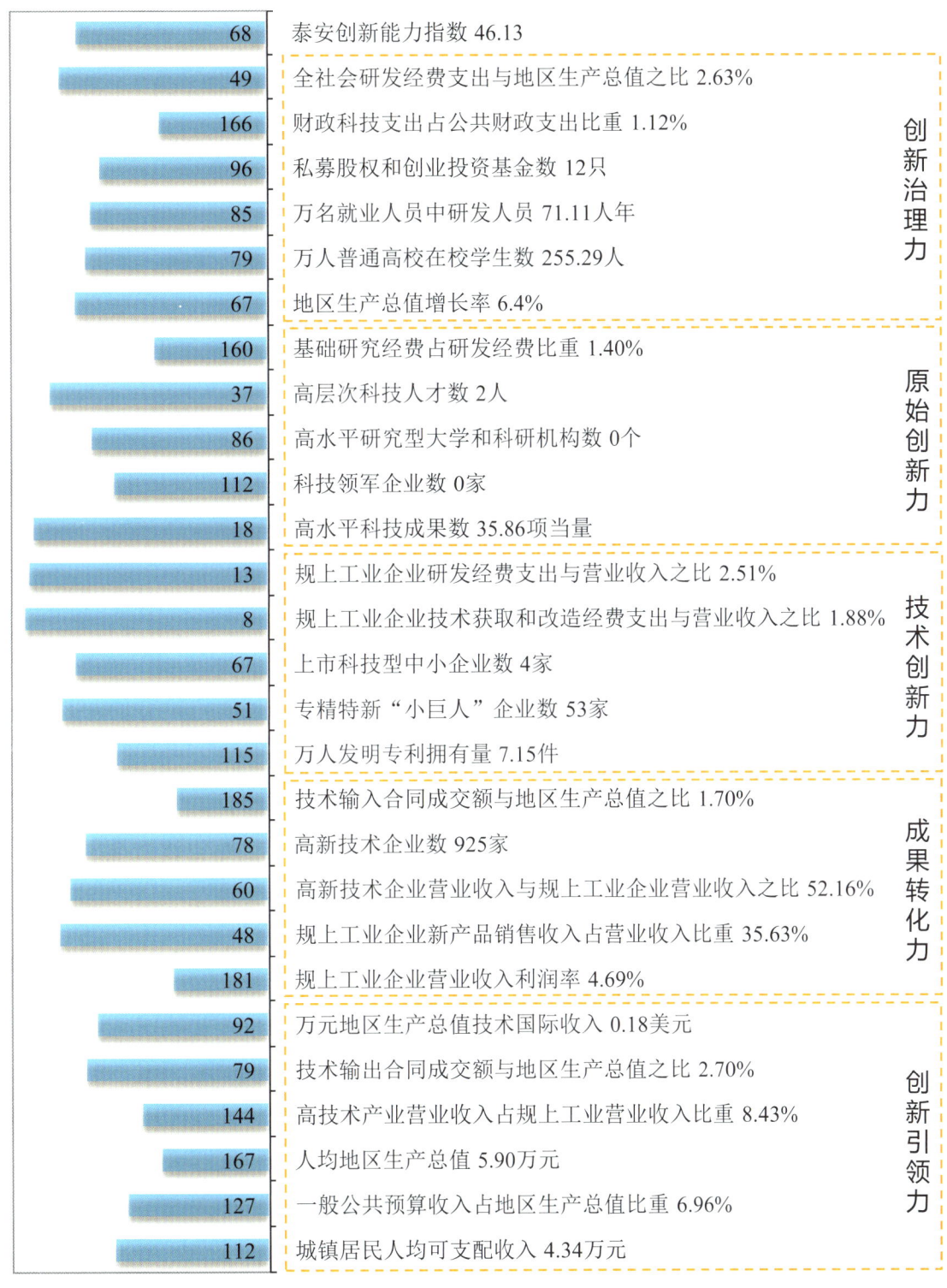

图2-84 泰安创新能力指标数据及全国排名

(四十三)江门

2022 年,江门地区生产总值 3773 亿元,在全国地级及以上城市中排第 80 位;常住人口 482 万人,排第 97 位。规上工业企业 3264 家,排第 32 位,营业收入 5460 亿元,排第 65 位。

截至 2023 年,江门有上市公司 18 家(居全国第 56 位),其中制造业、科技服务业、IT 业上市公司共 18 家,涉及电子等 12 个行业大类、消费电子组件等 16 个行业小类(图 2-85 中括号内数据分别为该行业小类上市公司营业收入、利润率/全国平均利润率、研发强度/全国平均研发强度、代表性上市公司;受版面限制,部分行业仅展示代表性上市公司,规模较小行业不在图中展示)。从图中可以看出,消费电子组件(341 亿)、电池部件及材料(124 亿)等行业上市公司营业收入规模较大;药品制剂(27.5%)、家电零部件(24.9%)、印制电路板(12.2%)等行业利润率较高(图中底色偏红板块),生物制药(-81.5%)、轮胎(-14.8%)、电池部件及材料(-7.2%)等行业出现亏损(图中底色偏蓝板块);生物制药(6.8%)、消费电子组件(5.3%)等行业研发强度较高。

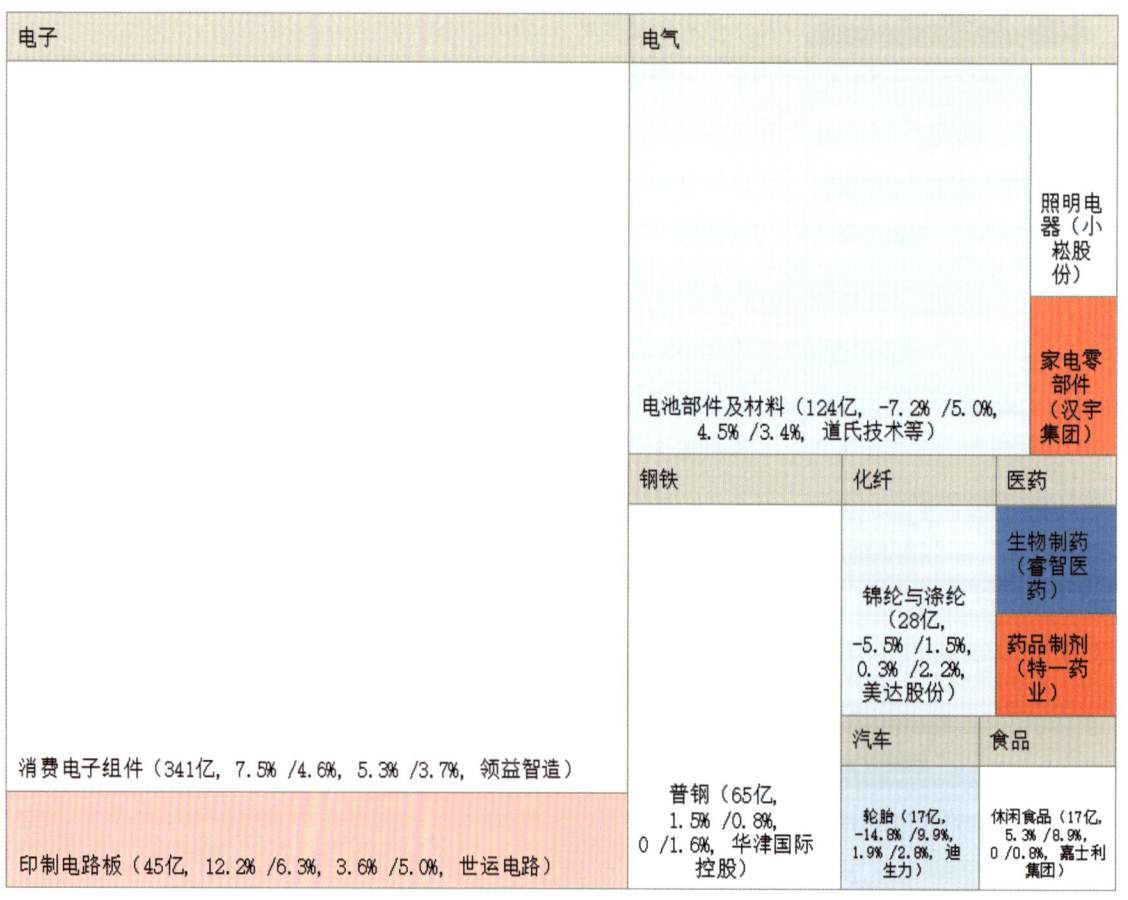

图 2-85 江门制造业、科技服务业、IT 业主要上市公司有关情况

江门创新能力指数为 43.64，在全国地级及以上城市中排第 71 位（与上年相比上升 5 位），属于创新城市。从具体指标看，江门在高新技术企业培育等方面具有相对优势，在企业经济效益、人才培养、经济活力、政府财力、高技术产业发展、企业研发投入、经济发展水平等方面存在短板。

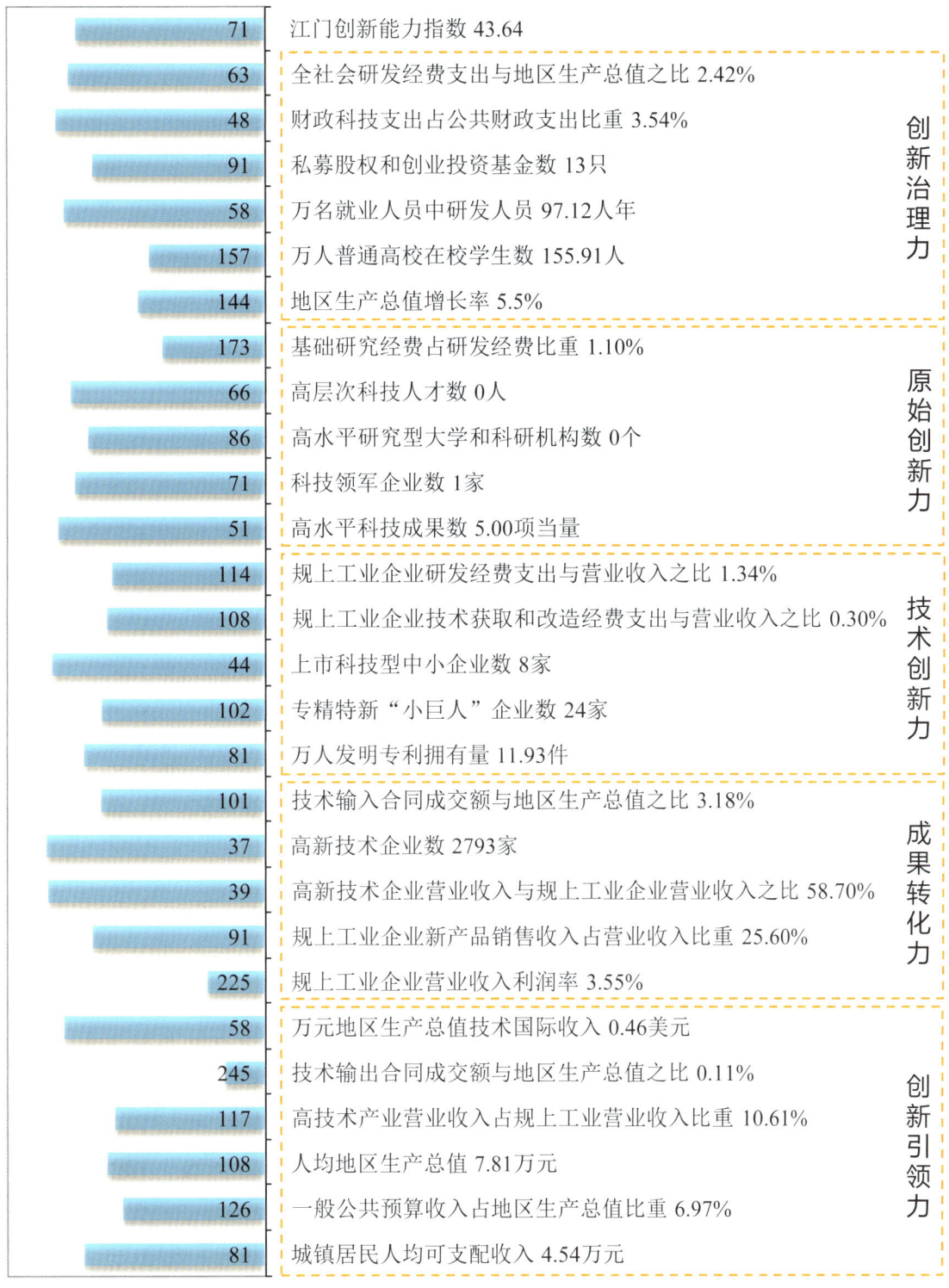

图 2-86　江门创新能力指标数据及全国排名

（四十四）济宁

2022年，济宁地区生产总值5317亿元，在全国地级及以上城市中排第55位；常住人口829万人，排第39位。规上工业企业2208家，排第54位，营业收入5009亿元，排第72位。

截至2023年，济宁有上市公司10家（居全国第80位），其中制造业、科技服务业、IT业上市公司共8家，涉及木材和造纸等5个行业大类、纸制品等6个行业小类（图2-87中括号内数据分别为该行业小类上市公司营业收入、利润率/全国平均利润率、研发强度/全国平均研发强度、代表性上市公司；受版面限制，部分行业仅展示代表性上市公司，规模较小行业不在图中展示）。从图中可以看出，纸制品（395亿）、工程机械（116亿）、药品制剂（106亿）等行业上市公司营业收入规模较大；电网自动化（10.9%）、纸制品（8.3%）、药品制剂（8.2%）、工程机械（7.0%）等行业利润率较高（图中底色偏红板块）；药品制剂（6.8%）等行业研发强度较高。

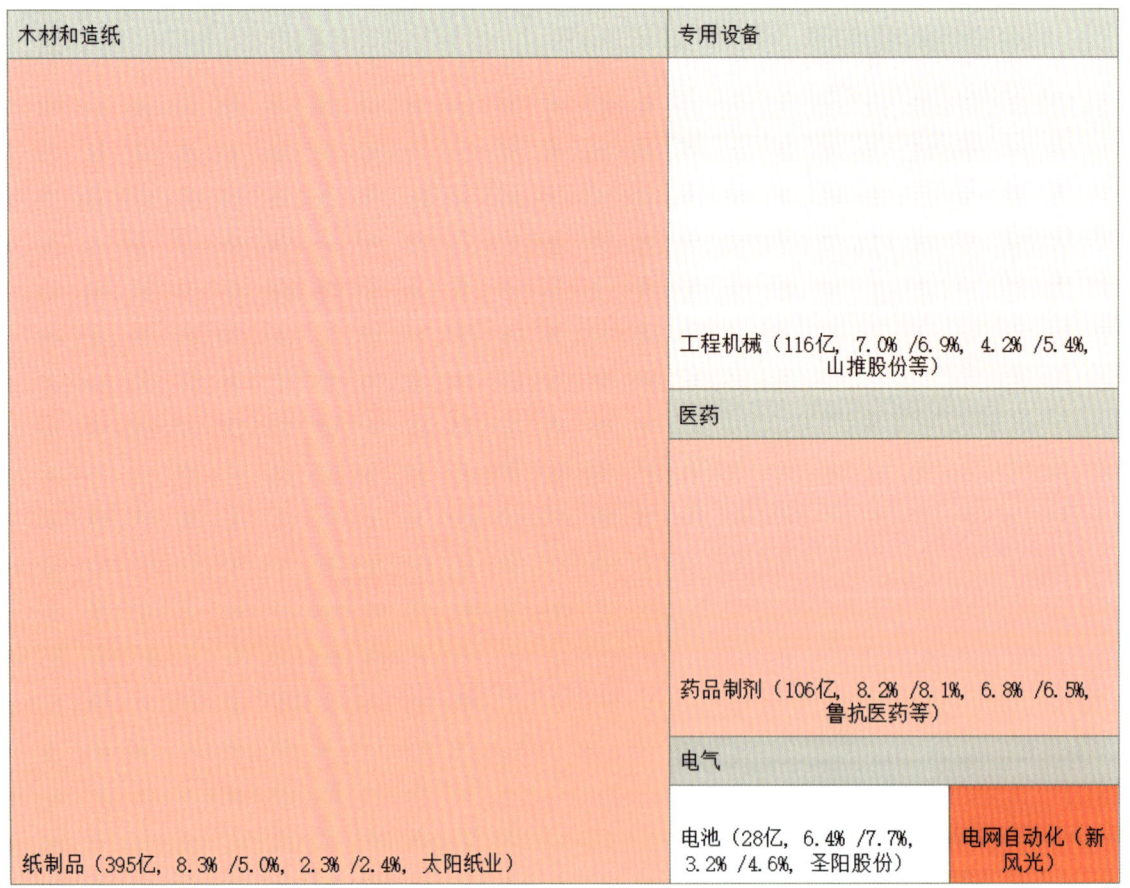

图2-87　济宁制造业、科技服务业、IT业主要上市公司有关情况

济宁创新能力指数为43.41，在全国地级及以上城市中排第73位（与上年相比下降8位），属于创新城市。从具体指标看，济宁在企业技术获取和改造、新产品开发等方面具有相对优势，在高技术产业发展、财政科技投入、经济发展新动能培育、经济发展水平、上市企业培育、创新生态、人才培养等方面存在短板。

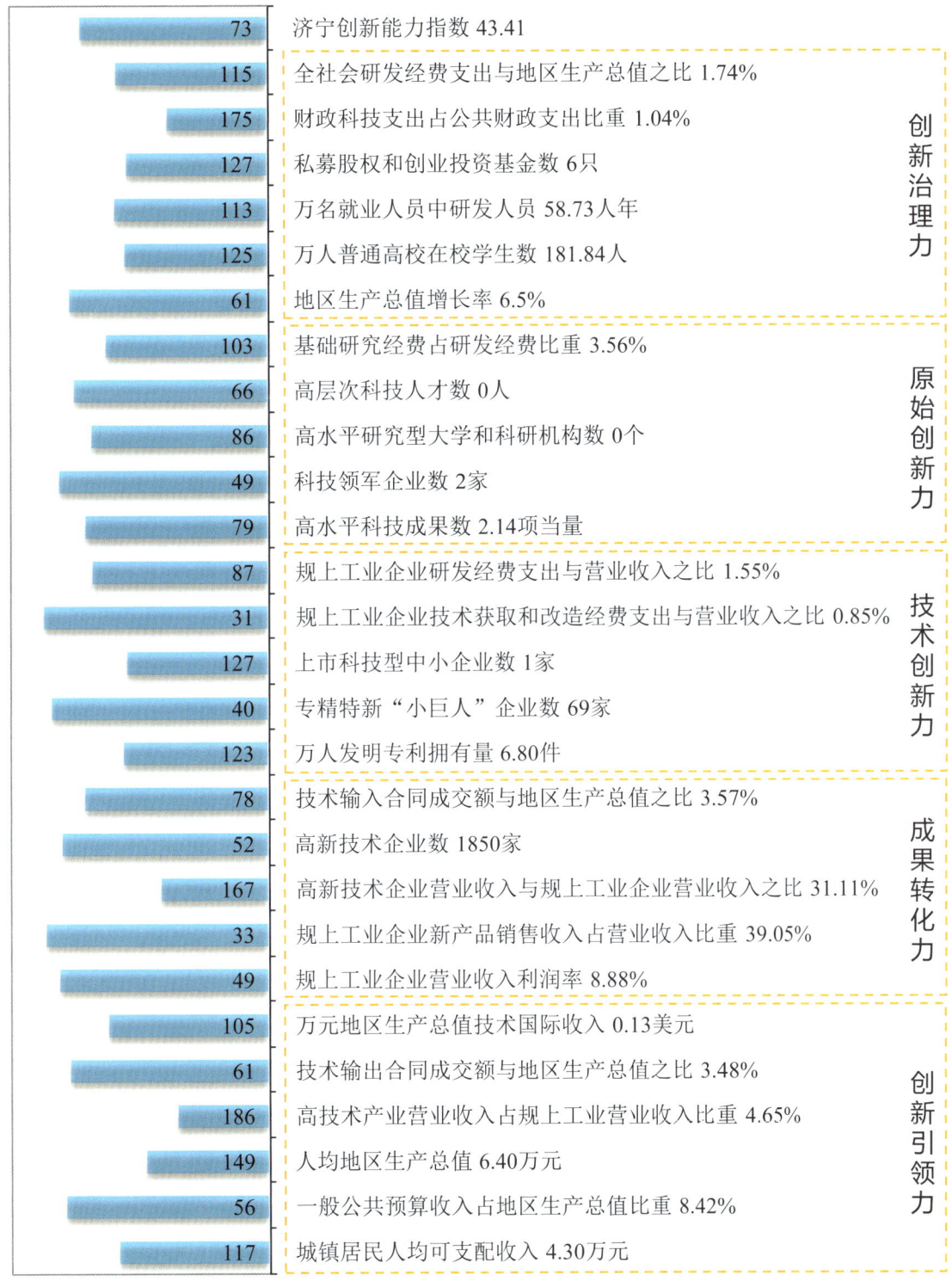

图2-88 济宁创新能力指标数据及全国排名

（四十五）秦皇岛

2022年，秦皇岛地区生产总值1910亿元，在全国地级及以上城市中排第170位；常住人口310万人，排第166位。规上工业企业506家，排第196位，营业收入2610亿元，排第134位。

截至2023年，秦皇岛有上市公司5家（居全国第124位），其中制造业、科技服务业、IT业上市公司共4家，涉及电气等4个行业大类、光伏产品等4个行业小类（图2-89中括号内数据分别为该行业小类上市公司营业收入、利润率/全国平均利润率、研发强度/全国平均研发强度、代表性上市公司；受版面限制，部分行业仅展示代表性上市公司，规模较小行业不在图中展示）。从图中可以看出，光伏产品（816亿）等行业上市公司营业收入规模较大；国防装备（27.0%）、医疗器械（25.0%）等行业利润率较高（图中底色偏红板块），通信技术服务（-3.2%）等行业出现亏损（图中底色偏蓝板块）；医疗器械（14.8%）、国防装备（5.7%）等行业研发强度较高。

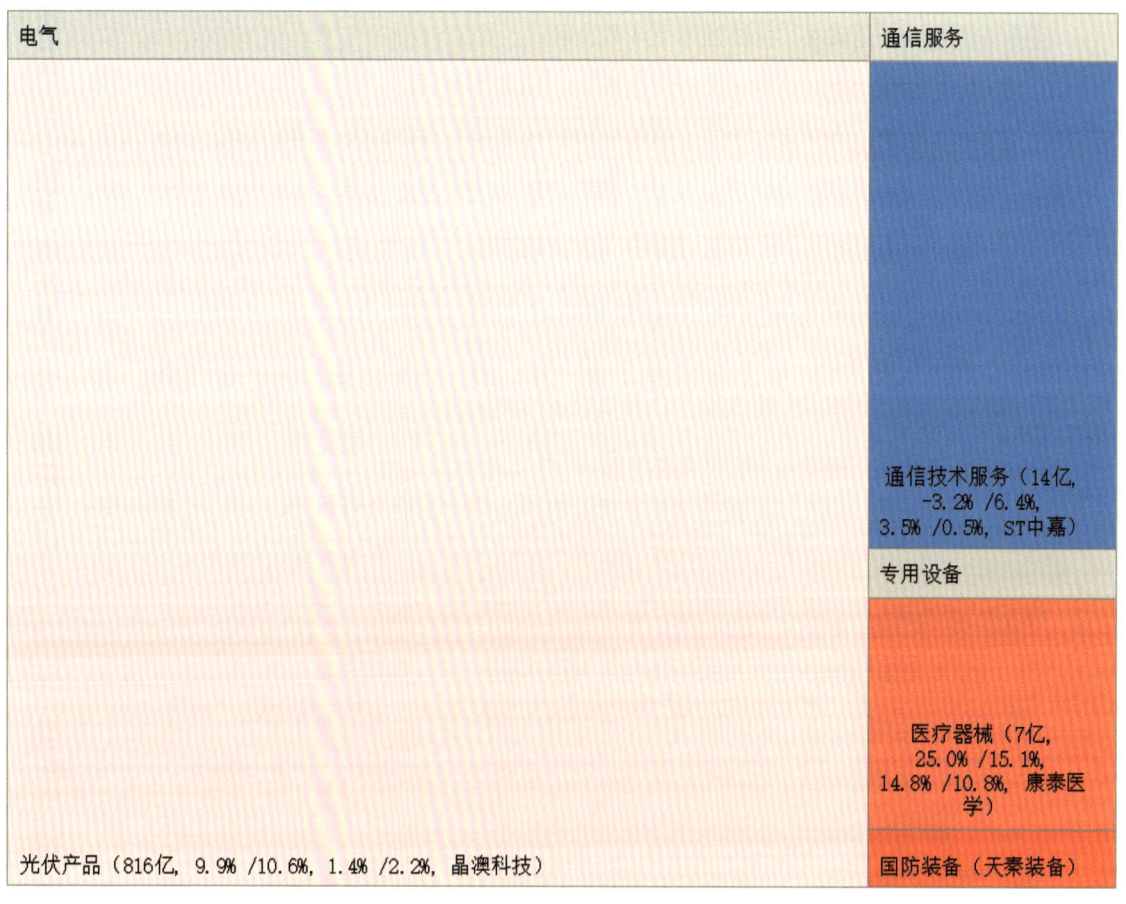

图2-89　秦皇岛制造业、科技服务业、IT业主要上市公司有关情况

秦皇岛创新能力指数为 43.15，在全国地级及以上城市中排第 74 位（与上年持平），属于创新城市。从具体指标看，秦皇岛在高层次科技人等方面具有相对优势，在高技术产业发展、企业经济效益、财政科技投入、技术吸纳、创新生态、经济发展水平、企业技术获取和改造等方面存在短板。

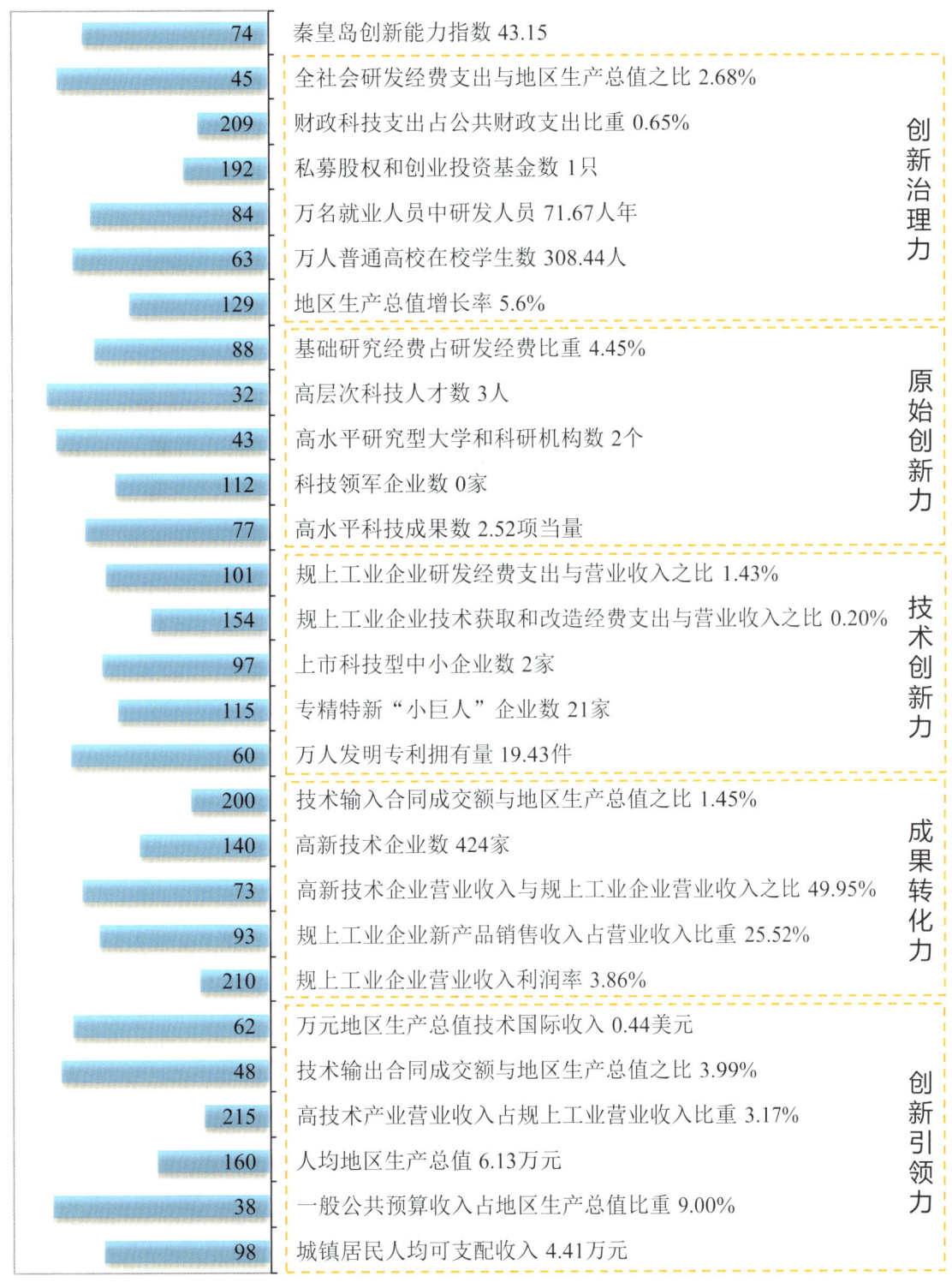

图 2-90　秦皇岛创新能力指标数据及全国排名

（四十六）东营

2022年，东营地区生产总值3621亿元，在全国地级及以上城市中排第87位；常住人口221万人，排第220位。规上工业企业947家，排第136位，营业收入9671亿元，排第27位。

截至2023年，东营有上市公司8家（居全国第94位），其中制造业、科技服务业、IT业上市公司共7家，涉及木材和造纸等5个行业大类、纸制品等6个行业小类（图2-91中括号内数据分别为该行业小类上市公司营业收入、利润率/全国平均利润率、研发强度/全国平均研发强度、代表性上市公司；受版面限制，部分行业仅展示代表性上市公司，规模较小行业不在图中展示）。从图中可以看出，纸制品（133亿）、电池部件及材料（90亿）、其他化学原料（71亿）等行业上市公司营业收入规模较大；电子化学品（18.6%）等行业利润率较高（图中底色偏红板块），乳制品（-12.0%）、电池部件及材料（-0.8%）等行业出现亏损（图中底色偏蓝板块）；电子化学品（6.8%）等行业研发强度较高。

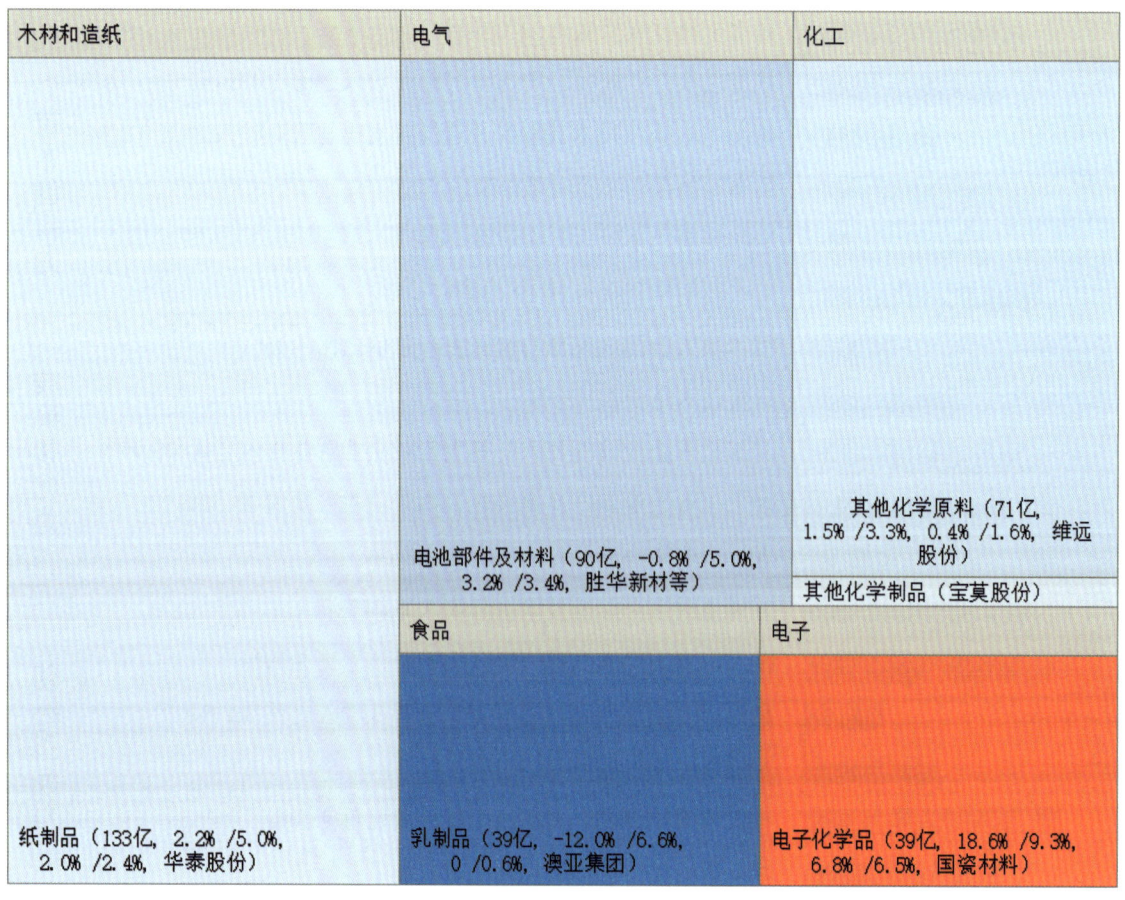

图2-91　东营制造业、科技服务业、IT业主要上市公司有关情况

东营创新能力指数为 42.71，在全国地级及以上城市中排第 76 位（与上年相比下降 14 位），属于创新城市。从具体指标看，东营在经济发展水平、研发人力投入、居民收入等方面具有相对优势，在企业经济效益、企业技术获取和改造、高技术产业发展、经济发展新动能培育、企业研发投入、财政科技投入等方面存在短板。

排名	指标	类别
76	东营创新能力指数 42.71	
56	全社会研发经费支出与地区生产总值之比 2.53%	创新治理力
127	财政科技支出占公共财政支出比重 1.57%	
63	私募股权和创业投资基金数 26 只	
26	万名就业人员中研发人员 152.19 人年	
105	万人普通高校在校学生数 206.41 人	
35	地区生产总值增长率 7.0%	
96	基础研究经费占研发经费比重 3.98%	原始创新力
50	高层次科技人才数 1 人	
86	高水平研究型大学和科研机构数 0 个	
71	科技领军企业数 1 家	
111	高水平科技成果数 0 项当量	
174	规上工业企业研发经费支出与营业收入之比 0.90%	技术创新力
250	规上工业企业技术获取和改造经费支出与营业收入之比 0.04%	
97	上市科技型中小企业数 2 家	
54	专精特新"小巨人"企业数 50 家	
42	万人发明专利拥有量 26.18 件	
74	技术输入合同成交额与地区生产总值之比 3.89%	成果转化力
77	高新技术企业数 946 家	
216	高新技术企业营业收入与规上工业企业营业收入之比 20.76%	
73	规上工业企业新产品销售收入占营业收入比重 29.88%	
258	规上工业企业营业收入利润率 1.69%	
98	万元地区生产总值技术国际收入 0.16 美元	创新引领力
60	技术输出合同成交额与地区生产总值之比 3.59%	
226	高技术产业营业收入占规上工业营业收入比重 2.30%	
12	人均地区生产总值 16.44 万元	
107	一般公共预算收入占地区生产总值比重 7.33%	
29	城镇居民人均可支配收入 5.88 万元	

图 2-92　东营创新能力指标数据及全国排名

(四十七) 廊坊

2022年,廊坊地区生产总值3565亿元,在全国地级及以上城市中排第91位;常住人口550万人,排第75位。规上工业企业1575家,排第85位,营业收入3187亿元,排第110位。

截至2023年,廊坊有上市公司9家(居全国第87位),其中制造业、科技服务业、IT业上市公司共3家,涉及通用设备等3个行业大类、其他通用设备等3个行业小类(图2-93中括号内数据分别为该行业小类上市公司营业收入、利润率/全国平均利润率、研发强度/全国平均研发强度、代表性上市公司;受版面限制,部分行业仅展示代表性上市公司,规模较小行业不在图中展示)。从图中可以看出,其他通用设备(18亿)、肉制品(10亿)等行业上市公司营业收入规模较大;肉制品(11.7%)、其他通用设备(11.1%)等行业利润率较高(图中底色偏红板块),系统集成服务(-53.7%)等行业出现亏损(图中底色偏蓝板块);系统集成服务(16.4%)等行业研发强度较高。

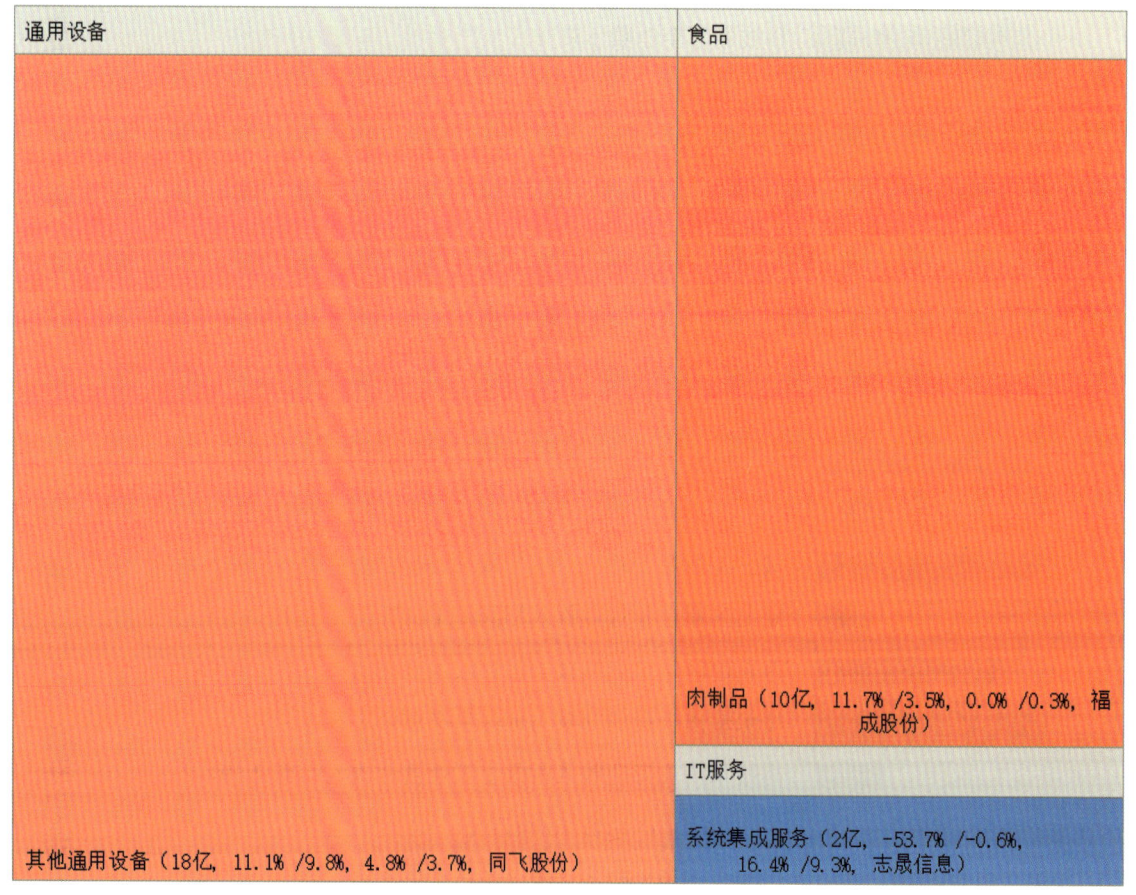

图2-93 廊坊制造业、科技服务业、IT业主要上市公司有关情况

廊坊创新能力指数为 42.16，在全国地级及以上城市中排第 78 位（与上年相比下降 3 位），属于创新城市。从具体指标看，廊坊在政府财力等方面具有相对优势，在企业经济效益、企业技术获取和改造、经济活力、财政科技投入、新产品开发、经济发展水平、高技术产业发展等方面存在短板。

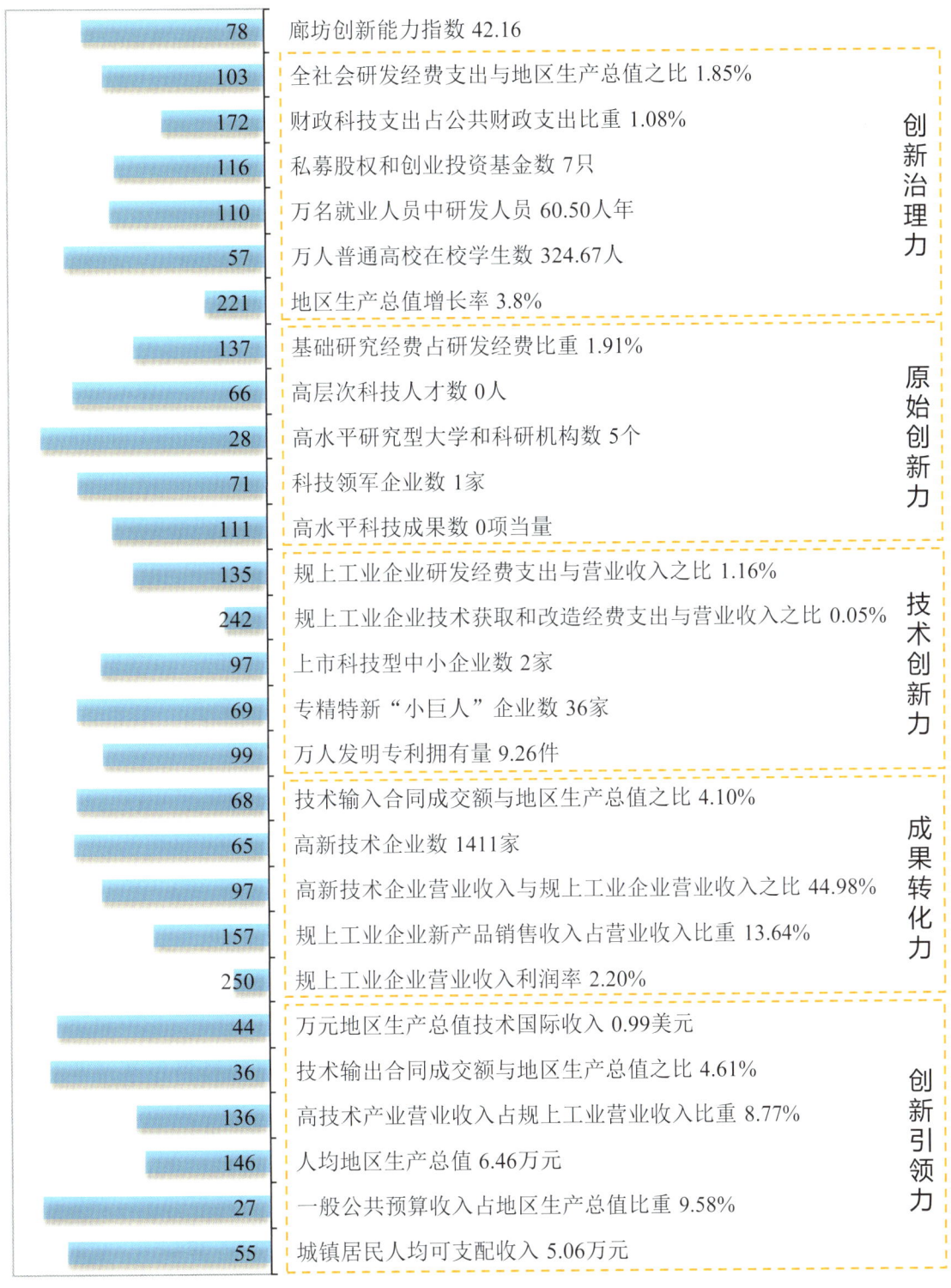

图 2-94　廊坊创新能力指标数据及全国排名

（四十八）泉州

2022 年，泉州地区生产总值 12103 亿元，在全国地级及以上城市中排第 19 位；常住人口 888 万人，排第 34 位。规上工业企业 6183 家，排第 15 位，营业收入 15459 亿元，排第 17 位。

截至 2023 年，泉州有上市公司 33 家（居全国第 45 位），其中制造业、科技服务业、IT 业上市公司共 28 家，涉及纺织服装等 12 个行业大类、鞋帽与配饰等 16 个行业小类（图 2-95 中括号内数据分别为该行业小类上市公司营业收入、利润率/全国平均利润率、研发强度/全国平均研发强度、代表性上市公司；受版面限制，部分行业仅展示代表性上市公司，规模较小行业不在图中展示）。从图中可以看出，鞋帽与配饰（649 亿）、纸制品（236 亿）、纺织品（186 亿）等行业上市公司营业收入规模较大；鞋帽与配饰（23.8%）、纸制品（15.2%）、服装（10.9%）等行业利润率较高（图中底色偏红板块），铝（1.2%）、纺织品（4.1%）等行业利润率较低（图中底色偏蓝板块）；服装（1.7%）等行业研发强度相对较高。

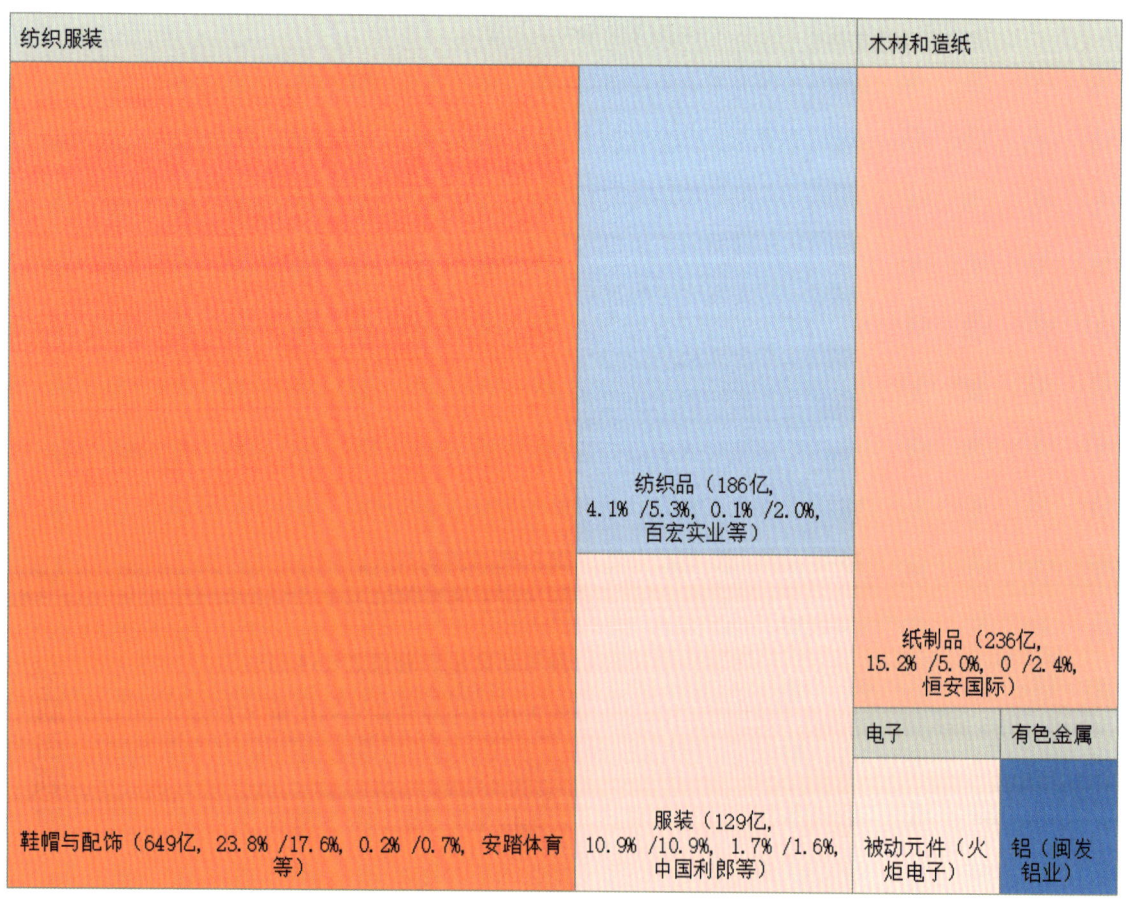

图 2-95　泉州制造业、科技服务业、IT 业主要上市公司有关情况

泉州创新能力指数为40.92，在全国地级及以上城市中排第81位（与上年相比上升8位），属于创新城市。从具体指标看，泉州在经济发展水平、居民收入、高新技术企业培育等方面具有相对优势，在经济发展新动能培育、技术吸纳、政府财力、企业技术获取和改造、高技术产业发展、新产品开发等方面存在短板。

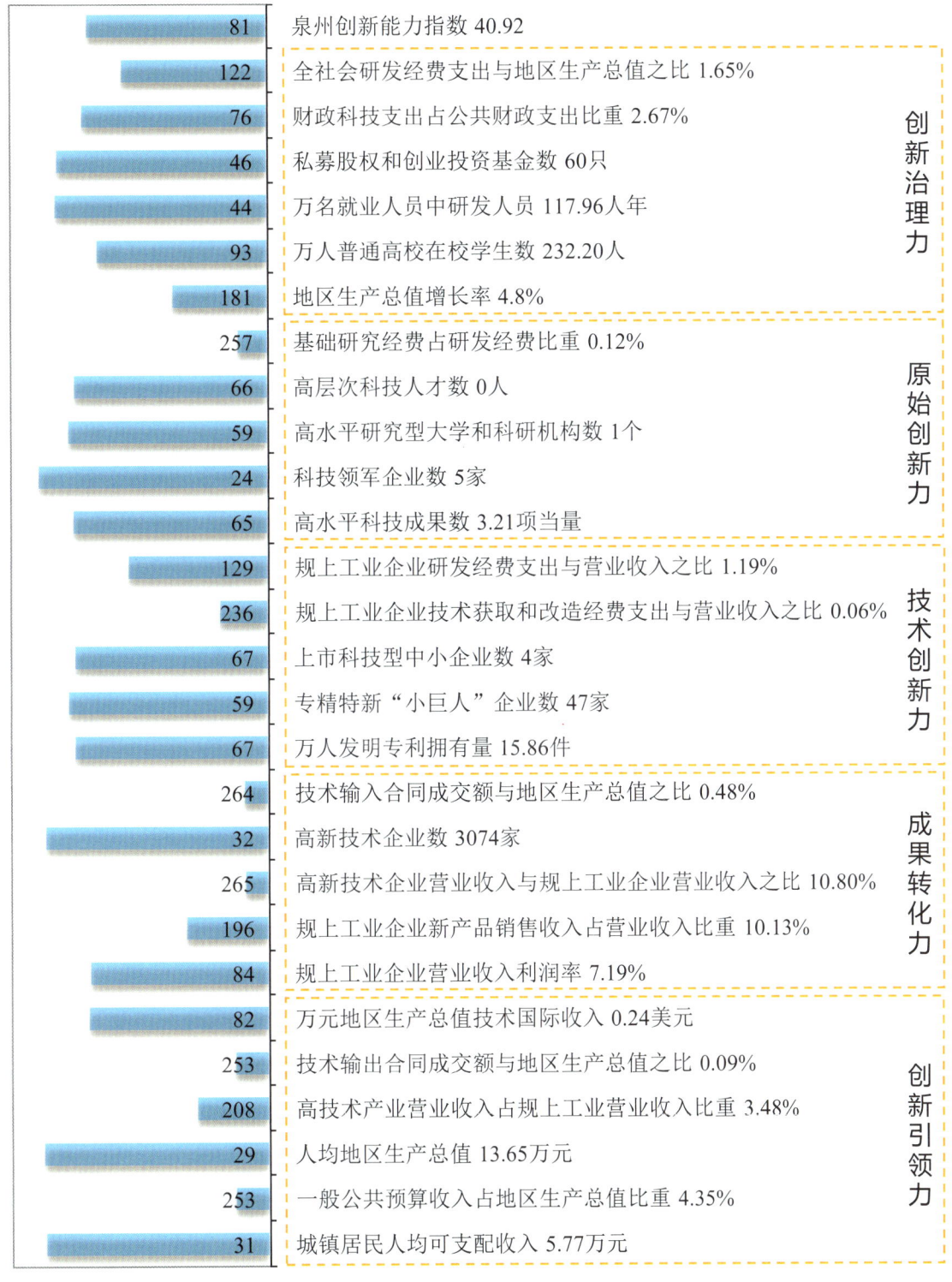

图2-96 泉州创新能力指标数据及全国排名

（四十九）德州

2022年，德州地区生产总值3633亿元，在全国地级及以上城市中排第84位；常住人口557万人，排第71位。规上工业企业1934家，排第69位，营业收入3729亿元，排第93位。

截至2023年，德州有上市公司11家（居全国第74位），其中制造业、科技服务业、IT业上市公司共8家，涉及化工等6个行业大类、其他化学原料等6个行业小类（图2-97中括号内数据分别为该行业小类上市公司营业收入、利润率/全国平均利润率、研发强度/全国平均研发强度、代表性上市公司；受版面限制，部分行业仅展示代表性上市公司，规模较小行业不在图中展示）。从图中可以看出，其他化学原料（273亿）、其他非金属材料（153亿）等行业上市公司营业收入规模较大；其他通用设备（20.5%）、其他化学原料（16.2%）、汽车系统部件（10.5%）、其他食品（8.5%）等行业利润率较高（图中底色偏红板块），其他非金属材料（-5.8%）等行业出现亏损（图中底色偏蓝板块）；其他化学原料（2.1%）等行业研发强度相对较高。

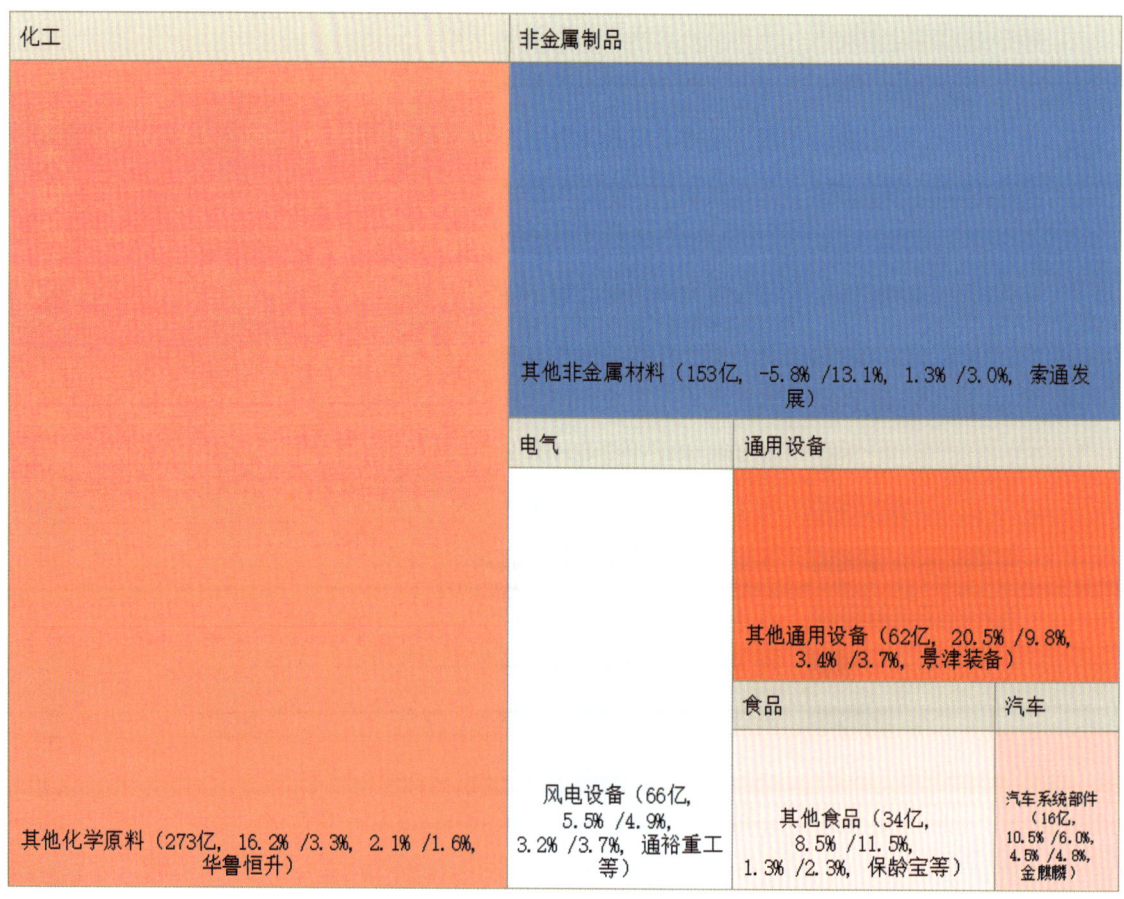

图2-97 德州制造业、科技服务业、IT业主要上市公司有关情况

德州创新能力指数为40.35，在全国地级及以上城市中排第85位（与上年相比下降1位），属于创新城市。从具体指标看，德州在企业研发投入、新产品开发等方面具有相对优势，在居民收入、人才培养、政府财力、经济发展水平、专利产出、企业技术获取和改造等方面存在短板。

图 2-98　德州创新能力指标数据及全国排名

（五十）淮安

2022年，淮安地区生产总值4742亿元，在全国地级及以上城市中排第59位；常住人口455万人，排第107位。规上工业企业1968家，排第64位，营业收入3454亿元，排第100位。

截至2023年，淮安有上市公司5家（居全国第124位），其中制造业、科技服务业、IT业上市公司共4家，涉及酒饮料茶等4个行业大类、白酒等4个行业小类（图2-99中括号内数据分别为该行业小类上市公司营业收入、利润率/全国平均利润率、研发强度/全国平均研发强度、代表性上市公司；受版面限制，部分行业仅展示代表性上市公司，规模较小行业不在图中展示）。从图中可以看出，白酒（101亿）、无机盐（57亿）等行业上市公司营业收入规模较大；白酒（41.4%）、无机盐（15.9%）等行业利润率较高（图中底色偏红板块）；汽车系统部件（5.1%）等行业研发强度较高。

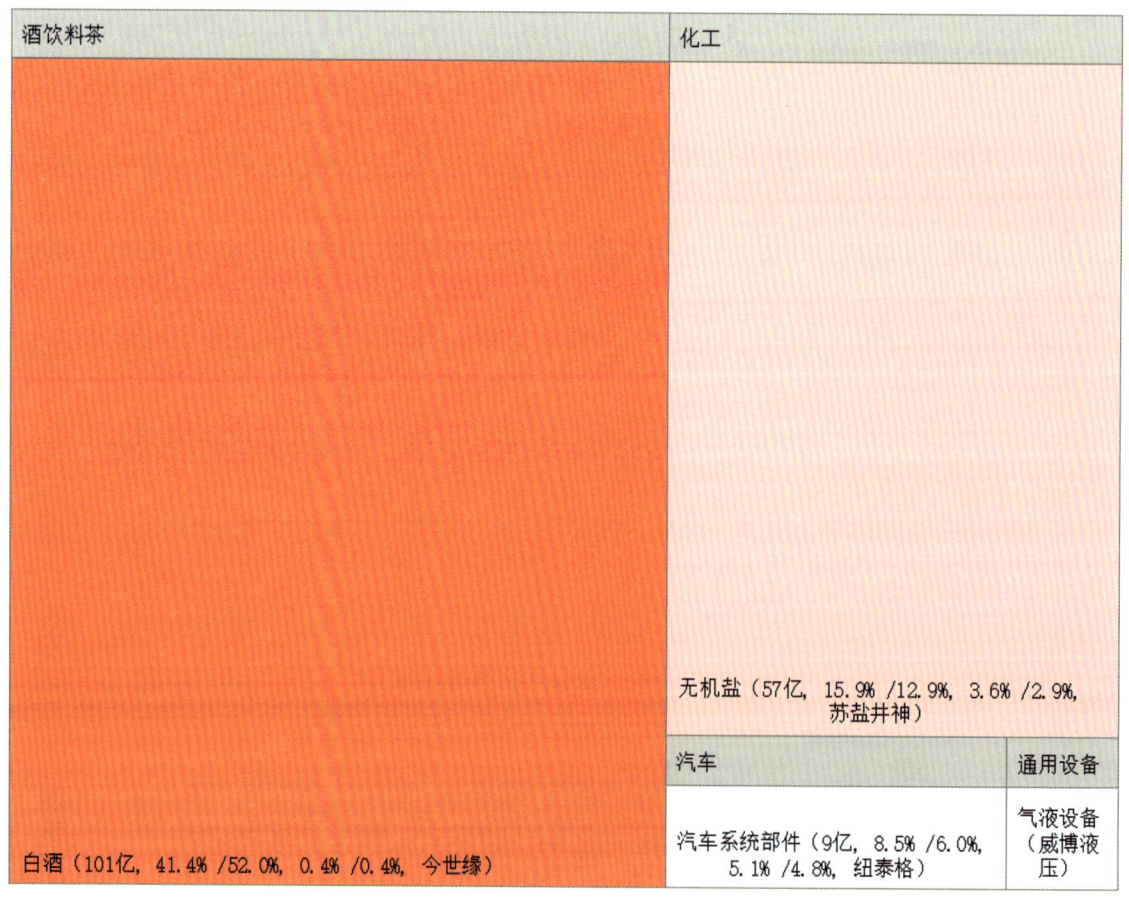

图2-99　淮安制造业、科技服务业、IT业主要上市公司有关情况

淮安创新能力指数为40.32，在全国地级及以上城市中排第86位（与上年相比上升2位），属于创新城市。从具体指标看，淮安在经济活力等方面具有相对优势，在政府财力、经济发展新动能培育、技术吸纳、研发人力投入、企业技术获取和改造、新产品开发等方面存在短板。

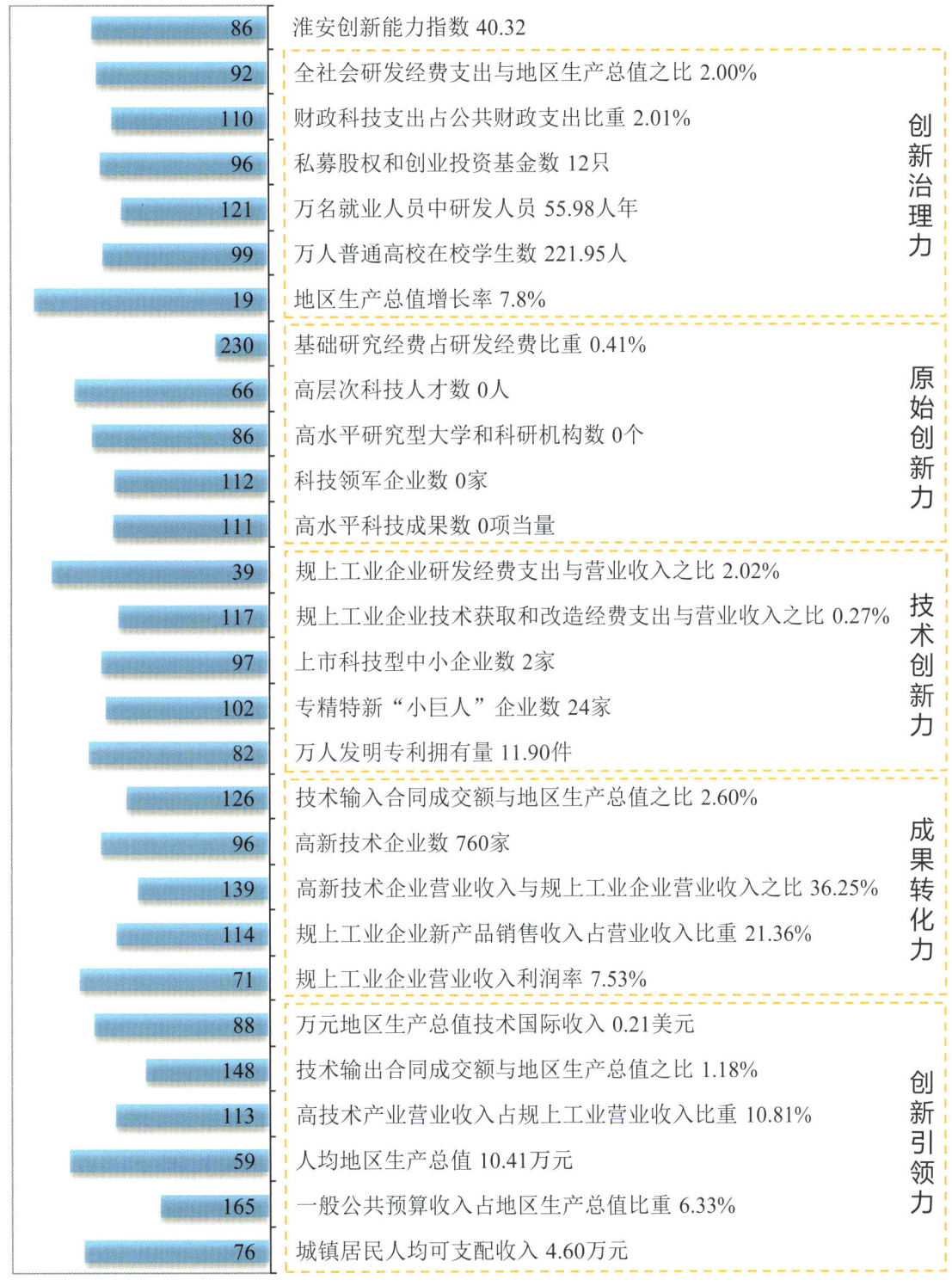

图2-100 淮安创新能力指标数据及全国排名

（五十一）临沂

2022年，临沂地区生产总值5779亿元，在全国地级及以上城市中排第46位；常住人口1099万人，排第15位。规上工业企业3955家，排第27位，营业收入6933亿元，排第49位。

截至2023年，临沂有上市公司8家（居全国第94位），其中制造业、科技服务业、IT业上市公司共8家，涉及化工等6个行业大类、复合肥等6个行业小类（图2-101中括号内数据分别为该行业小类上市公司营业收入、利润率/全国平均利润率、研发强度/全国平均研发强度、代表性上市公司；受版面限制，部分行业仅展示代表性上市公司，规模较小行业不在图中展示）。从图中可以看出，复合肥（185亿）、药品制剂（48亿）等行业上市公司营业收入规模较大；其他食品（17.2%）、药品制剂（15.2%）等行业利润率较高（图中底色偏红板块），复合肥（-0.8%）等行业出现亏损（图中底色偏蓝板块）；玻璃纤维（5.3%）等行业研发强度较高。

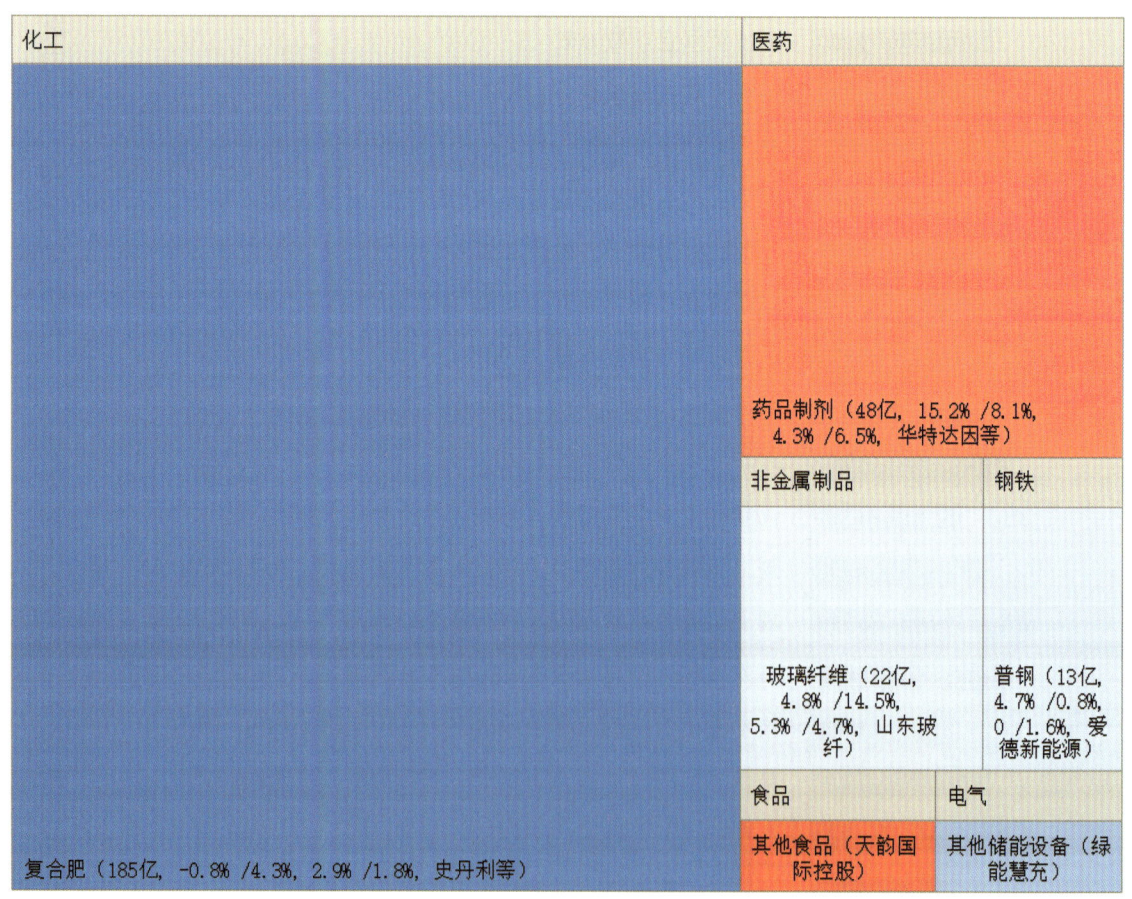

图2-101 临沂制造业、科技服务业、IT业主要上市公司有关情况

临沂创新能力指数为39.81，在全国地级及以上城市中排第91位（与上年相比下降4位），属于创新城市。从具体指标看，临沂在技术吸纳等方面具有相对优势，在企业经济效益、经济发展水平、人才培养、上市企业培育、财政科技投入、高技术产业发展、专利产出等方面存在短板。

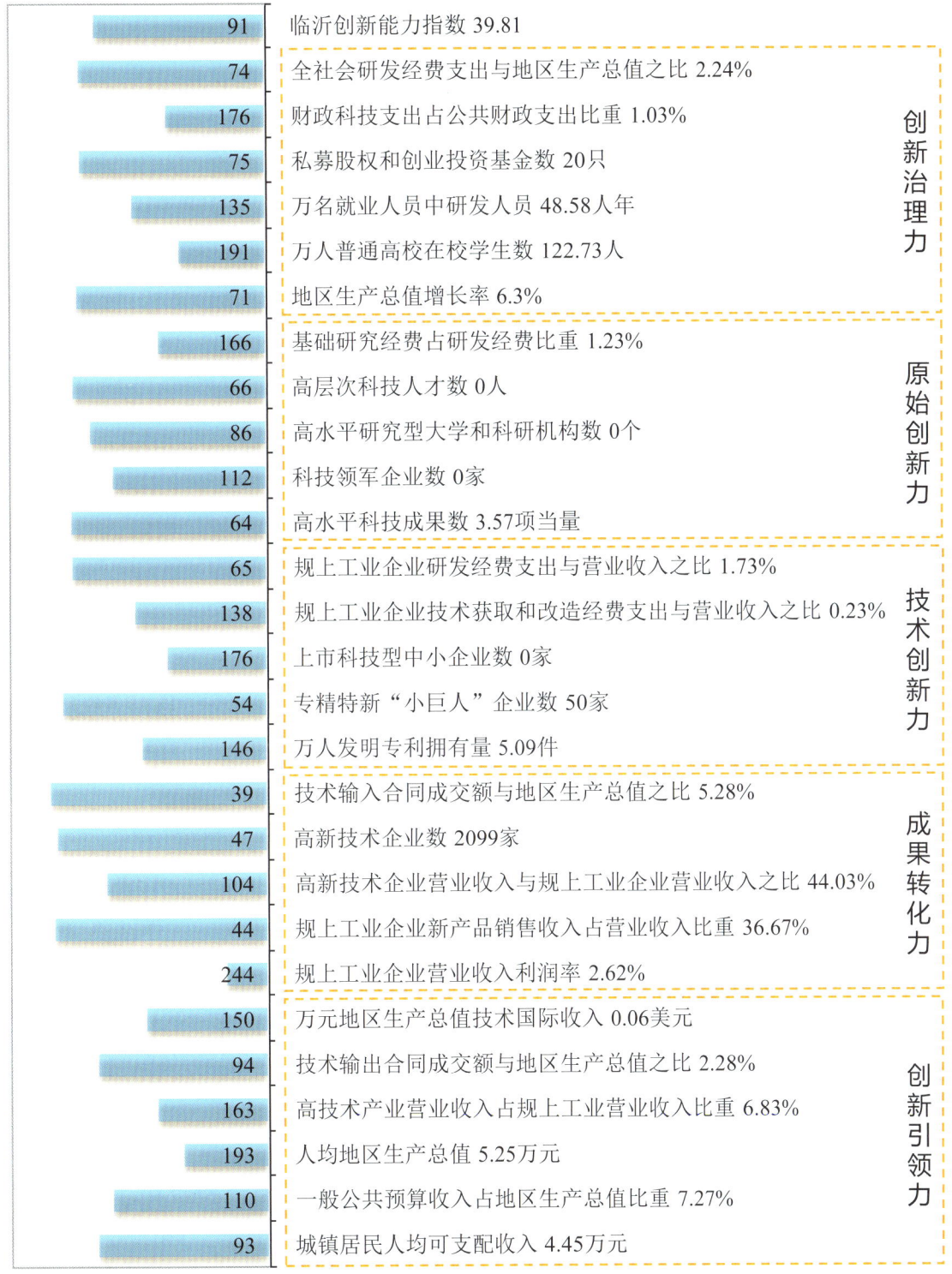

图2-102 临沂创新能力指标数据及全国排名

（五十二）唐山

2022年，唐山地区生产总值8901亿元，在全国地级及以上城市中排第27位；常住人口771万人，排第43位。规上工业企业2234家，排第53位，营业收入14196亿元，排第19位。

截至2023年，唐山有上市公司14家（居全国第64位），其中制造业、科技服务业、IT业上市公司共11家，涉及非金属制品等9个行业大类、水泥与混凝土等11个行业小类（图2-103中括号内数据分别为该行业小类上市公司营业收入、利润率/全国平均利润率、研发强度/全国平均研发强度、代表性上市公司；受版面限制，部分行业仅展示代表性上市公司，规模较小行业不在图中展示）。从图中可以看出，水泥与混凝土（282亿）、粘胶（219亿）等行业上市公司营业收入规模较大；集成电路设计（35.9%）、其他钢铁（10.3%）、其他化学原料（10.1%）、线缆及其他（8.1%）等行业利润率较高（图中底色偏红板块），水泥与混凝土（-7.0%）、医疗器械（-6.5%）等行业出现亏损（图中底色偏蓝板块）；集成电路设计（18.8%）等行业研发强度较高。

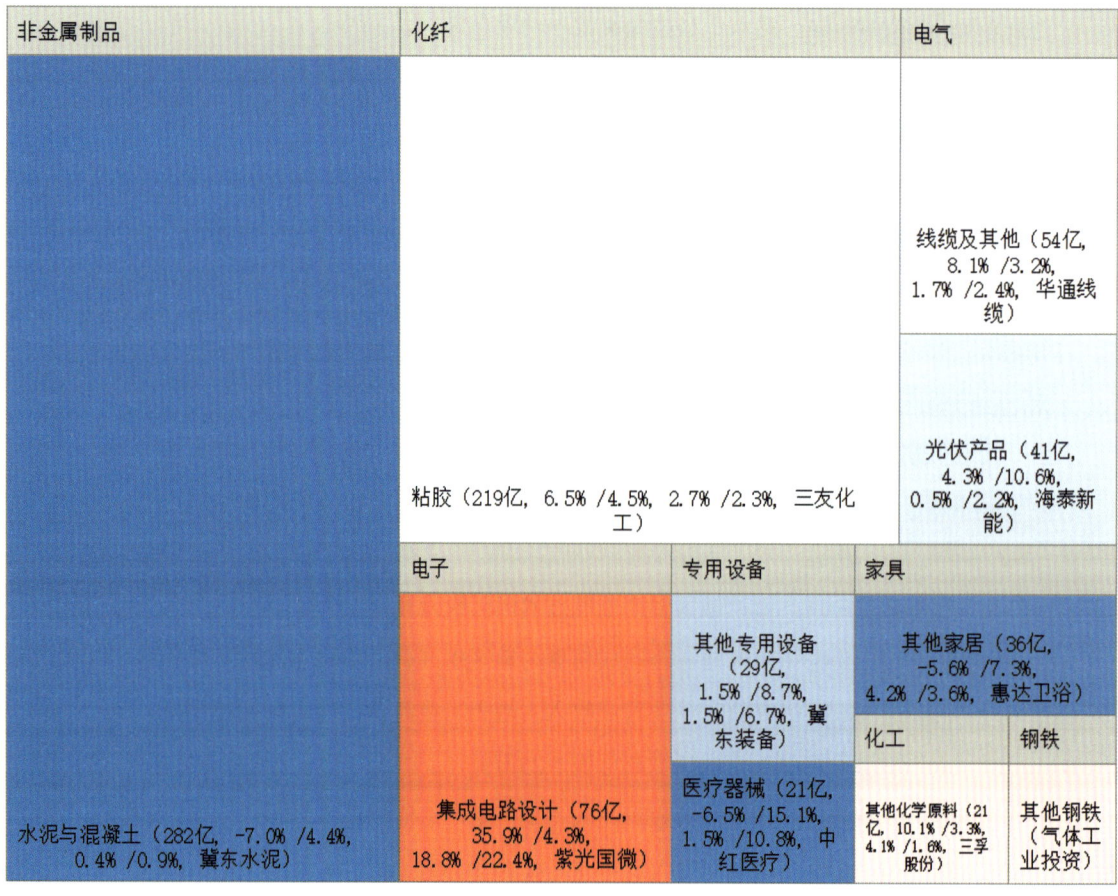

图2-103 唐山制造业、科技服务业、IT业主要上市公司有关情况

唐山创新能力指数为38.77，在全国地级及以上城市中排第92位（与上年相比下降10位），属于创新城市。从具体指标看，唐山在高水平科技成果产出等方面具有相对优势，在企业经济效益、高技术产业发展、企业技术获取和改造、政府财力、财政科技投入、技术吸纳、新产品开发等方面存在短板。

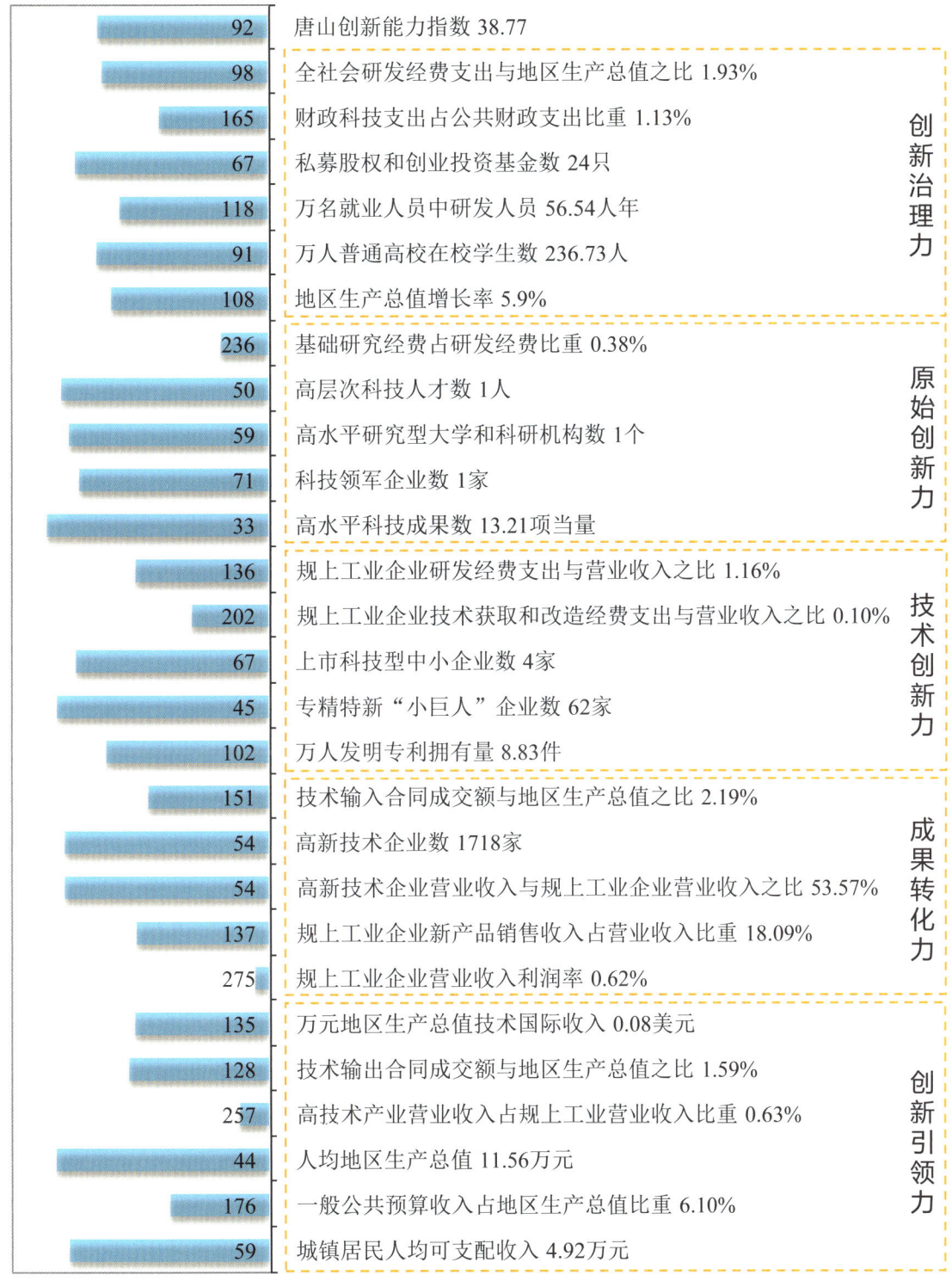

图 2-104　唐山创新能力指标数据及全国排名

（五十三）宁德

2022年，宁德地区生产总值3555亿元，在全国地级及以上城市中排第92位；常住人口316万人，排第162位。规上工业企业1116家，排第121位，营业收入7037亿元，排第47位。

截至2023年，宁德有上市公司4家（居全国第142位），其中制造业、科技服务业、IT业上市公司共3家，涉及电气等3个行业大类、电池等3个行业小类（图2-105中括号内数据分别为该行业小类上市公司营业收入、利润率/全国平均利润率、研发强度/全国平均研发强度、代表性上市公司；受版面限制，部分行业仅展示代表性上市公司，规模较小行业不在图中展示）。从图中可以看出，电池（4009亿）等行业上市公司营业收入规模较大；电池（13.4%）、无机盐（7.8%）等行业利润率较高（图中底色偏红板块），药品制剂（-69.9%）等行业出现亏损（图中底色偏蓝板块）；药品制剂（31.5%）、无机盐（5.0%）等行业研发强度较高。

图2-105　宁德制造业、科技服务业、IT业主要上市公司有关情况

宁德创新能力指数为36.53，在全国地级及以上城市中排第93位（与上年相比上升38位），属于创新城市。从具体指标看，宁德在经济活力、全社会研发投入、企业技术获取和改造等方面具有相对优势，在人才培养、新产品开发、政府财力、专精特新"小巨人"企业培育、高技术产业发展、高新技术企业培育等方面存在短板。

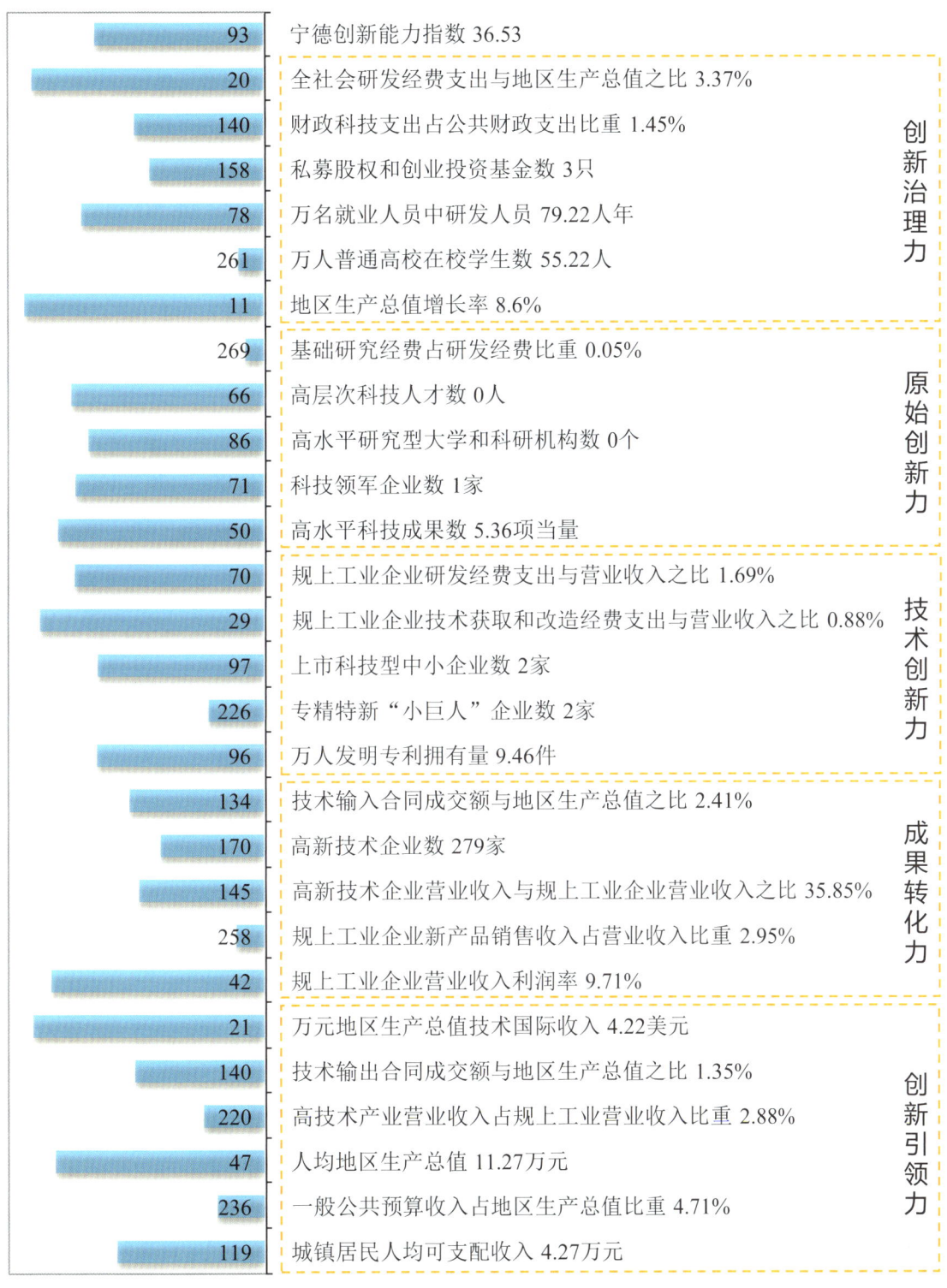

图2-106　宁德创新能力指标数据及全国排名

（五十四）宿迁

2022年，宿迁地区生产总值4112亿元，在全国地级及以上城市中排第71位；常住人口498万人，排第90位。规上工业企业2647家，排第42位，营业收入4283亿元，排第82位。

截至2023年，宿迁有上市公司11家（居全国第74位），其中制造业、科技服务业、IT业上市公司共7家，涉及酒饮料茶等5个行业大类、白酒等6个行业小类（图2-107中括号内数据分别为该行业小类上市公司营业收入、利润率/全国平均利润率、研发强度/全国平均研发强度、代表性上市公司；受版面限制，部分行业仅展示代表性上市公司，规模较小行业不在图中展示）。从图中可以看出，白酒（331亿）、膜材料（73亿）等行业上市公司营业收入规模较大；白酒（40.0%）、有机硅（20.6%）、家电零部件（16.3%）等行业利润率较高（图中底色偏红板块），钴镍（-4.7%）、膜材料（-2.5%）等行业出现亏损（图中底色偏蓝板块）；钴镍（9.9%）、膜材料（5.9%）等行业研发强度较高。

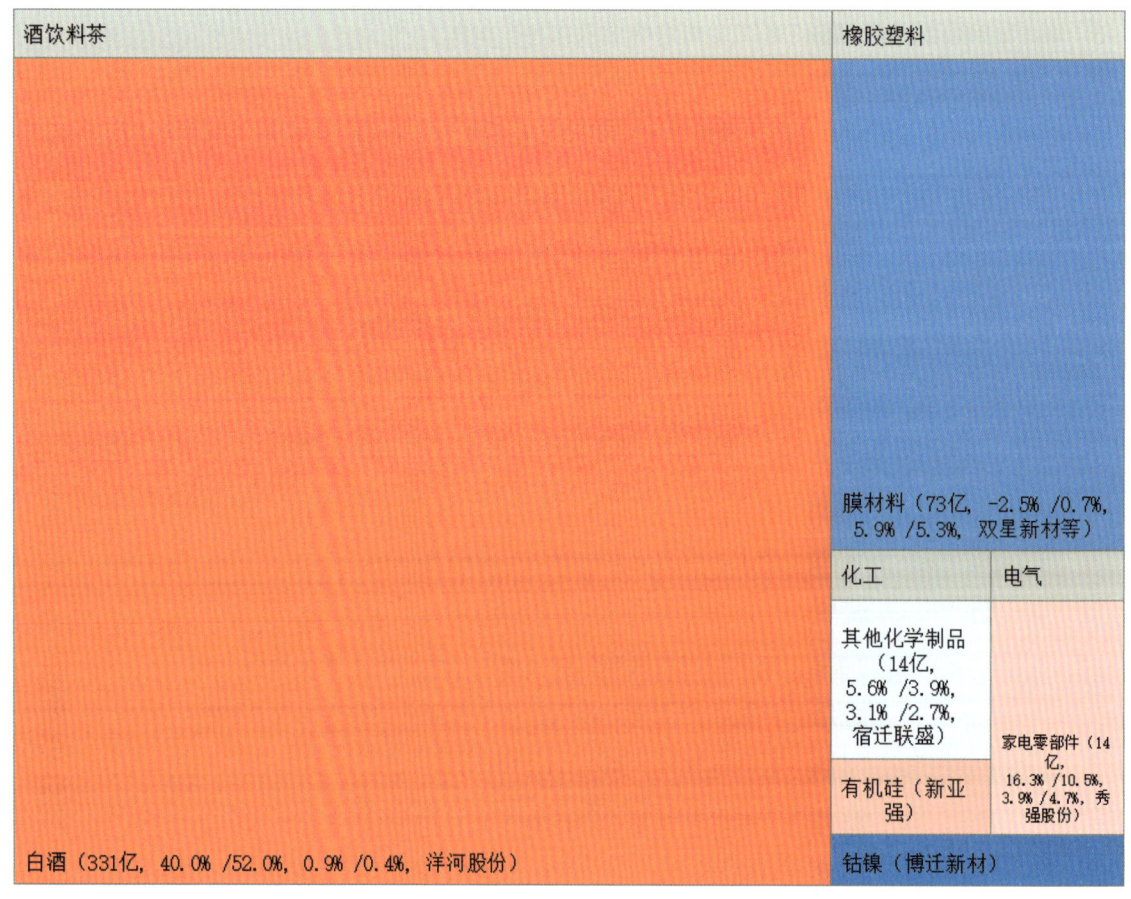

图2-107 宿迁制造业、科技服务业、IT业主要上市公司有关情况

宿迁创新能力指数为36.41，在全国地级及以上城市中排第94位（与上年相比上升16位），属于创新城市。从具体指标看，宿迁在企业技术获取和改造、经济活力等方面具有相对优势，在人才培养、居民收入、高技术产业发展、经济发展新动能培育、创新生态、政府财力等方面存在短板。

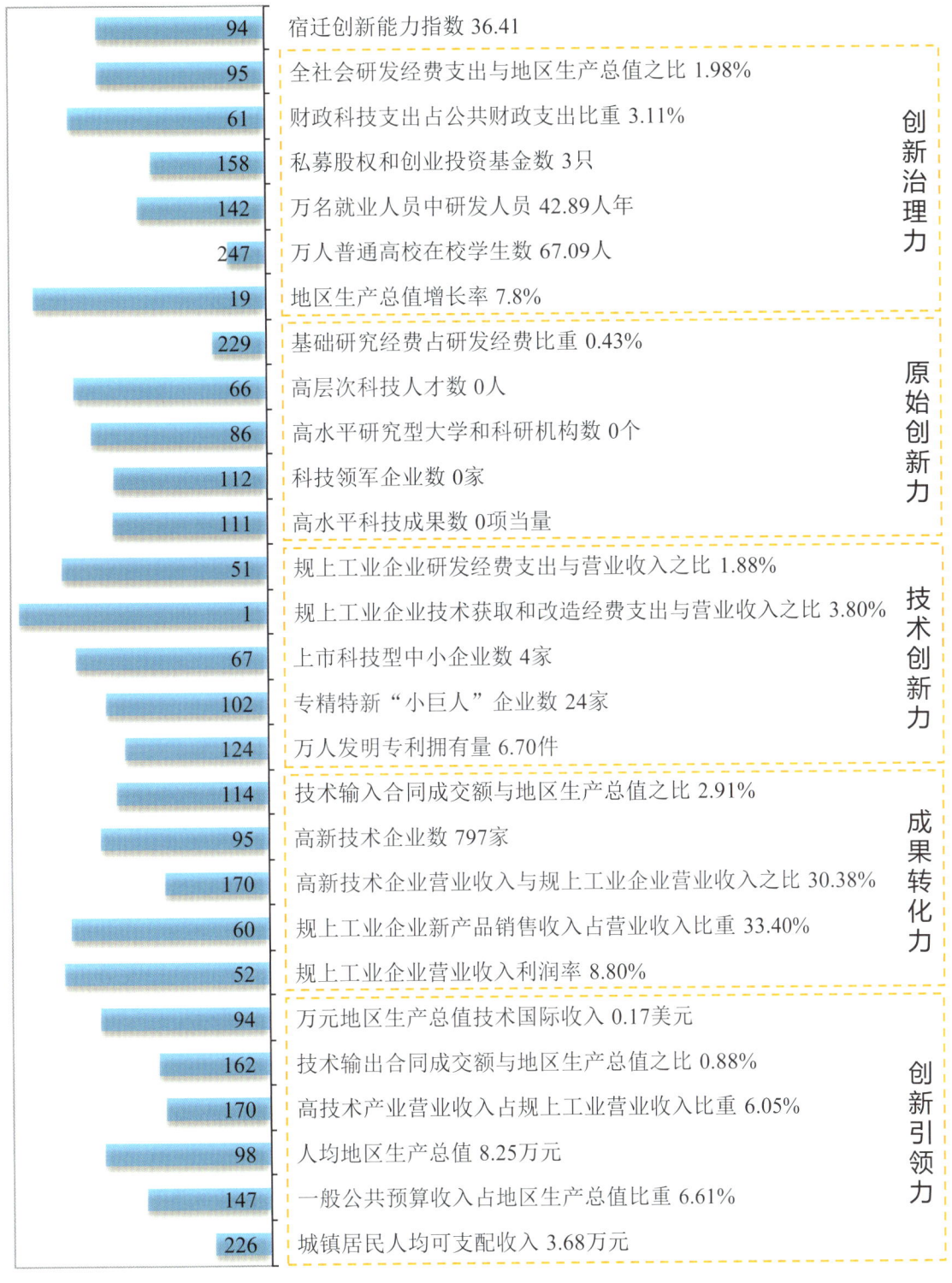

图2-108　宿迁创新能力指标数据及全国排名

（五十五）日照

2022年，日照地区生产总值2307亿元，在全国地级及以上城市中排第140位；常住人口297万人，排第170位。规上工业企业940家，排第137位，营业收入4384亿元，排第81位。

截至2023年，日照有上市公司3家（居全国第162位），其中制造业、科技服务业、IT业上市公司共1家，涉及通用设备等1个行业大类、气液设备等1个行业小类（图2-109中括号内数据分别为该行业小类上市公司营业收入、利润率/全国平均利润率、研发强度/全国平均研发强度、代表性上市公司；受版面限制，部分行业仅展示代表性上市公司，规模较小行业不在图中展示）。从图中可以看出，气液设备（7亿）等行业上市公司营业收入规模较大；气液设备（13.3%）等行业利润率较高（图中底色偏红板块）；气液设备（3.8%）等行业研发强度相对较低。

图 2-109　日照制造业、科技服务业、IT业主要上市公司有关情况

日照创新能力指数为 36.30，在全国地级及以上城市中排第 96 位（与上年相比上升 16 位），属于创新城市。从具体指标看，日照在全社会研发投入等方面具有相对优势，在企业技术获取和改造、高技术产业发展、企业经济效益、经济发展新动能培育、居民收入、技术吸纳等方面存在短板。

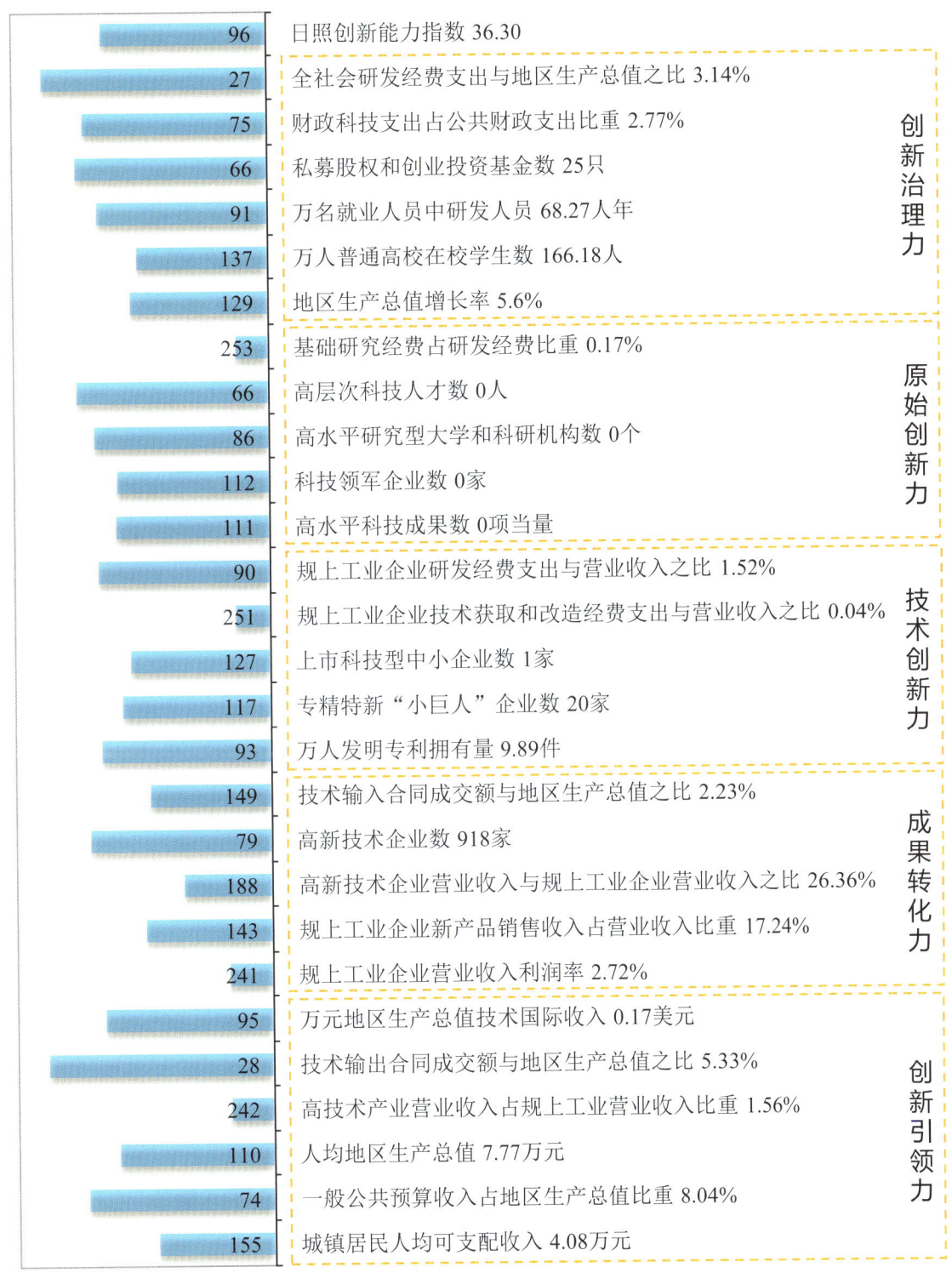

图 2-110 日照创新能力指标数据及全国排名

（五十六）三亚

2022年，三亚地区生产总值847亿元，在全国地级及以上城市中排第255位；常住人口107万人，排第274位。规上工业企业35家，排第288位，营业收入84亿元，排第288位。

截至2023年，三亚有上市公司2家（居全国第182位），其中制造业、科技服务业、IT业上市公司共1家，涉及非金属制品等1个行业大类、水泥与混凝土等1个行业小类（图2-111中括号内数据分别为该行业小类上市公司营业收入、利润率/全国平均利润率、研发强度/全国平均研发强度、代表性上市公司；受版面限制，部分行业仅展示代表性上市公司，规模较小行业不在图中展示）。从图中可以看出，水泥与混凝土（17亿）等行业上市公司营业收入规模较大；水泥与混凝土（-28.2%）等行业出现亏损（图中底色偏蓝板块）；水泥与混凝土（1.5%）等行业研发强度相对较高。

图2-111 三亚制造业、科技服务业、IT业主要上市公司有关情况

三亚创新能力指数为36.16，在全国地级及以上城市中排第99位（与上年相比下降7位），属于创新城市。从具体指标看，三亚在经济活力、财政科技投入、政府财力等方面具有相对优势，在新产品开发、企业技术获取和改造、企业经济效益、专精特新"小巨人"企业培育、企业研发投入、全社会研发投入等方面存在短板。

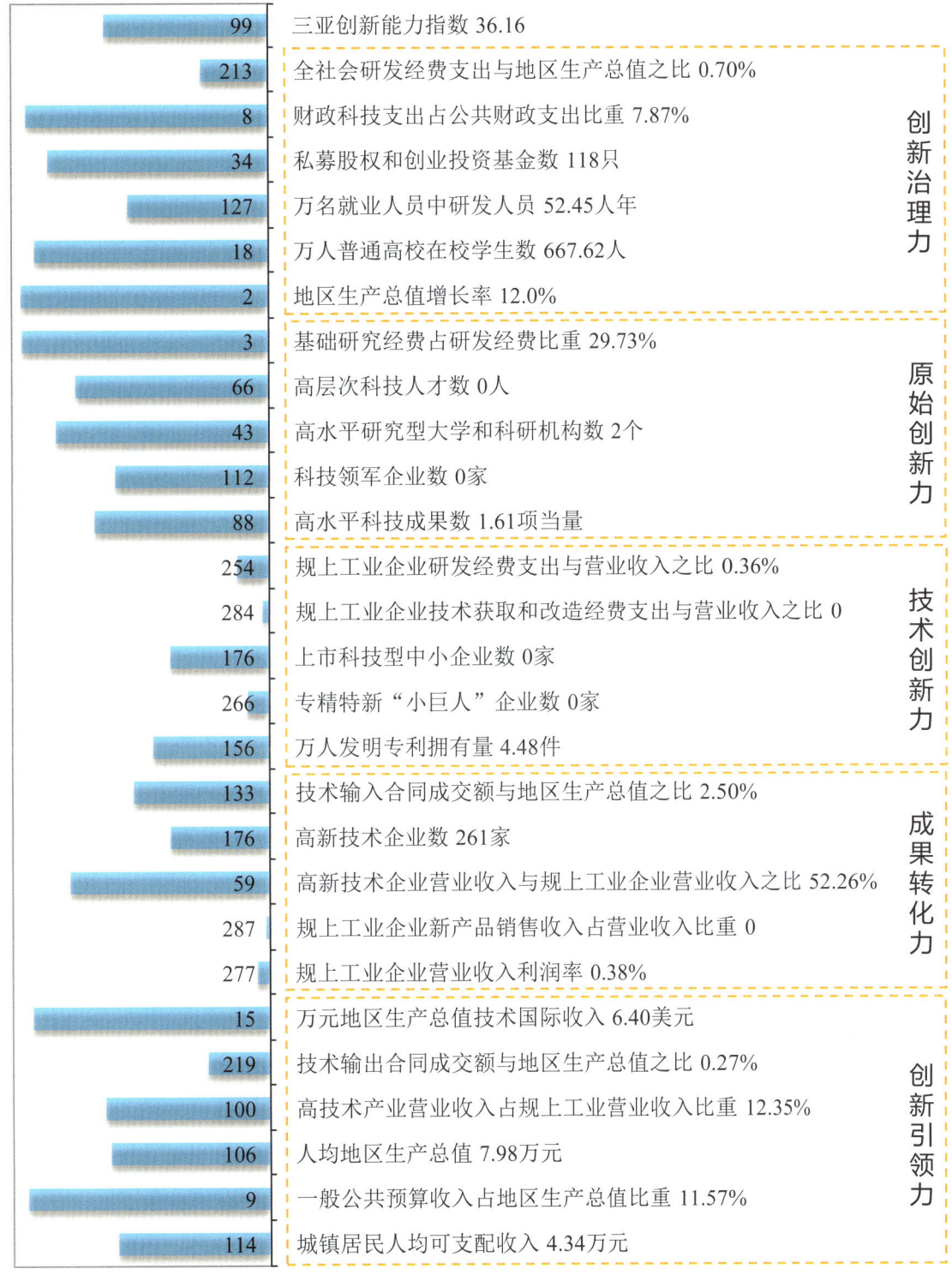

图2-112　三亚创新能力指标数据及全国排名

二、中部地区

（一）武汉

2022年，武汉地区生产总值18866亿元，在全国地级及以上城市中排第8位；常住人口1374万人，排第7位。规上工业企业3329家，排第31位，营业收入15509亿元，排第16位。

截至2023年，武汉有上市公司93家（居全国第11位），其中制造业、科技服务业、IT业上市公司共52家，涉及汽车等13个行业大类、商用车等28个行业小类（图2-113中括号内数据分别为该行业小类上市公司营业收入、利润率/全国平均利润率、研发强度/全国平均研发强度、代表性上市公司；受版面限制，部分行业仅展示代表性上市公司，规模较小行业不在图中展示）。从图中可以看出，商用车（987亿）、通信系统设备（606亿）等行业上市公司营业收入规模较大；电网自动化（17.4%）、中成药（15.1%）等行业利润率较高（图中底色偏红板块），LED（-35.4%）等行业出现亏损（图中底色偏蓝板块）；国防装备（20.4%）、其他专用设备（20.2%）等行业研发强度较高。

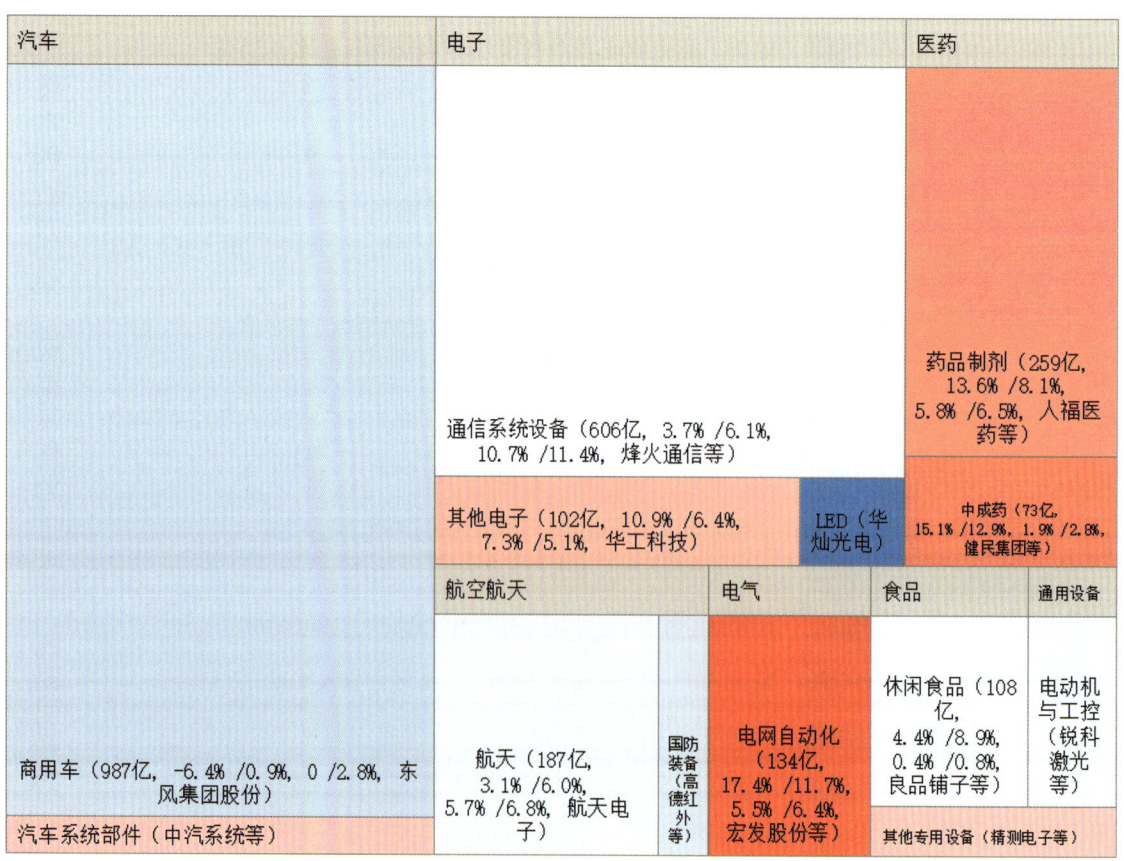

图2-113　武汉制造业、科技服务业、IT业主要上市公司有关情况

武汉创新能力指数为75.55，在全国地级及以上城市中排第6位（与上年持平），属于科技强市。从具体指标看，武汉在高水平科技成果产出、经济发展新动能培育、高层次科技人才、高水平研究型大学和科研机构等方面优势突出，在企业经济效益、新产品开发、经济活力、基础研究投入等方面存在短板。

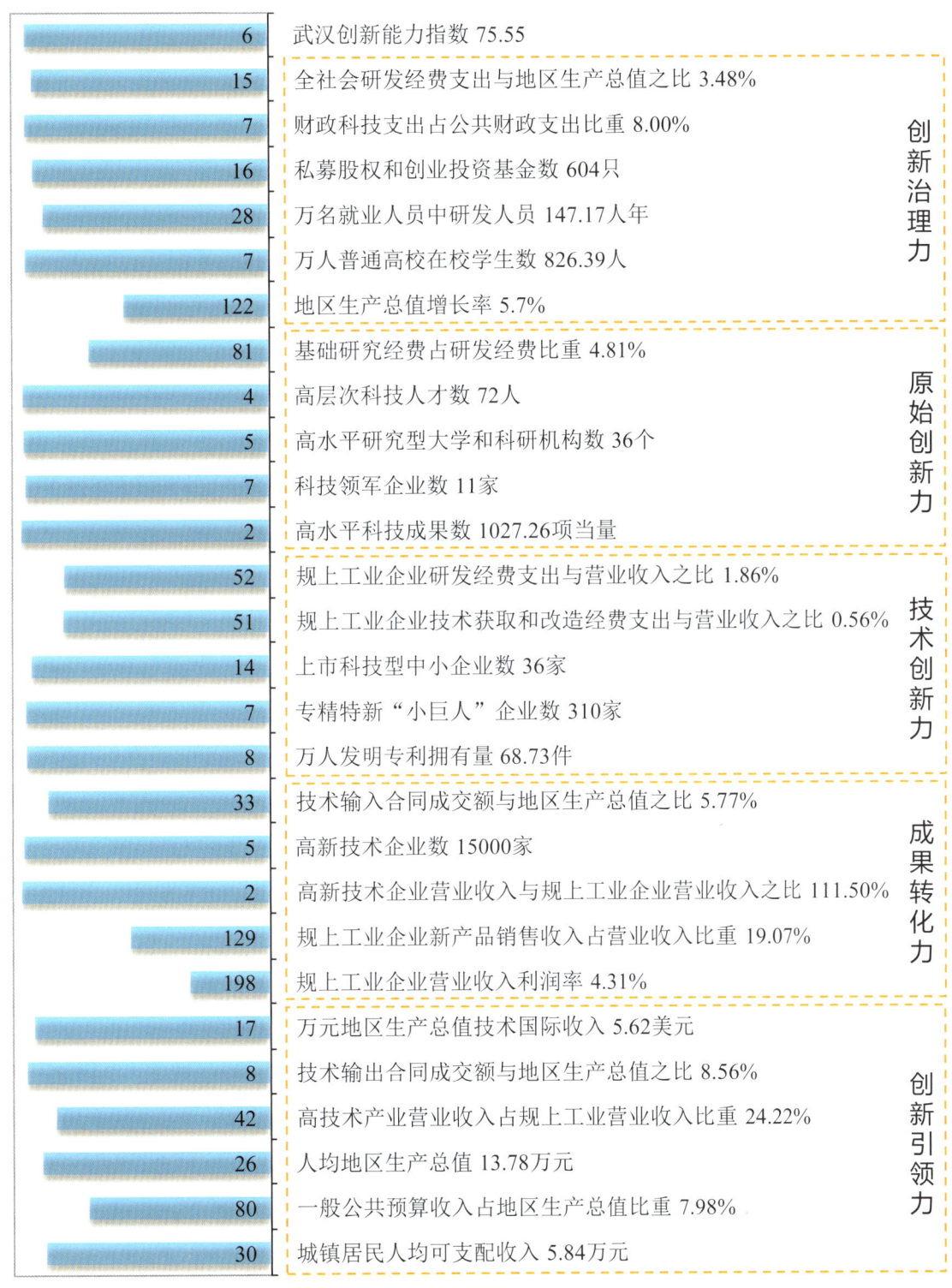

图 2-114　武汉创新能力指标数据及全国排名

(二)长沙

2022年,长沙地区生产总值13966亿元,在全国地级及以上城市中排第15位;常住人口1042万人,排第17位。规上工业企业3059家,排第34位,营业收入8688亿元,排第33位。

截至2023年,长沙有上市公司88家(居全国第13位),其中制造业、科技服务业、IT业上市公司共53家,涉及钢铁等14个行业大类、普钢等36个行业小类(图2-115中括号内数据分别为该行业小类上市公司营业收入、利润率/全国平均利润率、研发强度/全国平均研发强度、代表性上市公司;受版面限制,部分行业仅展示代表性上市公司,规模较小行业不在图中展示)。从图中可以看出,普钢(1639亿)、消费电子组件(738亿)、工程机械(653亿)等行业上市公司营业收入规模较大;无机盐(13.9%)、药品制剂(13.1%)、医疗器械(12.6%)等行业利润率较高(图中底色偏红板块),电池部件及材料(-2.0%)等行业出现亏损(图中底色偏蓝板块);集成电路设计(17.3%)、药品制剂(8.9%)、医疗器械(8.6%)等行业研发强度较高。

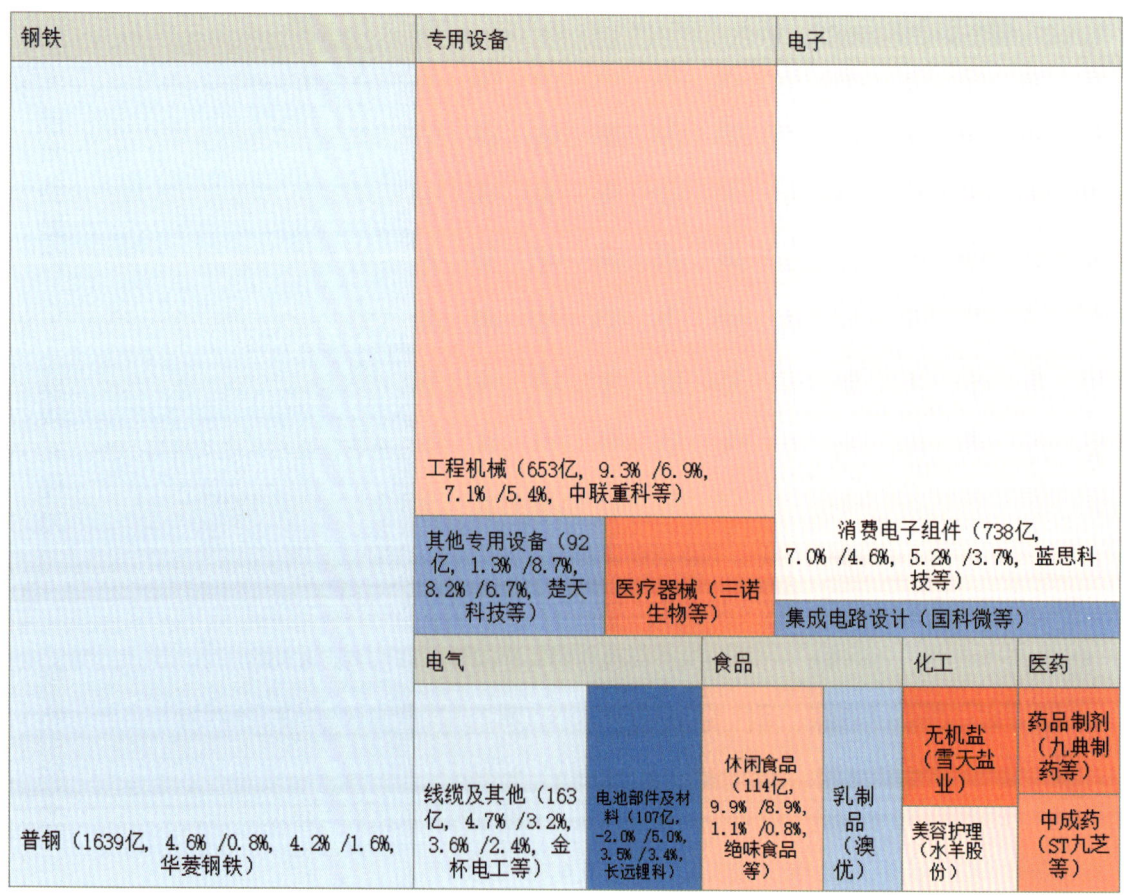

图2-115 长沙制造业、科技服务业、IT业主要上市公司有关情况

长沙创新能力指数为 72.78，在全国地级及以上城市中排第 9 位（与上年相比上升 2 位），属于科技强市。从具体指标看，长沙在经济发展新动能培育、高水平成果转化与产业化平台建设、高层次科技人才、高水平科技成果产出等方面优势突出，在经济活力、企业经济效益、新产品开发、政府财力等方面存在短板。

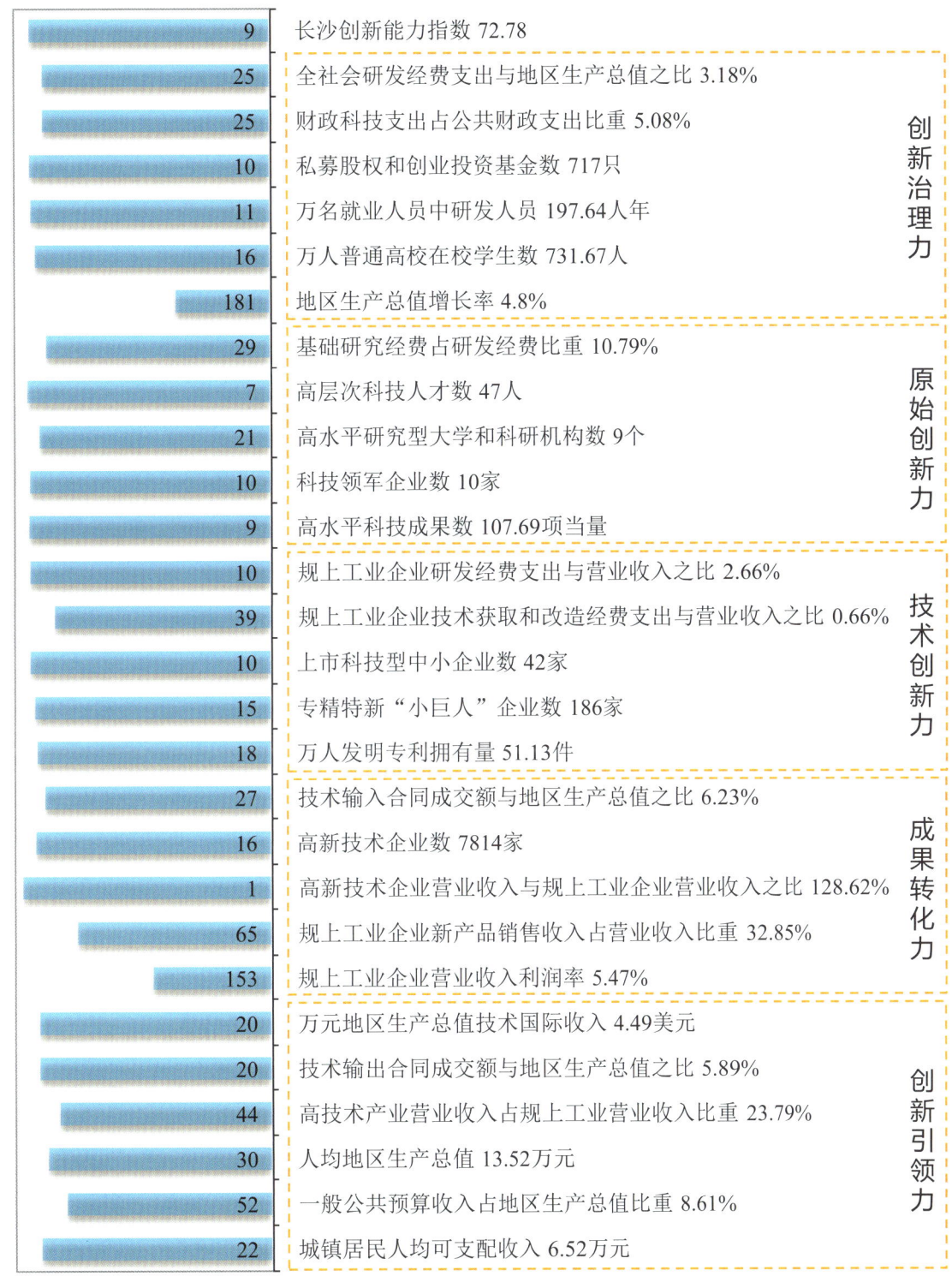

图 2-116 长沙创新能力指标数据及全国排名

（三）合肥

2022年，合肥地区生产总值12013亿元，在全国地级及以上城市中排第21位；常住人口963万人，排第21位。规上工业企业2544家，排第45位，营业收入11459亿元，排第23位。

截至2023年，合肥有上市公司90家（居全国第12位），其中制造业、科技服务业、IT业上市公司共56家，涉及电气等15个行业大类、光伏产品等40个行业小类（图2-117中括号内数据分别为该行业小类上市公司营业收入、利润率/全国平均利润率、研发强度/全国平均研发强度、代表性上市公司；受版面限制，部分行业仅展示代表性上市公司，规模较小行业不在图中展示）。从图中可以看出，光伏产品（723亿）、商用车（471亿）、电池（359亿）等行业上市公司营业收入规模较大；光伏产品（15.9%）、休闲食品（13.2%）等行业利润率较高（图中底色偏红板块），国防装备（-14.4%）、商用车（-0.3%）等行业出现亏损（图中底色偏蓝板块）；通用软件（17.7%）、集成电路制造（14.6%）、其他专用设备（8.7%）、电池（6.1%）等行业研发强度较高。

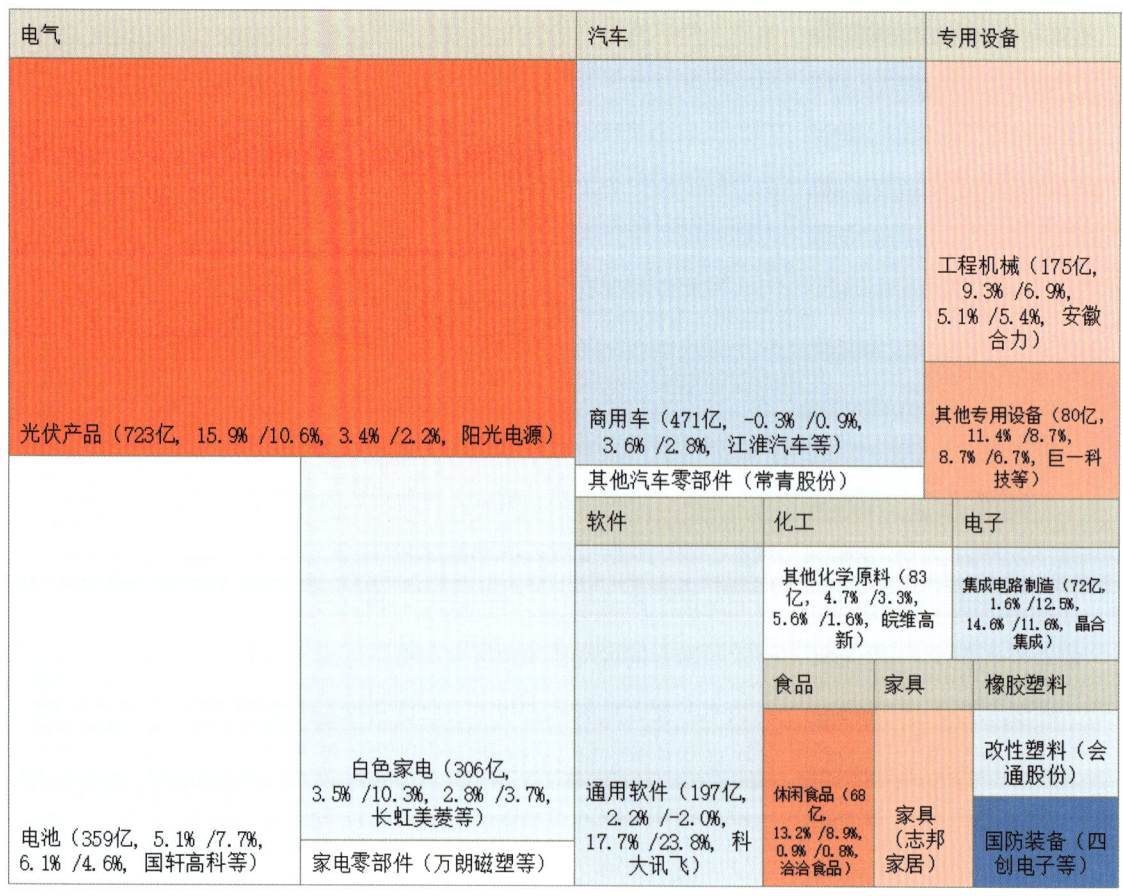

图2-117　合肥制造业、科技服务业、IT业主要上市公司有关情况

合肥创新能力指数为71.00，在全国地级及以上城市中排第10位（与上年持平），属于科技强市。从具体指标看，合肥在财政科技投入、人才培养、全社会研发投入、基础研究投入、高层次科技人才、上市企业培育等方面优势突出，在企业经济效益、经济活力、政府财力、企业技术获取和改造等方面存在短板。

排名	指标	类别
10	合肥创新能力指数 71.00	
8	全社会研发经费支出与地区生产总值之比 3.91%	创新治理力
1	财政科技支出占公共财政支出比重 17.80%	
13	私募股权和创业投资基金数 638只	
15	万名就业人员中研发人员 186.14人年	
5	万人普通高校在校学生数 930.12人	
113	地区生产总值增长率 5.8%	
10	基础研究经费占研发经费比重 16.78%	原始创新力
10	高层次科技人才数 37人	
17	高水平研究型大学和科研机构数 10个	
13	科技领军企业数 9家	
15	高水平科技成果数 40.71项当量	
26	规上工业企业研发经费支出与营业收入之比 2.23%	技术创新力
52	规上工业企业技术获取和改造经费支出与营业收入之比 0.56%	
12	上市科技型中小企业数 38家	
14	专精特新"小巨人"企业数 193家	
15	万人发明专利拥有量 55.82件	
29	技术输入合同成交额与地区生产总值之比 6.05%	成果转化力
15	高新技术企业数 8454家	
14	高新技术企业营业收入与规上工业企业营业收入之比 78.86%	
17	规上工业企业新产品销售收入占营业收入比重 43.36%	
207	规上工业企业营业收入利润率 3.91%	
26	万元地区生产总值技术国际收入 3.20美元	创新引领力
25	技术输出合同成交额与地区生产总值之比 5.39%	
33	高技术产业营业收入占规上工业营业收入比重 26.74%	
35	人均地区生产总值 12.58万元	
96	一般公共预算收入占地区生产总值比重 7.57%	
35	城镇居民人均可支配收入 5.62万元	

图2-118　合肥创新能力指标数据及全国排名

（四）郑州

2022年，郑州地区生产总值12935亿元，在全国地级及以上城市中排第16位；常住人口1283万人，排第11位。规上工业企业2710家，排第40位，营业收入13100亿元，排第20位。

截至2023年，郑州有上市公司51家（居全国第29位），其中制造业、科技服务业、IT业上市公司共26家，涉及有色金属等13个行业大类、铝等15个行业小类（图2-119中括号内数据分别为该行业小类上市公司营业收入、利润率/全国平均利润率、研发强度/全国平均研发强度、代表性上市公司；受版面限制，部分行业仅展示代表性上市公司，规模较小行业不在图中展示）。从图中可以看出，铝（454亿）、采矿冶金设备（364亿）、商用车（270亿）等行业上市公司营业收入规模较大；医疗器械（30.7%）、其他食品（12.4%）、仪器仪表（11.8%）等行业利润率较高（图中底色偏红板块），其他钢铁(-0.2%)等行业出现亏损(图中底色偏蓝板块)；医疗器械(14.8%)、系统集成服务（12.8%）、仪器仪表（9.6%）、中药饮片（6.2%）等行业研发强度较高。

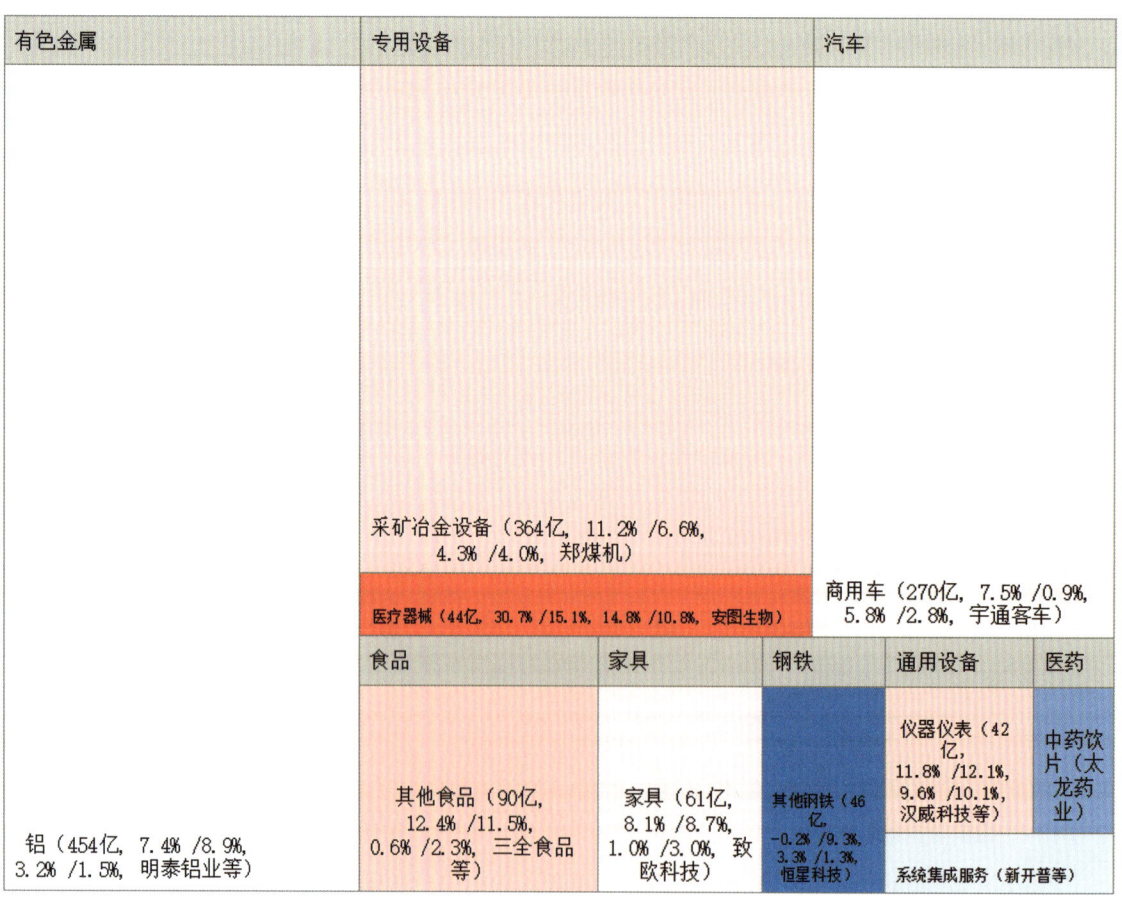

图2-119　郑州制造业、科技服务业、IT业主要上市公司有关情况

郑州创新能力指数为61.25，在全国地级及以上城市中排第24位（与上年持平），属于创新强市。从具体指标看，郑州在人才培养、高水平科技成果产出、财政科技投入、创新生态等方面具有相对优势，在企业经济效益、企业技术获取和改造、经济发展新动能培育、技术吸纳、企业研发投入、居民收入、经济发展水平等方面存在短板。

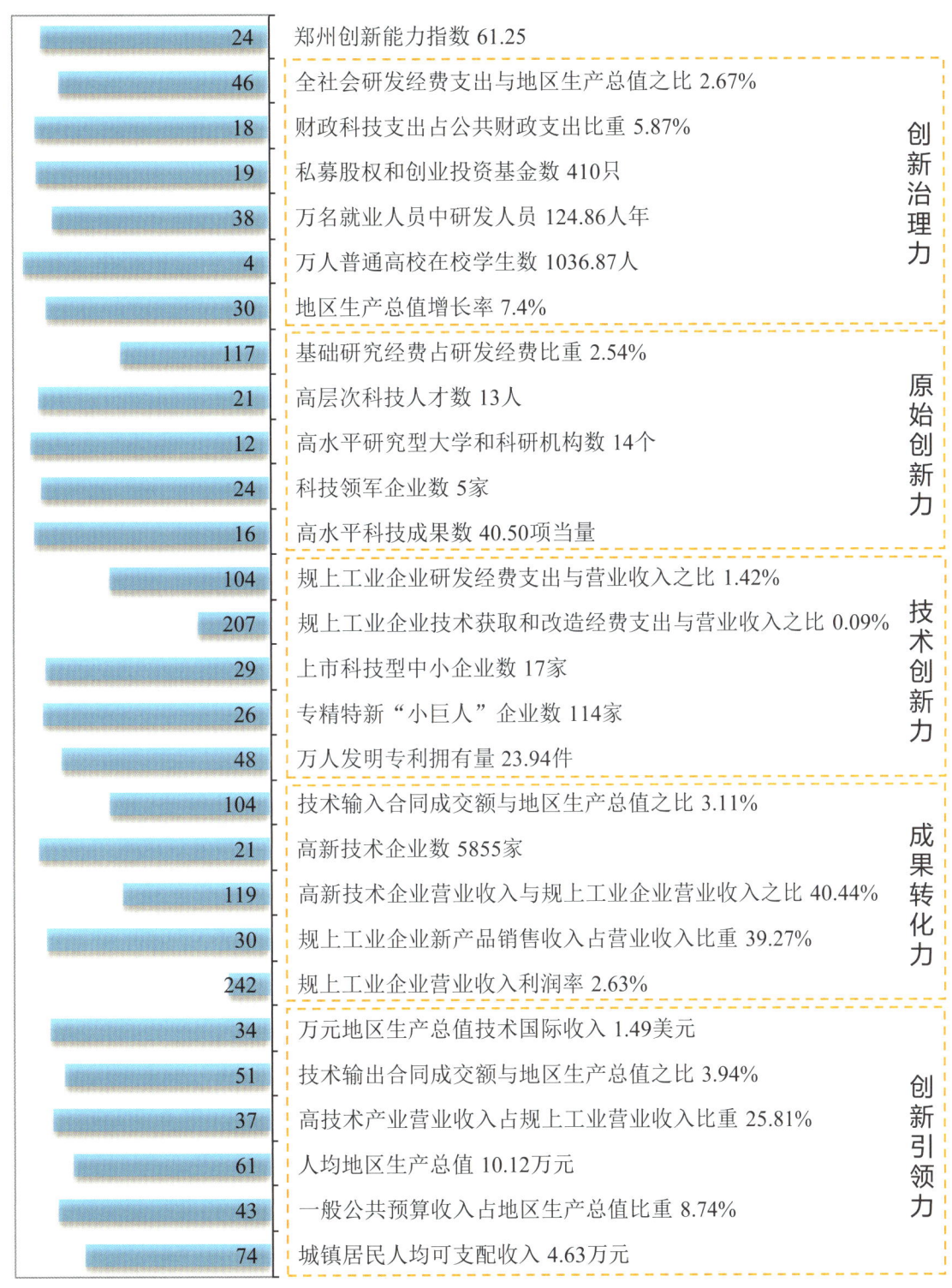

图2-120　郑州创新能力指标数据及全国排名

(五)芜湖

2022年,芜湖地区生产总值4502亿元,在全国地级及以上城市中排第64位;常住人口373万人,排第138位。规上工业企业2264家,排第52位,营业收入6212亿元,排第58位。

截至2023年,芜湖有上市公司25家(居全国第48位),其中制造业、科技服务业、IT业上市公司共17家,涉及非金属制品等10个行业大类、水泥与混凝土等14个行业小类(图2-121中括号内数据分别为该行业小类上市公司营业收入、利润率/全国平均利润率、研发强度/全国平均研发强度、代表性上市公司;受版面限制,部分行业仅展示代表性上市公司,规模较小行业不在图中展示)。从图中可以看出,水泥与混凝土(1410亿)、铜(571亿)等行业上市公司营业收入规模较大;光伏产品(20.9%)、汽车系统部件(13.1%)、水泥与混凝土(9.3%)等行业利润率较高(图中底色偏红板块),铜(1.2%)、面板(3.5%)、休闲食品(3.9%)等行业利润率较低(图中底色偏蓝板块);汽车系统部件(6.1%)等行业研发强度较高。

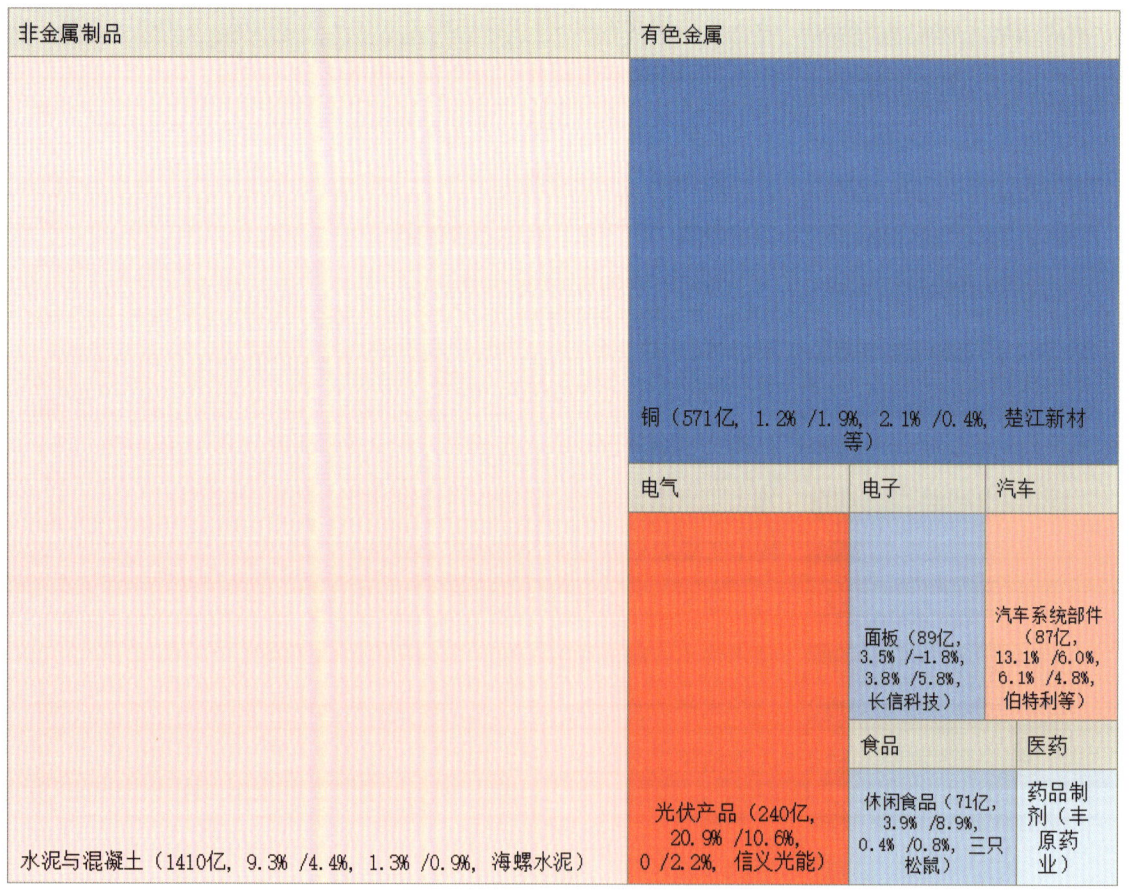

图2-121 芜湖制造业、科技服务业、IT业主要上市公司有关情况

芜湖创新能力指数为59.87，在全国地级及以上城市中排第26位（与上年相比上升4位），属于创新强市。从具体指标看，芜湖在财政科技投入、技术输出、技术吸纳、全社会研发投入等方面具有相对优势，在经济活力、企业经济效益、高水平科技成果产出、高技术产业发展等方面存在短板。

排名	指标	类别
26	芜湖创新能力指数 59.87	
11	全社会研发经费支出与地区生产总值之比 3.76%	创新治理力
2	财政科技支出占公共财政支出比重 12.53%	
61	私募股权和创业投资基金数 29只	
19	万名就业人员中研发人员 173.61人年	
32	万人普通高校在校学生数 448.69人	
122	地区生产总值增长率 5.7%	
82	基础研究经费占研发经费比重 4.77%	原始创新力
66	高层次科技人才数 0人	
86	高水平研究型大学和科研机构数 0个	
24	科技领军企业数 5家	
98	高水平科技成果数 1.00项当量	
22	规上工业企业研发经费支出与营业收入之比 2.27%	技术创新力
49	规上工业企业技术获取和改造经费支出与营业收入之比 0.57%	
59	上市科技型中小企业数 5家	
31	专精特新"小巨人"企业数 90家	
11	万人发明专利拥有量 59.12件	
9	技术输入合同成交额与地区生产总值之比 8.53%	成果转化力
49	高新技术企业数 1993家	
34	高新技术企业营业收入与规上工业企业营业收入之比 60.22%	
35	规上工业企业新产品销售收入占营业收入比重 38.77%	
103	规上工业企业营业收入利润率 6.54%	
54	万元地区生产总值技术国际收入 0.55美元	创新引领力
5	技术输出合同成交额与地区生产总值之比 8.78%	
95	高技术产业营业收入占规上工业营业收入比重 12.72%	
38	人均地区生产总值 12.16万元	
50	一般公共预算收入占地区生产总值比重 8.63%	
53	城镇居民人均可支配收入 5.15万元	

图 2-122　芜湖创新能力指标数据及全国排名

（六）南昌

2022年，南昌地区生产总值7204亿元，在全国地级及以上城市中排第36位；常住人口654万人，排第58位。规上工业企业1921家，排第70位，营业收入7873亿元，排第40位。

截至2023年，南昌有上市公司39家（居全国第34位），其中制造业、科技服务业、IT业上市公司共22家，涉及汽车等12个行业大类、商用车等22个行业小类（图2-123中括号内数据分别为该行业小类上市公司营业收入、利润率/全国平均利润率、研发强度/全国平均研发强度、代表性上市公司；受版面限制，部分行业仅展示代表性上市公司，规模较小行业不在图中展示）。从图中可以看出，商用车（332亿）、普钢（265亿）、其他化学原料（124亿）等行业上市公司营业收入规模较大；纯碱（20.8%）、中成药（20.4%）、民爆制品（15.9%）、LED（13.1%）等行业利润率较高（图中底色偏红板块），光学元件(-10.7%)等行业出现亏损（图中底色偏蓝板块）；其他储能设备（8.9%）、光学元件（5.8%）、民爆制品（5.4%）等行业研发强度较高。

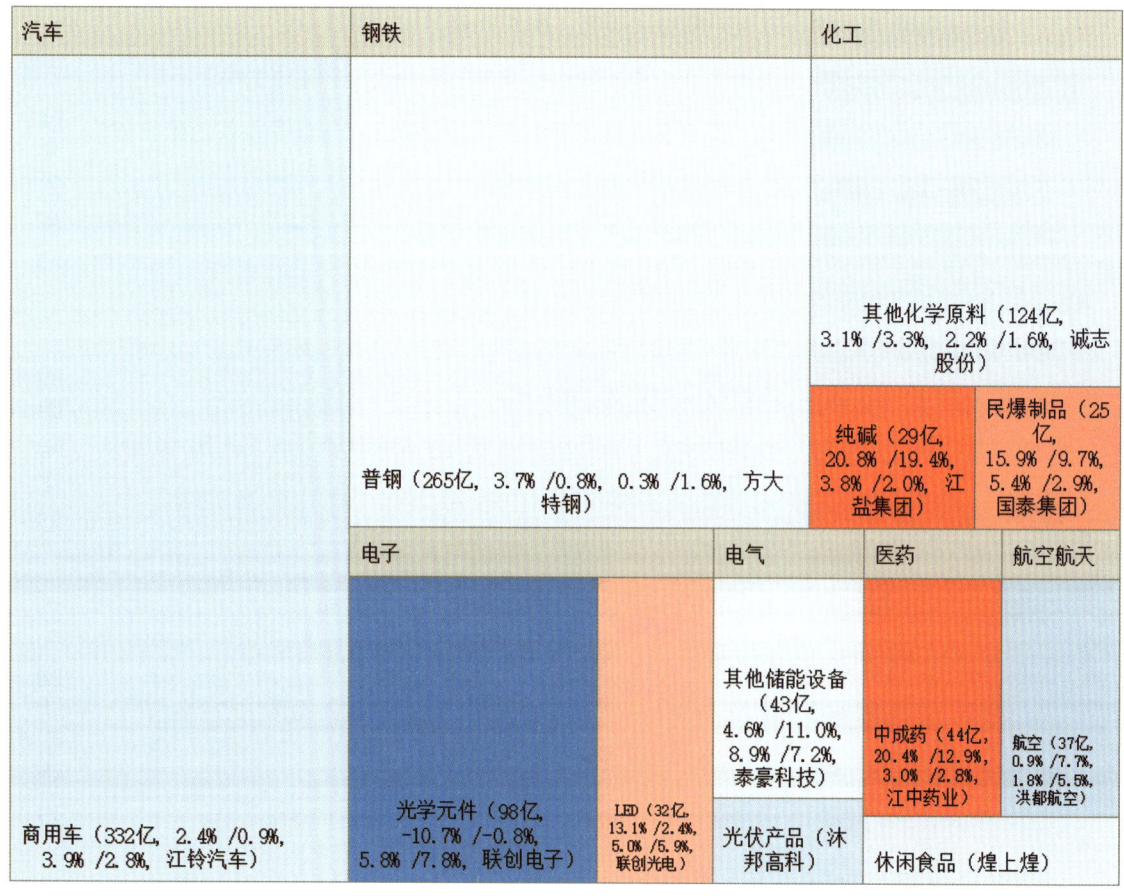

图2-123 南昌制造业、科技服务业、IT业主要上市公司有关情况

南昌创新能力指数为57.82，在全国地级及以上城市中排第31位（与上年相比下降6位），属于创新强市。从具体指标看，南昌在人才培养、新产品开发、高水平技术创新平台建设、高技术产业发展等方面具有相对优势，在经济活力、企业经济效益、政府财力、企业研发投入、企业技术获取和改造、技术吸纳等方面存在短板。

图 2-124　南昌创新能力指标数据及全国排名

（七）太原

2022 年，太原地区生产总值 5571 亿元，在全国地级及以上城市中排第 50 位；常住人口 544 万人，排第 76 位。规上工业企业 847 家，排第 147 位，营业收入 6036 亿元，排第 60 位。

截至 2023 年，太原有上市公司 22 家（居全国第 52 位），其中制造业、科技服务业、IT 业上市公司共 8 家，涉及钢铁等 7 个行业大类、特钢等 8 个行业小类（图 2-125 中括号内数据分别为该行业小类上市公司营业收入、利润率/全国平均利润率、研发强度/全国平均研发强度、代表性上市公司；受版面限制，部分行业仅展示代表性上市公司，规模较小行业不在图中展示）。从图中可以看出，特钢（1056 亿）、采矿冶金设备（84 亿）等行业上市公司营业收入规模较大；血液制品（29.9%）、天然气加工（26.4%）等行业利润率较高（图中底色偏红板块），特钢（-1.2%）等行业出现亏损（图中底色偏蓝板块）；城轨铁路（6.4%）等行业研发强度较高。

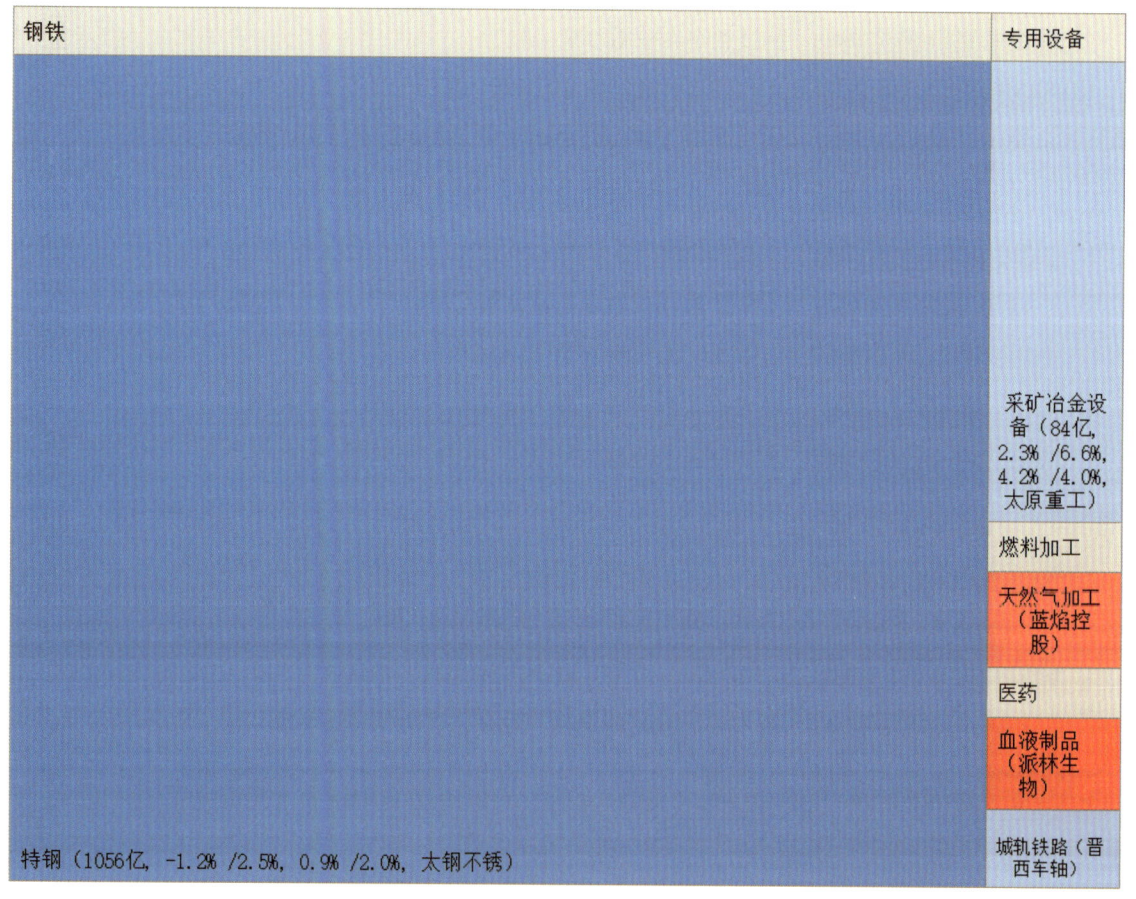

图 2-125　太原制造业、科技服务业、IT 业主要上市公司有关情况

太原创新能力指数为57.63，在全国地级及以上城市中排第32位（与上年相比上升4位），属于创新强市。从具体指标看，太原在人才培养、经济发展新动能培育、高层次科技人才、高水平成果转化与产业化平台建设等方面具有相对优势，在经济活力、企业经济效益、企业研发投入、技术输出、居民收入、新产品开发等方面存在短板。

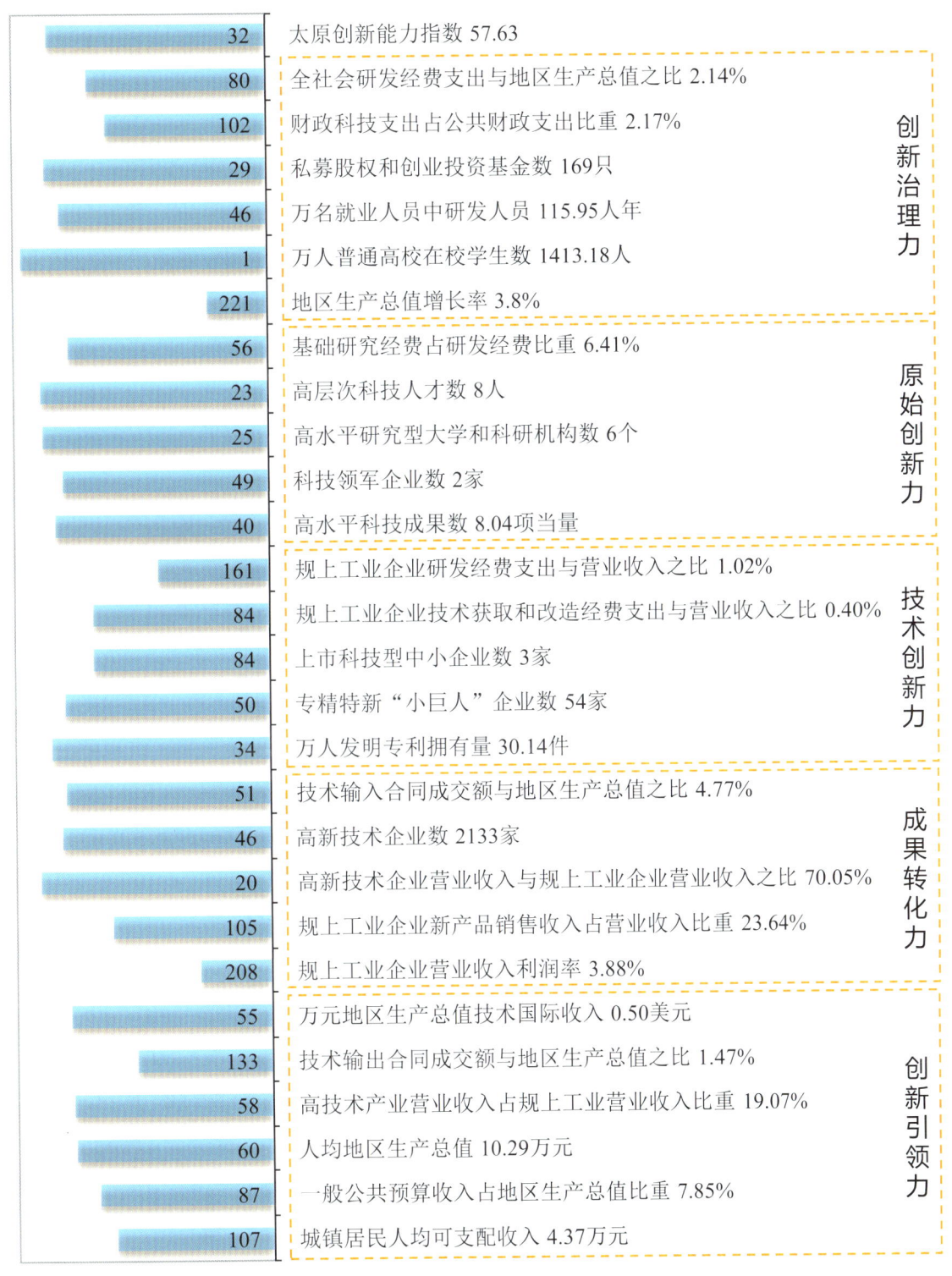

图2-126　太原创新能力指标数据及全国排名

（八）株洲

2022 年，株洲地区生产总值 3617 亿元，在全国地级及以上城市中排第 89 位；常住人口 387 万人，排第 132 位。规上工业企业 2002 家，排第 63 位，营业收入 2821 亿元，排第 123 位。

截至 2023 年，株洲有上市公司 13 家（居全国第 67 位），其中制造业、科技服务业、IT 业上市公司共 11 家，涉及铁路船舶等 10 个行业大类、城轨铁路等 10 个行业小类（图 2-127 中括号内数据分别为该行业小类上市公司营业收入、利润率/全国平均利润率、研发强度/全国平均研发强度、代表性上市公司；受版面限制，部分行业仅展示代表性上市公司，规模较小行业不在图中展示）。从图中可以看出，城轨铁路（218 亿）、铅锌（194 亿）、橡胶制品（175 亿）等行业上市公司营业收入规模较大；国防装备（35.2%）、加工设备（19.8%）、其他家居（15.3%）、城轨铁路（15.2%）等行业利润率较高（图中底色偏红板块），工程机械（1.9%）、橡胶制品（2.1%）等行业利润率较低（图中底色偏蓝板块）；国防装备（9.4%）、城轨铁路（9.3%）等行业研发强度较高。

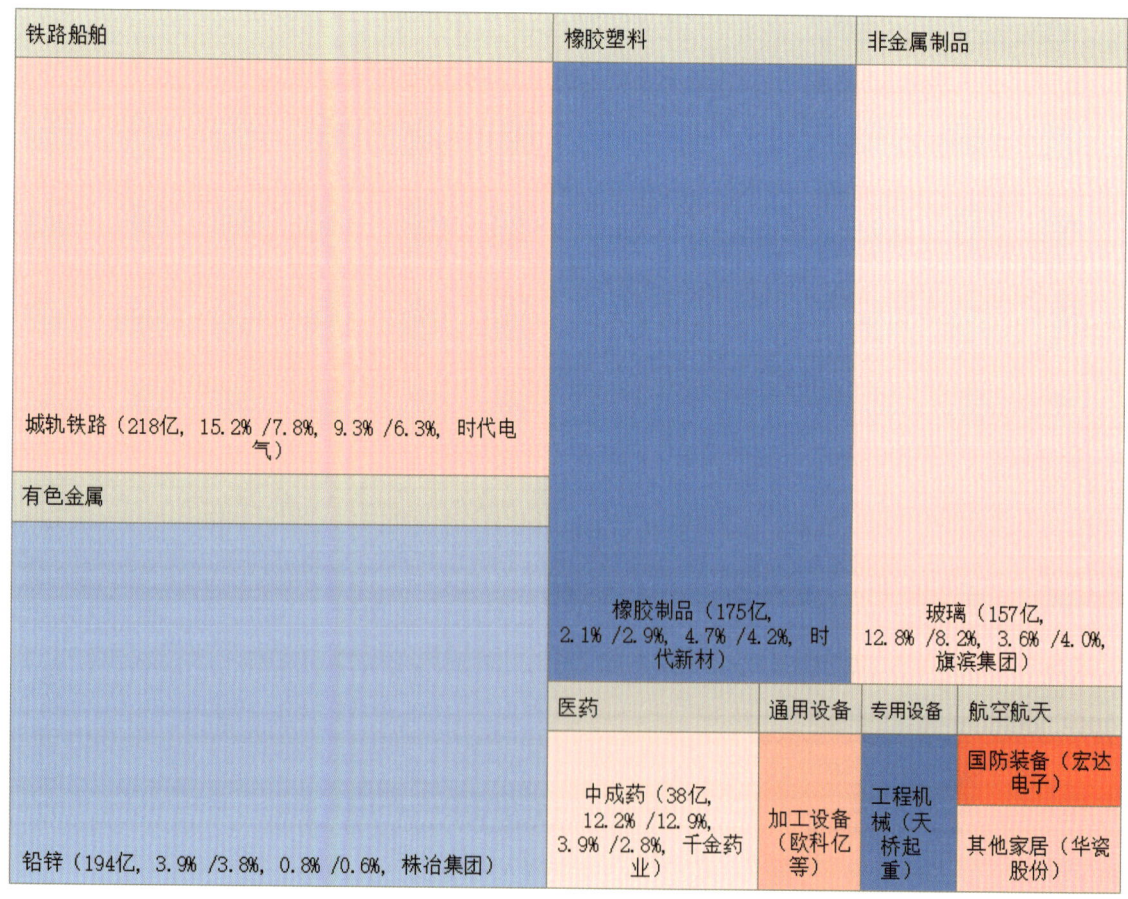

图 2-127　株洲制造业、科技服务业、IT 业主要上市公司有关情况

株洲创新能力指数为57.07，在全国地级及以上城市中排第35位（与上年相比上升14位），属于创新强市。从具体指标看，株洲在经济发展新动能培育、企业研发投入、财政科技投入、技术输出等方面具有相对优势，在政府财力、经济活力、高技术产业发展、企业经济效益、技术吸纳、经济发展水平等方面存在短板。

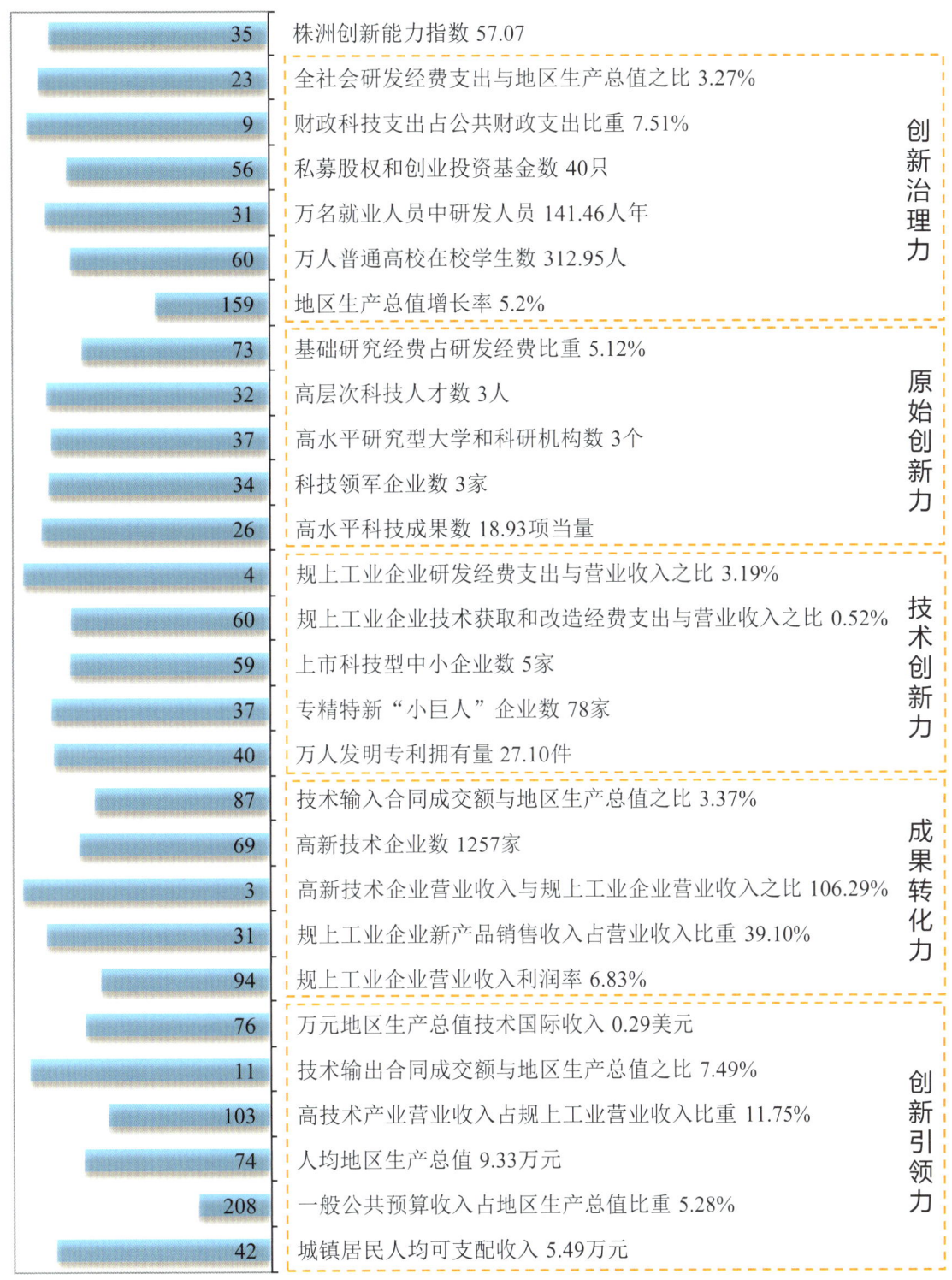

图 2-128　株洲创新能力指标数据及全国排名

（九）洛阳

2022年，洛阳地区生产总值5675亿元，在全国地级及以上城市中排第48位；常住人口708万人，排第48位。规上工业企业1943家，排第68位，营业收入4964亿元，排第73位。

截至2023年，洛阳有上市公司14家（居全国第64位），其中制造业、科技服务业、IT业上市公司共12家，涉及有色金属等7个行业大类、钨钼等11个行业小类（图2-129中括号内数据分别为该行业小类上市公司营业收入、利润率/全国平均利润率、研发强度/全国平均研发强度、代表性上市公司；受版面限制，部分行业仅展示代表性上市公司，规模较小行业不在图中展示）。从图中可以看出，钨钼（1863亿）、航空（201亿）、农业机械（115亿）等行业上市公司营业收入规模较大；航空（18.4%）、风电设备（15.4%）、磨具磨料（10.7%）、农业机械（8.6%）等行业利润率较高（图中底色偏红板块），线缆及其他（2.4%）等行业利润率较低（图中底色偏蓝板块）；航空（10.9%）、磨具磨料（8.0%）、采矿冶金设备（5.6%）等行业研发强度较高。

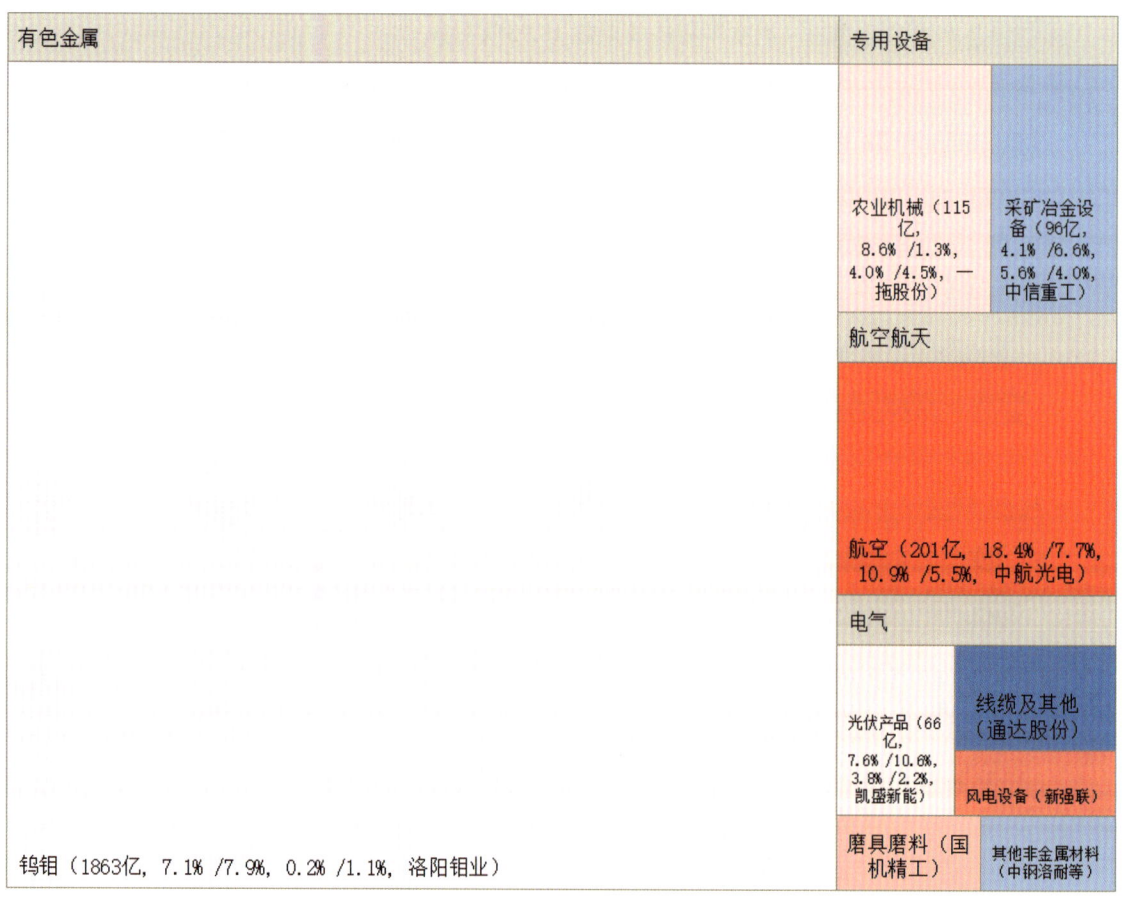

图 2-129　洛阳制造业、科技服务业、IT业主要上市公司有关情况

洛阳创新能力指数为51.30，在全国地级及以上城市中排第54位（与上年相比下降4位），属于创新城市。从具体指标看，洛阳在财政科技投入、企业研发投入、高水平成果转化与产业化平台建设等方面具有相对优势，在经济活力、企业经济效益、技术吸纳、高技术产业发展、新产品开发、政府财力、居民收入等方面存在短板。

图2-130 洛阳创新能力指标数据及全国排名

(十) 马鞍山

2022年,马鞍山地区生产总值2521亿元,在全国地级及以上城市中排第132位;常住人口219万人,排第224位。规上工业企业1401家,排第98位,营业收入3909亿元,排第88位。

截至2023年,马鞍山有上市公司8家(居全国第94位),其中制造业、科技服务业、IT业上市公司共6家,涉及钢铁等6个行业大类、普钢等6个行业小类(图2-131中括号内数据分别为该行业小类上市公司营业收入、利润率/全国平均利润率、研发强度/全国平均研发强度、代表性上市公司;受版面限制,部分行业仅展示代表性上市公司,规模较小行业不在图中展示)。从图中可以看出,普钢(989亿)、纸材料包装(293亿)、乳制品(134亿)等行业上市公司营业收入规模较大;其他有色金属(13.2%)等行业利润率较高(图中底色偏红板块),商用车(-27.4%)、普钢(-1.6%)等行业出现亏损(图中底色偏蓝板块);其他有色金属(5.3%)等行业研发强度较高。

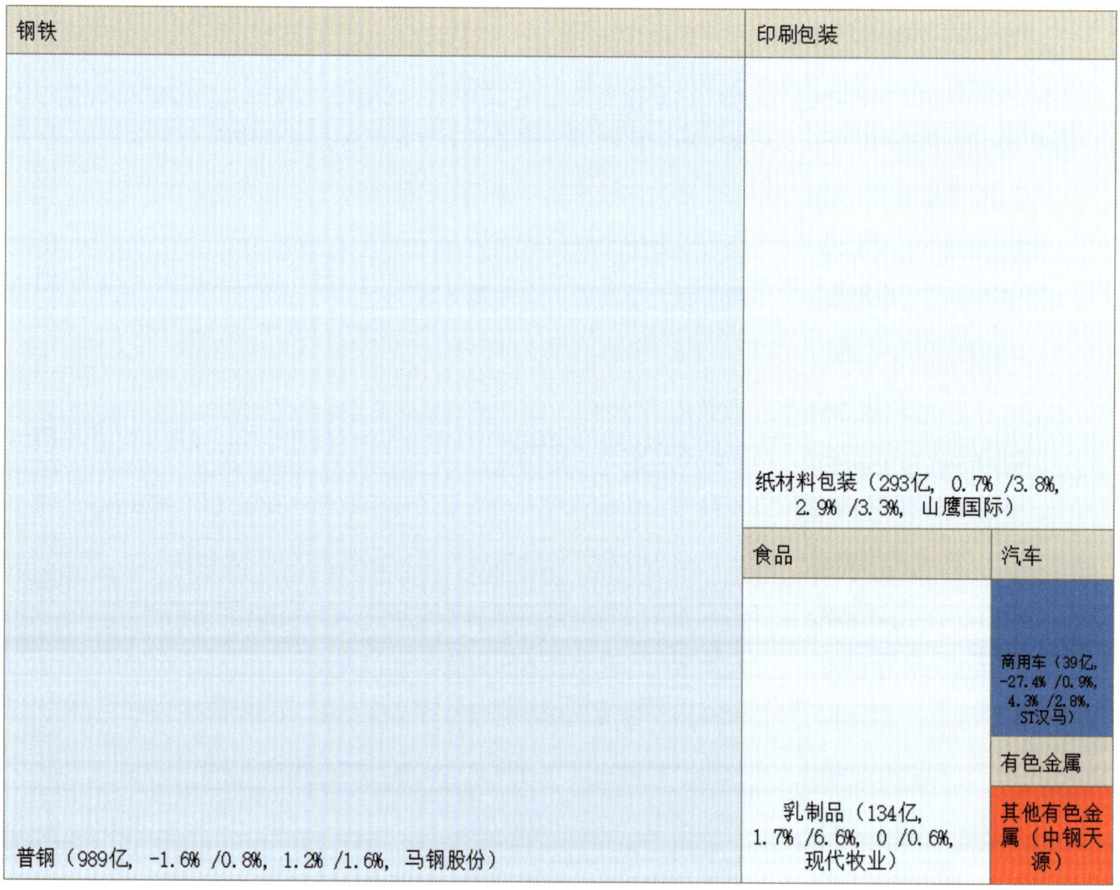

图2-131　马鞍山制造业、科技服务业、IT业主要上市公司有关情况

马鞍山创新能力指数为51.11，在全国地级及以上城市中排第55位（与上年相比下降9位），属于创新城市。从具体指标看，马鞍山在企业技术获取和改造、技术吸纳、专利产出等方面具有相对优势，在企业经济效益、高技术产业发展、上市企业培育、经济活力、高水平成果转化与产业化平台建设、创新生态等方面存在短板。

排名	指标	类别
55	马鞍山创新能力指数 51.11	
30	全社会研发经费支出与地区生产总值之比 3.10%	创新治理力
34	财政科技支出占公共财政支出比重 4.36%	
74	私募股权和创业投资基金数 21只	
40	万名就业人员中研发人员 122.09人年	
50	万人普通高校在校学生数 347.63人	
122	地区生产总值增长率 5.7%	
177	基础研究经费占研发经费比重 1.05%	原始创新力
50	高层次科技人才数 1人	
59	高水平研究型大学和科研机构数 1个	
49	科技领军企业数 2家	
111	高水平科技成果数 0项当量	
67	规上工业企业研发经费支出与营业收入之比 1.71%	技术创新力
5	规上工业企业技术获取和改造经费支出与营业收入之比 1.99%	
127	上市科技型中小企业数 1家	
69	专精特新"小巨人"企业数 36家	
22	万人发明专利拥有量 47.88件	
15	技术输入合同成交额与地区生产总值之比 7.46%	成果转化力
72	高新技术企业数 1086家	
35	高新技术企业营业收入与规上工业企业营业收入之比 60.06%	
51	规上工业企业新产品销售收入占营业收入比重 35.19%	
238	规上工业企业营业收入利润率 2.88%	
116	万元地区生产总值技术国际收入 0.11美元	创新引领力
27	技术输出合同成交额与地区生产总值之比 5.36%	
219	高技术产业营业收入占规上工业营业收入比重 2.91%	
43	人均地区生产总值 11.61万元	
67	一般公共预算收入占地区生产总值比重 8.13%	
28	城镇居民人均可支配收入 5.94万元	

图2-132 马鞍山创新能力指标数据及全国排名

（十一）蚌埠

2022年，蚌埠地区生产总值2012亿元，在全国地级及以上城市中排第162位；常住人口331万人，排第153位。规上工业企业933家，排第138位，营业收入1486亿元，排第191位。

截至2023年，蚌埠有上市公司9家（居全国第87位），其中制造业、科技服务业、IT业上市公司共7家，涉及电子等4个行业大类、面板等7个行业小类（图2-133中括号内数据分别为该行业小类上市公司营业收入、利润率/全国平均利润率、研发强度/全国平均研发强度、代表性上市公司；受版面限制，部分行业仅展示代表性上市公司，规模较小行业不在图中展示）。从图中可以看出，面板（50亿）、通信系统设备（25亿）、小家电（8亿）等行业上市公司营业收入规模较大；集成电路设计（52.2%）、汽车系统部件（13.1%）等行业利润率较高（图中底色偏红板块），小家电（-27.7%）、通信系统设备（-6.9%）等行业出现亏损（图中底色偏蓝板块）；集成电路设计（25.3%）、电池部件及材料（12.1%）、通信系统设备（10.7%）等行业研发强度较高。

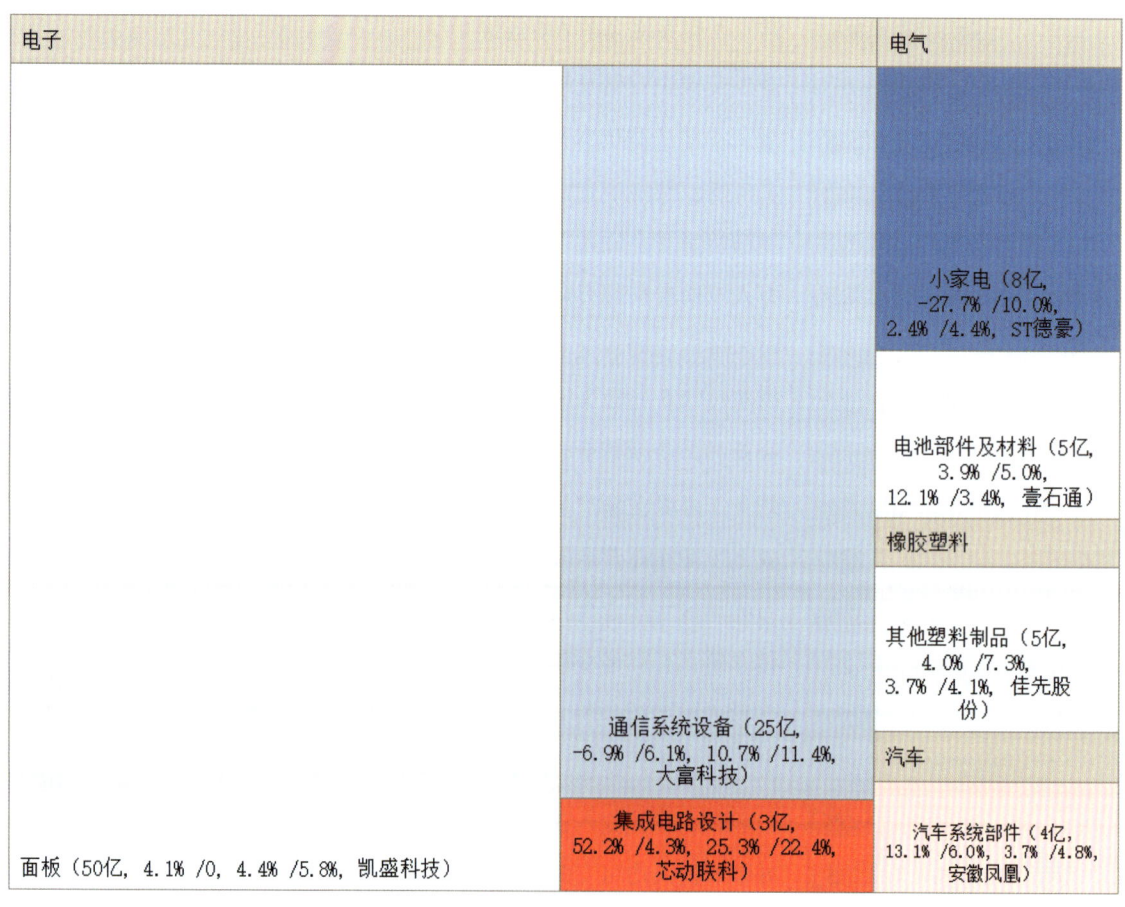

图2-133　蚌埠制造业、科技服务业、IT业主要上市公司有关情况

蚌埠创新能力指数为51.08，在全国地级及以上城市中排第56位（与上年相比上升1位），属于创新城市。从具体指标看，蚌埠在财政科技投入、高技术产业发展等方面具有相对优势，在经济发展水平、企业经济效益、创新生态、经济活力、经济发展新动能培育、企业技术获取和改造、人才培养等方面存在短板。

图2-134　蚌埠创新能力指标数据及全国排名

（十二）宜昌

2022年，宜昌地区生产总值5503亿元，在全国地级及以上城市中排第52位；常住人口392万人，排第129位。规上工业企业1544家，排第90位，营业收入4534亿元，排第78位。

截至2023年，宜昌有上市公司18家（居全国第56位），其中制造业、科技服务业、IT业上市公司共15家，涉及化工等9个行业大类、磷肥及磷化工等12个行业小类（图2-135中括号内数据分别为该行业小类上市公司营业收入、利润率/全国平均利润率、研发强度/全国平均研发强度、代表性上市公司；受版面限制，部分行业仅展示代表性上市公司，规模较小行业不在图中展示）。从图中可以看出，磷肥及磷化工（281亿）、氯碱（170亿）、其他食品（141亿）等行业上市公司营业收入规模较大；药品制剂（33.8%）、纸材料包装（11.5%）、其他食品（11.1%）、光学元件（8.9%）等行业利润率较高（图中底色偏红板块），玻璃（2.4%）等行业利润率较低（图中底色偏蓝板块）；光学元件（6.2%）等行业研发强度较高。

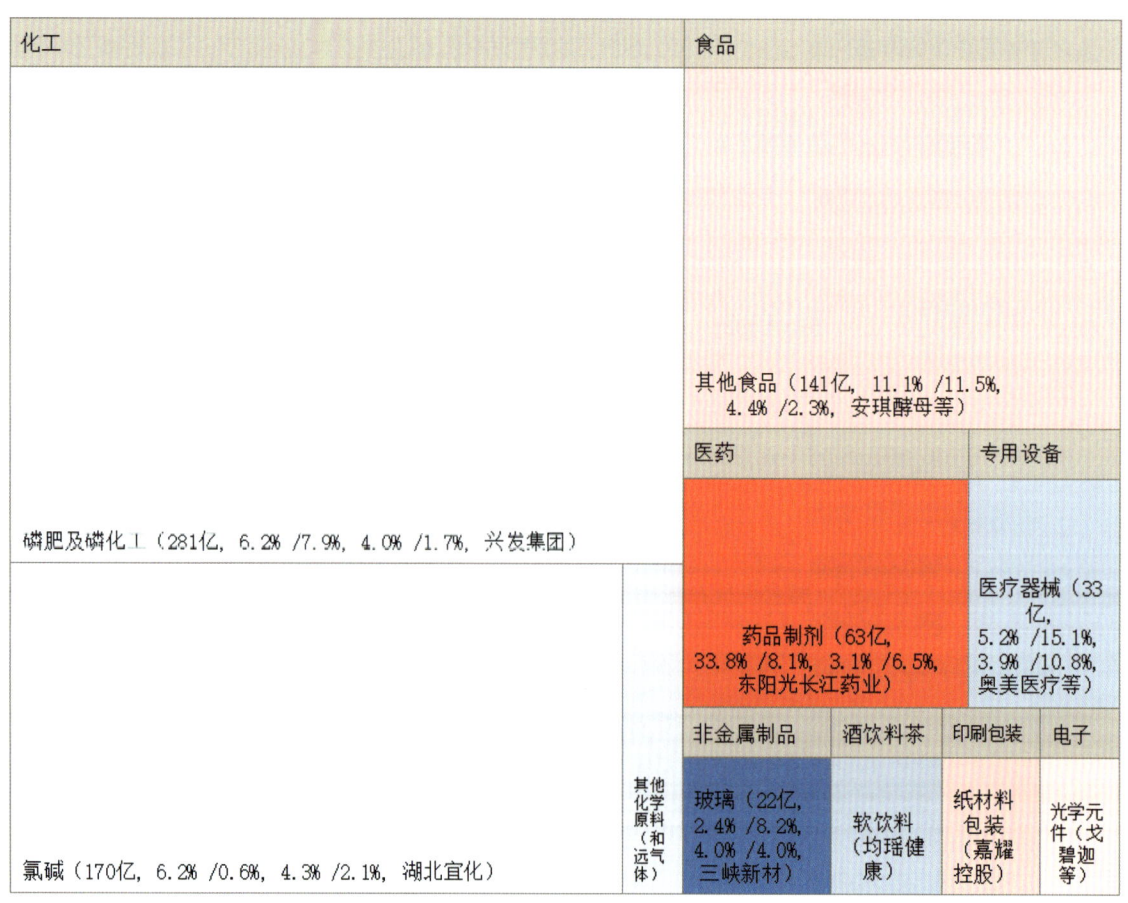

图2-135　宜昌制造业、科技服务业、IT业主要上市公司有关情况

宜昌创新能力指数为51.04，在全国地级及以上城市中排第57位（与上年相比上升7位），属于创新城市。从具体指标看，宜昌在新产品开发、企业研发投入、企业经济效益、经济发展水平等方面具有相对优势，在政府财力、经济活力、人才培养、居民收入、高技术产业发展、技术吸纳等方面存在短板。

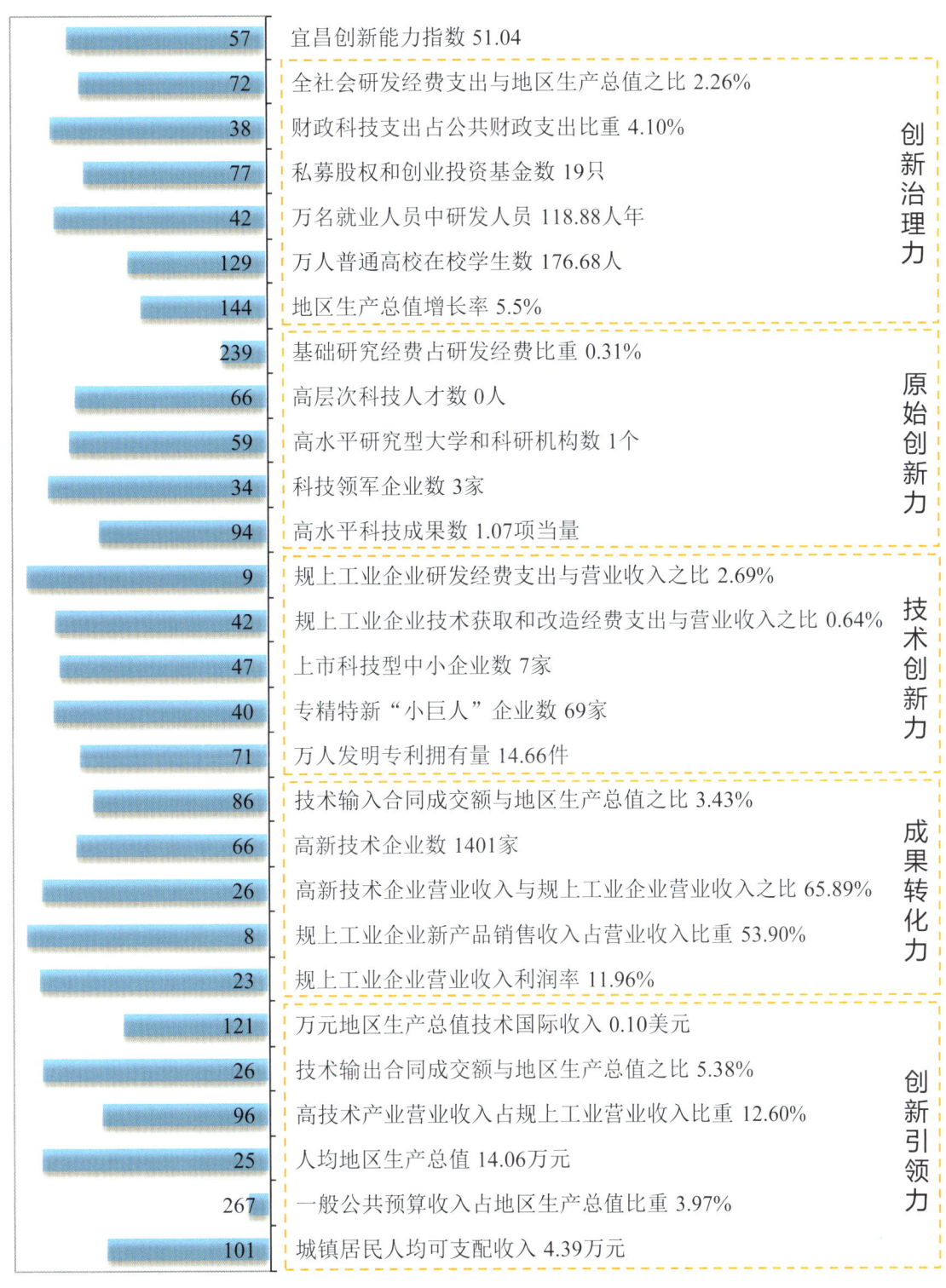

图 2-136　宜昌创新能力指标数据及全国排名

（十三）湘潭

2022年，湘潭地区生产总值2698亿元，在全国地级及以上城市中排第125位；常住人口270万人，排第185位。规上工业企业1367家，排第101位，营业收入3161亿元，排第113位。

截至2023年，湘潭有上市公司8家（居全国第94位），其中制造业、科技服务业、IT业上市公司共7家，涉及电气等4个行业大类、电池部件及材料等6个行业小类（图2-137中括号内数据分别为该行业小类上市公司营业收入、利润率/全国平均利润率、研发强度/全国平均研发强度、代表性上市公司；受版面限制，部分行业仅展示代表性上市公司，规模较小行业不在图中展示）。从图中可以看出，电池部件及材料（435亿）、国防装备（61亿）、电动机与工控（46亿）等行业上市公司营业收入规模较大；国防装备（14.4%）、工程机械（13.9%）、电动机与工控（7.2%）等行业利润率较高（图中底色偏红板块），线缆及其他（2.9%）等行业利润率较低（图中底色偏蓝板块）；国防装备（7.8%）等行业研发强度较高。

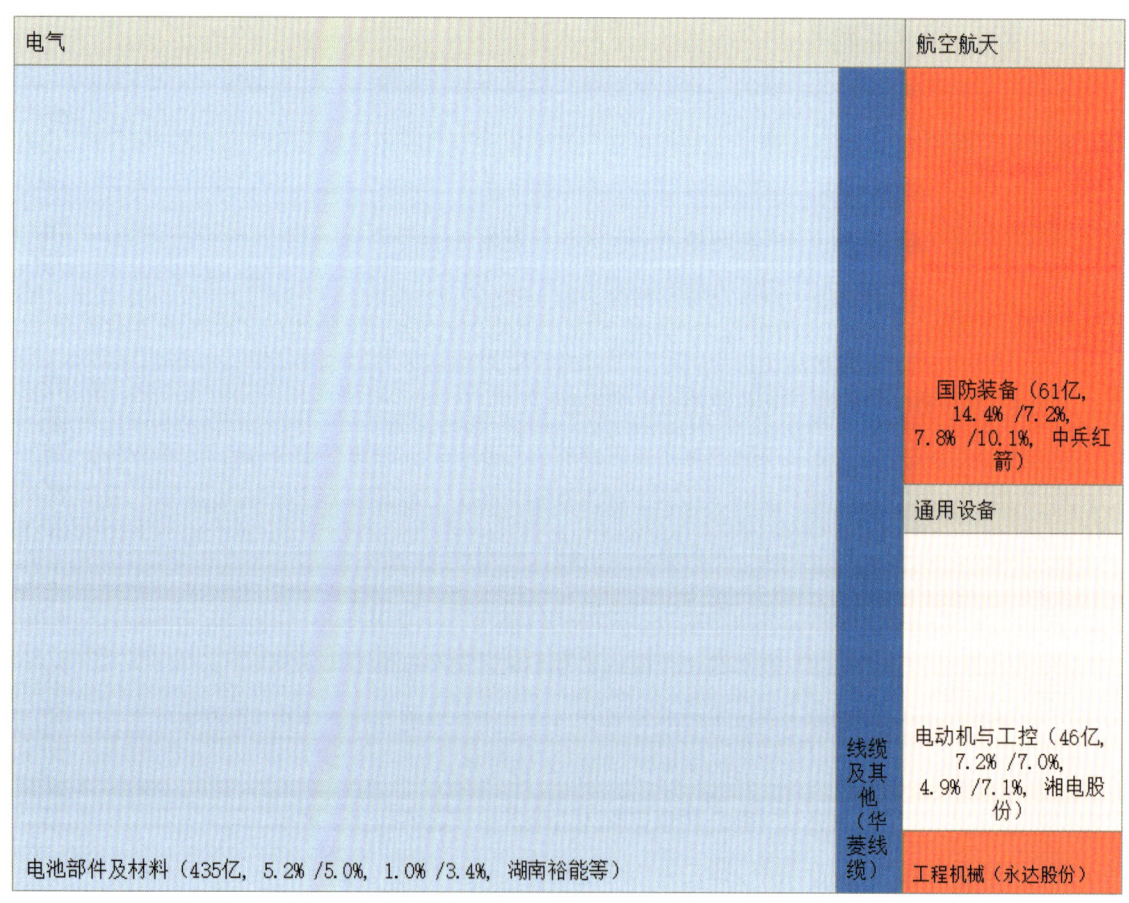

图2-137 湘潭制造业、科技服务业、IT业主要上市公司有关情况

湘潭创新能力指数为47.92，在全国地级及以上城市中排第63位（与上年相比上升7位），属于创新城市。从具体指标看，湘潭在财政科技投入、新产品开发、人才培养、研发人力投入等方面具有相对优势，在政府财力、企业经济效益、经济活力、技术吸纳、高技术产业发展、企业技术获取和改造等方面存在短板。

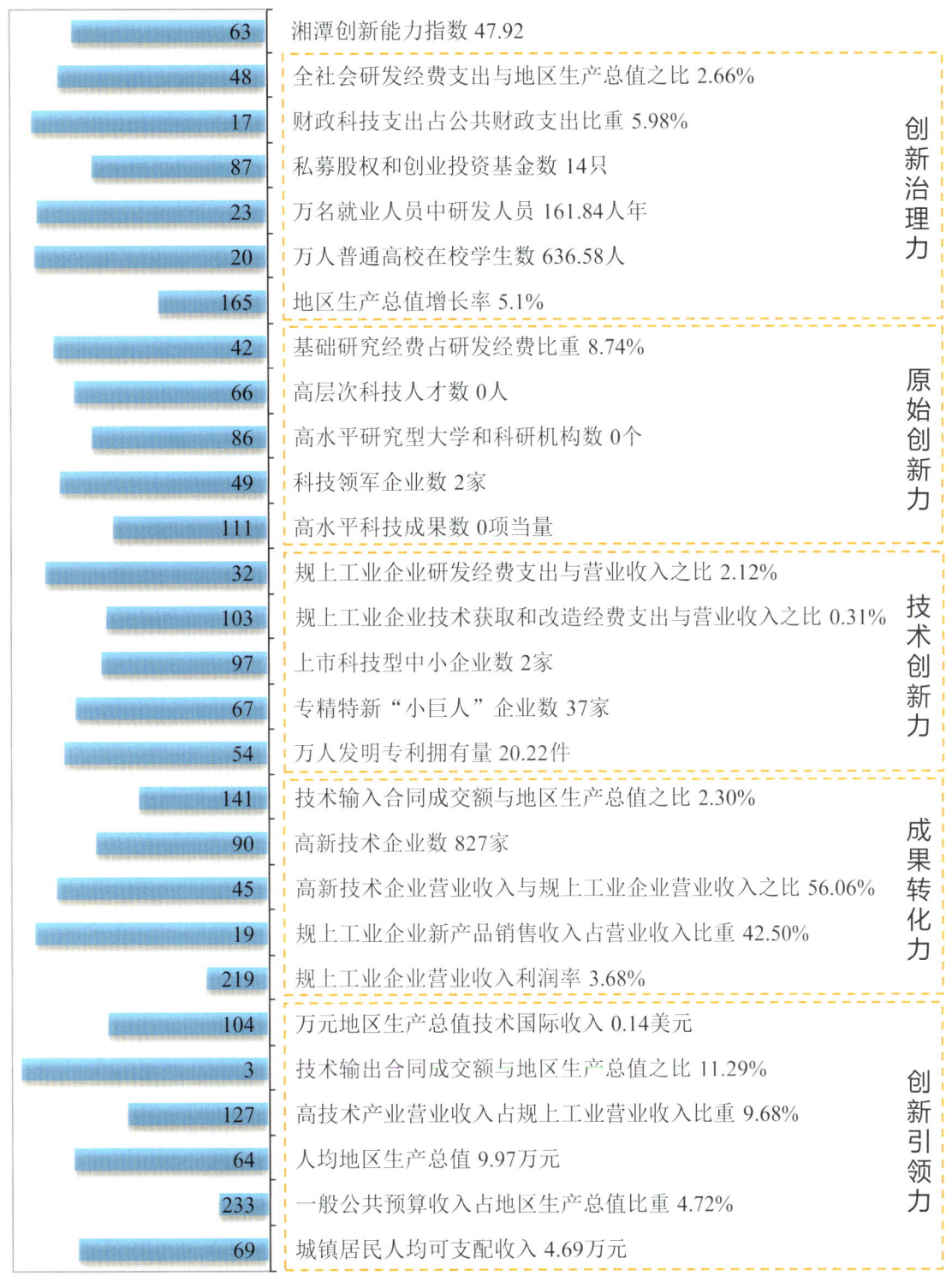

图2-138　湘潭创新能力指标数据及全国排名

(十四)滁州

2022年,滁州地区生产总值3610亿元,在全国地级及以上城市中排第90位;常住人口405万人,排第125位。规上工业企业2368家,排第49位,营业收入4709亿元,排第76位。

截至2023年,滁州有上市公司13家(居全国第67位),其中制造业、科技服务业、IT业上市公司共12家,涉及有色金属等9个行业大类、铝等12个行业小类(图2-139中括号内数据分别为该行业小类上市公司营业收入、利润率/全国平均利润率、研发强度/全国平均研发强度、代表性上市公司;受版面限制,部分行业仅展示代表性上市公司,规模较小行业不在图中展示)。从图中可以看出,铝(68亿)、氯碱(56亿)、其他食品(53亿)等行业上市公司营业收入规模较大;其他汽车零部件(15.3%)、其他食品(15.0%)、包装(7.1%)等行业利润率较高(图中底色偏红板块),其他家居(-8.1%)、纸材料包装(-1.6%)、氯碱(-0.1%)等行业出现亏损(图中底色偏蓝板块);纸材料包装(4.5%)等行业研发强度相对较高。

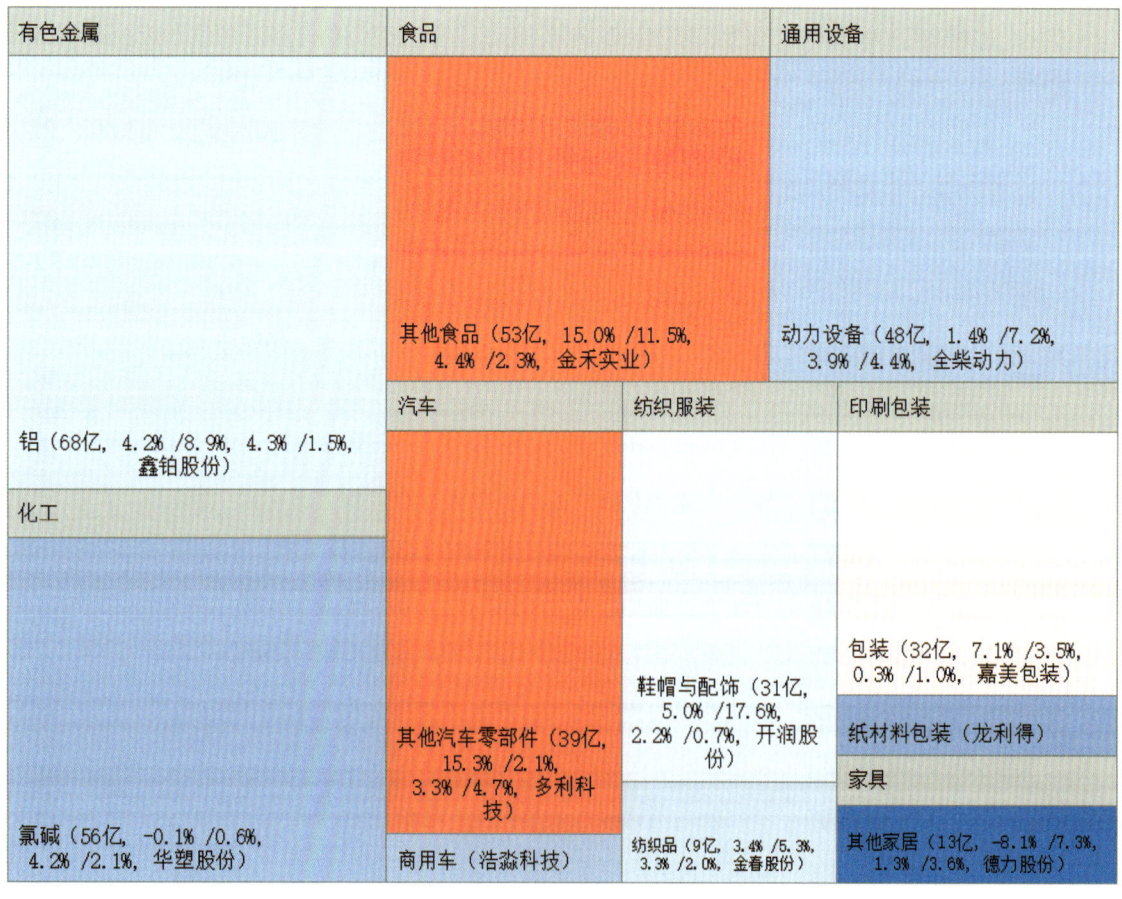

图2-139 滁州制造业、科技服务业、IT业主要上市公司有关情况

滁州创新能力指数为46.13，在全国地级及以上城市中排第69位（与上年相比上升8位），属于创新城市。从具体指标看，滁州在新产品开发、技术吸纳等方面具有相对优势，在人才培养、居民收入、企业经济效益、创新生态、经济发展新动能培育、高技术产业发展、政府财力等方面存在短板。

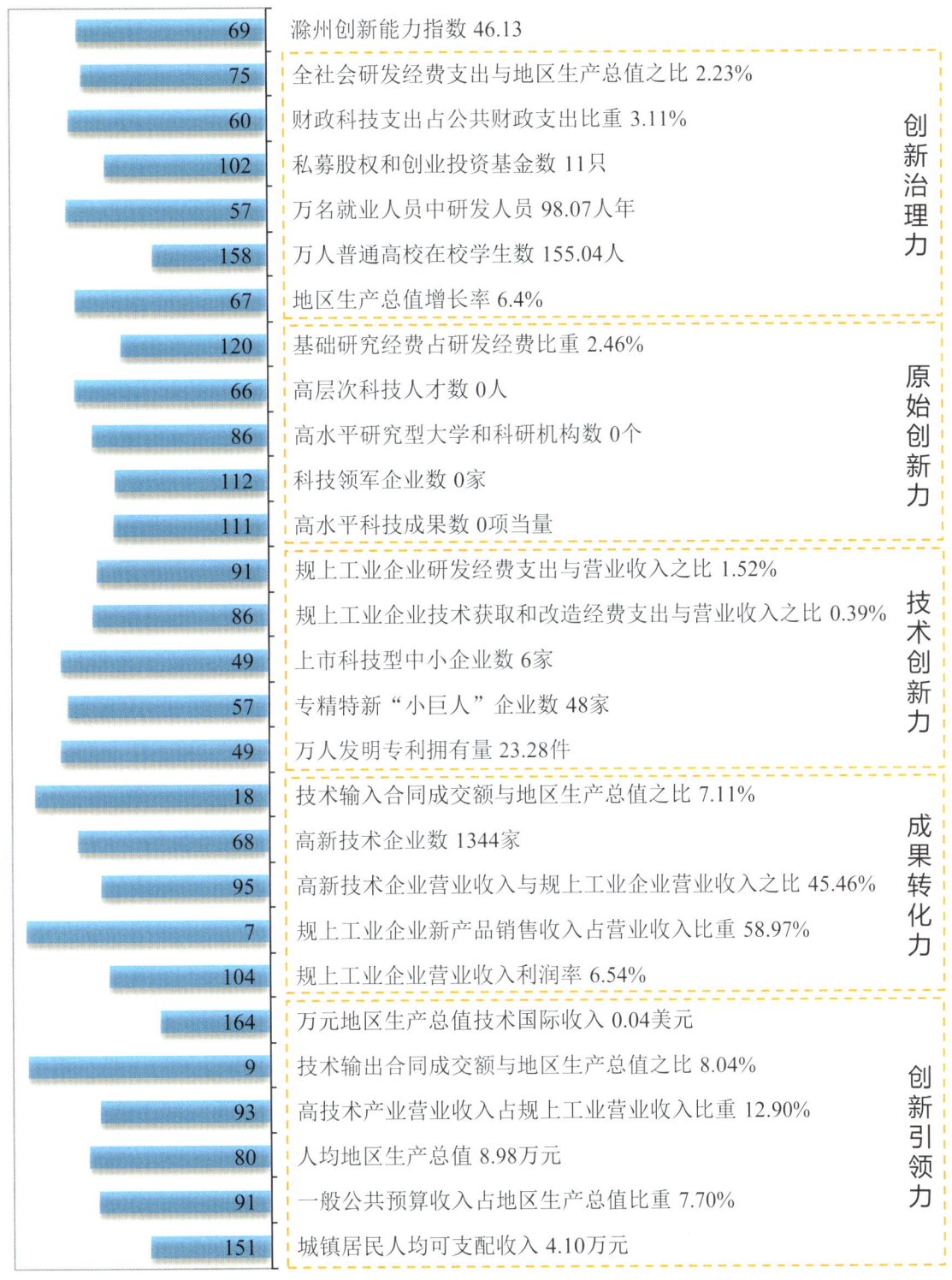

图2-140 滁州创新能力指标数据及全国排名

（十五）新乡

2022年，新乡地区生产总值3464亿元，在全国地级及以上城市中排第94位；常住人口617万人，排第63位。规上工业企业1876家，排第73位，营业收入3026亿元，排第119位。

截至2023年，新乡有上市公司10家（居全国第80位），其中制造业、科技服务业、IT业上市公司共9家，涉及化工等5个行业大类、氮肥等9个行业小类（图2-141中括号内数据分别为该行业小类上市公司营业收入、利润率/全国平均利润率、研发强度/全国平均研发强度、代表性上市公司；受版面限制，部分行业仅展示代表性上市公司，规模较小行业不在图中展示）。从图中可以看出，氮肥（233亿）、氨纶及其他（74亿）、血液制品（53亿）等行业上市公司营业收入规模较大；疫苗（41.9%）、血液制品（39.3%）、原料药（38.5%）、其他化学制品（24.9%）、氮肥（8.3%）等行业利润率较高（图中底色偏红板块），电池（-30.8%）、电池部件及材料（-22.4%）等行业出现亏损（图中底色偏蓝板块）；原料药（6.1%）、血液制品（5.3%）等行业研发强度较高。

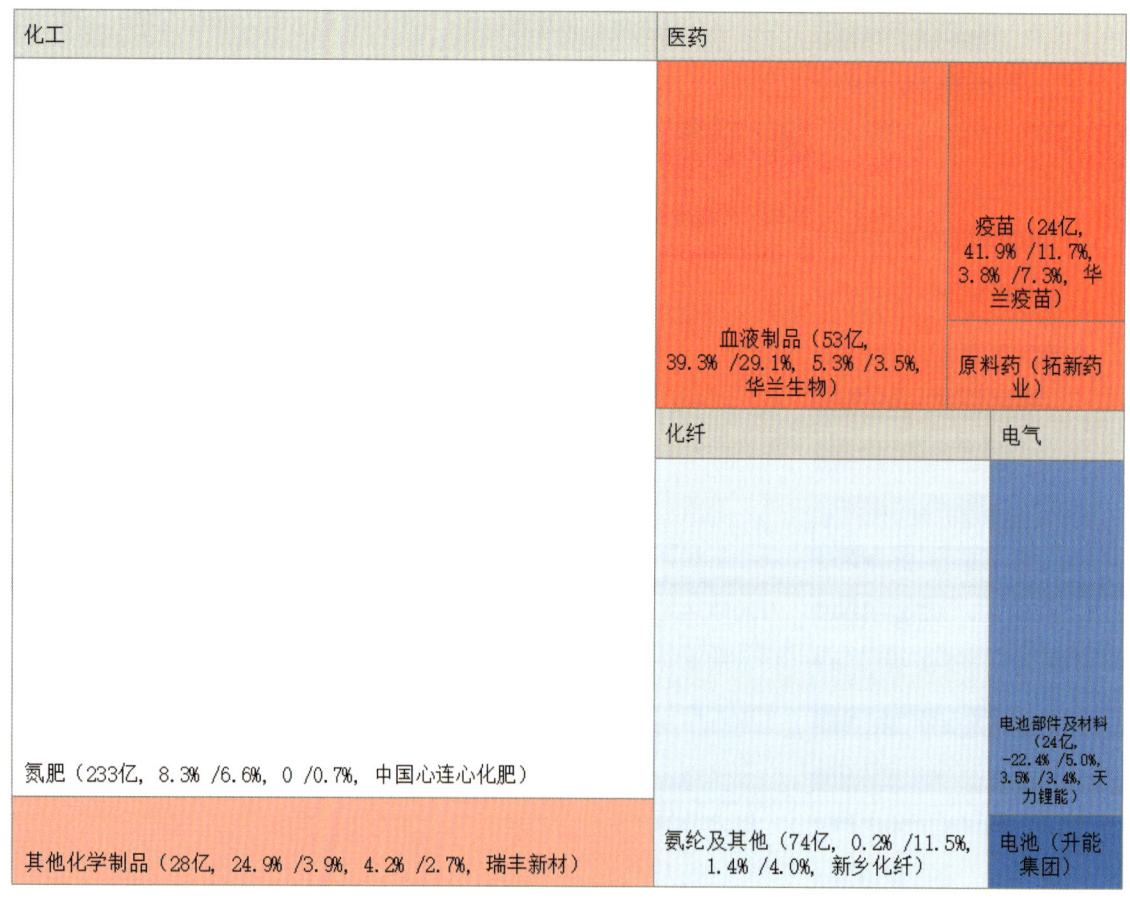

图2-141　新乡制造业、科技服务业、IT业主要上市公司有关情况

新乡创新能力指数为 43.44，在全国地级及以上城市中排第 72 位（与上年相比上升 14 位），属于创新城市。从具体指标看，新乡在企业研发投入等方面具有相对优势，在经济活力、居民收入、企业经济效益、经济发展水平、经济发展新动能培育、技术吸纳、政府财力等方面存在短板。

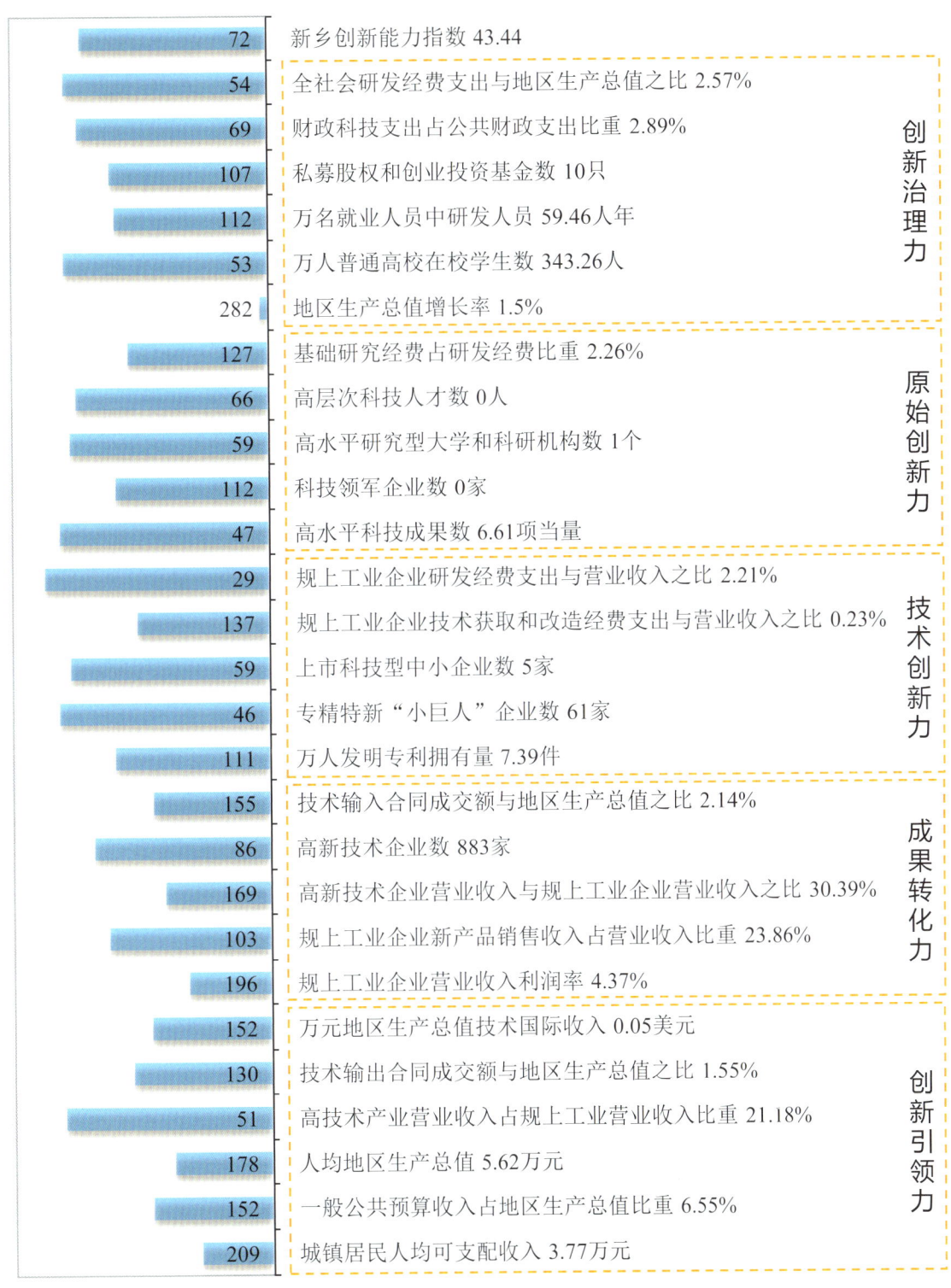

图 2-142　新乡创新能力指标数据及全国排名

（十六）赣州

2022年，赣州地区生产总值4524亿元，在全国地级及以上城市中排第63位；常住人口899万人，排第32位。规上工业企业2831家，排第38位，营业收入5389亿元，排第66位。

截至2023年，赣州有上市公司14家（居全国第64位），其中制造业、科技服务业、IT业上市公司共10家，涉及有色金属等4个行业大类、电池等8个行业小类（图2-143中括号内数据分别为该行业小类上市公司营业收入、利润率/全国平均利润率、研发强度/全国平均研发强度、代表性上市公司；受版面限制，部分行业仅展示代表性上市公司，规模较小行业不在图中展示）。从图中可以看出，电池（164亿）、稀土金属（107亿）、家具（78亿）等行业上市公司营业收入规模较大；稀土金属（10.9%）、钴镍（8.4%）、消费电子终端（8.3%）等行业利润率较高（图中底色偏红板块），电池（-13.0%）、家具（-3.8%）、印制电路板（-3.6%）等行业出现亏损（图中底色偏蓝板块）；消费电子终端（6.5%）等行业研发强度较高。

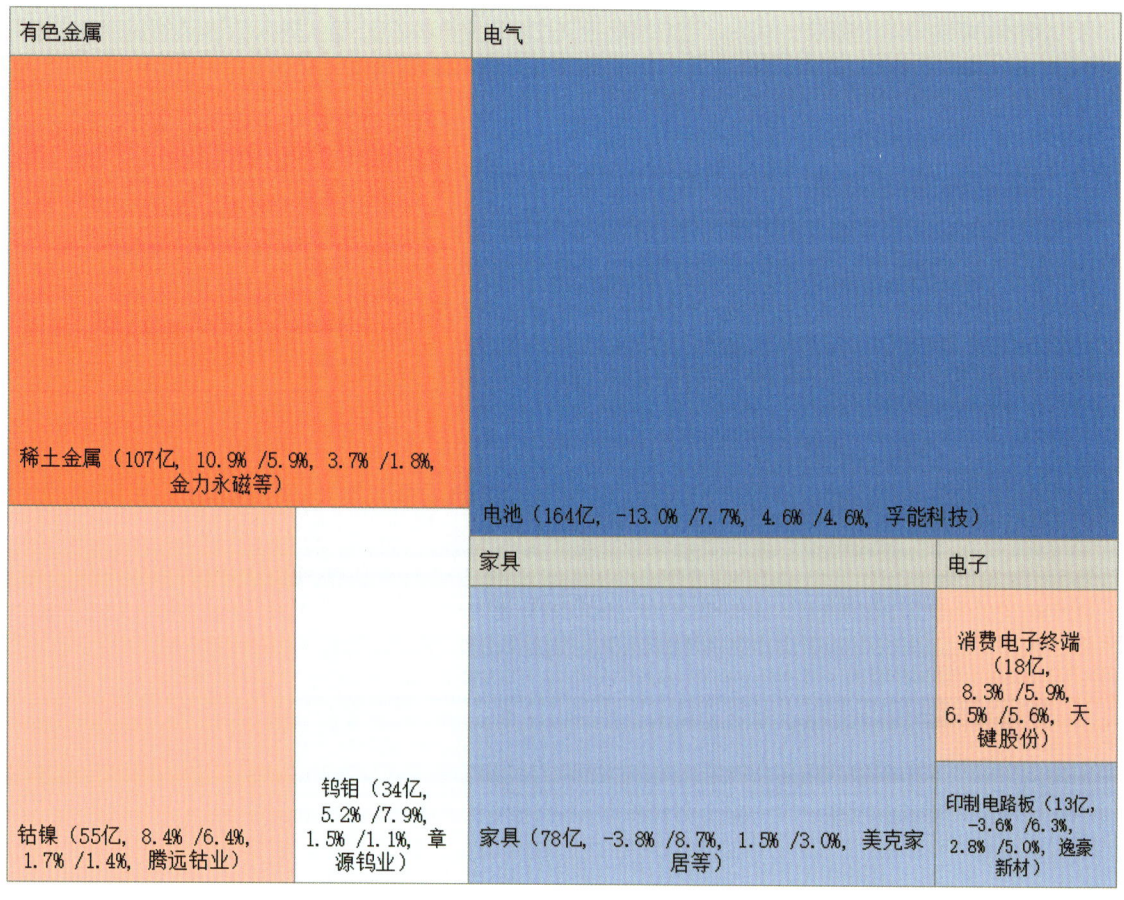

图 2-143　赣州制造业、科技服务业、IT业主要上市公司有关情况

赣州创新能力指数为42.82，在全国地级及以上城市中排第75位（与上年相比上升4位），属于创新城市。从具体指标看，赣州在上市企业培育等方面具有相对优势，在经济发展水平、研发人力投入、经济发展新动能培育、经济活力、企业研发投入、技术吸纳、政府财力等方面存在短板。

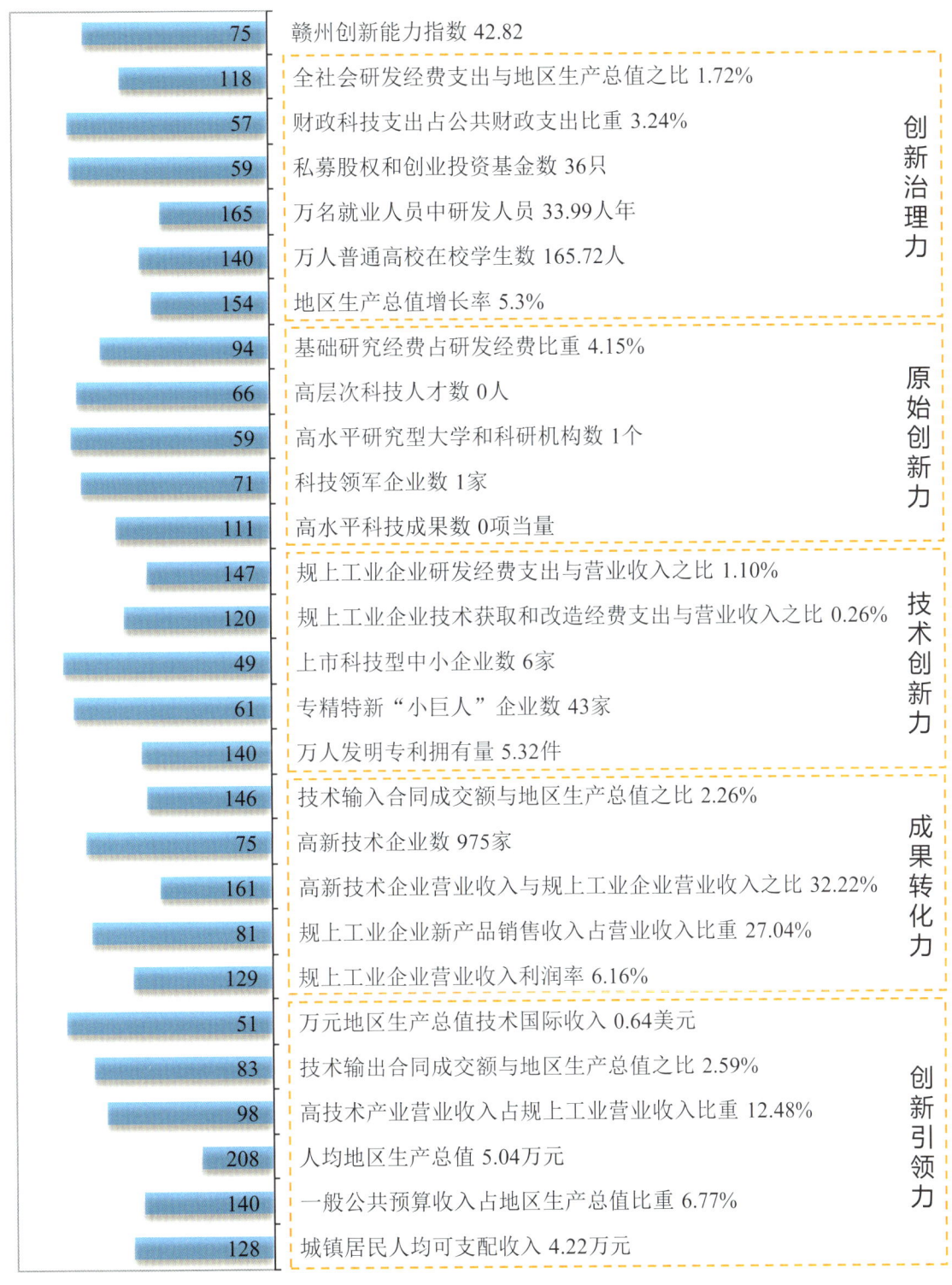

图2-144 赣州创新能力指标数据及全国排名

（十七）景德镇

2022年,景德镇地区生产总值1192亿元,在全国地级及以上城市中排第222位;常住人口162万人,排第242位。规上工业企业621家,排第176位,营业收入1359亿元,排第201位。

截至2023年,景德镇有上市公司6家(居全国第114位),其中制造业、科技服务业、IT业上市公司共6家,涉及电气等5个行业大类、家电零部件等6个行业小类(图2-145中括号内数据分别为该行业小类上市公司营业收入、利润率/全国平均利润率、研发强度/全国平均研发强度、代表性上市公司;受版面限制,部分行业仅展示代表性上市公司,规模较小行业不在图中展示)。从图中可以看出,家电零部件(129亿)、橡胶助剂(95亿)、其他化学制品(21亿)等行业上市公司营业收入规模较大;其他食品(29.9%)等行业利润率较高(图中底色偏红板块),原料药(-14.3%)、橡胶助剂(-2.4%)等行业出现亏损(图中底色偏蓝板块);原料药(6.1%)、其他食品(6.0%)等行业研发强度较高。

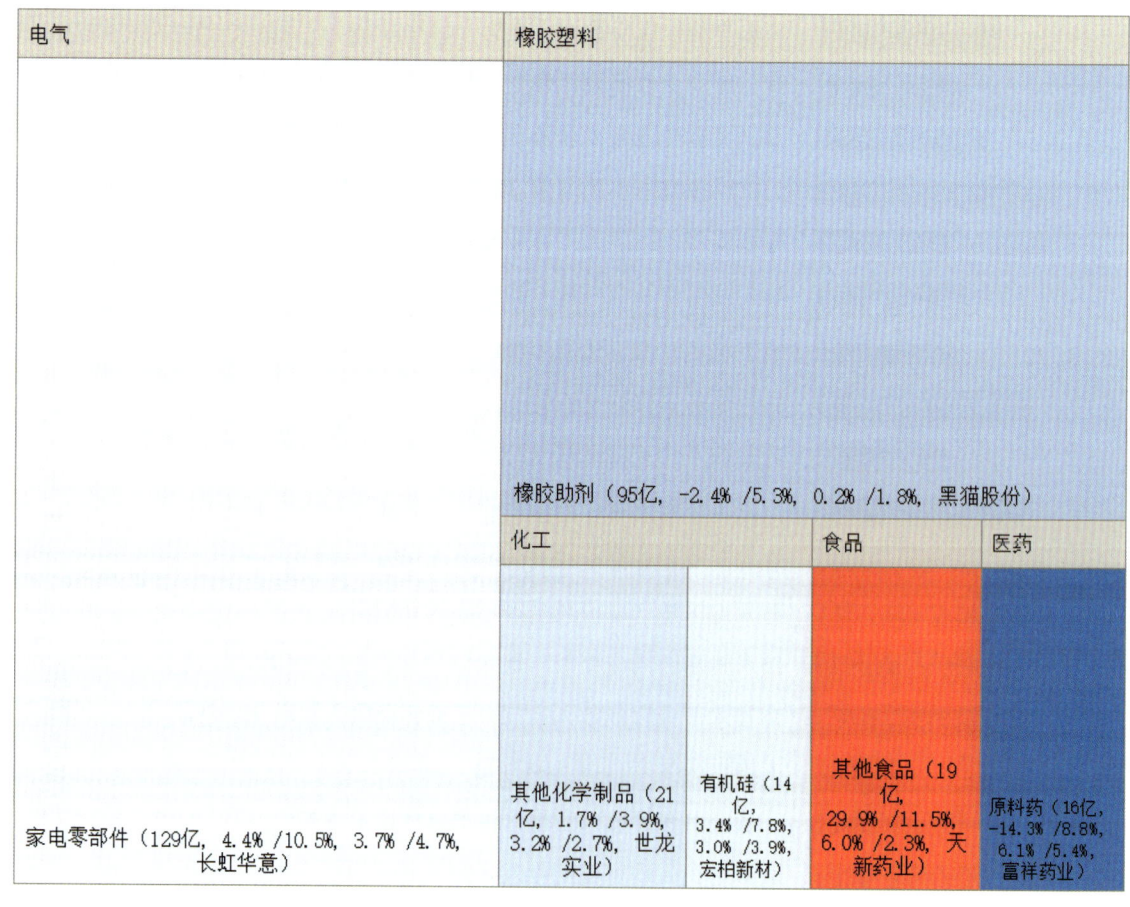

图2-145　景德镇制造业、科技服务业、IT业主要上市公司有关情况

景德镇创新能力指数为41.64，在全国地级及以上城市中排第79位（与上年相比下降1位），属于创新城市。从具体指标看，景德镇在新产品开发、技术吸纳、高技术产业发展等方面具有相对优势，在经济活力、企业技术获取和改造、高新技术企业培育、创新生态、企业经济效益、专精特新"小巨人"企业培育等方面存在短板。

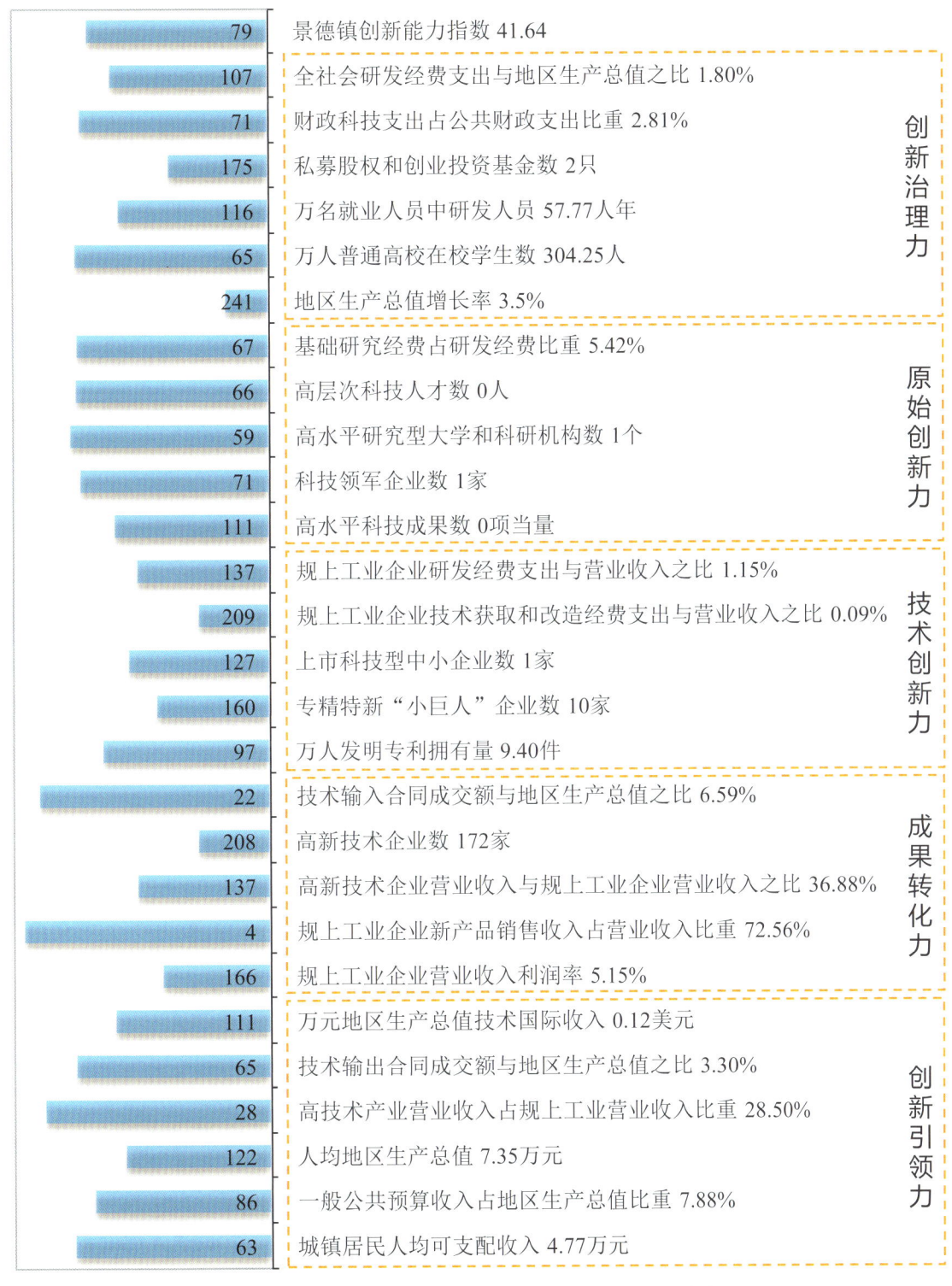

图2-146　景德镇创新能力指标数据及全国排名

（十八）铜陵

2022年，铜陵地区生产总值1210亿元，在全国地级及以上城市中排第220位；常住人口130万人，排第260位。规上工业企业621家，排第176位，营业收入2936亿元，排第121位。

截至2023年，铜陵有上市公司11家（居全国第74位），其中制造业、科技服务业、IT业上市公司共9家，涉及有色金属等5个行业大类、铜等7个行业小类（图2-147中括号内数据分别为该行业小类上市公司营业收入、利润率/全国平均利润率、研发强度/全国平均研发强度、代表性上市公司；受版面限制，部分行业仅展示代表性上市公司，规模较小行业不在图中展示）。从图中可以看出，铜（1375亿）、线缆及其他（179亿）、磷肥及磷化工（69亿）等行业上市公司营业收入规模较大；家庭用品（21.7%）等行业利润率较高（图中底色偏红板块），磷肥及磷化工（0.9%）、钛白粉（2.5%）、线缆及其他（3.1%）等行业利润率较低（图中底色偏蓝板块）；钛白粉（3.7%）、家庭用品（3.6%）等行业研发强度相对较高。

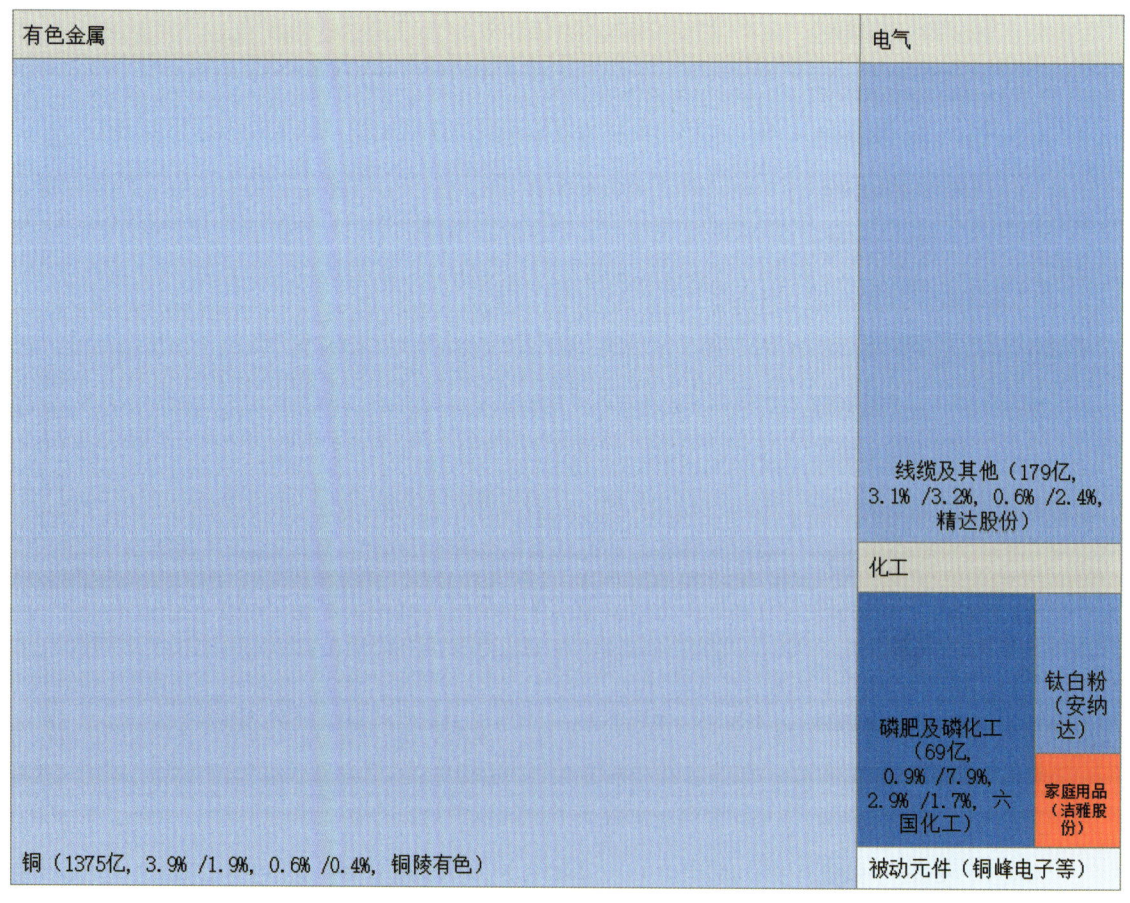

图2-147 铜陵制造业、科技服务业、IT业主要上市公司有关情况

铜陵创新能力指数为41.60，在全国地级及以上城市中排第80位（与上年相比下降8位），属于创新城市。从具体指标看，铜陵在财政科技投入、技术吸纳等方面具有相对优势，在经济发展新动能培育、企业经济效益、高技术产业发展、企业研发投入、创新生态、高新技术企业培育等方面存在短板。

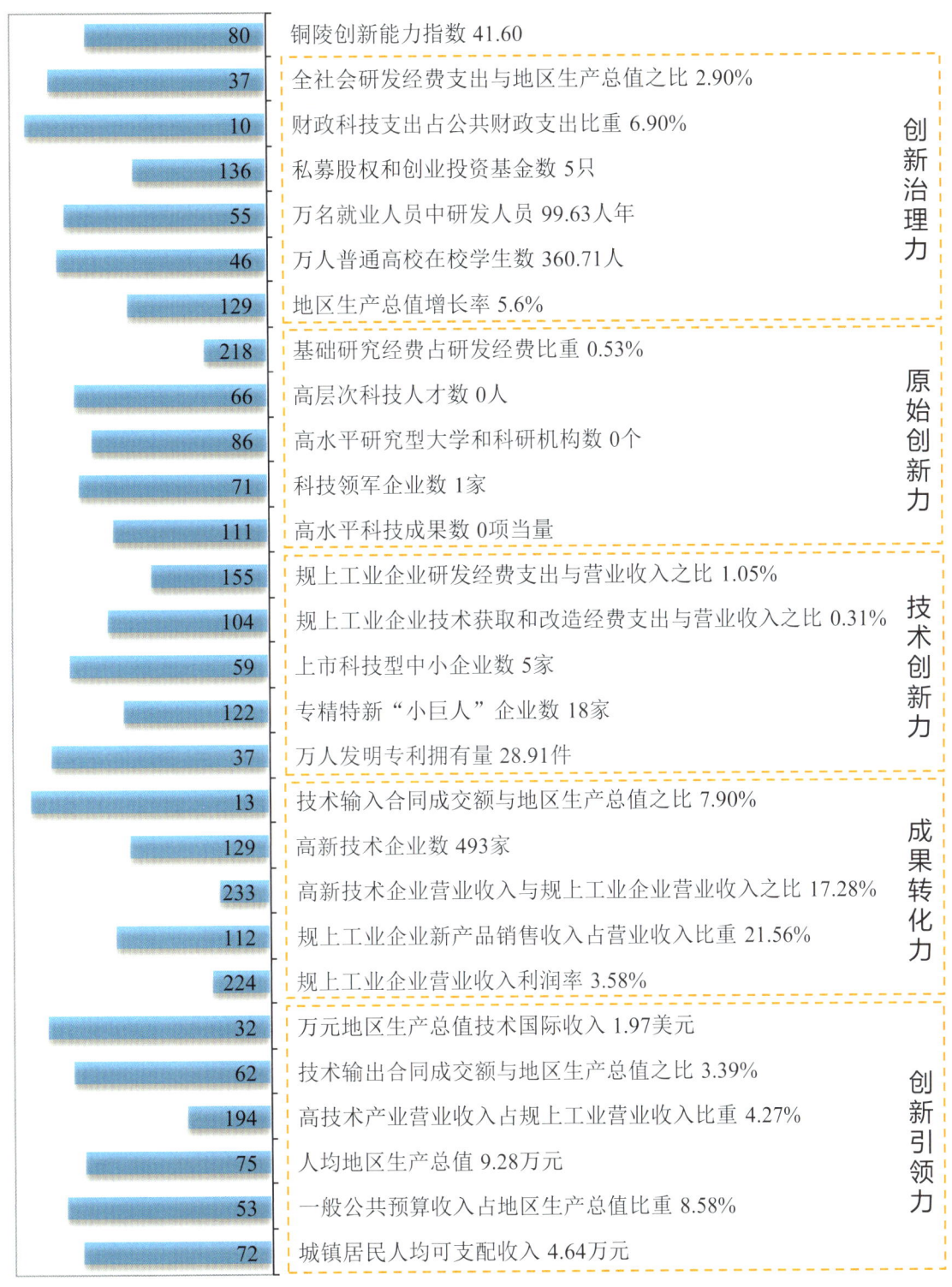

图 2-148　铜陵创新能力指标数据及全国排名

（十九）襄阳

2022年，襄阳地区生产总值5828亿元，在全国地级及以上城市中排第45位；常住人口528万人，排第84位。规上工业企业2015家，排第61位，营业收入5310亿元，排第69位。

截至2023年，襄阳有上市公司13家（居全国第67位），其中制造业、科技服务业、IT业上市公司共12家，涉及汽车等9个行业大类、电池等11个行业小类（图2-149中括号内数据分别为该行业小类上市公司营业收入、利润率/全国平均利润率、研发强度/全国平均研发强度、代表性上市公司；受版面限制，部分行业仅展示代表性上市公司，规模较小行业不在图中展示）。从图中可以看出，电池（141亿）、商用车（121亿）、胶黏剂及胶带（39亿）等行业上市公司营业收入规模较大；城轨铁路（11.0%）、胶黏剂及胶带（8.5%）、汽车系统部件（6.6%）等行业利润率较高（图中底色偏红板块），商用车（1.7%）、国防装备（2.9%）等行业利润率较低（图中底色偏蓝板块）；国防装备（7.3%）、原料药（6.7%）等行业研发强度较高。

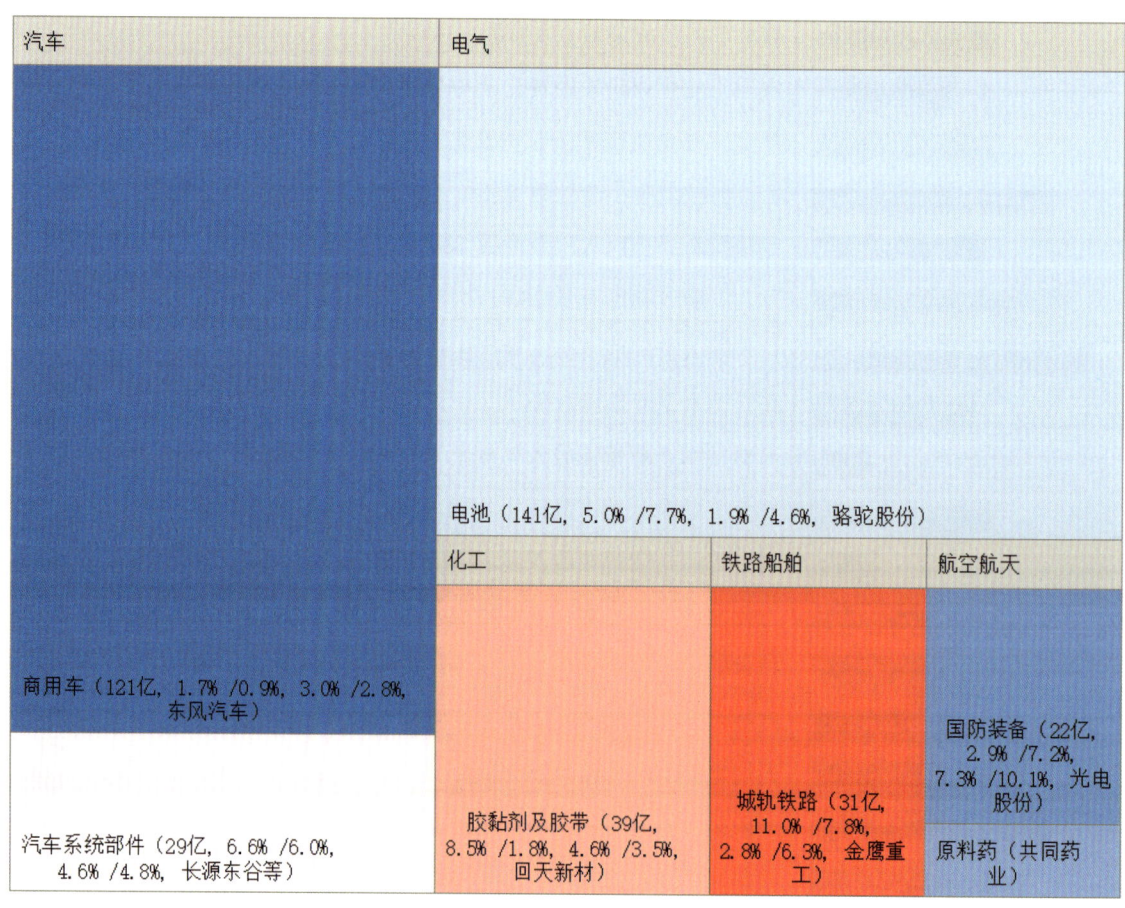

图2-149　襄阳制造业、科技服务业、IT业主要上市公司有关情况

襄阳创新能力指数为40.63，在全国地级及以上城市中排第83位（与上年相比下降3位），属于创新城市。从具体指标看，襄阳在高水平研究型大学和科研机构等方面具有相对优势，在政府财力、经济活力、企业技术获取和改造、人才培养、全社会研发投入、高技术产业发展、财政科技投入等方面存在短板。

图 2-150 襄阳创新能力指标数据及全国排名

（二十）宣城

2022年，宣城地区生产总值1914亿元，在全国地级及以上城市中排第169位；常住人口250万人，排第197位。规上工业企业2097家，排第58位，营业收入2523亿元，排第138位。

截至2023年，宣城有上市公司10家（居全国第80位），其中制造业、科技服务业、IT业上市公司共7家，涉及化工等4个行业大类、汽车系统部件等7个行业小类（图2-151中括号内数据分别为该行业小类上市公司营业收入、利润率/全国平均利润率、研发强度/全国平均研发强度、代表性上市公司；受版面限制，部分行业仅展示代表性上市公司，规模较小行业不在图中展示）。从图中可以看出，汽车系统部件（172亿）、民爆制品（89亿）、农药（59亿）等行业上市公司营业收入规模较大；农药（29.2%）、民爆制品（13.6%）、汽车系统部件（8.0%）等行业利润率较高（图中底色偏红板块），楼宇设备（-9.2%）、工程机械（-2.2%）等行业出现亏损（图中底色偏蓝板块）；农药（5.0%）等行业研发强度较高。

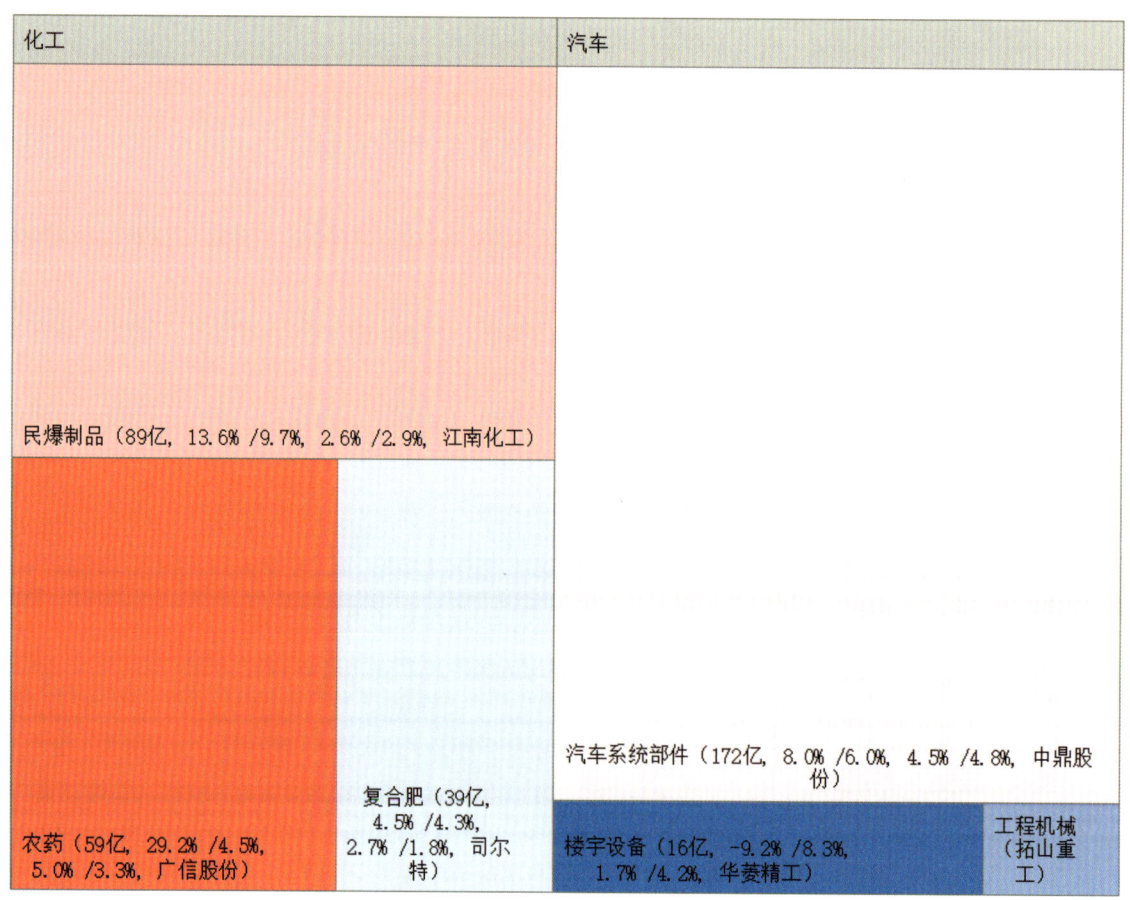

图 2-151　宣城制造业、科技服务业、IT业主要上市公司有关情况

宣城创新能力指数为40.39，在全国地级及以上城市中排第84位（与上年相比上升14位），属于创新城市。从具体指标看，宣城在技术吸纳、政府财力等方面具有相对优势，在高技术产业发展、人才培养、创新生态、企业技术获取和改造、企业经济效益、经济发展新动能培育等方面存在短板。

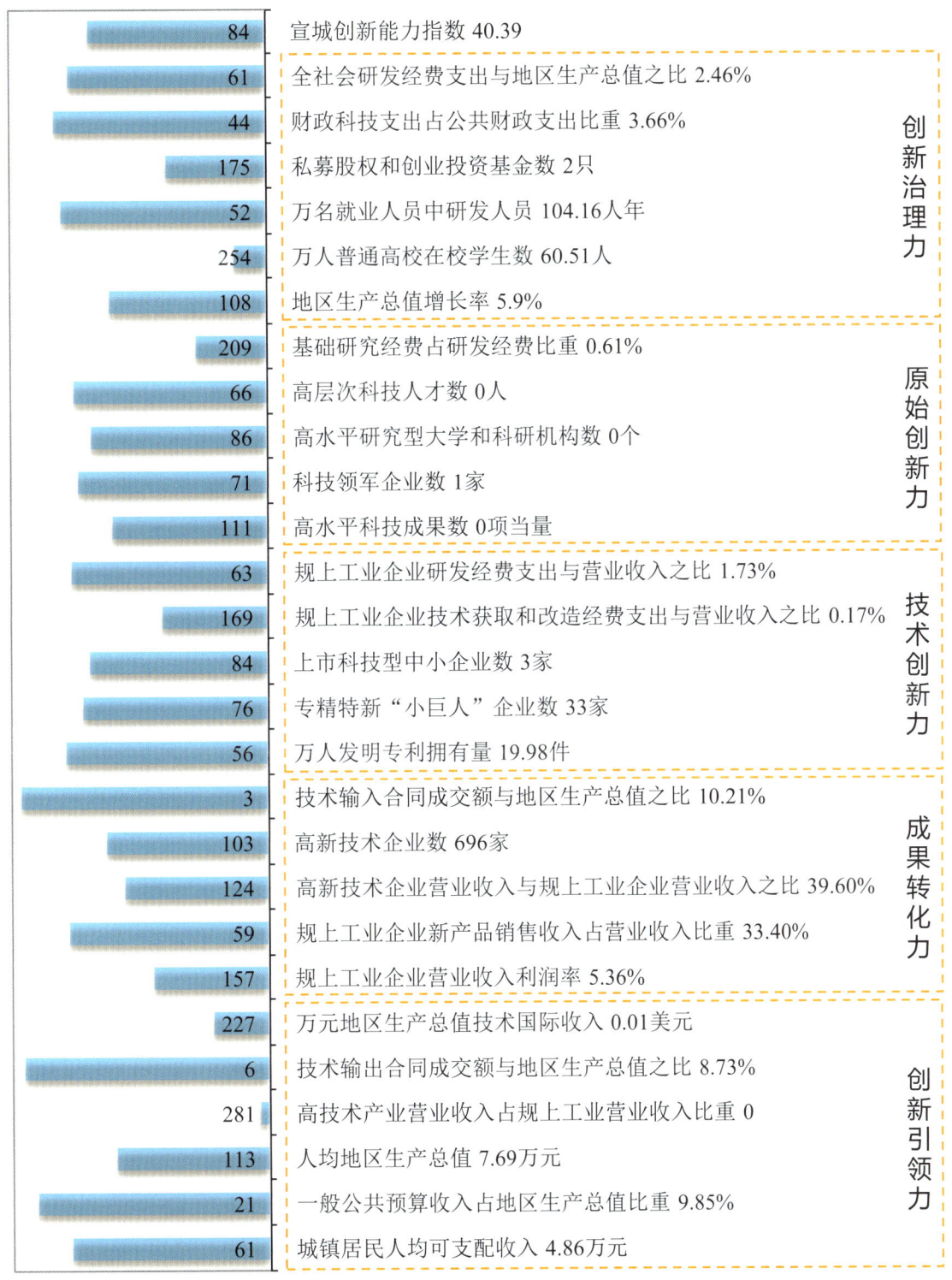

图2-152 宣城创新能力指标数据及全国排名

（二十一）黄石

2022年，黄石地区生产总值2042亿元，在全国地级及以上城市中排第159位；常住人口244万人，排第204位。规上工业企业819家，排第151位，营业收入2692亿元，排第131位。

截至2023年，黄石有上市公司7家（居全国第106位），其中制造业、科技服务业、IT业上市公司共7家，涉及钢铁等7个行业大类、特钢等7个行业小类（图2-153中括号内数据分别为该行业小类上市公司营业收入、利润率/全国平均利润率、研发强度/全国平均研发强度、代表性上市公司；受版面限制，部分行业仅展示代表性上市公司，规模较小行业不在图中展示）。从图中可以看出，特钢（1140亿）、消费电子终端（612亿）、水泥与混凝土（338亿）等行业上市公司营业收入规模较大；水泥与混凝土（12.9%）、无机盐（11.6%）等行业利润率较高（图中底色偏红板块），消费电子终端（3.2%）、气液设备（3.5%）等行业利润率较低（图中底色偏蓝板块）；特钢（3.9%）等行业研发强度相对较高。

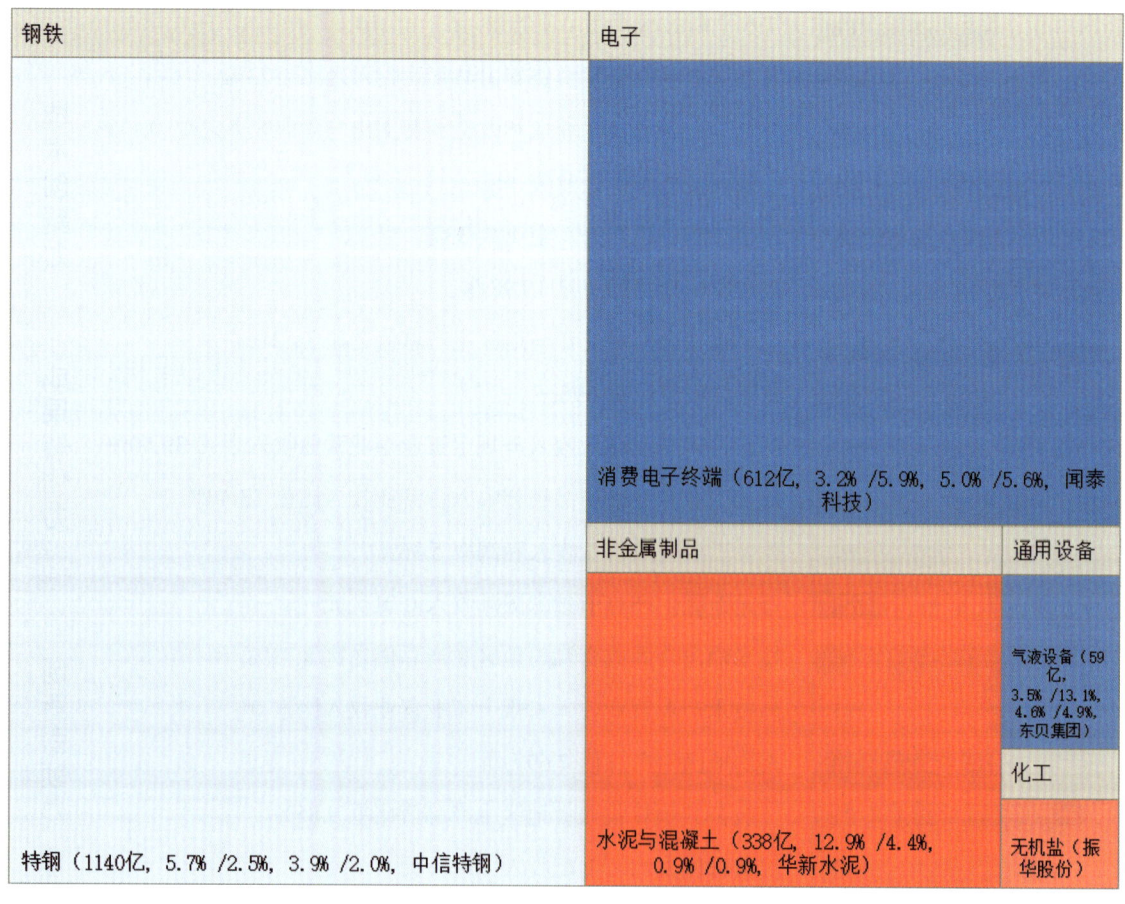

图 2-153　黄石制造业、科技服务业、IT业主要上市公司有关情况

黄石创新能力指数为40.31，在全国地级及以上城市中排第87位（与上年相比上升3位），属于创新城市。从具体指标看，黄石在企业技术获取和改造等方面具有相对优势，在高技术产业发展、创新生态、政府财力、企业研发投入、专利产出、上市企业培育等方面存在短板。

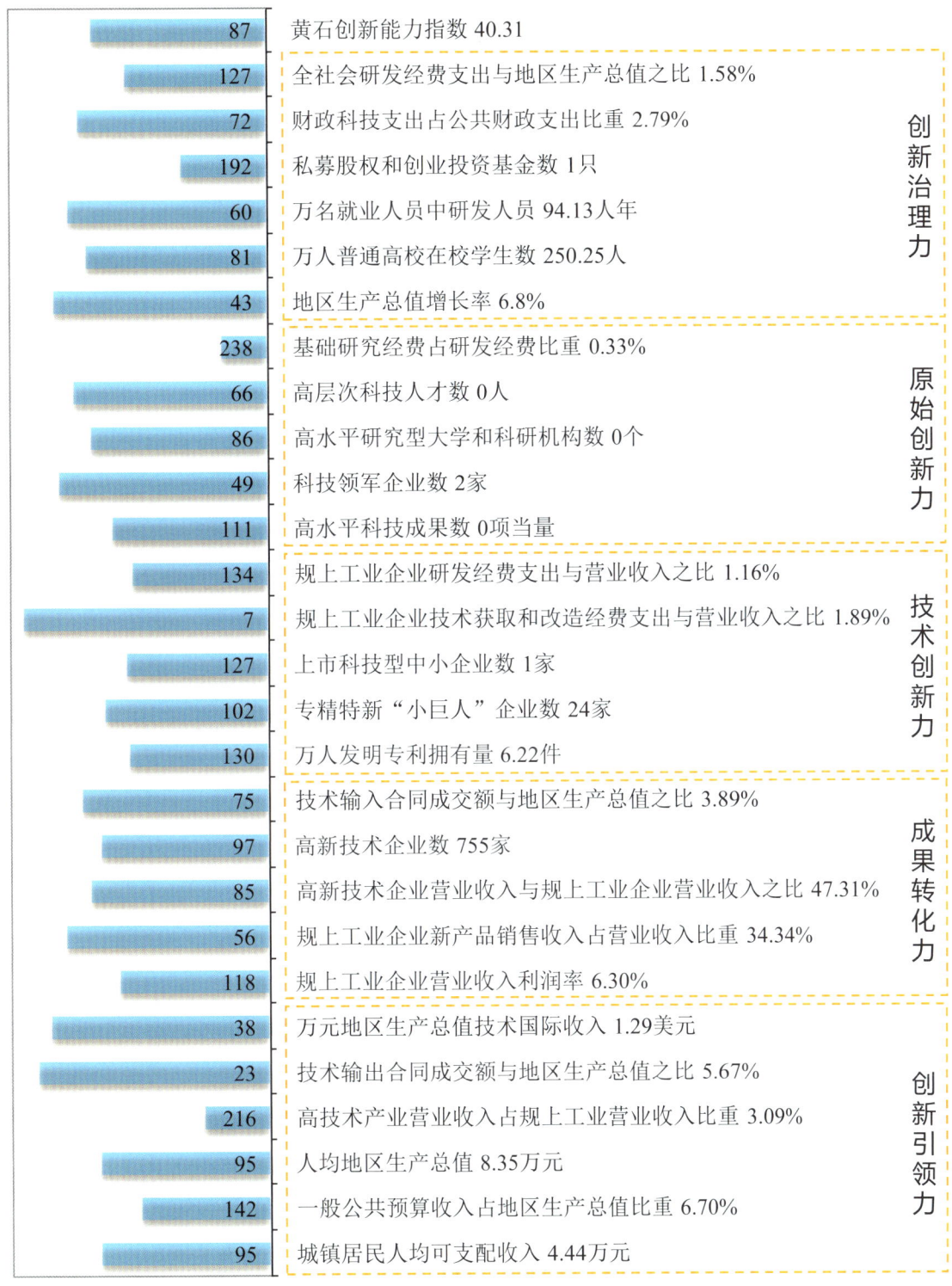

图2-154　黄石创新能力指标数据及全国排名

（二十二）新余

2022年，新余地区生产总值1252亿元，在全国地级及以上城市中排第216位；常住人口120万人，排第266位。规上工业企业594家，排第183位，营业收入2057亿元，排第159位。

截至2023年，新余有上市公司6家（居全国第114位），其中制造业、科技服务业、IT业上市公司共6家，涉及钢铁等5个行业大类、普钢等6个行业小类（图2-155中括号内数据分别为该行业小类上市公司营业收入、利润率/全国平均利润率、研发强度/全国平均研发强度、代表性上市公司；受版面限制，部分行业仅展示代表性上市公司，规模较小行业不在图中展示）。从图中可以看出，普钢（711亿）、锂（330亿）等行业上市公司营业收入规模较大；锂（15.8%）等行业利润率较高（图中底色偏红板块），普钢（0.8%）、面板（2.0%）等行业利润率较低（图中底色偏蓝板块）；电脑与外设（4.4%）、锂（3.8%）等行业研发强度相对较高。

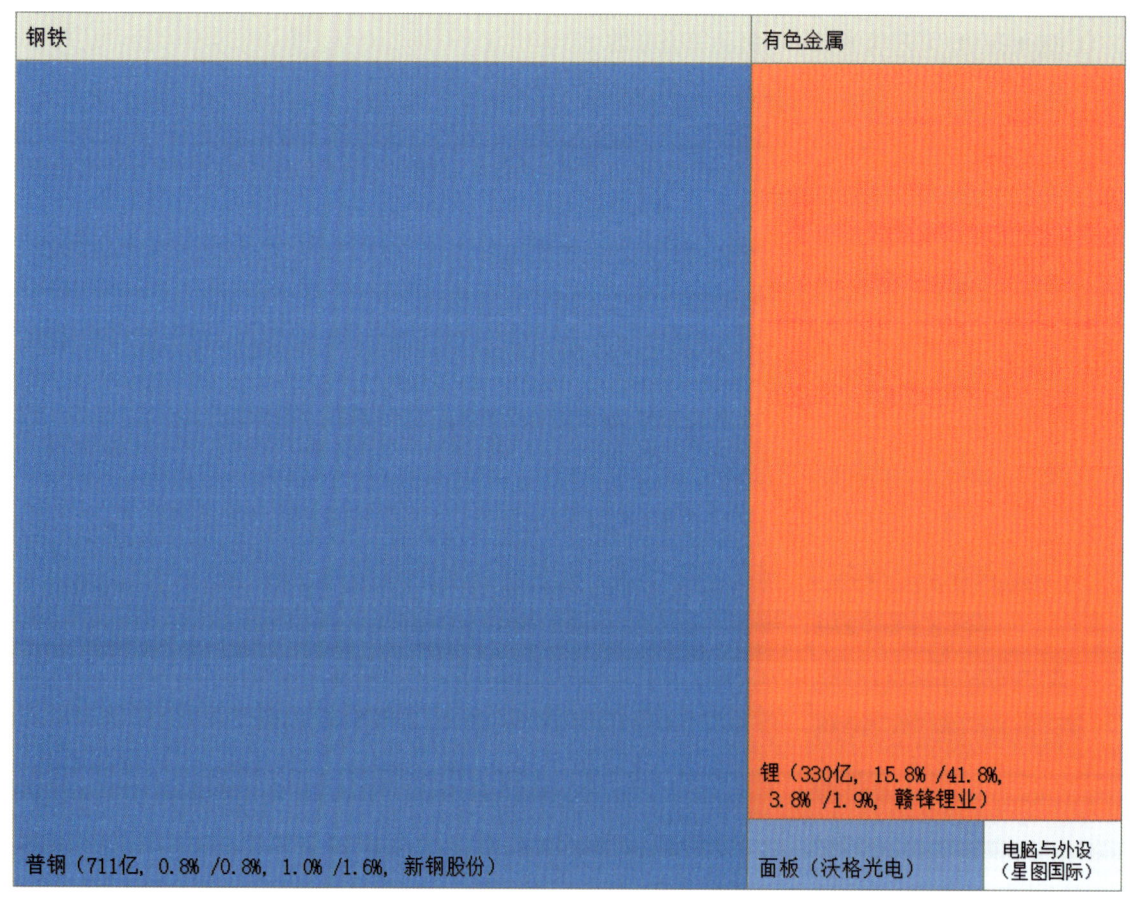

图 2-155　新余制造业、科技服务业、IT业主要上市公司有关情况

新余创新能力指数为40.23，在全国地级及以上城市中排第88位（与上年相比下降3位），属于创新城市。从具体指标看，新余在高技术产业发展、新产品开发、企业技术获取和改造等方面具有相对优势，在经济活力、高新技术企业培育、企业研发投入、专精特新"小巨人"企业培育、专利产出、人才培养等方面存在短板。

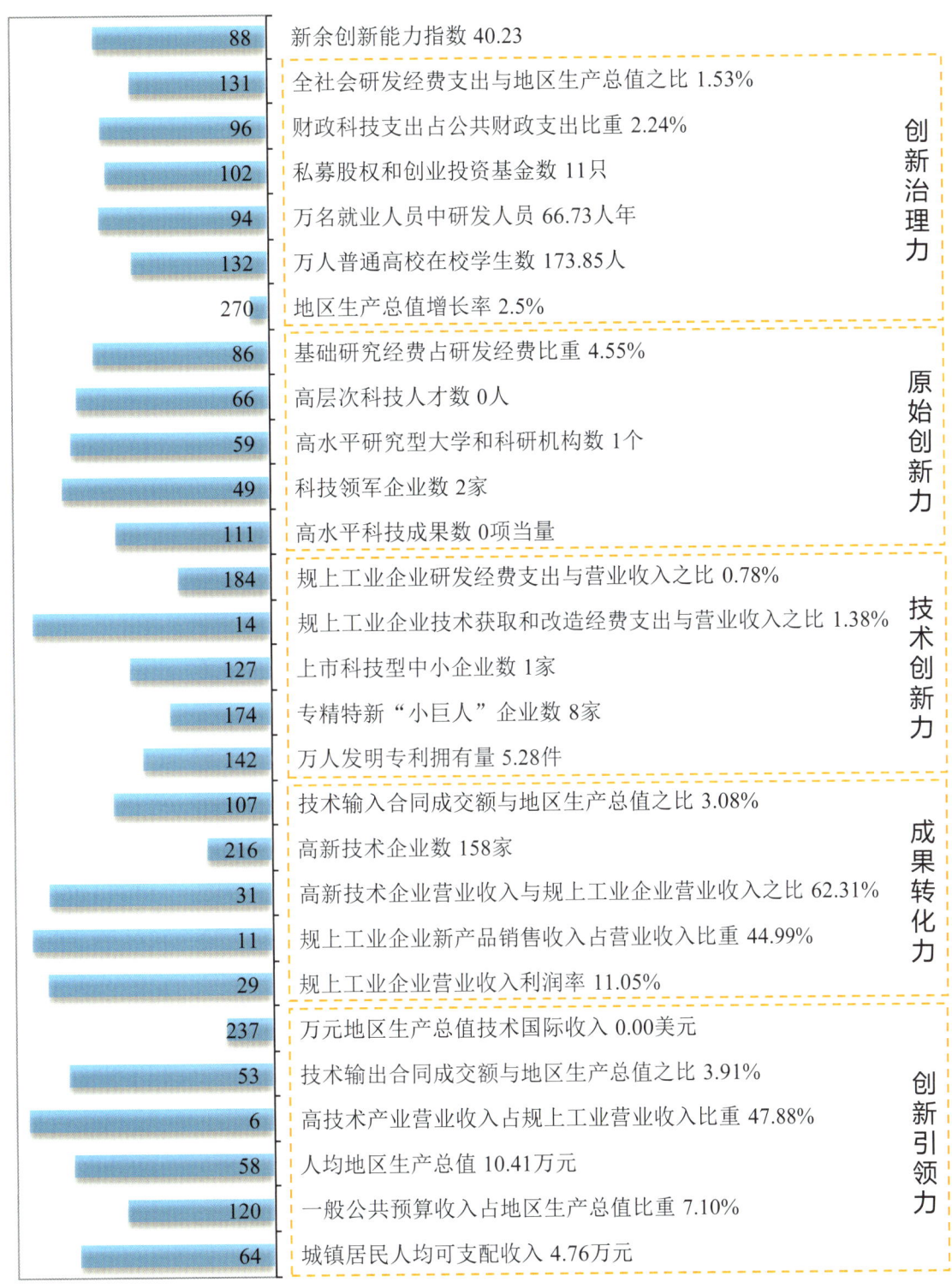

图2-156 新余创新能力指标数据及全国排名

（二十三）衡阳

2022年，衡阳地区生产总值4090亿元，在全国地级及以上城市中排第72位；常住人口658万人，排第57位。规上工业企业1389家，排第100位，营业收入2043亿元，排第160位。

截至2023年，衡阳有上市公司5家（居全国第124位），其中制造业、科技服务业、IT业上市公司共4家，涉及汽车等3个行业大类、汽车系统部件等3个行业小类（图2-157中括号内数据分别为该行业小类上市公司营业收入、利润率/全国平均利润率、研发强度/全国平均研发强度、代表性上市公司；受版面限制，部分行业仅展示代表性上市公司，规模较小行业不在图中展示）。从图中可以看出，汽车系统部件（24亿）等行业上市公司营业收入规模较大；汽车系统部件（10.1%）等行业利润率较高（图中底色偏红板块），电池（-96.6%）等行业出现亏损（图中底色偏蓝板块）；电池（16.1%）、汽车系统部件（5.4%）等行业研发强度较高。

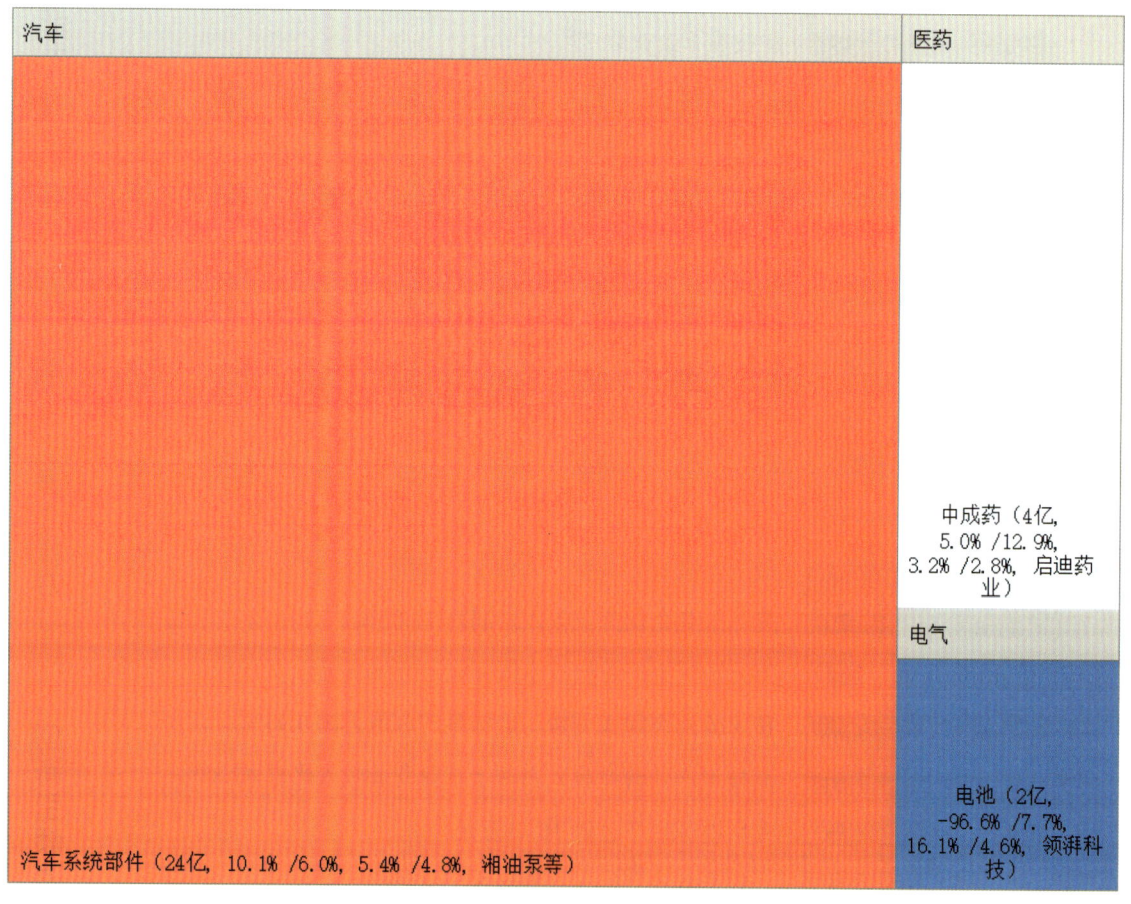

图 2-157　衡阳制造业、科技服务业、IT业主要上市公司有关情况

衡阳创新能力指数为 39.97,在全国地级及以上城市中排第 89 位(与上年相比上升 7 位),属于创新城市。从具体指标看,衡阳在企业研发投入等方面具有相对优势,在政府财力、企业经济效益、经济发展水平、经济活力、技术吸纳、专利产出、创新生态等方面存在短板。

图 2-158　衡阳创新能力指标数据及全国排名

三、西部地区

（一）西安

2022年，西安地区生产总值11487亿元，在全国地级及以上城市中排第22位；常住人口1300万人，排第9位。规上工业企业1799家，排第76位，营业收入9496亿元，排第30位。

截至2023年，西安有上市公司74家（居全国第20位），其中制造业、科技服务业、IT业上市公司共47家，涉及电气等13个行业大类、光伏产品等34个行业小类（图2-159中括号内数据分别为该行业小类上市公司营业收入、利润率/全国平均利润率、研发强度/全国平均研发强度、代表性上市公司；受版面限制，部分行业仅展示代表性上市公司，规模较小行业不在图中展示）。从图中可以看出，光伏产品（1295亿）、航空（868亿）等行业上市公司营业收入规模较大；其他生物药品（47.8%）、钨钼（35.8%）、钛（15.9%）、水泥与混凝土（10.6%）等行业利润率较高（图中底色偏红板块），航空（4.2%）等行业利润率较低（图中底色偏蓝板块）；钛（7.0%）等行业研发强度较高。

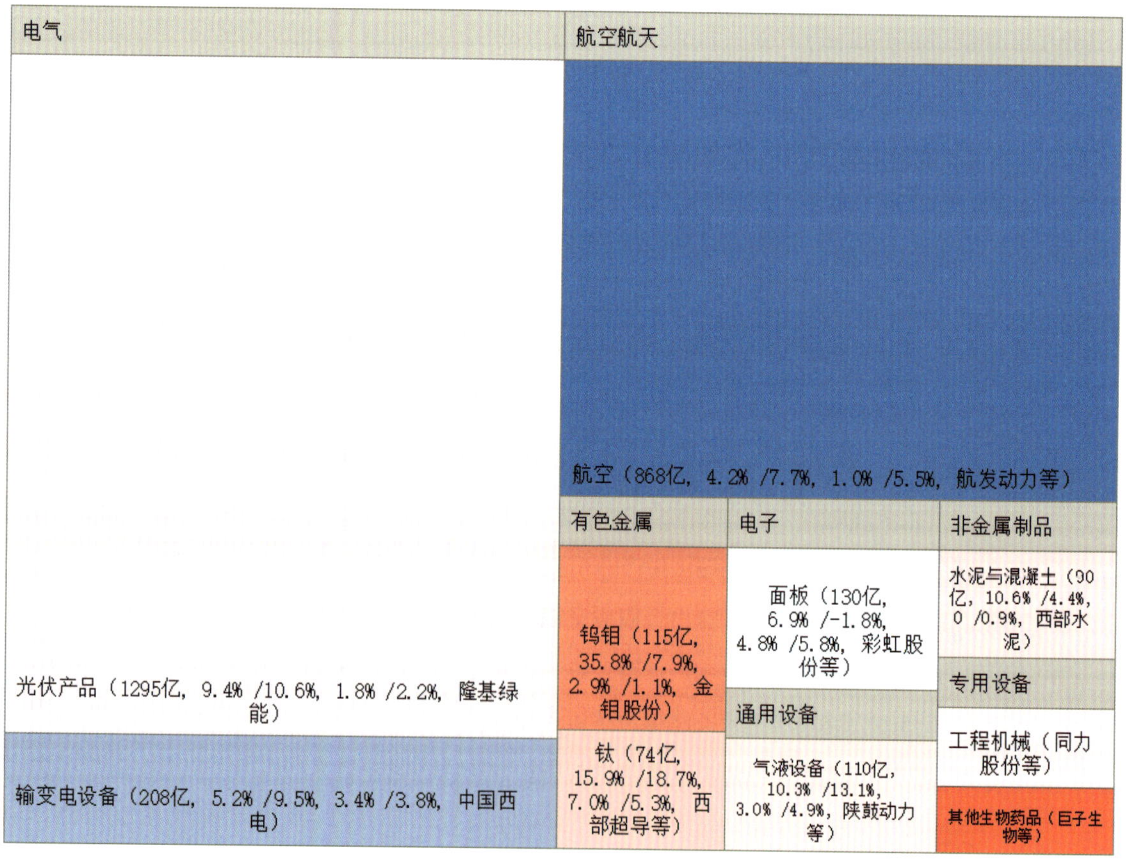

图2-159 西安制造业、科技服务业、IT业主要上市公司有关情况

西安创新能力指数为 75.10，在全国地级及以上城市中排第 7 位（与上年相比上升 1 位），属于科技强市。从具体指标看，西安在技术输出、高水平研究型大学和科研机构、全社会研发投入、高水平科技成果产出等方面优势突出，在经济活力、企业经济效益、企业技术获取和改造、政府财力、经济发展水平、新产品开发等方面存在短板。

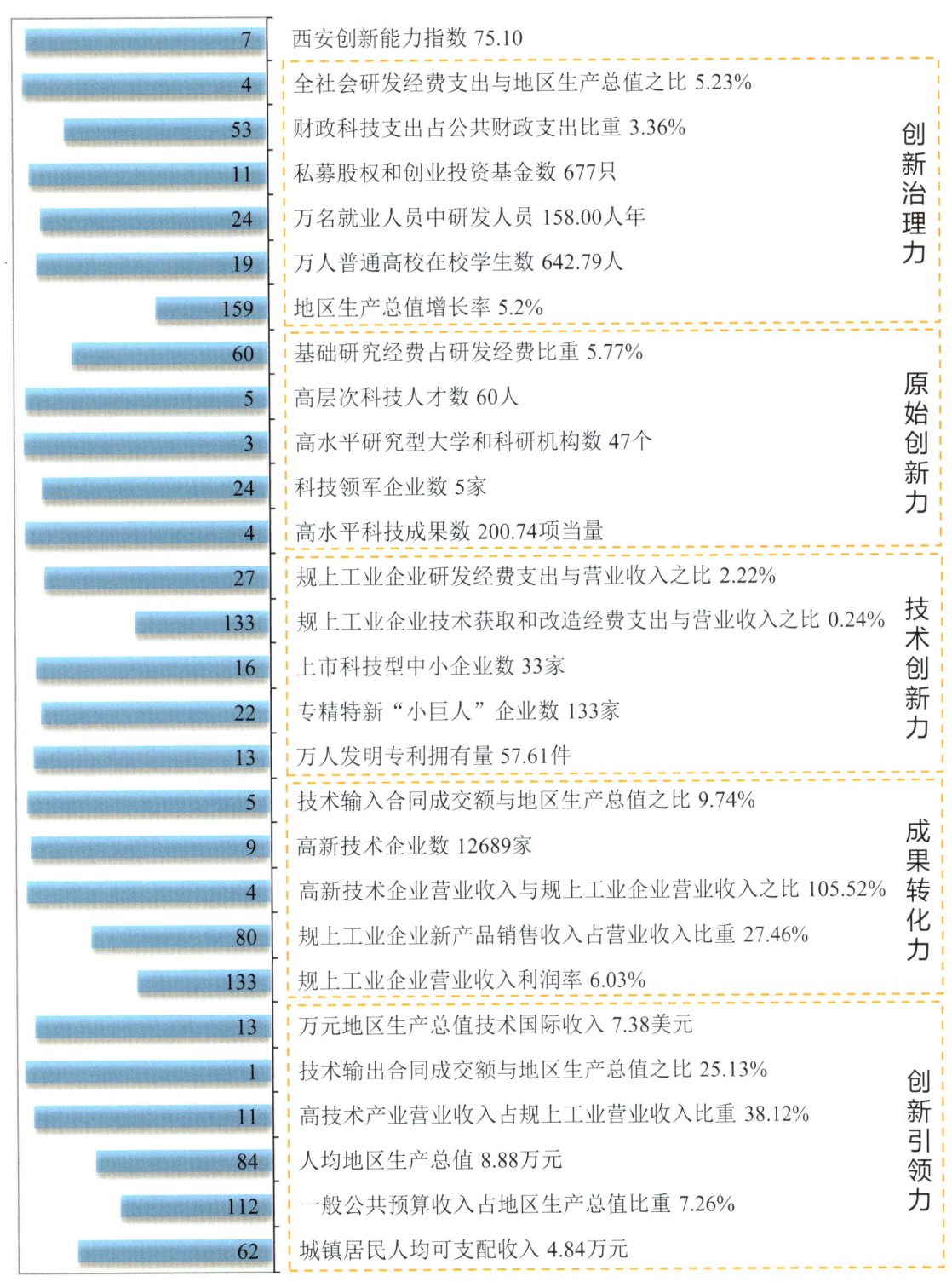

图 2-160　西安创新能力指标数据及全国排名

（二）成都

2022年，成都地区生产总值20818亿元，在全国地级及以上城市中排第7位；常住人口2127万人，排第4位。规上工业企业4391家，排第22位，营业收入19042亿元，排第13位。

截至2023年，成都有上市公司144家（居全国第8位），其中制造业、科技服务业、IT业上市公司共99家，涉及电气等19个行业大类、光伏产品等51个行业小类（图2-161中括号内数据分别为该行业小类上市公司营业收入、利润率/全国平均利润率、研发强度/全国平均研发强度、代表性上市公司；受版面限制，部分行业仅展示代表性上市公司，规模较小行业不在图中展示）。从图中可以看出，光伏产品（1391亿）、其他发电设备（596亿）、药品制剂（273亿）等行业上市公司营业收入规模较大；白酒（34.3%）、软饮料（23.9%）、光伏产品（16.0%）等行业利润率较高（图中底色偏红板块），采矿冶金设备（-7.5%）等行业出现亏损（图中底色偏蓝板块）；其他生物药品（23.9%）、药品制剂（11.9%）、医疗器械（9.3%）等行业研发强度较高。

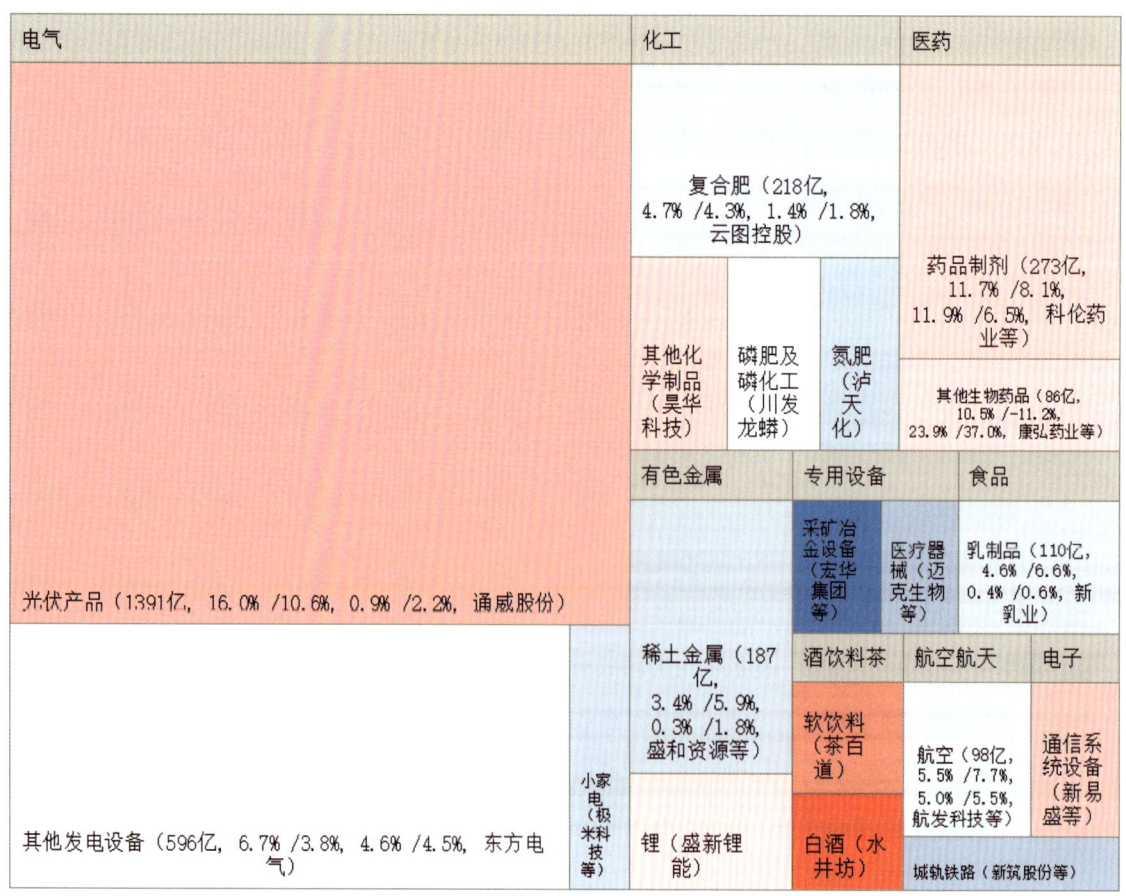

图2-161　成都制造业、科技服务业、IT业主要上市公司有关情况

成都创新能力指数为 69.40，在全国地级及以上城市中排第 11 位（与上年相比上升 3 位），属于科技强市。从具体指标看，成都在高水平研究型大学和科研机构、国际技术输出、上市企业培育、高新技术企业培育、创新生态等方面优势突出，在新产品开发、企业技术获取和改造、企业研发投入、企业经济效益、经济活力等方面存在短板。

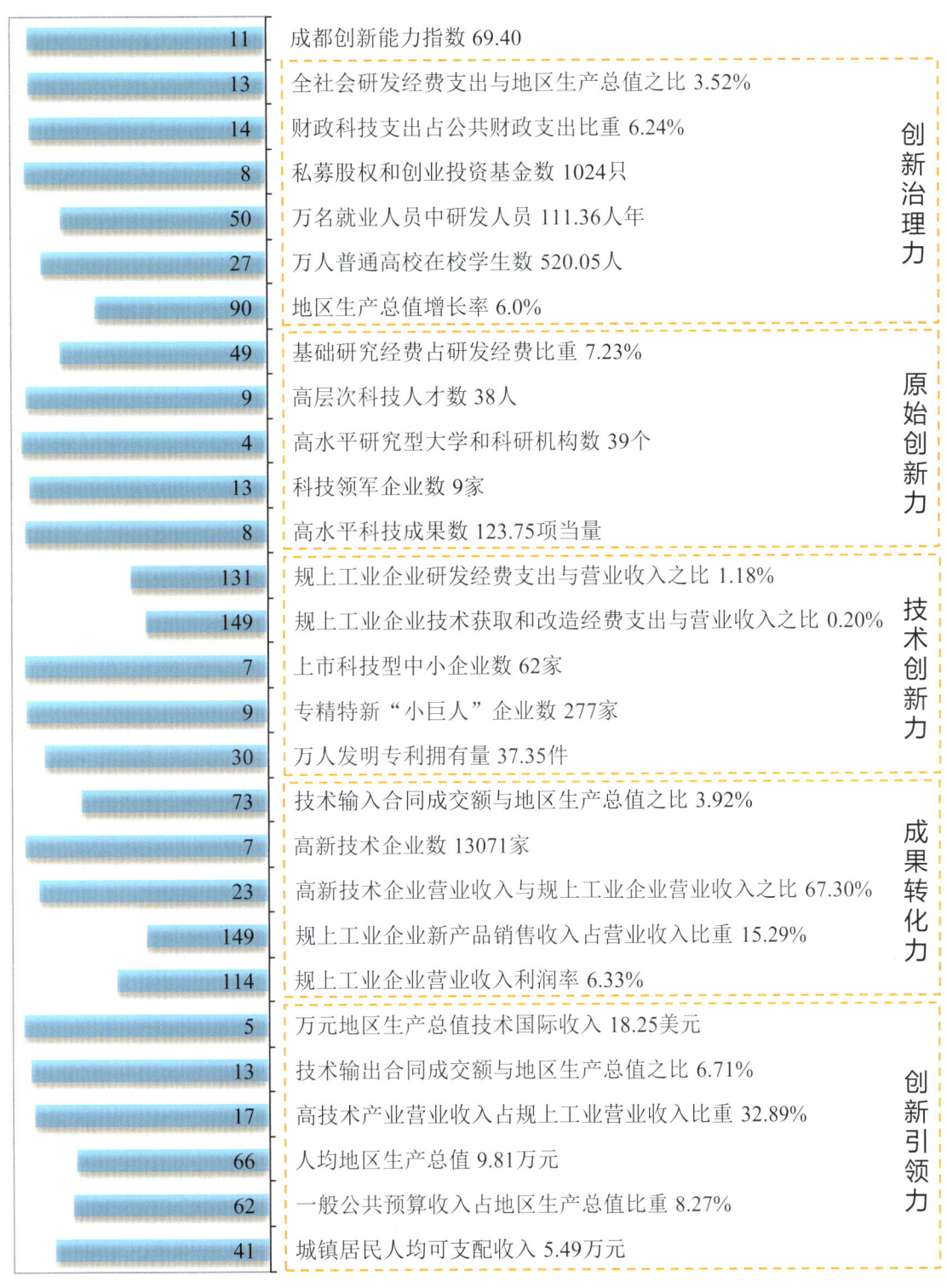

图 2-162　成都创新能力指标数据及全国排名

（三）重庆

2022 年，重庆地区生产总值 29129 亿元，在全国地级及以上城市中排第 4 位；常住人口 3213 万人，排第 1 位。规上工业企业 7617 家，排第 9 位，营业收入 27166 亿元，排第 6 位。

截至 2023 年，重庆有上市公司 87 家（居全国第 14 位），其中制造业、科技服务业、IT 业上市公司共 52 家，涉及汽车等 13 个行业大类、乘用车等 35 个行业小类（图 2-163 中括号内数据分别为该行业小类上市公司营业收入、利润率/全国平均利润率、研发强度/全国平均研发强度、代表性上市公司；受版面限制，部分行业仅展示代表性上市公司，规模较小行业不在图中展示）。从图中可以看出，乘用车（1871 亿）、疫苗（529 亿）、普钢（393 亿）等行业上市公司营业收入规模较大；啤酒（22.6%）、疫苗（17.7%）、仪器仪表（10.9%）、农药（8.0%）、玻璃纤维（7.7%）等行业利润率较高（图中底色偏红板块），普钢（-4.5%）等行业出现亏损（图中底色偏蓝板块）；仪器仪表（7.1%）、其他汽车零部件（5.1%）等行业研发强度较高。

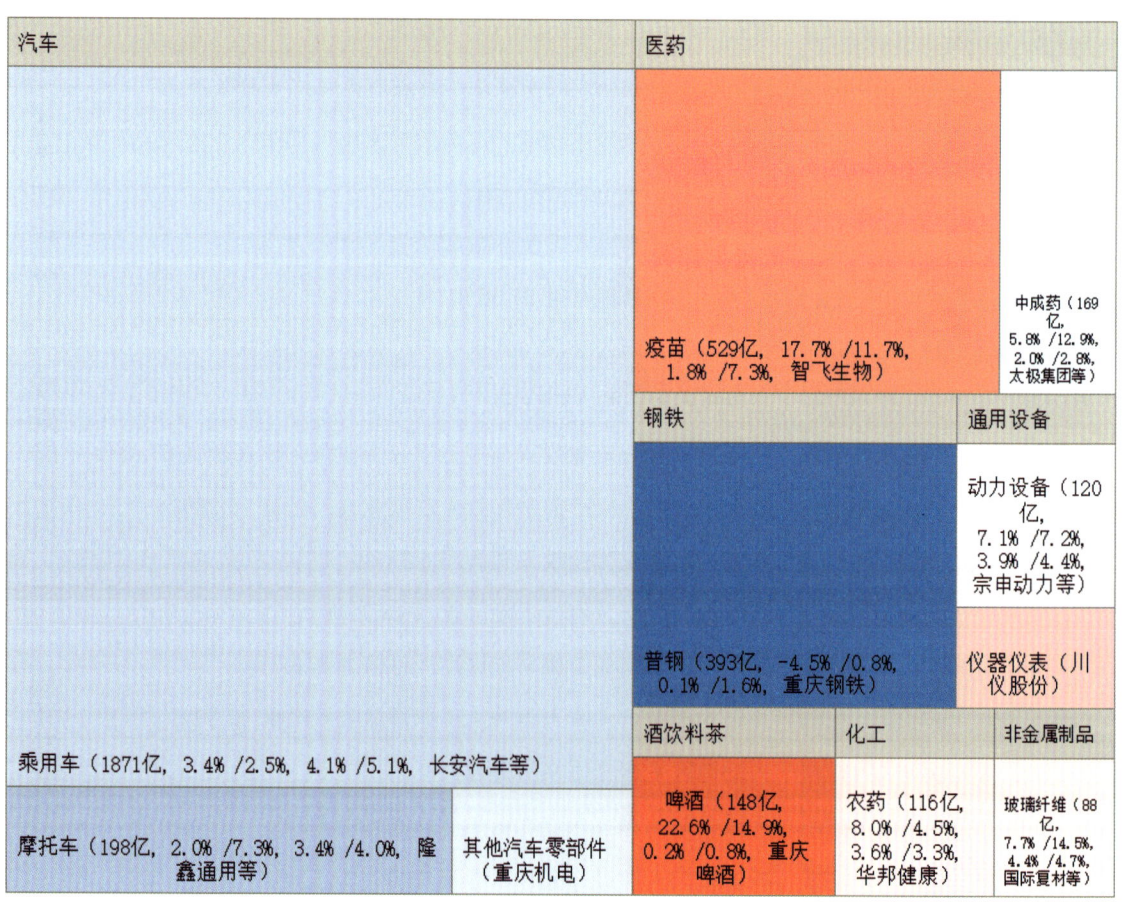

图 2-163　重庆制造业、科技服务业、IT 业主要上市公司有关情况

重庆创新能力指数为62.01，在全国地级及以上城市中排第21位（与上年相比上升12位），属于创新强市。从具体指标看，重庆在专精特新"小巨人"企业培育、高水平研究型大学和科研机构、科技领军企业培育等方面具有相对优势，在技术吸纳、政府财力、技术输出、财政科技投入、企业技术获取和改造等方面存在短板。

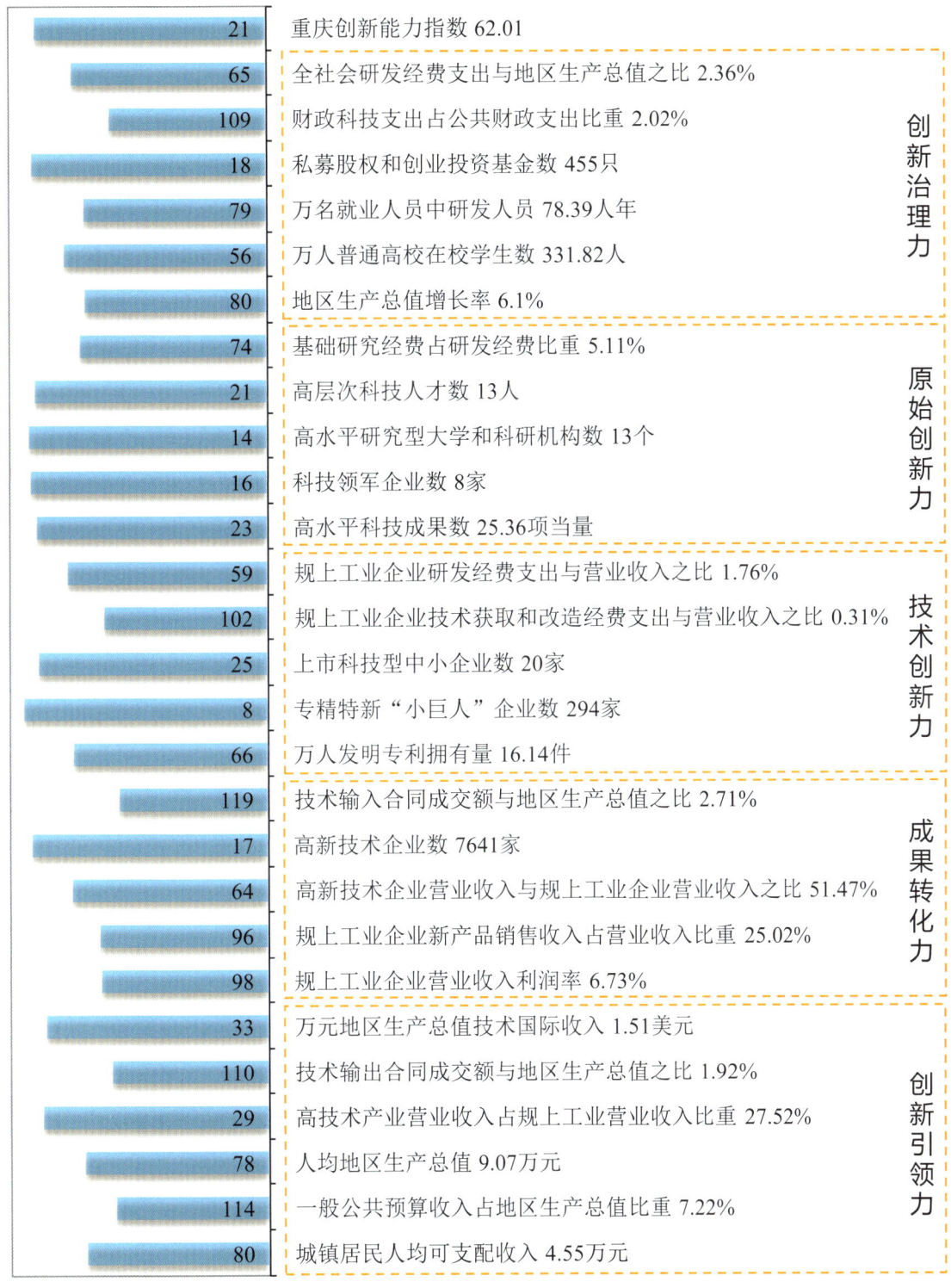

图 2-164　重庆创新能力指标数据及全国排名

（四）贵阳

2022年，贵阳地区生产总值4921亿元，在全国地级及以上城市中排第58位；常住人口622万人，排第62位。规上工业企业918家，排第140位，营业收入3231亿元，排第109位。

截至2023年，贵阳有上市公司26家（居全国第47位），其中制造业、科技服务业、IT业上市公司共18家，涉及航空航天等10个行业大类、航空等15个行业小类（图2-165中括号内数据分别为该行业小类上市公司营业收入、利润率/全国平均利润率、研发强度/全国平均研发强度、代表性上市公司；受版面限制，部分行业仅展示代表性上市公司，规模较小行业不在图中展示）。从图中可以看出，航空（127亿）、电池部件及材料（98亿）、轮胎（96亿）等行业上市公司营业收入规模较大；国防装备（42.1%）、航天（15.1%）、航空（14.3%）、膜材料（10.3%）等行业利润率较高（图中底色偏红板块），通信终端设备（-27.0%）、民爆制品（-12.8%）等行业出现亏损（图中底色偏蓝板块）；航天（11.3%）、膜材料（7.1%）、国防装备（6.5%）等行业研发强度较高。

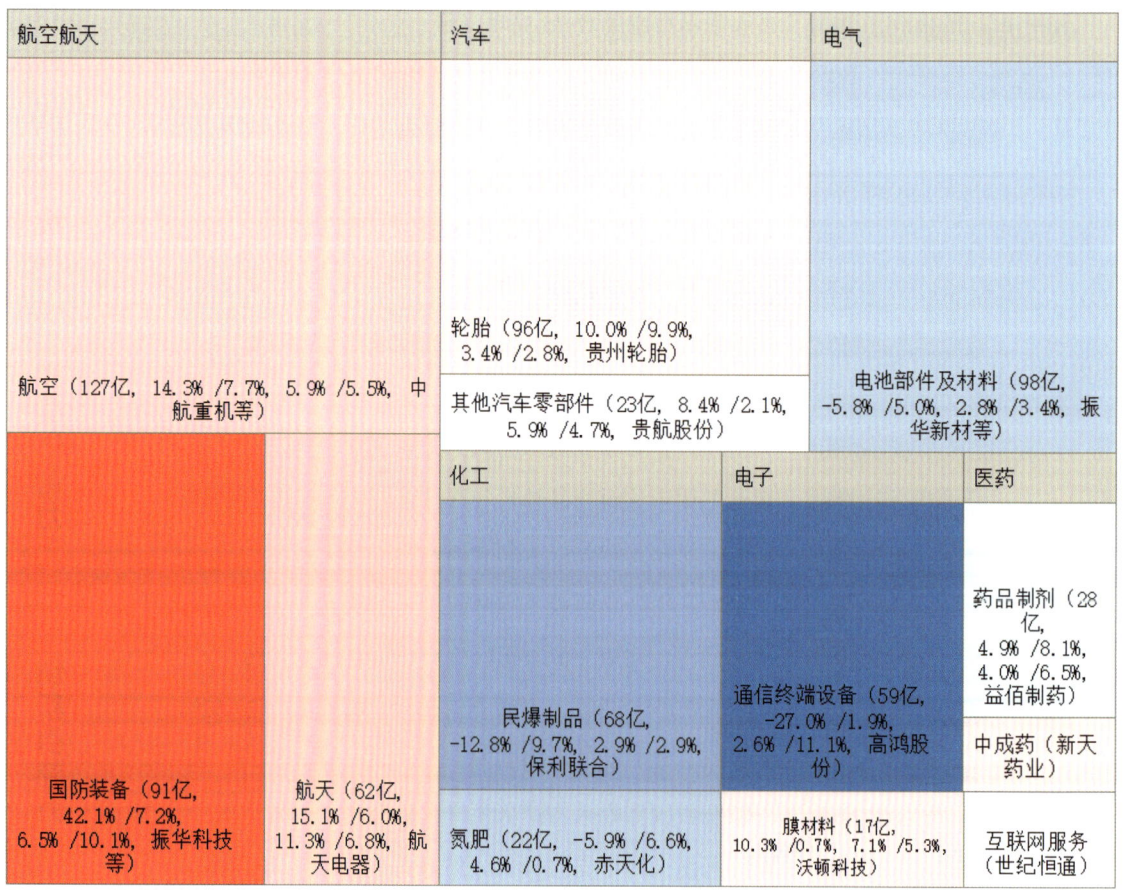

图 2-165 贵阳制造业、科技服务业、IT业主要上市公司有关情况

贵阳创新能力指数为59.77，在全国地级及以上城市中排第27位（与上年相比上升1位），属于创新强市。从具体指标看，贵阳在人才培养、经济发展新动能培育、高水平成果转化与产业化平台建设等方面具有相对优势，在新产品开发、技术吸纳、经济发展水平、经济活力、全社会研发投入、企业研发投入、居民收入等方面存在短板。

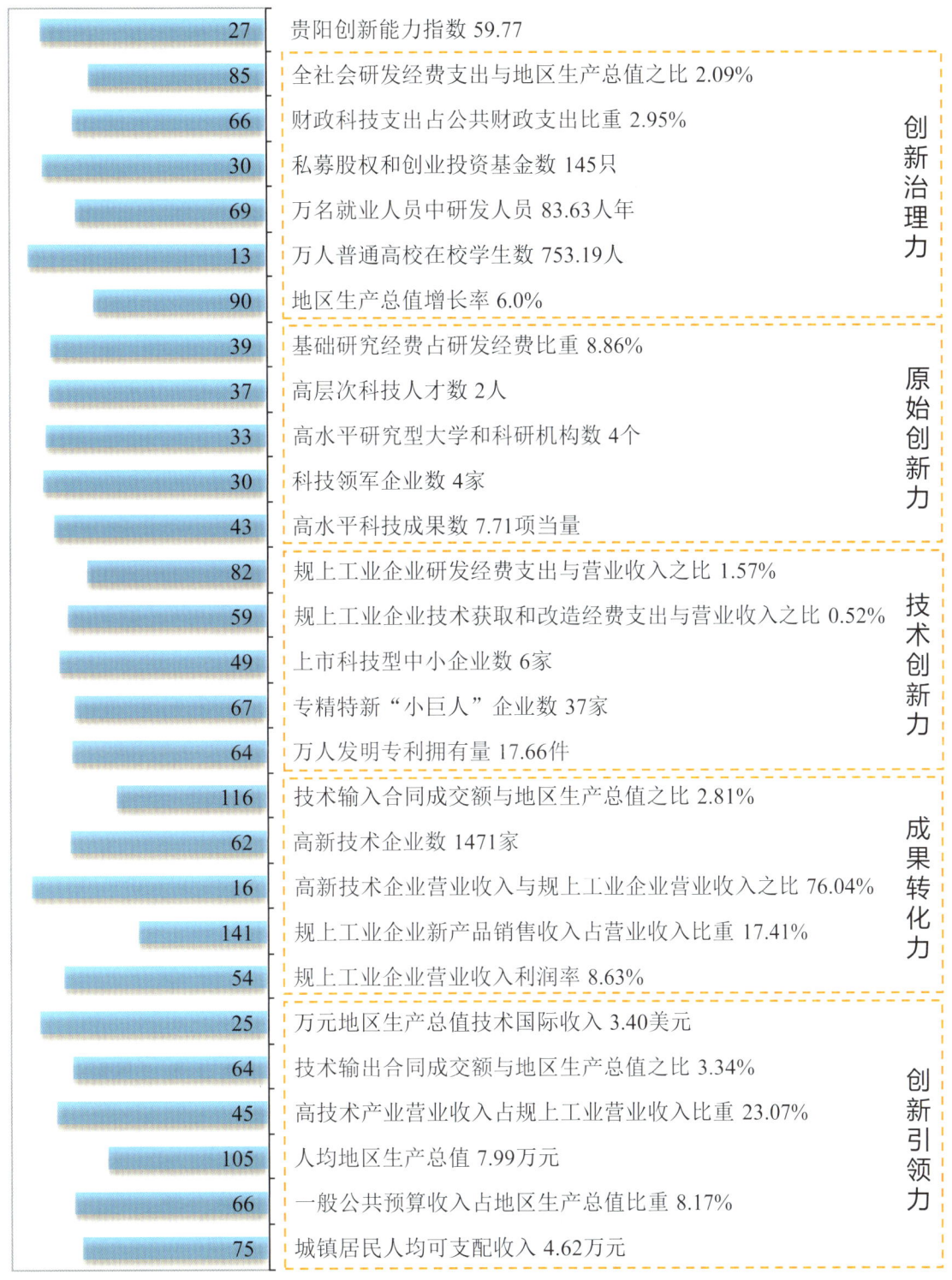

图2-166 贵阳创新能力指标数据及全国排名

(五)兰州

2022年,兰州地区生产总值3343亿元,在全国地级及以上城市中排第97位;常住人口442万人,排第112位。规上工业企业459家,排第210位,营业收入3446亿元,排第101位。

截至2023年,兰州有上市公司21家(居全国第54位),其中制造业、科技服务业、IT业上市公司共11家,涉及专用设备等8个行业大类、汽车系统部件等10个行业小类(图2-167中括号内数据分别为该行业小类上市公司营业收入、利润率/全国平均利润率、研发强度/全国平均研发强度、代表性上市公司;受版面限制,部分行业仅展示代表性上市公司,规模较小行业不在图中展示)。从图中可以看出,汽车系统部件(53亿)、化工设备(52亿)、其他非金属材料(51亿)等行业上市公司营业收入规模较大;其他非金属材料(10.1%)、中成药(8.0%)等行业利润率较高(图中底色偏红板块),汽车系统部件(-35.3%)、其他化学制品(-32.3%)等行业出现亏损(图中底色偏蓝板块);汽车系统部件(8.9%)、其他专用设备(5.2%)等行业研发强度较高。

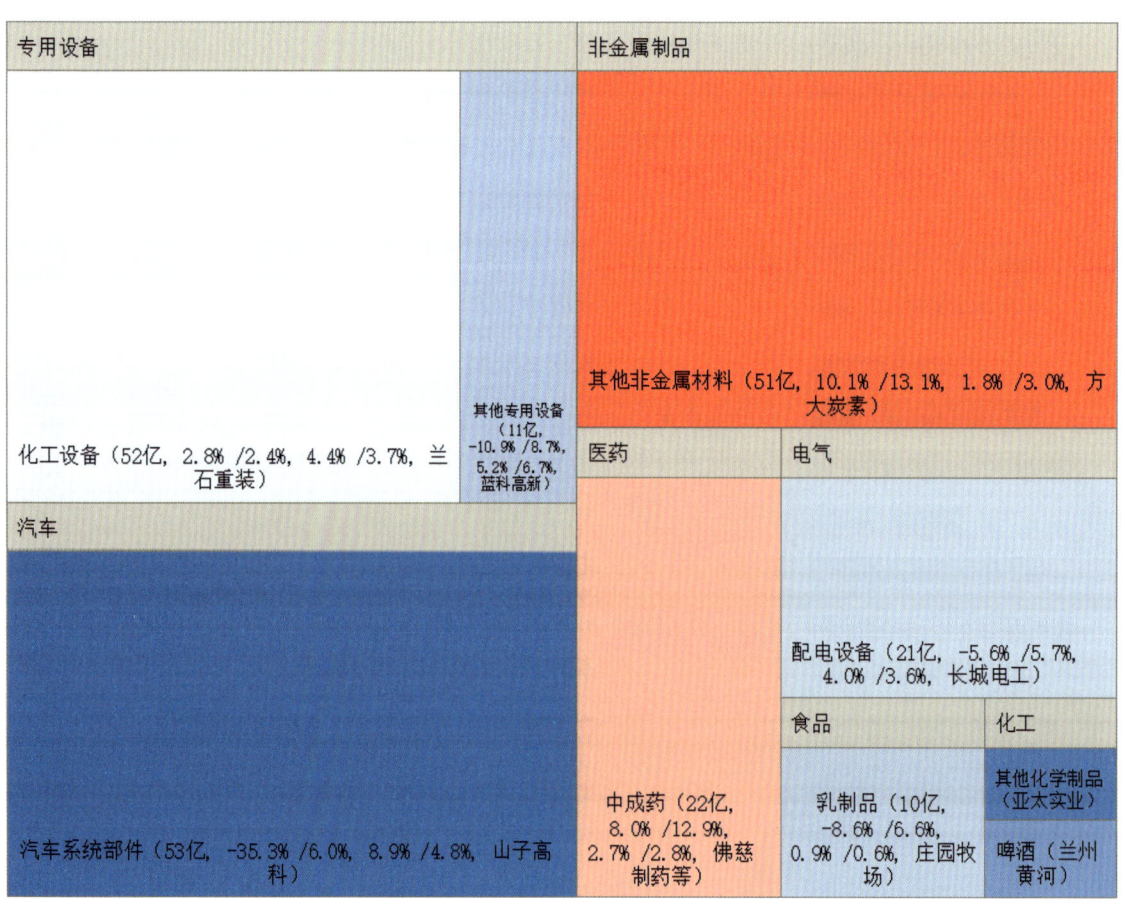

图2-167 兰州制造业、科技服务业、IT业主要上市公司有关情况

兰州创新能力指数为54.25，在全国地级及以上城市中排第43位（与上年持平），属于创新强市。从具体指标看，兰州在人才培养、高层次科技人才、高水平研究型大学和科研机构、高水平科技成果产出等方面具有相对优势，在企业经济效益、企业技术获取和改造、高技术产业发展、企业研发投入、新产品开发等方面存在短板。

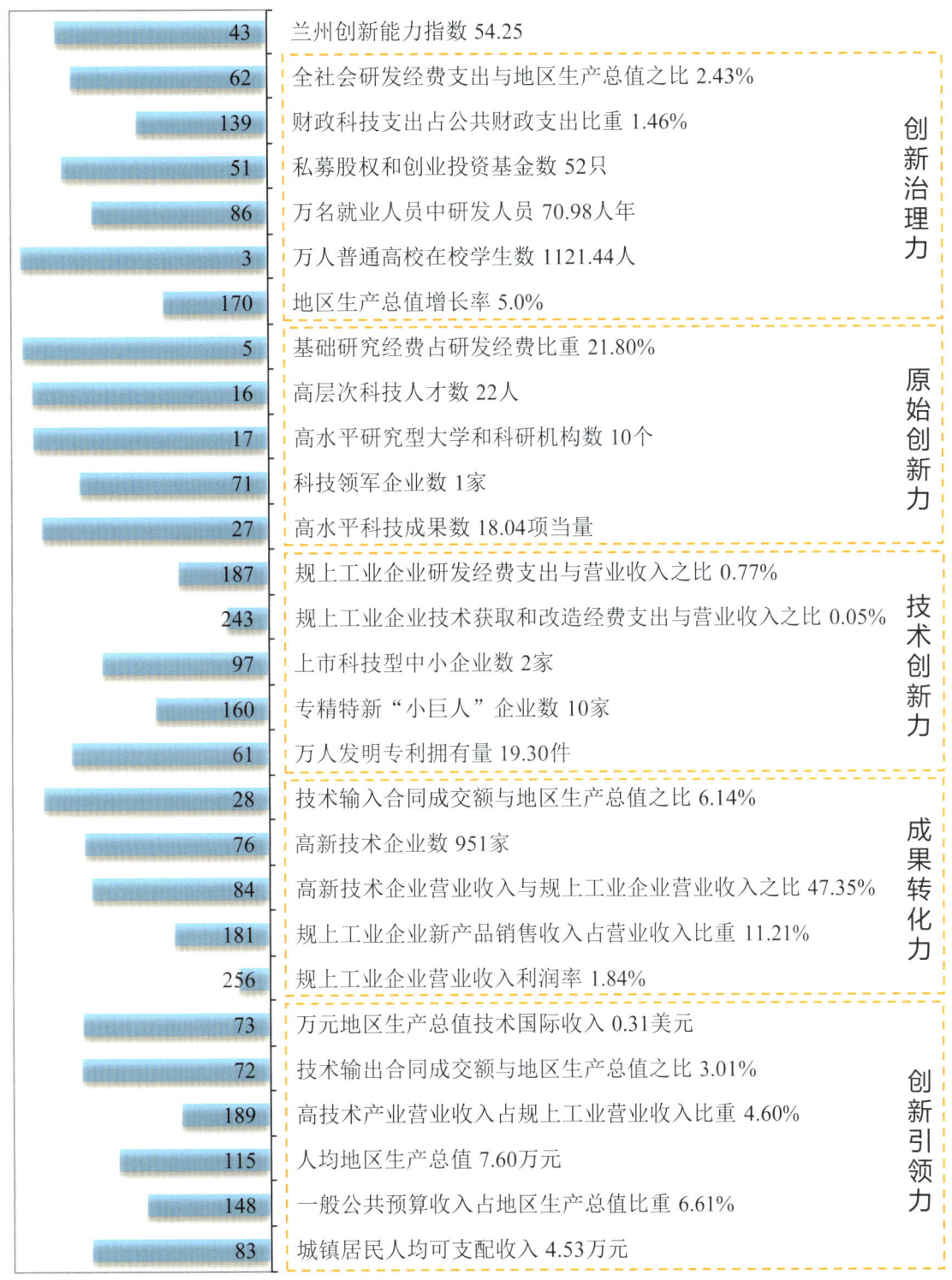

图2-168 兰州创新能力指标数据及全国排名

（六）昆明

2022年，昆明地区生产总值7541亿元，在全国地级及以上城市中排第33位；常住人口860万人，排第37位。规上工业企业1097家，排第122位，营业收入7563亿元，排第42位。

截至2023年，昆明有上市公司34家（居全国第41位），其中制造业、科技服务业、IT业上市公司共19家，涉及有色金属等7个行业大类、铜等14个行业小类（图2-169中括号内数据分别为该行业小类上市公司营业收入、利润率/全国平均利润率、研发强度/全国平均研发强度、代表性上市公司；受版面限制，部分行业仅展示代表性上市公司，规模较小行业不在图中展示）。从图中可以看出，铜（1470亿）、磷肥及磷化工（718亿）、中成药（469亿）等行业上市公司营业收入规模较大；美容护理（15.9%）、铝（13.0%）、中成药（11.3%）、磷肥及磷化工（9.3%）等行业利润率较高（图中底色偏红板块），商用车（-23.3%）等行业出现亏损（图中底色偏蓝板块）；其他专用设备（9.5%）、美容护理（5.4%）等行业研发强度较高。

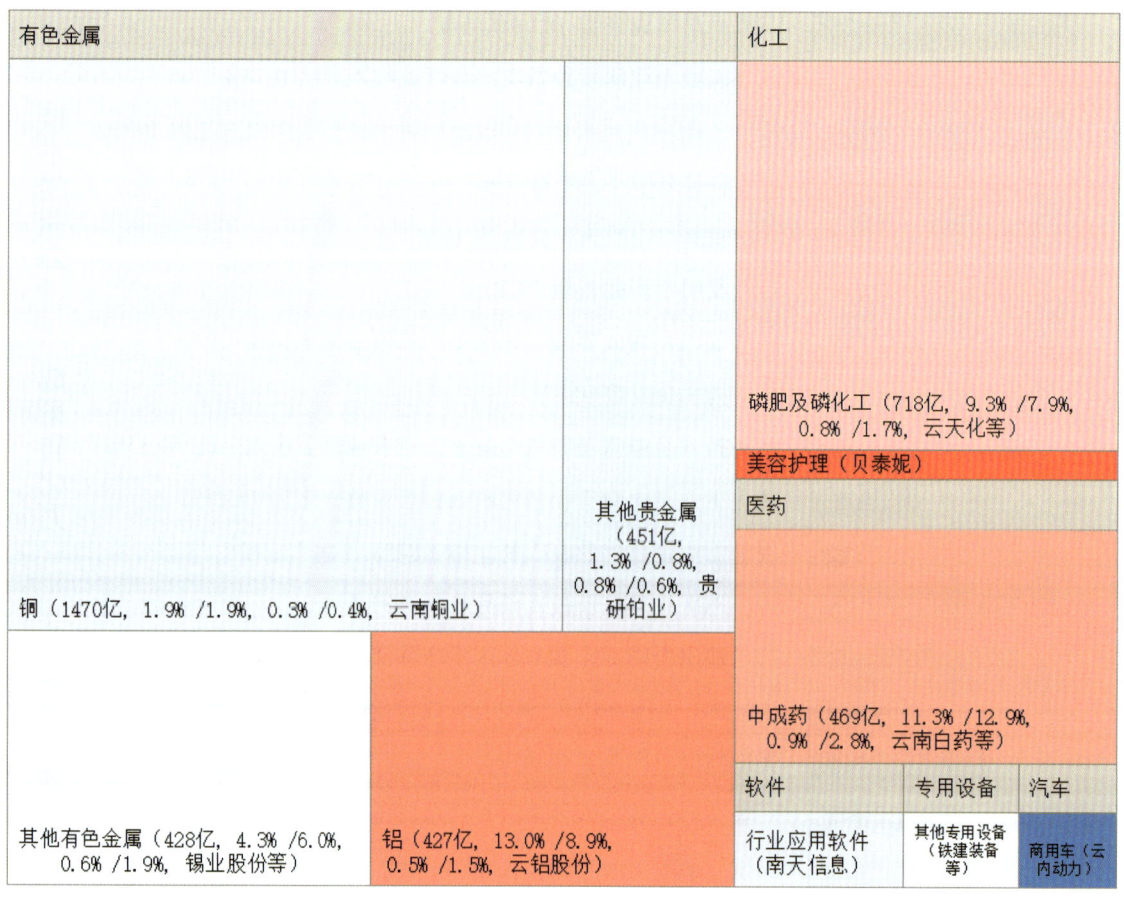

图2-169 昆明制造业、科技服务业、IT业主要上市公司有关情况

昆明创新能力指数为53.43，在全国地级及以上城市中排第47位（与上年相比下降8位），属于创新强市。从具体指标看，昆明在人才培养、高水平研究型大学和科研机构、高层次科技人才等方面具有相对优势，在经济活力、新产品开发、企业研发投入、企业经济效益、技术输出、政府财力、技术吸纳等方面存在短板。

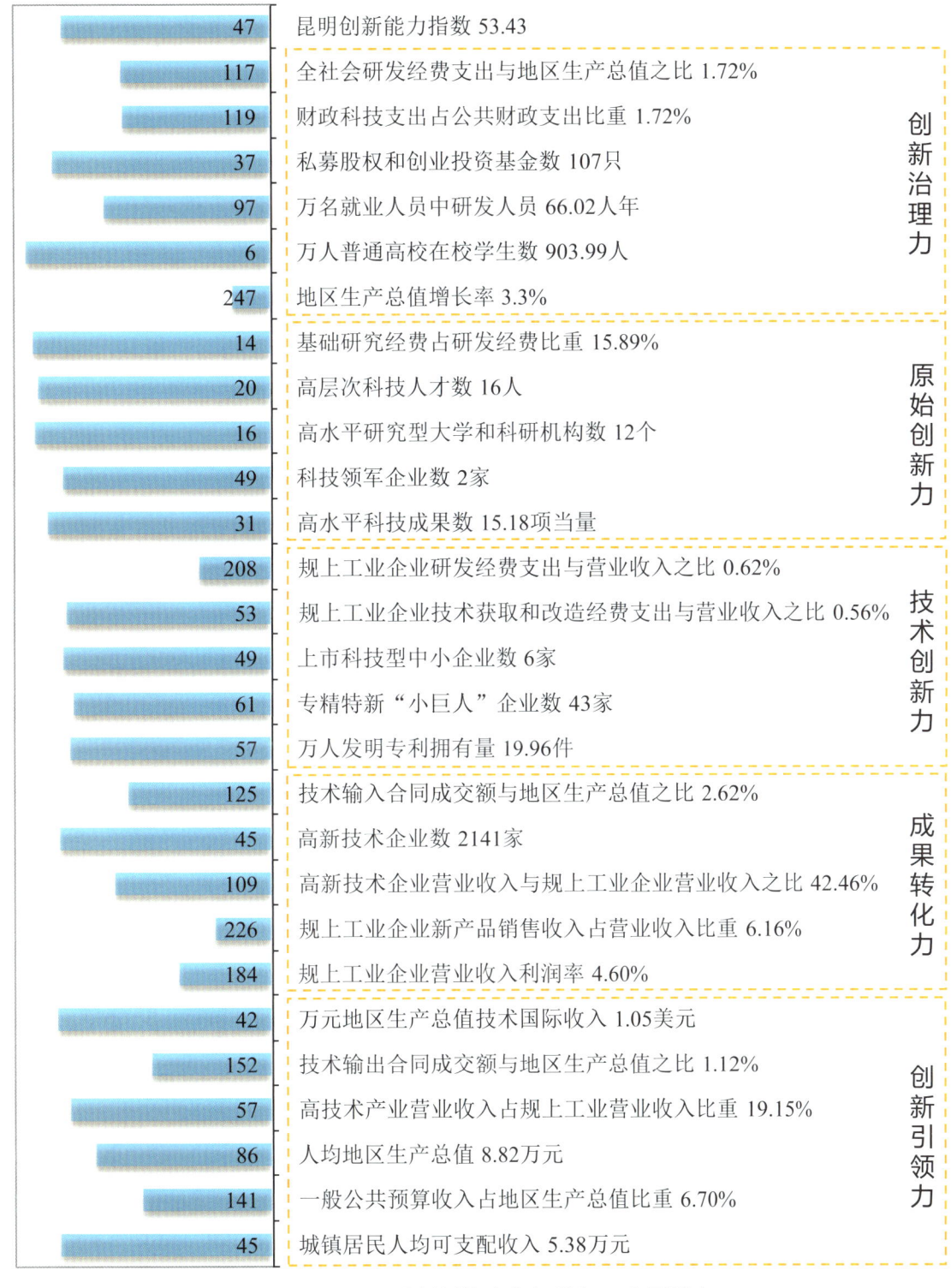

图2-170　昆明创新能力指标数据及全国排名

（七）绵阳

2022年，绵阳地区生产总值3627亿元，在全国地级及以上城市中排第86位；常住人口490万人，排第96位。规上工业企业1295家，排第109位，营业收入3906亿元，排第89位。

截至2023年，绵阳有上市公司12家（居全国第70位），其中制造业、科技服务业、IT业上市公司共10家，涉及电气等8个行业大类、黑色家电等10个行业小类（图2-171中括号内数据分别为该行业小类上市公司营业收入、利润率/全国平均利润率、研发强度/全国平均研发强度、代表性上市公司；受版面限制，部分行业仅展示代表性上市公司，规模较小行业不在图中展示）。从图中可以看出，黑色家电（975亿）、农药(79亿)、汽车系统部件(58亿)等行业上市公司营业收入规模较大；农药（11.2%）、膜材料（9.9%）等行业利润率较高（图中底色偏红板块），铜（-199.1%）、电池（-15.7%）等行业出现亏损（图中底色偏蓝板块）；通信终端设备（9.3%）、电池（5.9%）、膜材料（5.4%）等行业研发强度较高。

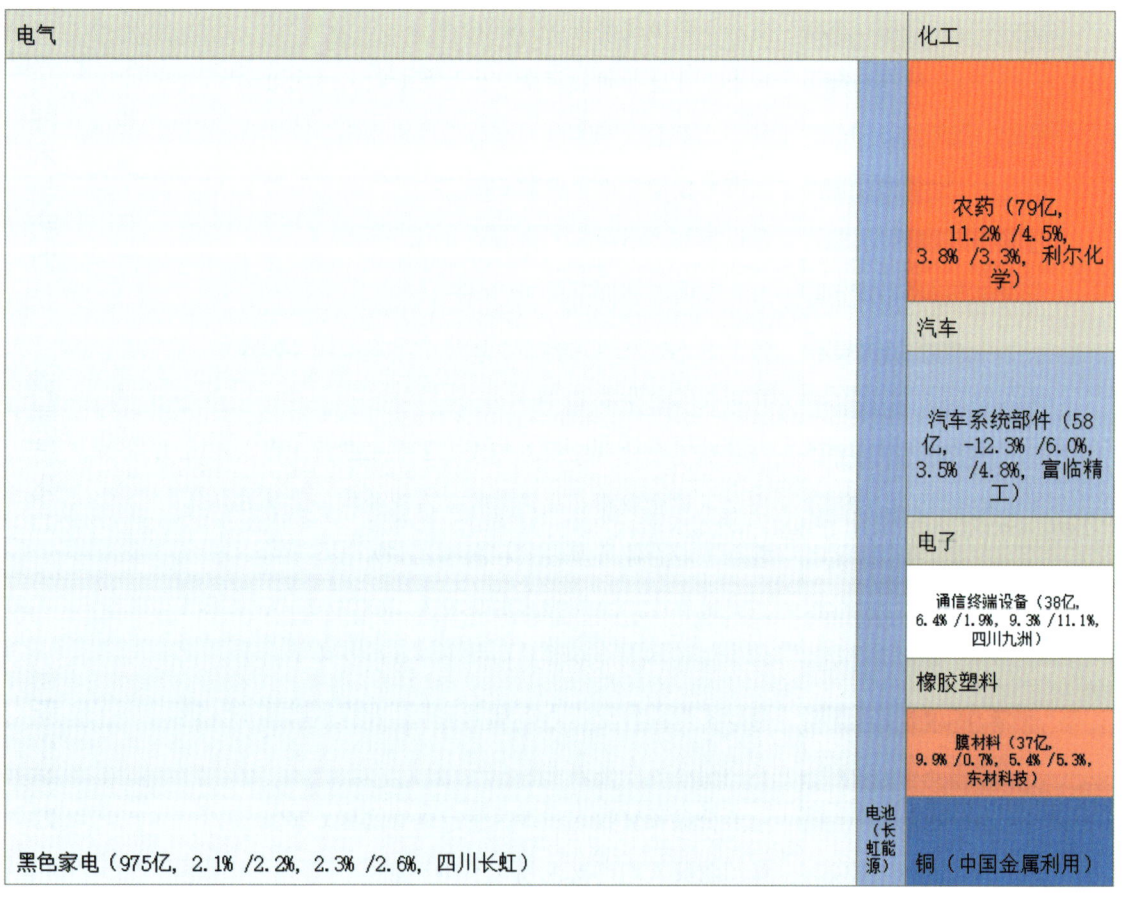

图2-171 绵阳制造业、科技服务业、IT业主要上市公司有关情况

绵阳创新能力指数为52.79,在全国地级及以上城市中排第48位(与上年持平),属于创新强市。从具体指标看,绵阳在全社会研发投入、高技术产业发展、高水平研究型大学和科研机构、高层次科技人才等方面具有相对优势,在政府财力、企业经济效益、技术吸纳、经济发展新动能培育、经济发展水平、新产品开发等方面存在短板。

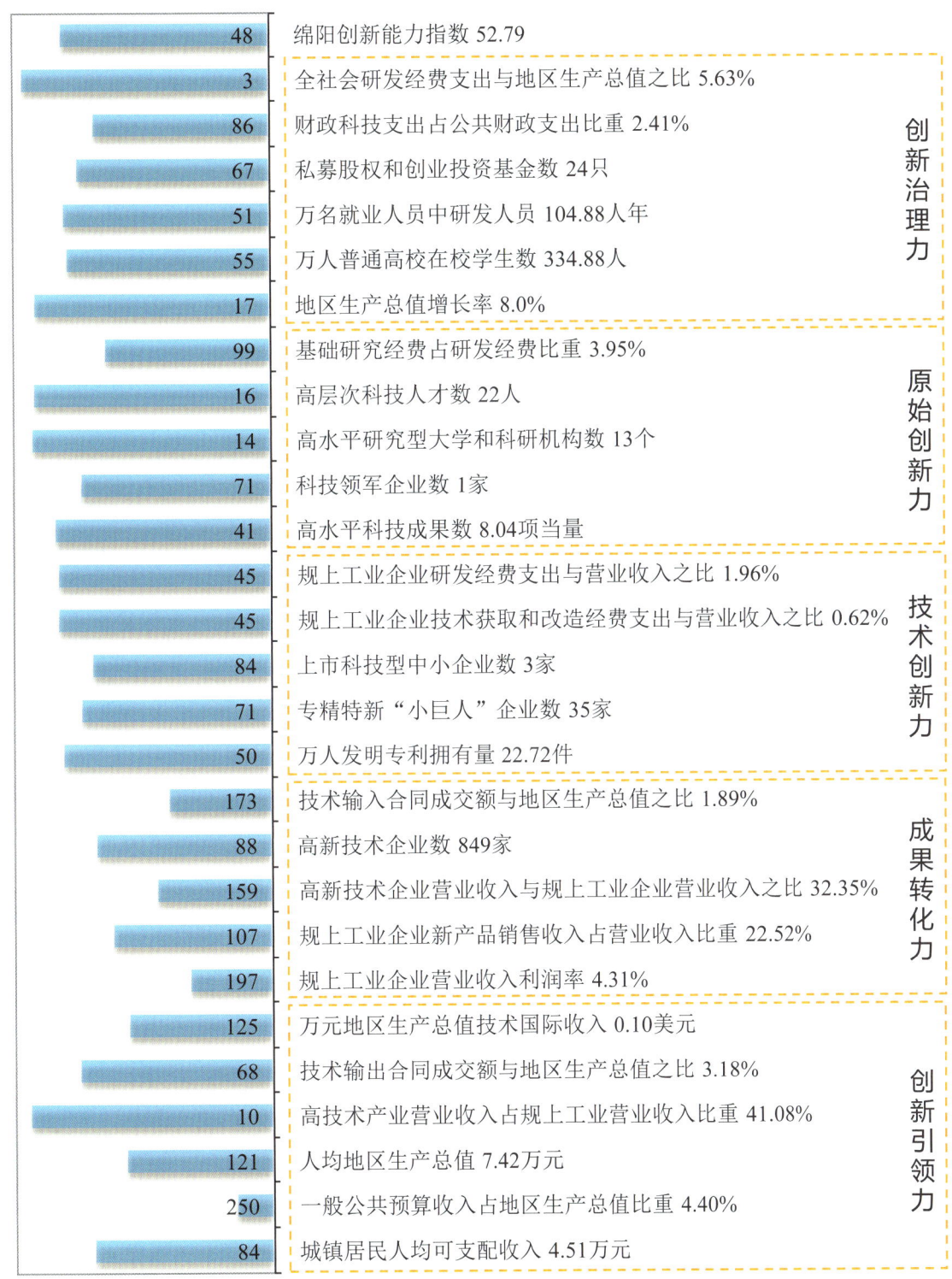

图2-172 绵阳创新能力指标数据及全国排名

（八）呼和浩特

2022年，呼和浩特地区生产总值3329亿元，在全国地级及以上城市中排第98位；常住人口355万人，排第143位。规上工业企业303家，排第242位，营业收入3152亿元，排第115位。

截至2023年，呼和浩特有上市公司9家（居全国第87位），其中制造业、科技服务业、IT业上市公司共3家，涉及食品等2个行业大类、乳制品等2个行业小类（图2-173中括号内数据分别为该行业小类上市公司营业收入、利润率/全国平均利润率、研发强度/全国平均研发强度、代表性上市公司；受版面限制，部分行业仅展示代表性上市公司，规模较小行业不在图中展示）。从图中可以看出，乳制品（1443亿）、中成药（2亿）等行业上市公司营业收入规模较大；乳制品（7.3%）等行业利润率较高（图中底色偏红板块），中成药（5.0%）等行业利润率较低（图中底色偏蓝板块）；中成药（3.8%）、乳制品（0.6%）等行业研发强度相对较高。

图2-173 呼和浩特制造业、科技服务业、IT业主要上市公司有关情况

呼和浩特创新能力指数为50.32，在全国地级及以上城市中排第61位（与上年相比下降1位），属于创新城市。从具体指标看，呼和浩特在经济活力、企业技术获取和改造、人才培养、技术吸纳等方面具有相对优势，在专精特新"小巨人"企业培育、企业研发投入、财政科技投入、全社会研发投入、政府财力等方面存在短板。

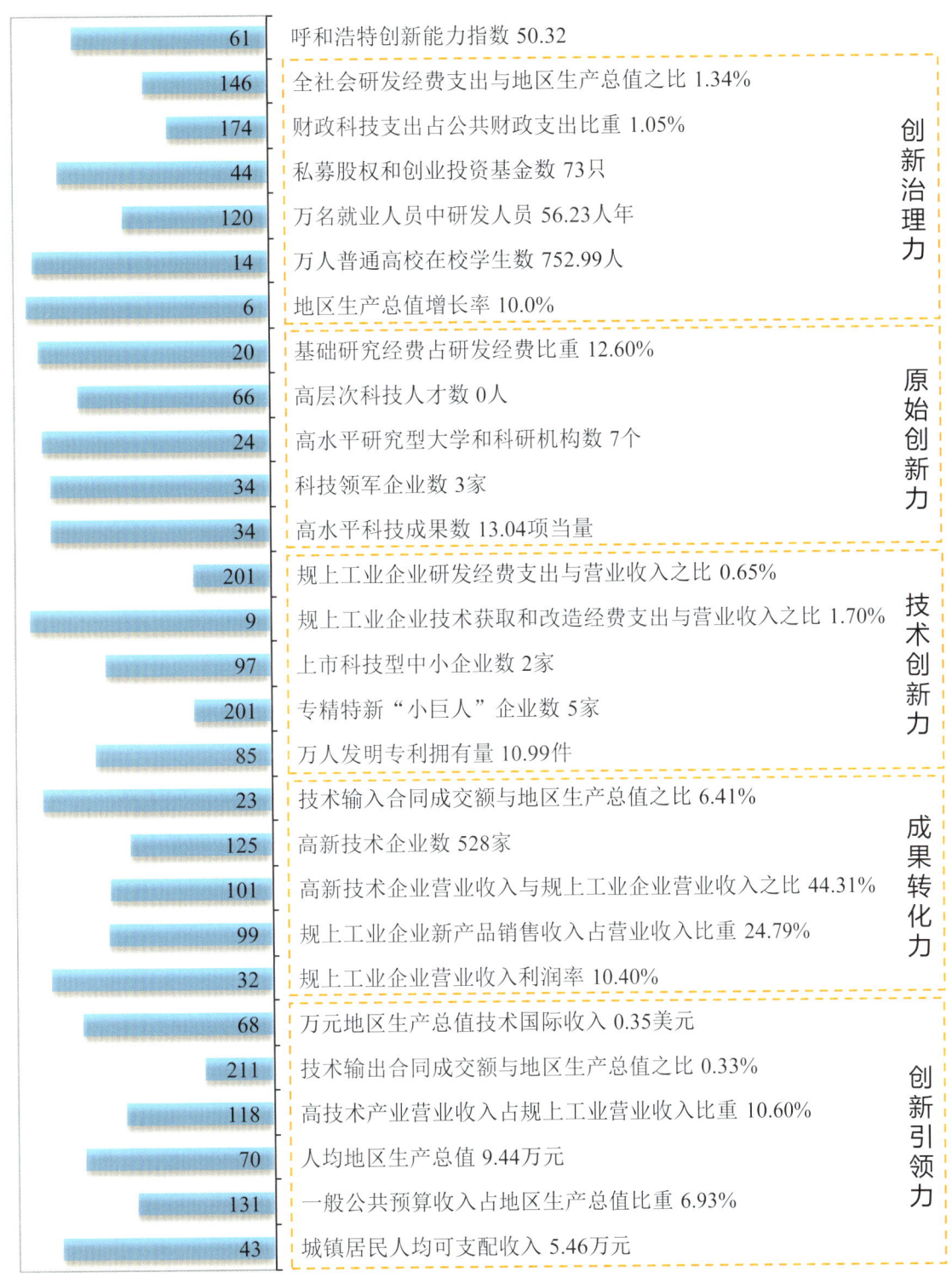

图 2-174　呼和浩特创新能力指标数据及全国排名

（九）乌鲁木齐

2022 年，乌鲁木齐地区生产总值 3893 亿元，在全国地级及以上城市中排第 77 位；常住人口 408 万人，排第 123 位。规上工业企业 523 家，排第 192 位，营业收入 3927 亿元，排第 86 位。

截至 2023 年，乌鲁木齐有上市公司 38 家（居全国第 35 位），其中制造业、科技服务业、IT 业上市公司共 25 家，涉及非金属制品等 12 个行业大类、水泥与混凝土等 22 个行业小类（图 2-175 中括号内数据分别为该行业小类上市公司营业收入、利润率/全国平均利润率、研发强度/全国平均研发强度、代表性上市公司；受版面限制，部分行业仅展示代表性上市公司，规模较小行业不在图中展示）。从图中可以看出，水泥与混凝土（1306 亿）、风电设备（505 亿）、氯碱（371 亿）等行业上市公司营业收入规模较大；天然气加工（52.2%）、铝（25.1%）、光伏产品（19.9%）等行业利润率较高（图中底色偏红板块），氯碱（-8.5%）、普钢（-5.7%）等行业出现亏损（图中底色偏蓝板块）；风电设备（3.7%）等行业研发强度相对较高。

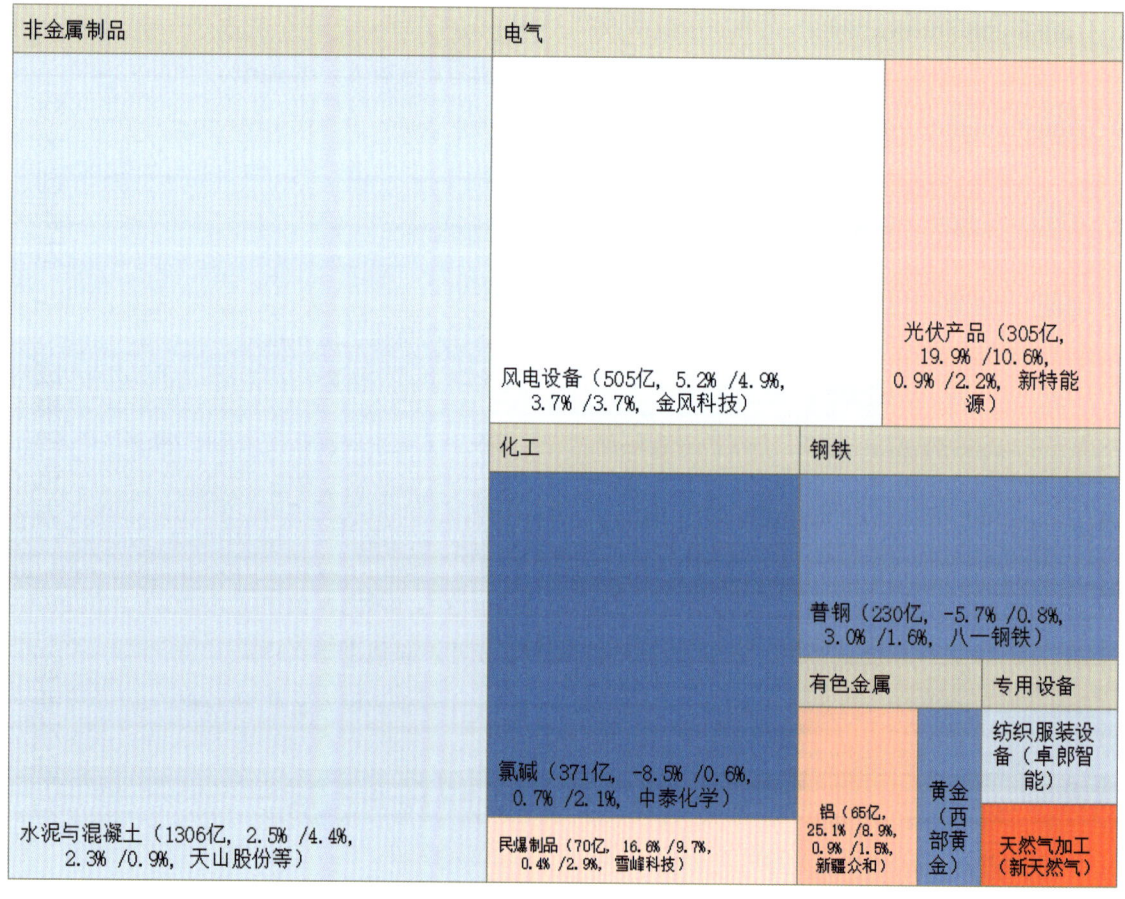

图 2-175　乌鲁木齐制造业、科技服务业、IT 业主要上市公司有关情况

乌鲁木齐创新能力指数为46.41，在全国地级及以上城市中排第66位（与上年相比下降11位），属于创新城市。从具体指标看，乌鲁木齐在技术吸纳、人才培养等方面具有相对优势，在企业研发投入、高技术产业发展、财政科技投入、全社会研发投入、新产品开发、专精特新"小巨人"企业培育等方面存在短板。

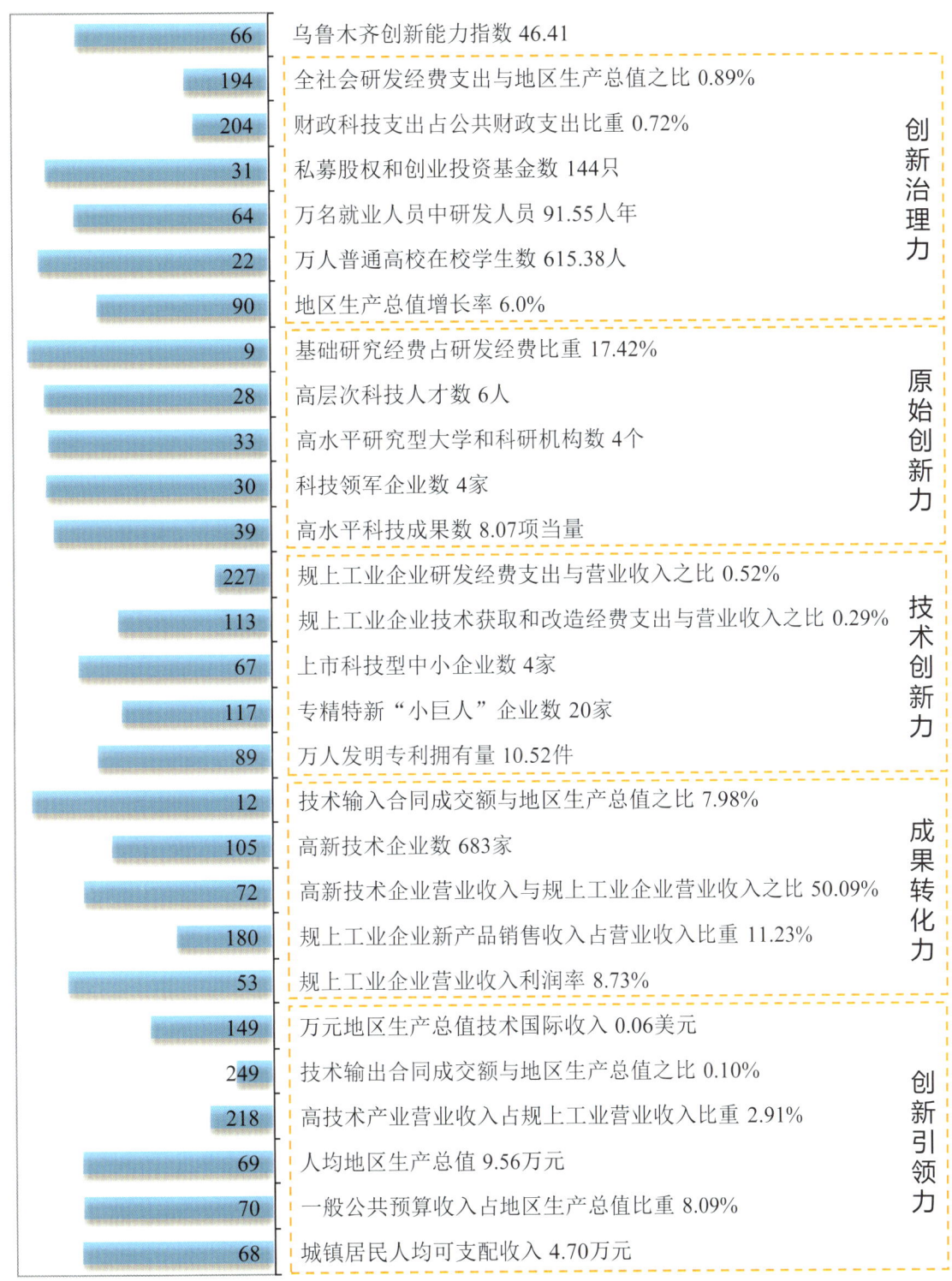

图2-176 乌鲁木齐创新能力指标数据及全国排名

（十）南宁

2022 年，南宁地区生产总值 5218 亿元，在全国地级及以上城市中排第 56 位；常住人口 889 万人，排第 33 位。规上工业企业 1401 家，排第 98 位，营业收入 2762 亿元，排第 129 位。

截至 2023 年，南宁有上市公司 17 家（居全国第 59 位），其中制造业、科技服务业、IT 业上市公司共 8 家，涉及通信服务等 7 个行业大类、通信技术服务等 8 个行业小类（图 2-177 中括号内数据分别为该行业小类上市公司营业收入、利润率/全国平均利润率、研发强度/全国平均研发强度、代表性上市公司；受版面限制，部分行业仅展示代表性上市公司，规模较小行业不在图中展示）。从图中可以看出，通信技术服务（88 亿）、调味品与食用油（34 亿）、其他有色金属（29 亿）等行业上市公司营业收入规模较大；其他有色金属（22.7%）、汽车系统部件（18.0%）等行业利润率较高（图中底色偏红板块），调味品与食用油（0.2%）、乳制品（0.9%）等行业利润率较低（图中底色偏蓝板块）；通信技术服务（3.8%）等行业研发强度相对较高。

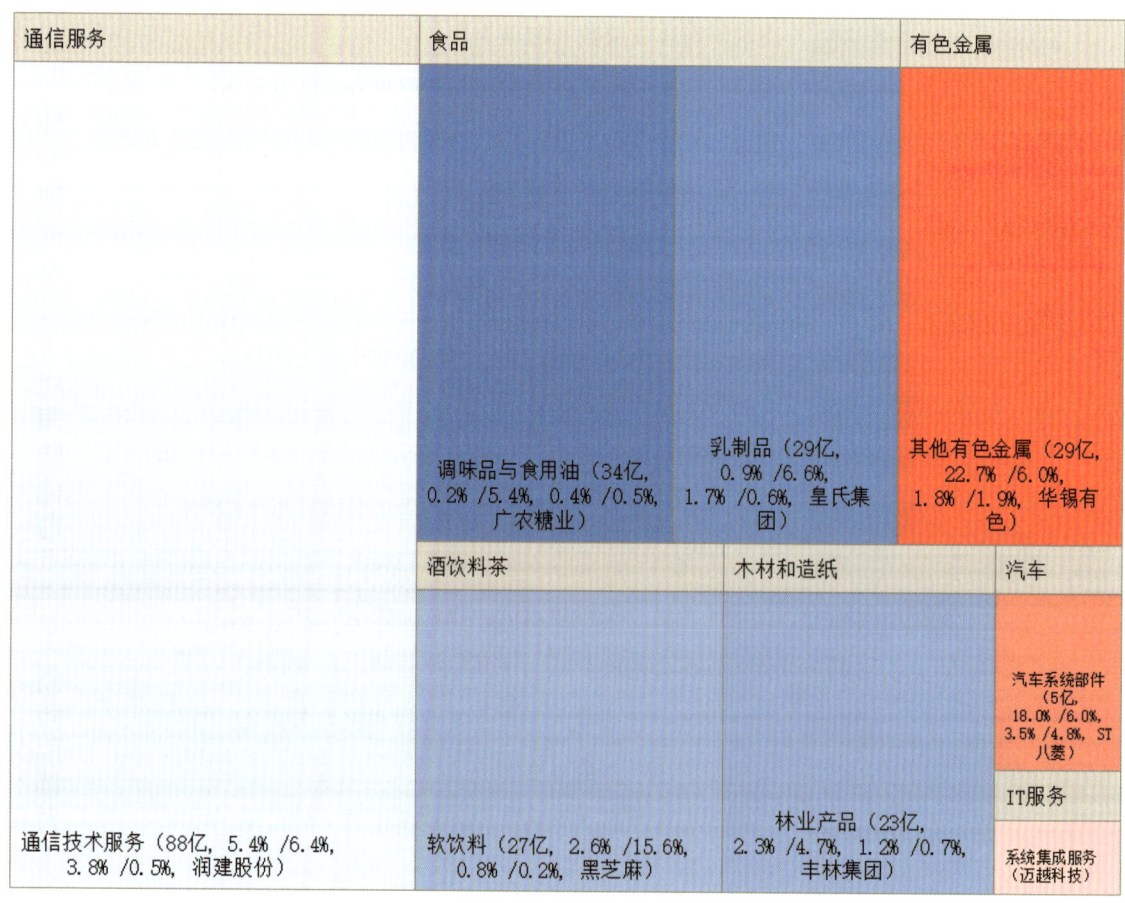

图 2-177　南宁制造业、科技服务业、IT 业主要上市公司有关情况

南宁创新能力指数为44.05，在全国地级及以上城市中排第70位（与上年相比下降12位），属于创新城市。从具体指标看，南宁在经济发展新动能培育、人才培养等方面具有相对优势，在企业经济效益、经济活力、新产品开发、企业研发投入、经济发展水平、全社会研发投入、研发人力投入等方面存在短板。

图2-178 南宁创新能力指标数据及全国排名

(十一)银川

2022年,银川地区生产总值2536亿元,在全国地级及以上城市中排第131位;常住人口290万人,排第175位。规上工业企业473家,排第204位,营业收入3765亿元,排第92位。

截至2023年,银川有上市公司12家(居全国第70位),其中制造业、科技服务业、IT业上市公司共7家,涉及化工等5个行业大类、其他化学原料等7个行业小类(图2-179中括号内数据分别为该行业小类上市公司营业收入、利润率/全国平均利润率、研发强度/全国平均研发强度、代表性上市公司;受版面限制,部分行业仅展示代表性上市公司,规模较小行业不在图中展示)。从图中可以看出,其他化学原料(291亿)、水泥与混凝土(104亿)等行业上市公司营业收入规模较大;其他化学原料(23.3%)等行业利润率较高(图中底色偏红板块),电池部件及材料(-26.4%)、纸制品(-0.3%)等行业出现亏损(图中底色偏蓝板块);风电设备(7.7%)等行业研发强度较高。

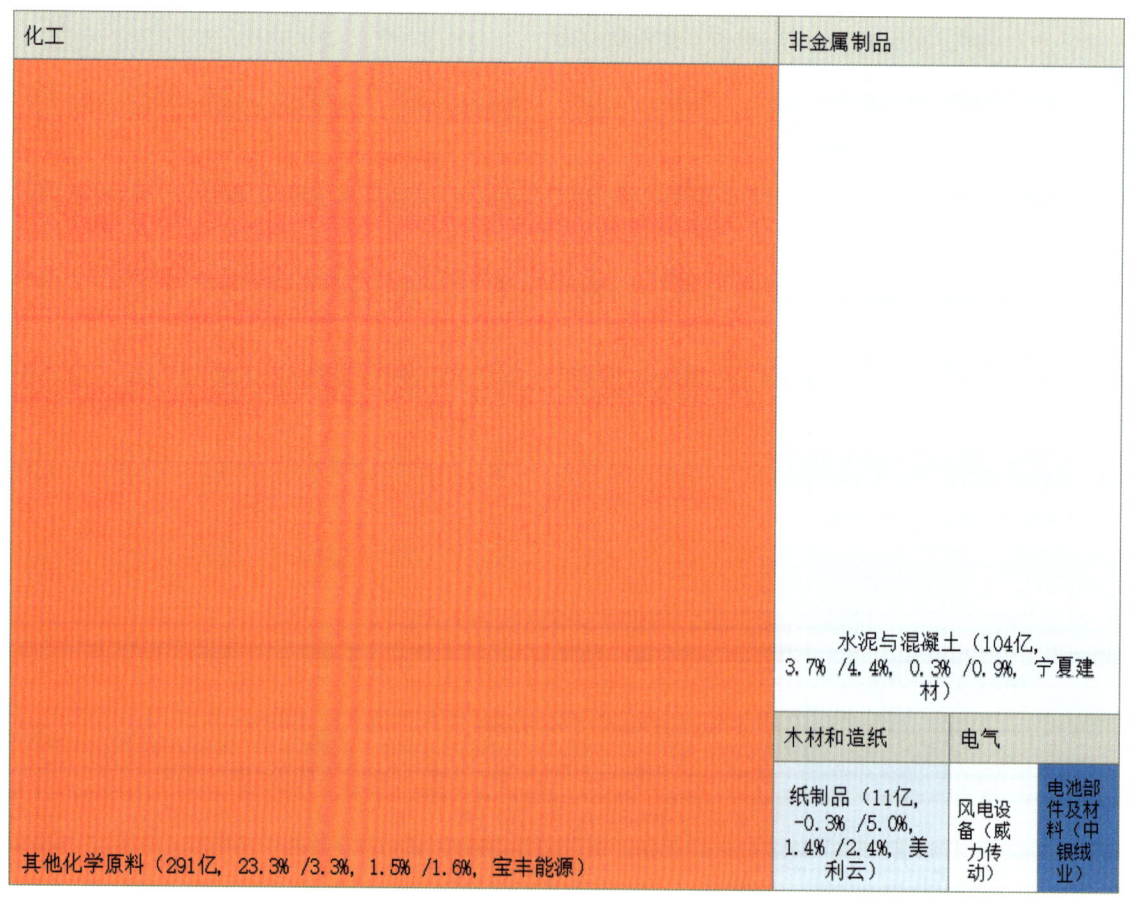

图2-179 银川制造业、科技服务业、IT业主要上市公司有关情况

银川创新能力指数为42.61,在全国地级及以上城市中排第77位(与上年相比下降4位),属于创新城市。从具体指标看,银川在企业技术获取和改造、人才培养、经济活力等方面具有相对优势,在经济发展新动能培育、企业研发投入、高新技术企业培育、政府财力、专精特新"小巨人"企业培育、新产品开发等方面存在短板。

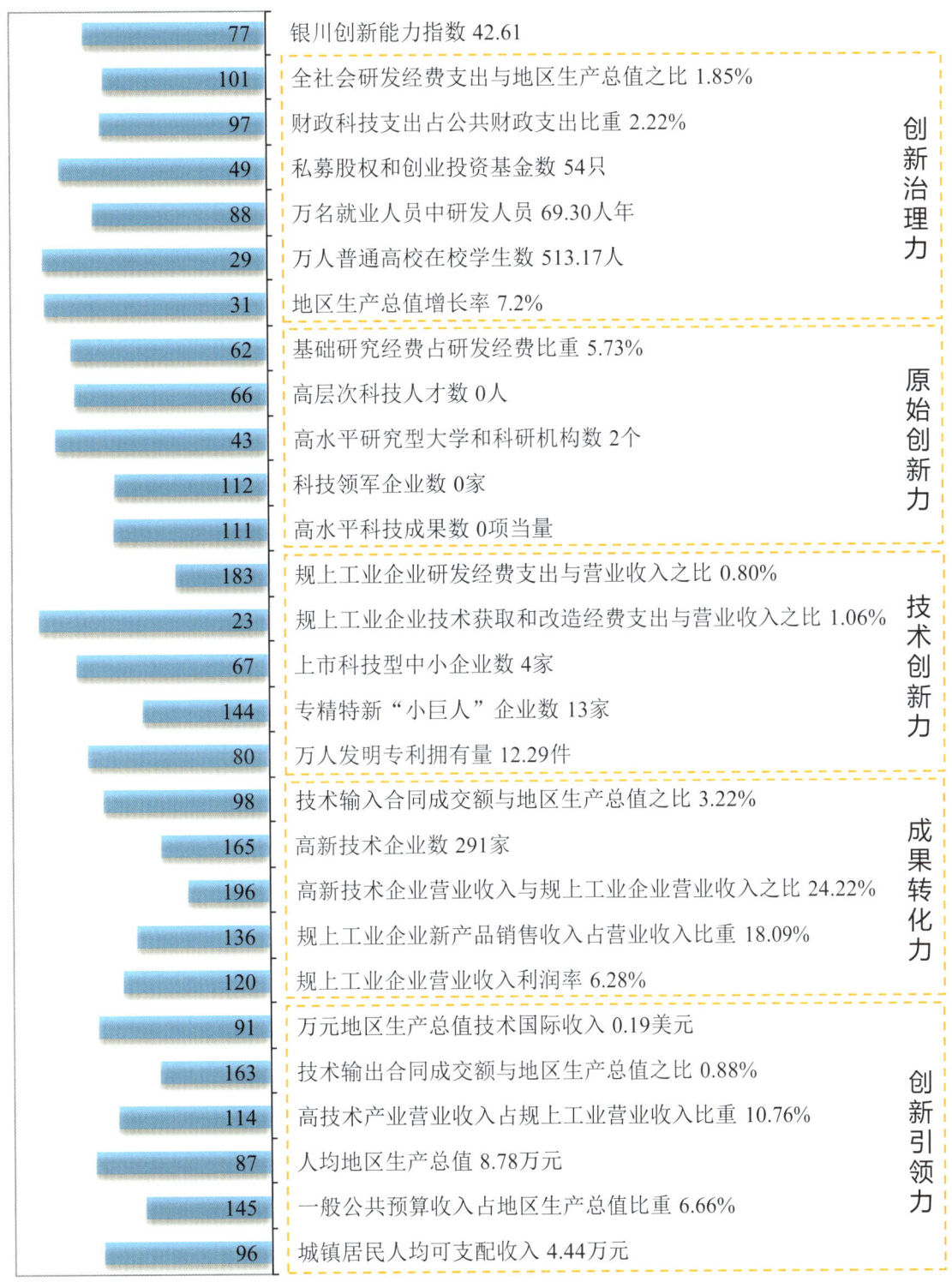

图2-180 银川创新能力指标数据及全国排名

（十二）柳州

2022年，柳州地区生产总值3109亿元，在全国地级及以上城市中排第108位；常住人口419万人，排第117位。规上工业企业1258家，排第111位，营业收入3599亿元，排第94位。

截至2023年，柳州有上市公司7家（居全国第106位），其中制造业、科技服务业、IT业上市公司共6家，涉及钢铁等4个行业大类、普钢等6个行业小类（图2-181中括号内数据分别为该行业小类上市公司营业收入、利润率/全国平均利润率、研发强度/全国平均研发强度、代表性上市公司；受版面限制，部分行业仅展示代表性上市公司，规模较小行业不在图中展示）。从图中可以看出，普钢（797亿）、工程机械（275亿）等行业上市公司营业收入规模较大；涂料油墨（24.0%）等行业利润率较高（图中底色偏红板块），普钢（-1.9%）等行业出现亏损（图中底色偏蓝板块）；普钢（1.6%）等行业研发强度相对较高。

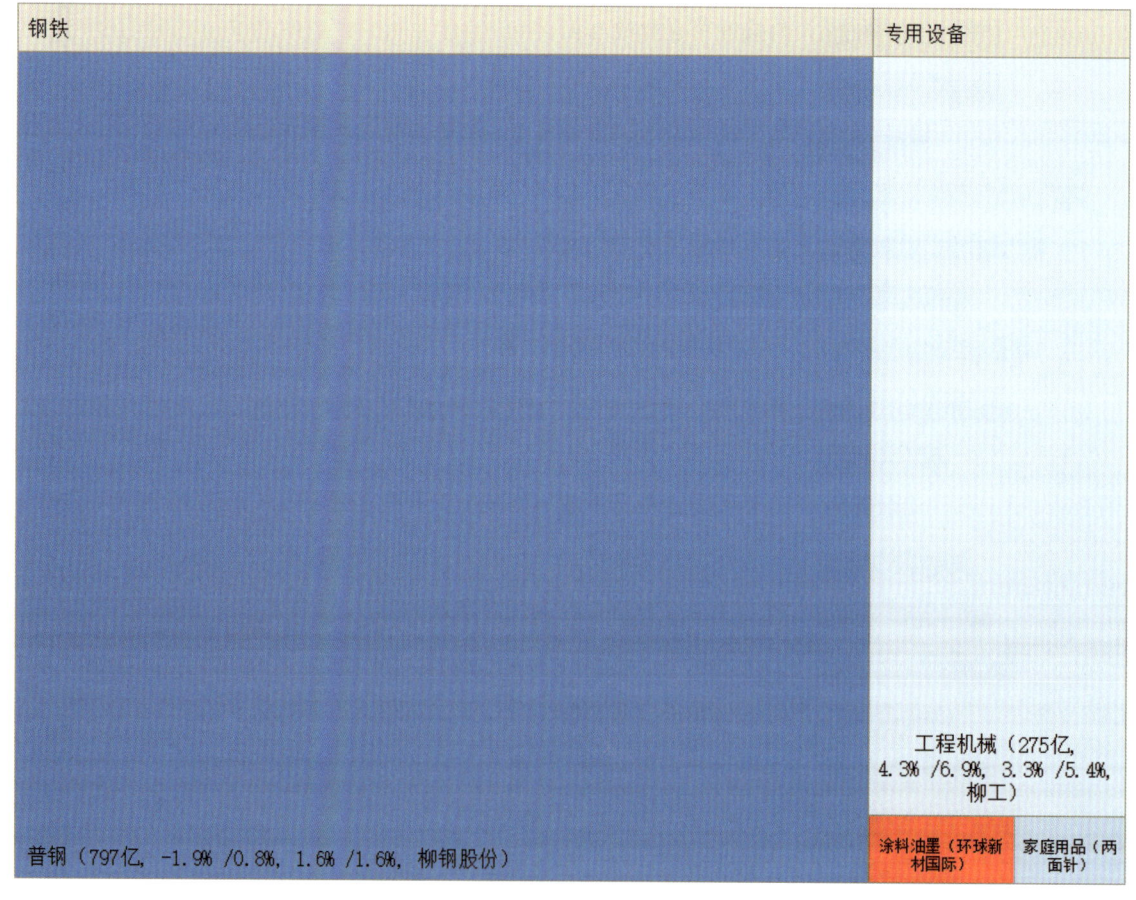

图2-181　柳州制造业、科技服务业、IT业主要上市公司有关情况

柳州创新能力指数为40.68，在全国地级及以上城市中排第82位（与上年相比下降1位），属于创新城市。从具体指标看，柳州在企业技术获取和改造、经济发展新动能培育等方面具有相对优势，在企业经济效益、经济活力、高技术产业发展、政府财力、上市企业培育、财政科技投入、技术吸纳等方面存在短板。

排名	指标	分类
82	柳州创新能力指数 40.68	
104	全社会研发经费支出与地区生产总值之比 1.84%	创新治理力
164	财政科技支出占公共财政支出比重 1.13%	
102	私募股权和创业投资基金数 11只	
134	万名就业人员中研发人员 49.40人年	
74	万人普通高校在校学生数 274.59人	
267	地区生产总值增长率 2.8%	
155	基础研究经费占研发经费比重 1.56%	原始创新力
66	高层次科技人才数 0人	
86	高水平研究型大学和科研机构数 0个	
49	科技领军企业数 2家	
60	高水平科技成果数 4.00项当量	
94	规上工业企业研发经费支出与营业收入之比 1.50%	技术创新力
6	规上工业企业技术获取和改造经费支出与营业收入之比 1.98%	
176	上市科技型中小企业数 0家	
102	专精特新"小巨人"企业数 24家	
83	万人发明专利拥有量 11.25件	
148	技术输入合同成交额与地区生产总值之比 2.25%	成果转化力
98	高新技术企业数 749家	
24	高新技术企业营业收入与规上工业企业营业收入之比 67.03%	
75	规上工业企业新产品销售收入占营业收入比重 29.63%	
278	规上工业企业营业收入利润率 0.36%	
43	万元地区生产总值技术国际收入 1.02美元	创新引领力
124	技术输出合同成交额与地区生产总值之比 1.68%	
238	高技术产业营业收入占规上工业营业收入比重 1.64%	
119	人均地区生产总值 7.43万元	
225	一般公共预算收入占地区生产总值比重 4.86%	
124	城镇居民人均可支配收入 4.25万元	

图2-182 柳州创新能力指标数据及全国排名

（十三）德阳

2022年，德阳地区生产总值2817亿元，在全国地级及以上城市中排第116位；常住人口346万人，排第146位。规上工业企业1465家，排第93位，营业收入3847亿元，排第90位。

截至2023年，德阳有上市公司5家（居全国第124位），其中制造业、科技服务业、IT业上市公司共5家，涉及专用设备等3个行业大类、其他专用设备等5个行业小类（图2-183中括号内数据分别为该行业小类上市公司营业收入、利润率/全国平均利润率、研发强度/全国平均研发强度、代表性上市公司；受版面限制，部分行业仅展示代表性上市公司，规模较小行业不在图中展示）。从图中可以看出，其他专用设备（113亿）、磷肥及磷化工（30亿）、氯碱（26亿）等行业上市公司营业收入规模较大；其他储能设备（28.2%）、化工设备（13.0%）等行业利润率较高（图中底色偏红板块），氯碱（-6.2%）、磷肥及磷化工（-2.5%）等行业出现亏损（图中底色偏蓝板块）；其他储能设备（5.5%）等行业研发强度较高。

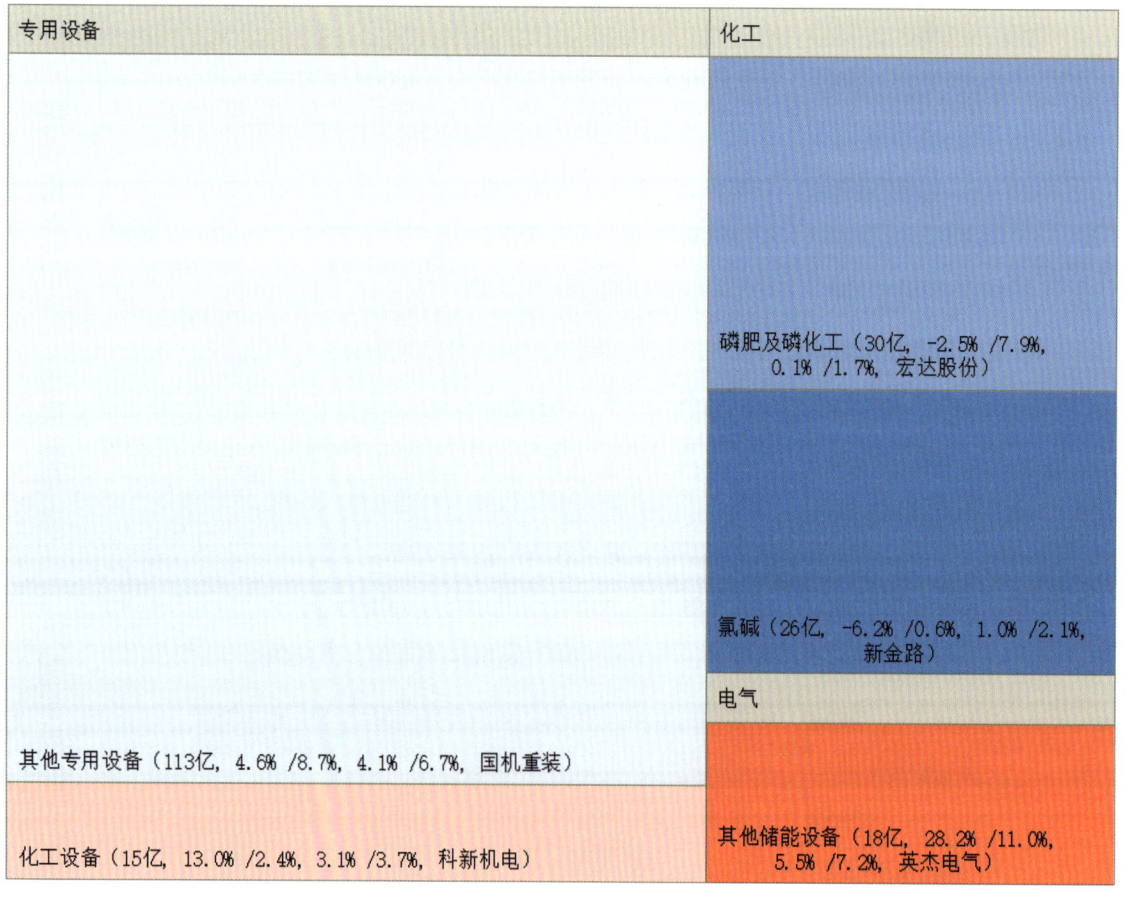

图 2-183　德阳制造业、科技服务业、IT业主要上市公司有关情况

德阳创新能力指数为39.86，在全国地级及以上城市中排第90位（与上年相比上升1位），属于创新城市。从具体指标看，德阳在高层次科技人才等方面具有相对优势，在技术吸纳、政府财力、经济发展新动能培育、财政科技投入、新产品开发、高技术产业发展、企业研发投入等方面存在短板。

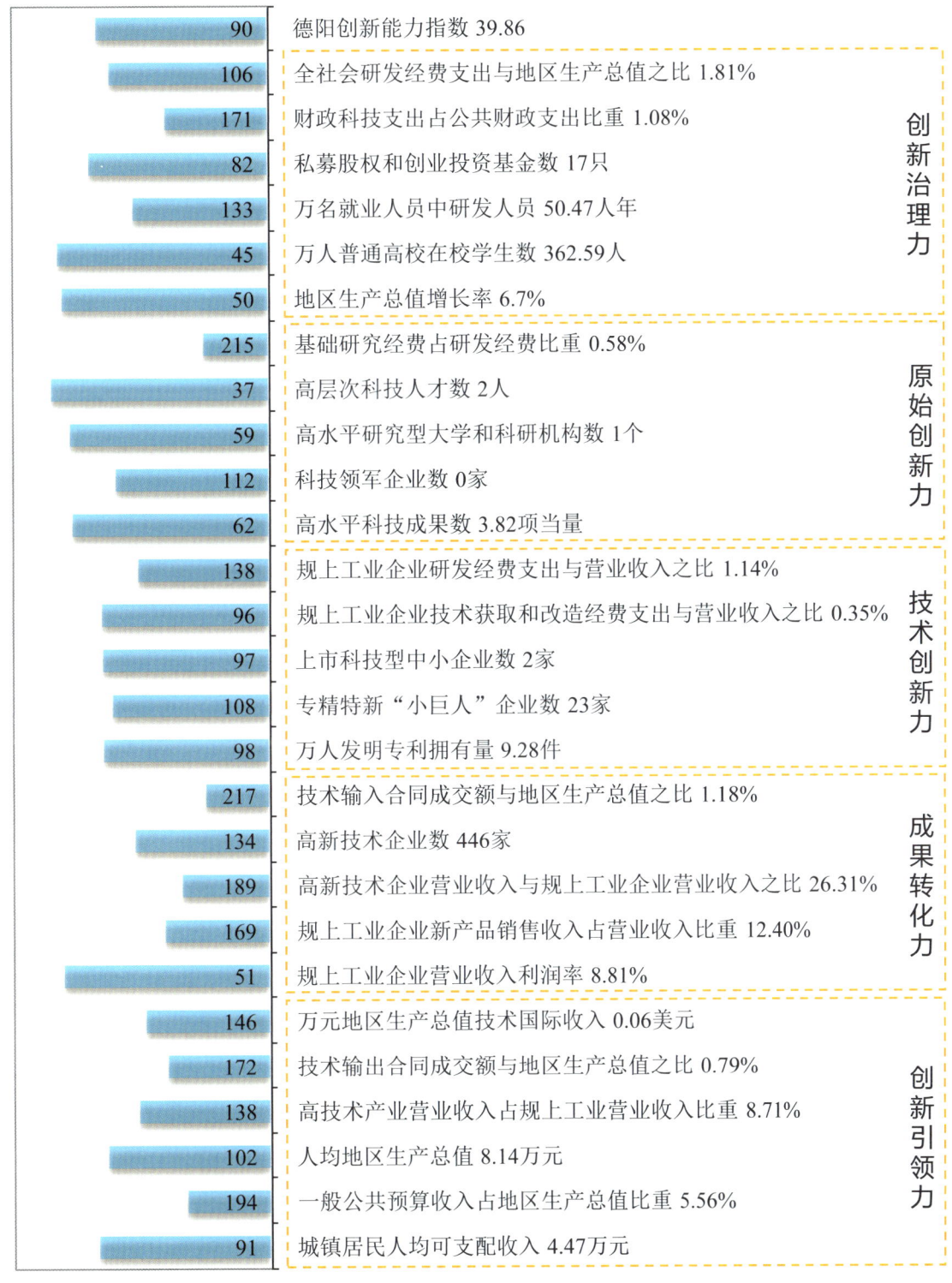

图2-184　德阳创新能力指标数据及全国排名

（十四）包头

2022年，包头地区生产总值3750亿元，在全国地级及以上城市中排第81位；常住人口274万人，排第182位。规上工业企业549家，排第188位，营业收入5365亿元，排第68位。

截至2023年，包头有上市公司7家（居全国第106位），其中制造业、科技服务业、IT业上市公司共6家，涉及钢铁等6个行业大类、普钢等6个行业小类（图2-185中括号内数据分别为该行业小类上市公司营业收入、利润率/全国平均利润率、研发强度/全国平均研发强度、代表性上市公司；受版面限制，部分行业仅展示代表性上市公司，规模较小行业不在图中展示）。从图中可以看出，普钢（706亿）、稀土金属（335亿）、国防装备（100亿）等行业上市公司营业收入规模较大；国防装备（9.4%）、稀土金属（9.3%）、采矿冶金设备（8.4%）、乳制品（8.4%）等行业利润率较高（图中底色偏红板块），普钢（0.7%）等行业利润率较低（图中底色偏蓝板块）；国防装备（5.1%）等行业研发强度较高。

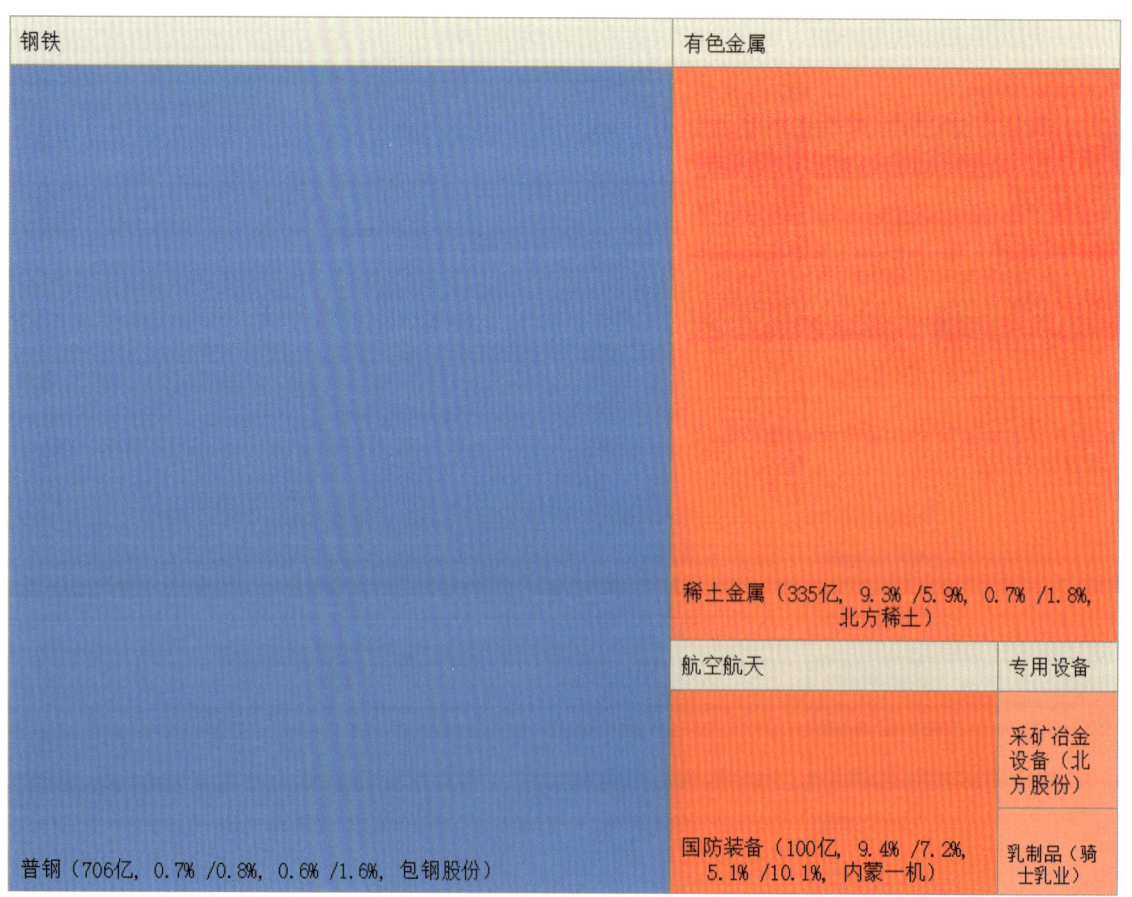

图2-185　包头制造业、科技服务业、IT业主要上市公司有关情况

包头创新能力指数为36.37，在全国地级及以上城市中排第95位（与上年相比下降2位），属于创新城市。从具体指标看，包头在经济活力、经济发展新动能培育、经济发展水平等方面具有相对优势，在企业技术获取和改造、高技术产业发展、政府财力、技术吸纳、财政科技投入、高新技术企业培育等方面存在短板。

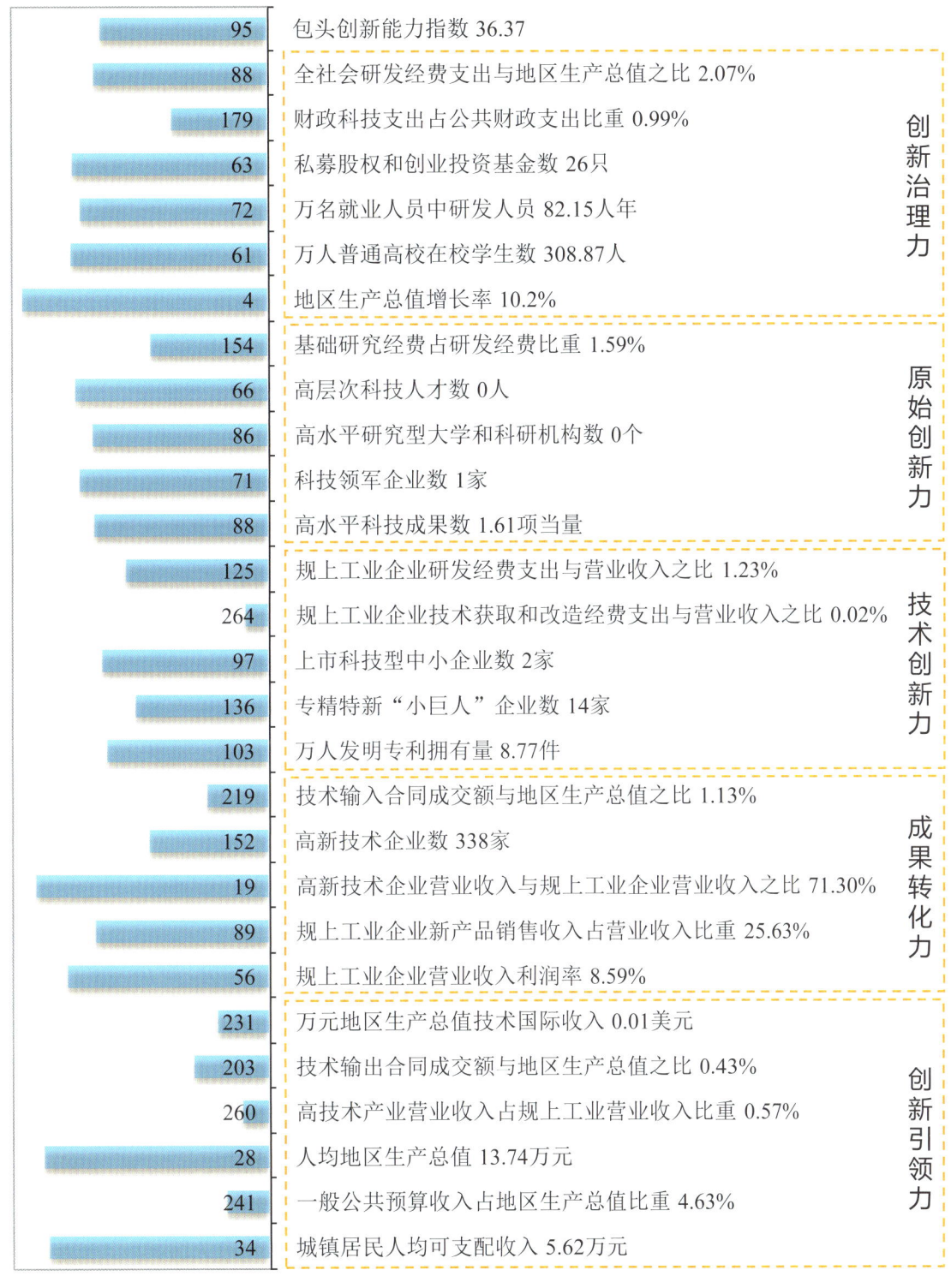

图2-186 包头创新能力指标数据及全国排名

（十五）西宁

2022年,西宁地区生产总值1644亿元,在全国地级及以上城市中排第186位;常住人口248万人,排第198位。规上工业企业247家,排第248位,营业收入2897亿元,排第122位。

截至2023年,西宁有上市公司7家（居全国第106位）,其中制造业、科技服务业、IT业上市公司共6家,涉及有色金属等6个行业大类、铜等6个行业小类（图2-187中括号内数据分别为该行业小类上市公司营业收入、利润率/全国平均利润率、研发强度/全国平均研发强度、代表性上市公司;受版面限制,部分行业仅展示代表性上市公司,规模较小行业不在图中展示）。从图中可以看出,铜（427亿）、线缆及其他（245亿）等行业上市公司营业收入规模较大;特钢（26.0%）、铜（11.9%）等行业利润率较高（图中底色偏红板块）,线缆及其他（1.7%）等行业利润率较低（图中底色偏蓝板块）;特钢（4.7%）、线缆及其他（2.9%）等行业研发强度相对较高。

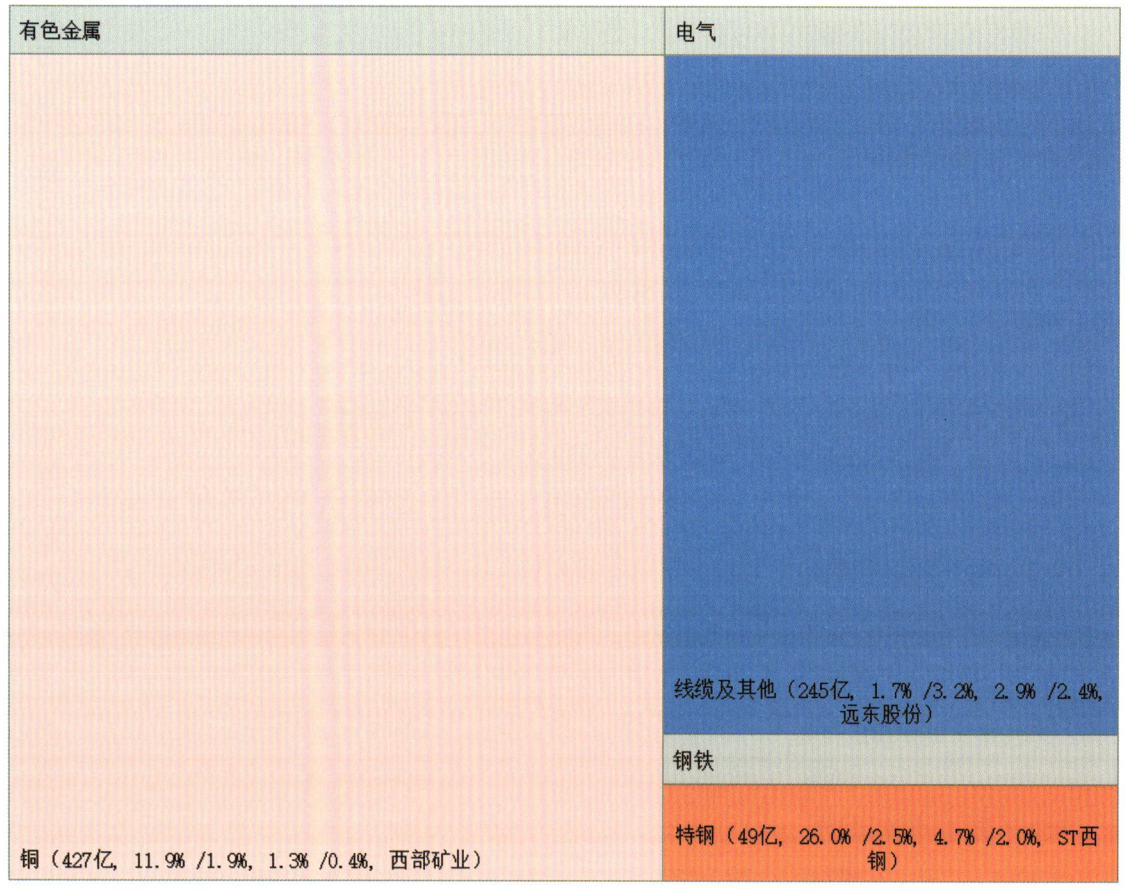

图 2-187　西宁制造业、科技服务业、IT业主要上市公司有关情况

西宁创新能力指数为36.18，在全国地级及以上城市中排第97位（与上年相比上升4位），属于创新城市。从具体指标看，西宁在经济活力、高技术产业发展等方面具有相对优势，在企业研发投入、财政科技投入、企业技术获取和改造、经济发展新动能培育、专精特新"小巨人"企业培育、研发人力投入等方面存在短板。

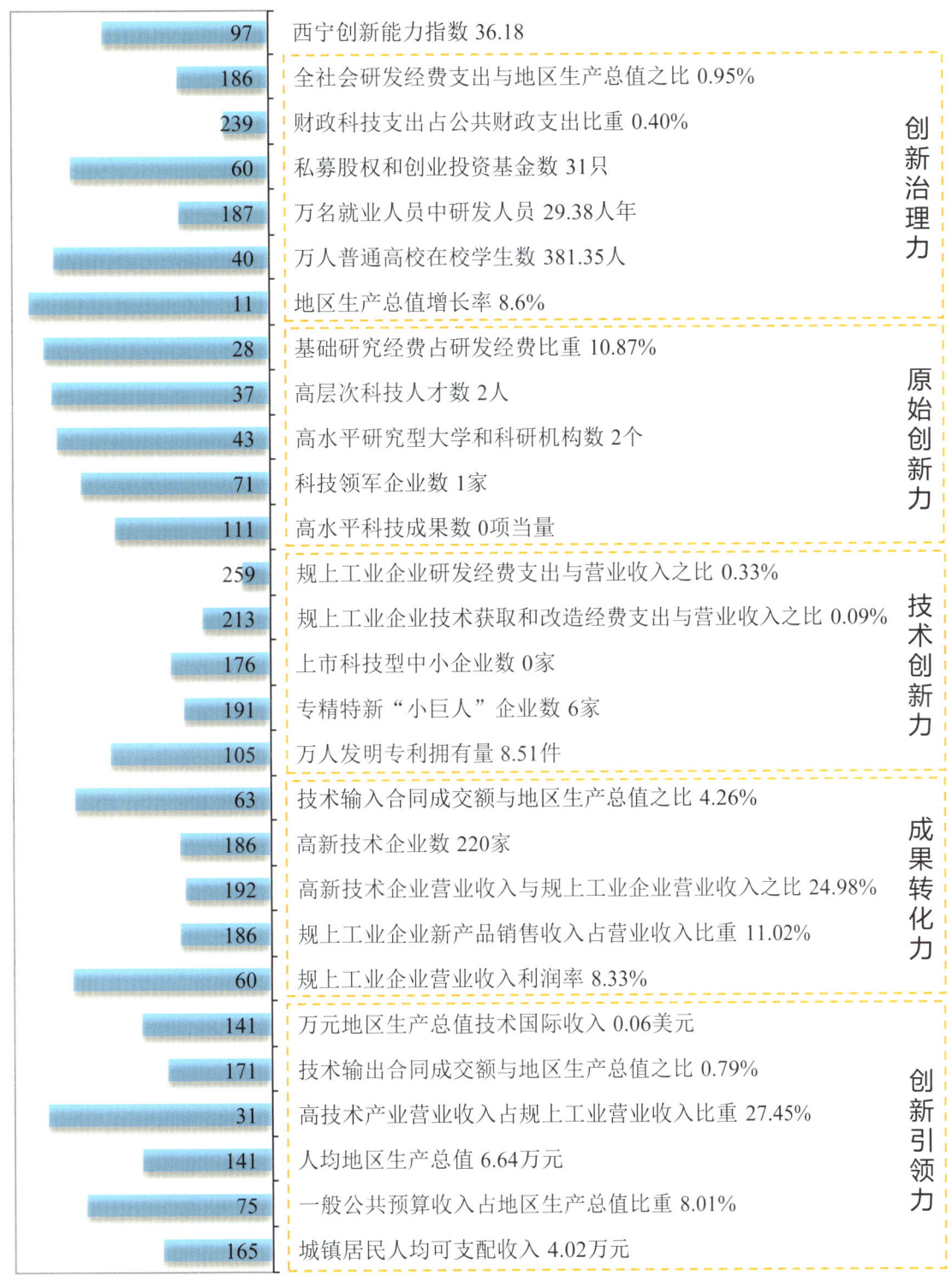

图2-188 西宁创新能力指标数据及全国排名

（十六）鄂尔多斯

2022年，鄂尔多斯地区生产总值5613亿元，在全国地级及以上城市中排第49位；常住人口220万人，排第221位。规上工业企业568家，排第185位，营业收入8112亿元，排第39位。

截至2023年，鄂尔多斯有上市公司4家（居全国第142位），其中制造业、科技服务业、IT业上市公司共3家，涉及钢铁等2个行业大类、其他钢铁等3个行业小类（图2-189中括号内数据分别为该行业小类上市公司营业收入、利润率/全国平均利润率、研发强度/全国平均研发强度、代表性上市公司；受版面限制，部分行业仅展示代表性上市公司，规模较小行业不在图中展示）。从图中可以看出，其他钢铁（306亿）、纯碱（120亿）等行业上市公司营业收入规模较大；纯碱（30.6%）、其他钢铁（15.0%）等行业利润率较高（图中底色偏红板块），氯碱（-6.7%）等行业出现亏损（图中底色偏蓝板块）；氯碱（4.4%）等行业研发强度相对较高。

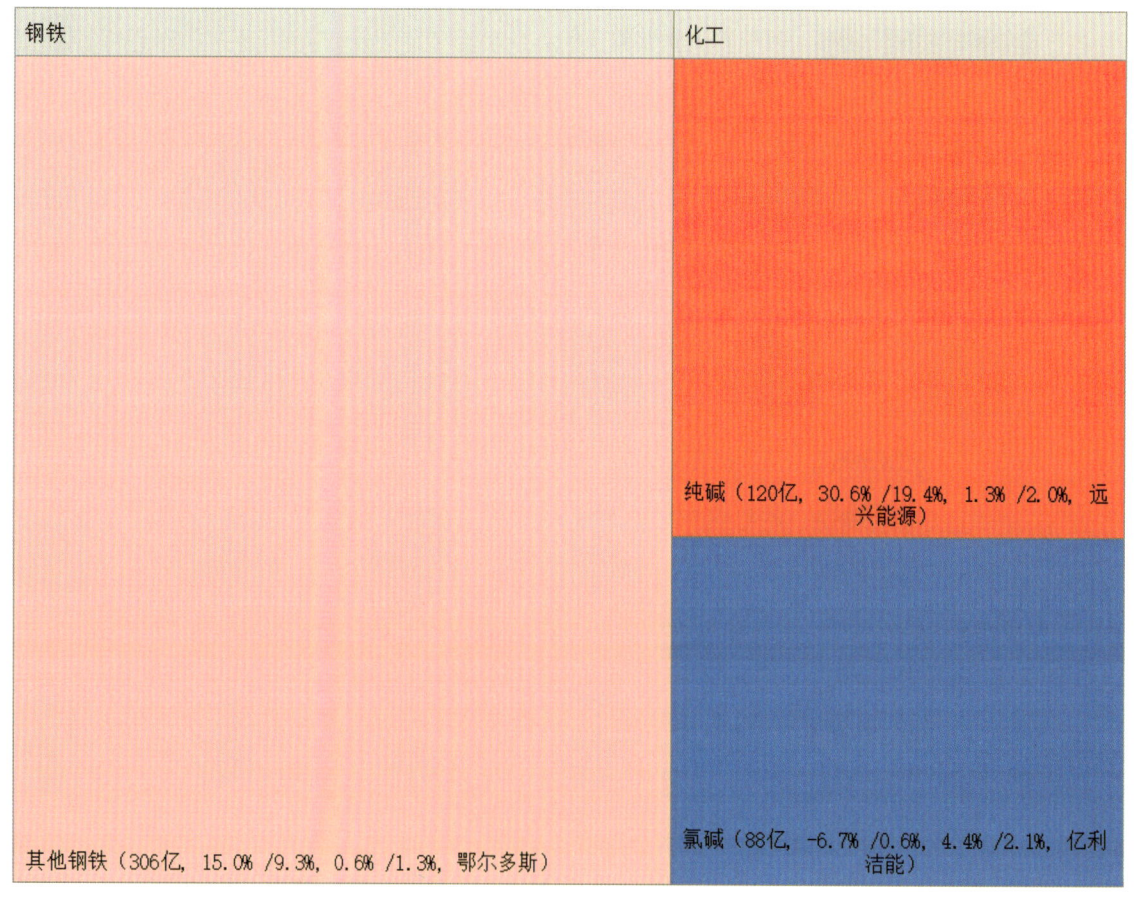

图2-189 鄂尔多斯制造业、科技服务业、IT业主要上市公司有关情况

鄂尔多斯创新能力指数为36.17，在全国地级及以上城市中排第98位（与上年相比上升1位），属于创新城市。从具体指标看，鄂尔多斯在经济发展水平、政府财力、企业经济效益等方面具有相对优势，在高技术产业发展、专精特新"小巨人"企业培育、新产品开发、企业研发投入、人才培养、全社会研发投入等方面存在短板。

排名	指标	维度
98	鄂尔多斯创新能力指数 36.17	
201	全社会研发经费支出与地区生产总值之比 0.79%	创新治理力
155	财政科技支出占公共财政支出比重 1.23%	
109	私募股权和创业投资基金数 9只	
89	万名就业人员中研发人员 69.14人年	
220	万人普通高校在校学生数 90.24人	
35	地区生产总值增长率 7.0%	
211	基础研究经费占研发经费比重 0.60%	原始创新力
66	高层次科技人才数 0人	
86	高水平研究型大学和科研机构数 0个	
71	科技领军企业数 1家	
111	高水平科技成果数 0项当量	
226	规上工业企业研发经费支出与营业收入之比 0.53%	技术创新力
194	规上工业企业技术获取和改造经费支出与营业收入之比 0.12%	
176	上市科技型中小企业数 0家	
246	专精特新"小巨人"企业数 1家	
159	万人发明专利拥有量 4.27件	
102	技术输入合同成交额与地区生产总值之比 3.13%	成果转化力
160	高新技术企业数 301家	
179	高新技术企业营业收入与规上工业企业营业收入之比 28.51%	
242	规上工业企业新产品销售收入占营业收入比重 4.61%	
3	规上工业企业营业收入利润率 29.85%	
188	万元地区生产总值技术国际收入 0.03美元	创新引领力
248	技术输出合同成交额与地区生产总值之比 0.10%	
269	高技术产业营业收入占规上工业营业收入比重 0.16%	
1	人均地区生产总值 25.69万元	
2	一般公共预算收入占地区生产总值比重 15.01%	
37	城镇居民人均可支配收入 5.60万元	

图2-190 鄂尔多斯创新能力指标数据及全国排名

（十七）拉萨

2022年，拉萨地区生产总值748亿元，在全国地级及以上城市中排第261位；常住人口87万人，排第279位。规上工业企业97家，排第281位，营业收入179亿元，排第284位。

截至2023年，拉萨有上市公司17家（居全国第59位），其中制造业、科技服务业、IT业上市公司共12家，涉及医药等7个行业大类、水泥与混凝土等11个行业小类（图2-191中括号内数据分别为该行业小类上市公司营业收入、利润率/全国平均利润率、研发强度/全国平均研发强度、代表性上市公司；受版面限制，部分行业仅展示代表性上市公司，规模较小行业不在图中展示）。从图中可以看出，水泥与混凝土（41亿）、其他生物药品（31亿）、铅锌（23亿）等行业上市公司营业收入规模较大；锂（41.3%）、其他食品（29.7%）、其他生物药品（28.7%）、药品制剂（13.2%）等行业利润率较高（图中底色偏红板块），水泥与混凝土（-13.3%）、铅锌（-5.2%）等行业出现亏损（图中底色偏蓝板块）；通用软件（27.2%）、行业应用软件（10.7%）等行业研发强度较高。

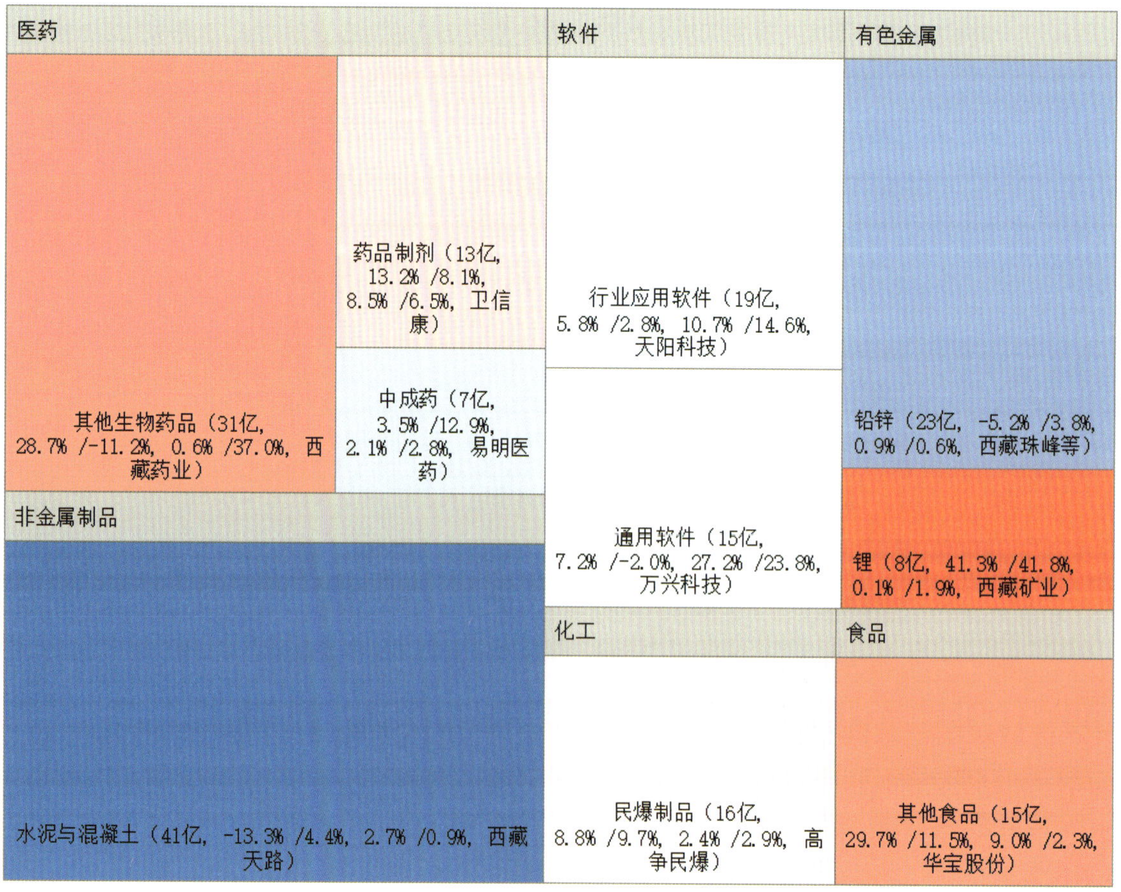

图2-191 拉萨制造业、科技服务业、IT业主要上市公司有关情况

拉萨创新能力指数为36.15，在全国地级及以上城市中排第100位（与上年相比下降3位），属于创新城市。从具体指标看，拉萨在经济发展新动能培育、经济活力、技术吸纳等方面具有相对优势，在新产品开发、企业技术获取和改造、企业经济效益、全社会研发投入、财政科技投入、高新技术企业培育等方面存在短板。

排名	指标	维度
100	拉萨创新能力指数 36.15	
255	全社会研发经费支出与地区生产总值之比 0.40%	创新治理力
243	财政科技支出占公共财政支出比重 0.38%	
116	私募股权和创业投资基金数 7只	
111	万名就业人员中研发人员 60.42人年	
35	万人普通高校在校学生数 429.85人	
7	地区生产总值增长率 9.6%	
8	基础研究经费占研发经费比重 19.54%	原始创新力
37	高层次科技人才数 2人	
86	高水平研究型大学和科研机构数 0个	
112	科技领军企业数 0家	
88	高水平科技成果数 1.61项当量	
235	规上工业企业研发经费支出与营业收入之比 0.48%	技术创新力
284	规上工业企业技术获取和改造经费支出与营业收入之比 0	
67	上市科技型中小企业数 4家	
207	专精特新"小巨人"企业数 4家	
95	万人发明专利拥有量 9.56件	
10	技术输入合同成交额与地区生产总值之比 8.13%	成果转化力
240	高新技术企业数 115家	
6	高新技术企业营业收入与规上工业企业营业收入之比 97.93%	
287	规上工业企业新产品销售收入占营业收入比重 0	
260	规上工业企业营业收入利润率 1.61%	
235	万元地区生产总值技术国际收入 0.00美元	创新引领力
169	技术输出合同成交额与地区生产总值之比 0.83%	
108	高技术产业营业收入占规上工业营业收入比重 11.11%	
91	人均地区生产总值 8.61万元	
25	一般公共预算收入占地区生产总值比重 9.69%	
52	城镇居民人均可支配收入 5.16万元	

图 2-192　拉萨创新能力指标数据及全国排名

四、东北地区

（一）沈阳

2022年，沈阳地区生产总值7696亿元，在全国地级及以上城市中排第32位；常住人口915万人，排第29位。规上工业企业1824家，排第75位，营业收入7285亿元，排第46位。

截至2023年，沈阳有上市公司35家（居全国第39位），其中制造业、科技服务业、IT业上市公司共21家，涉及航空航天等10个行业大类、航空等15个行业小类（图2-193中括号内数据分别为该行业小类上市公司营业收入、利润率/全国平均利润率、研发强度/全国平均研发强度、代表性上市公司；受版面限制，部分行业仅展示代表性上市公司，规模较小行业不在图中展示）。从图中可以看出，航空（462亿）、采矿冶金设备（201亿）等行业上市公司营业收入规模较大；疫苗（33.0%）、半导体设备（18.6%）等行业利润率较高（图中底色偏红板块），其他化学原料（-8.2%）等行业出现亏损（图中底色偏蓝板块）；半导体设备（15.1%）、疫苗（12.6%）等行业研发强度较高。

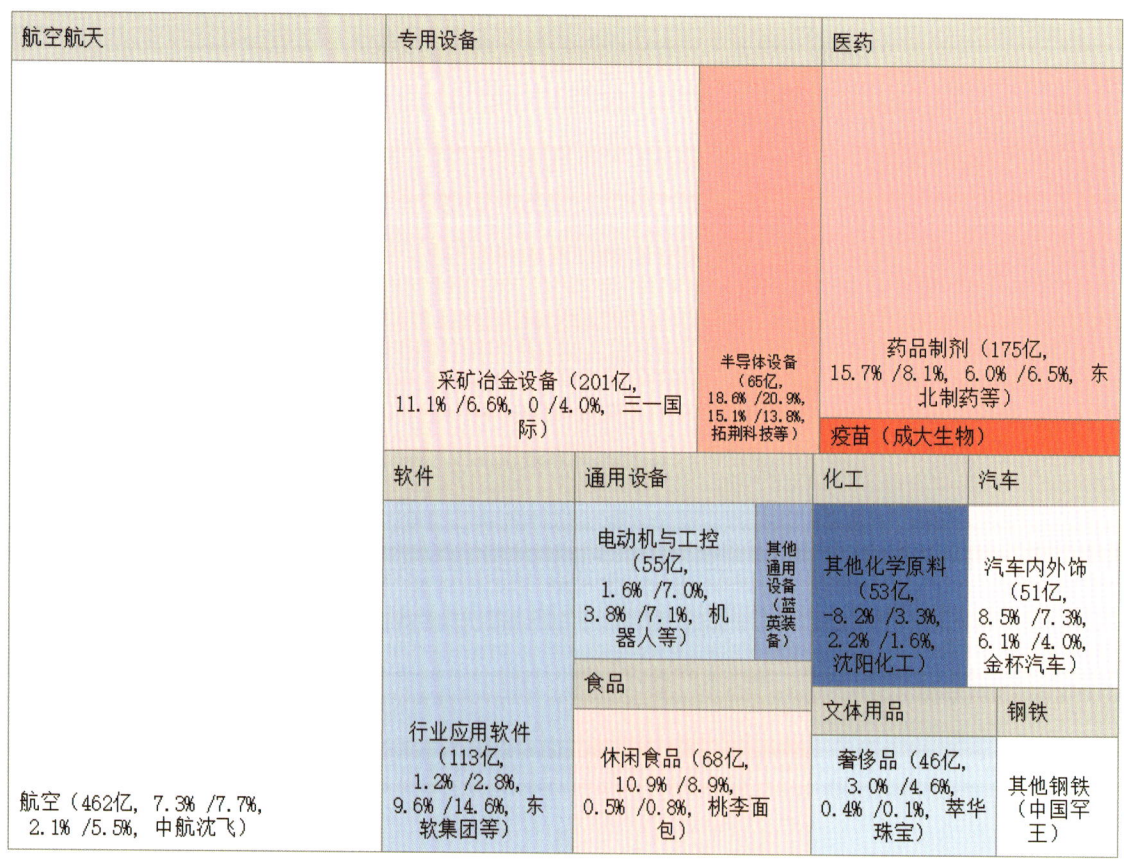

图 2-193　沈阳制造业、科技服务业、IT业主要上市公司有关情况

沈阳创新能力指数为63.09，在全国地级及以上城市中排第19位（与上年相比上升1位），属于科技强市。从具体指标看，沈阳在高水平研究型大学和科研机构、高水平科技成果产出、高层次科技人才等方面优势突出，在企业研发投入、新产品开发、企业技术获取和改造、技术吸纳、经济发展水平、财政科技投入等方面存在短板。

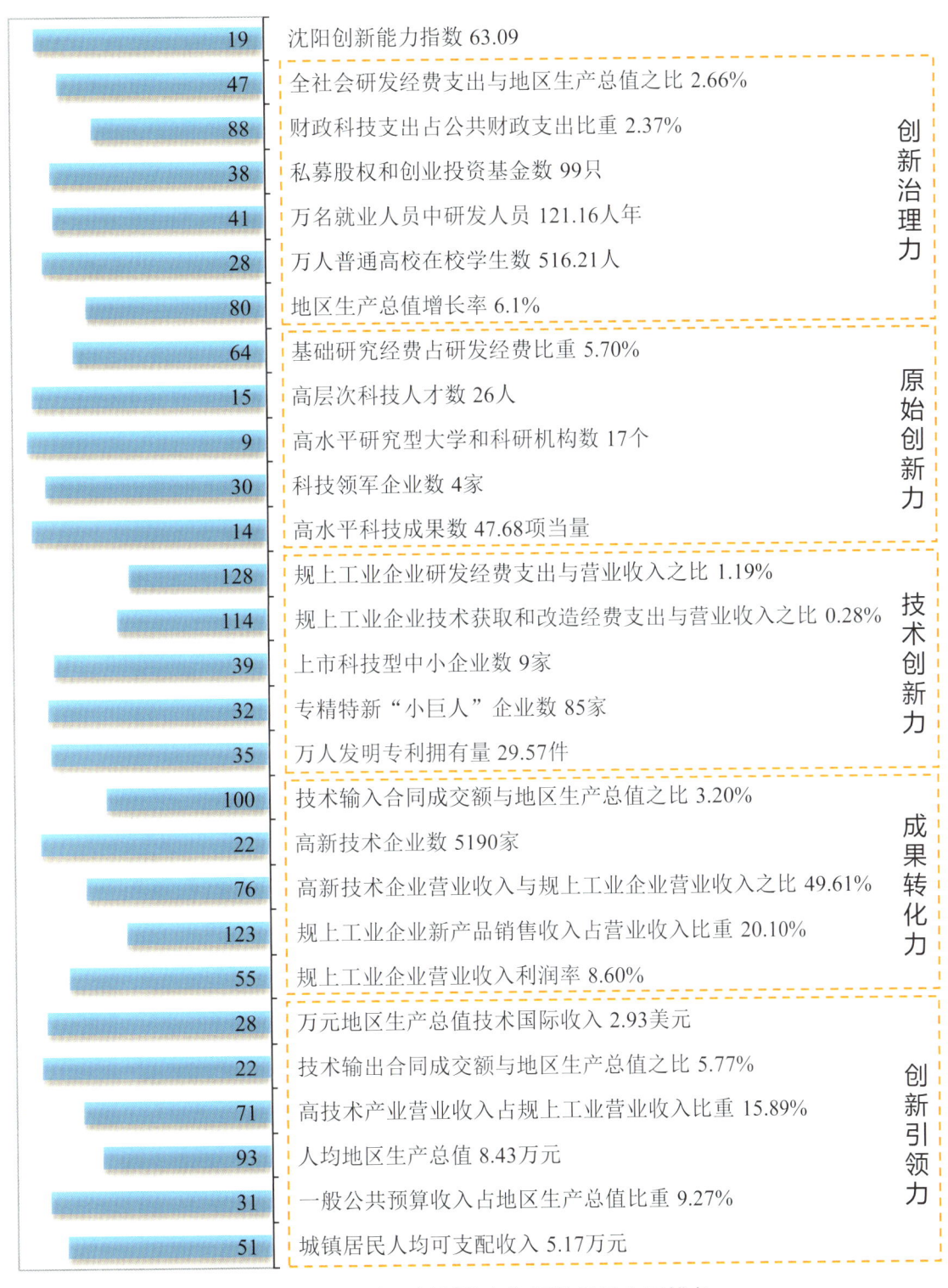

图2-194 沈阳创新能力指标数据及全国排名

（二）大连

2022 年，大连地区生产总值 8431 亿元，在全国地级及以上城市中排第 29 位；常住人口 753 万人，排第 44 位。规上工业企业 2135 家，排第 57 位，营业收入 9584 亿元，排第 28 位。

截至 2023 年，大连有上市公司 34 家（居全国第 41 位），其中制造业、科技服务业、IT 业上市公司共 19 家，涉及化工等 9 个行业大类、其他化学原料等 14 个行业小类（图 2-195 中括号内数据分别为该行业小类上市公司营业收入、利润率/全国平均利润率、研发强度/全国平均研发强度、代表性上市公司；受版面限制，部分行业仅展示代表性上市公司，规模较小行业不在图中展示）。从图中可以看出，其他化学原料（2348 亿）、其他专用设备（145 亿）、疫苗（108 亿）等行业上市公司营业收入规模较大；改性塑料(-10.4%)等行业出现亏损(图中底色偏蓝板块)；其他专用设备（7.4%）等行业研发强度较高。

化工		专用设备	
		其他专用设备（145亿，4.0%／8.7%，7.4%／6.7%，大连重工等）	
		医药	
		疫苗（108亿，1.4%／11.7%，2.0%／7.3%，辽宁成大）	
		电气	橡胶塑料
		光伏产品（68亿，6.1%／10.6%，4.3%／2.2%，连城数控等）	改性塑料（64亿，-10.4%／1.6%，3.7%／4.0%，中广核技）
其他化学原料（2348亿，3.8%／3.3%，0.6%／1.6%，恒力石化）			其他通用设备（冰山冷热）

图 2-195　大连制造业、科技服务业、IT 业主要上市公司有关情况

大连创新能力指数为61.38，在全国地级及以上城市中排第22位（与上年相比下降3位），属于创新强市。从具体指标看，大连在国际技术输出、高层次科技人才、高水平研究型大学和科研机构、高水平科技成果产出等方面具有相对优势，在企业技术获取和改造、新产品开发、高技术产业发展、经济发展新动能培育等方面存在短板。

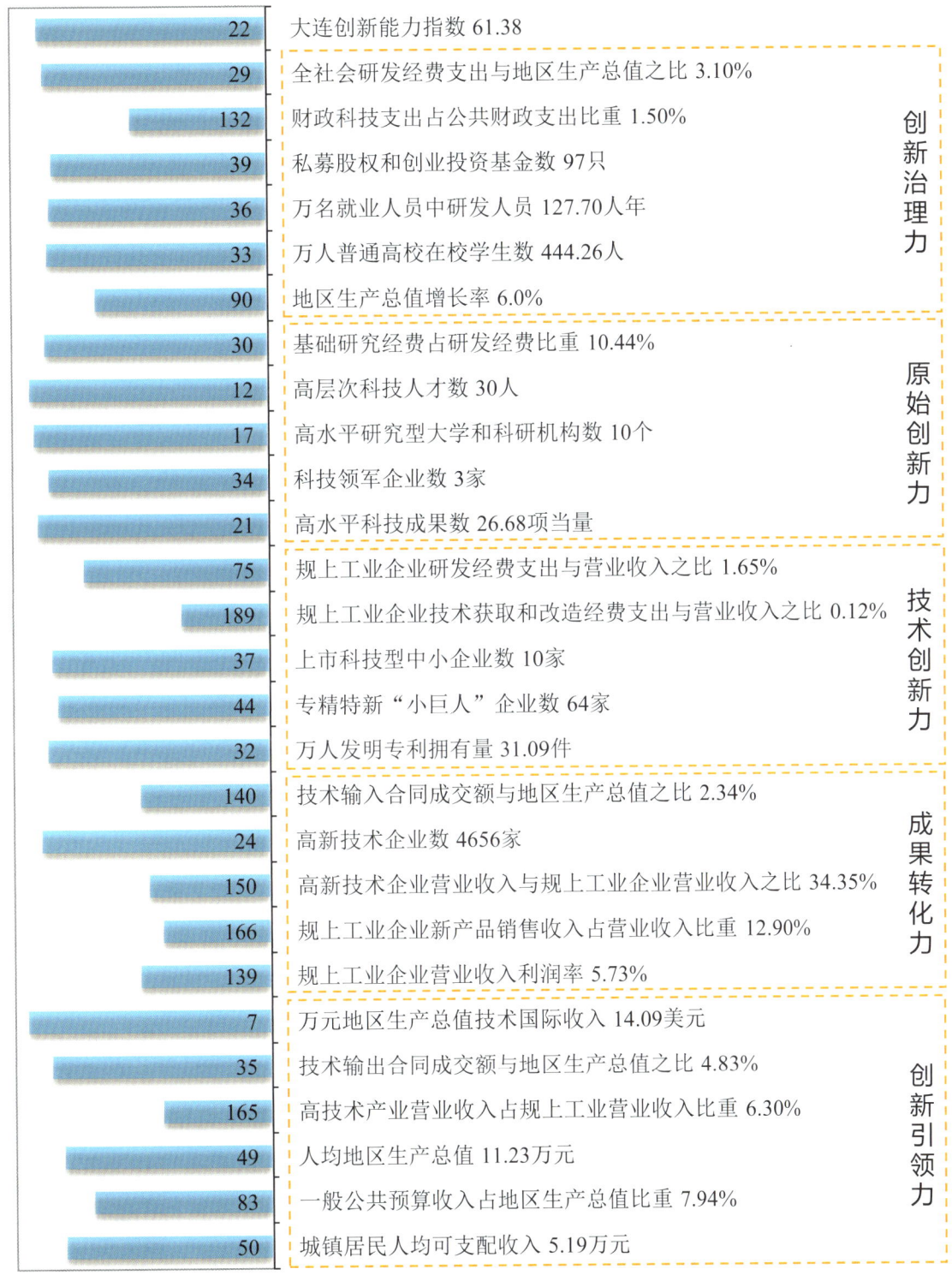

图2-196　大连创新能力指标数据及全国排名

(三)哈尔滨

2022年,哈尔滨地区生产总值5490亿元,在全国地级及以上城市中排第53位;常住人口982万人,排第19位。规上工业企业1433家,排第96位,营业收入3358亿元,排第106位。

截至2023年,哈尔滨有上市公司36家(居全国第36位),其中制造业、科技服务业、IT业上市公司共18家,涉及电气等9个行业大类、其他发电设备等13个行业小类(图2-197中括号内数据分别为该行业小类上市公司营业收入、利润率/全国平均利润率、研发强度/全国平均研发强度、代表性上市公司;受版面限制,部分行业仅展示代表性上市公司,规模较小行业不在图中展示)。从图中可以看出,其他发电设备(286亿)、航空(241亿)、药品制剂(193亿)等行业上市公司营业收入规模较大;美容护理(51.8%)、中成药(24.0%)、化工设备(16.8%)等行业利润率较高(图中底色偏红板块),光学元件(-29.6%)、汽车电子(-1.8%)等行业出现亏损(图中底色偏蓝板块);光学元件(22.7%)、汽车电子(5.7%)等行业研发强度较高。

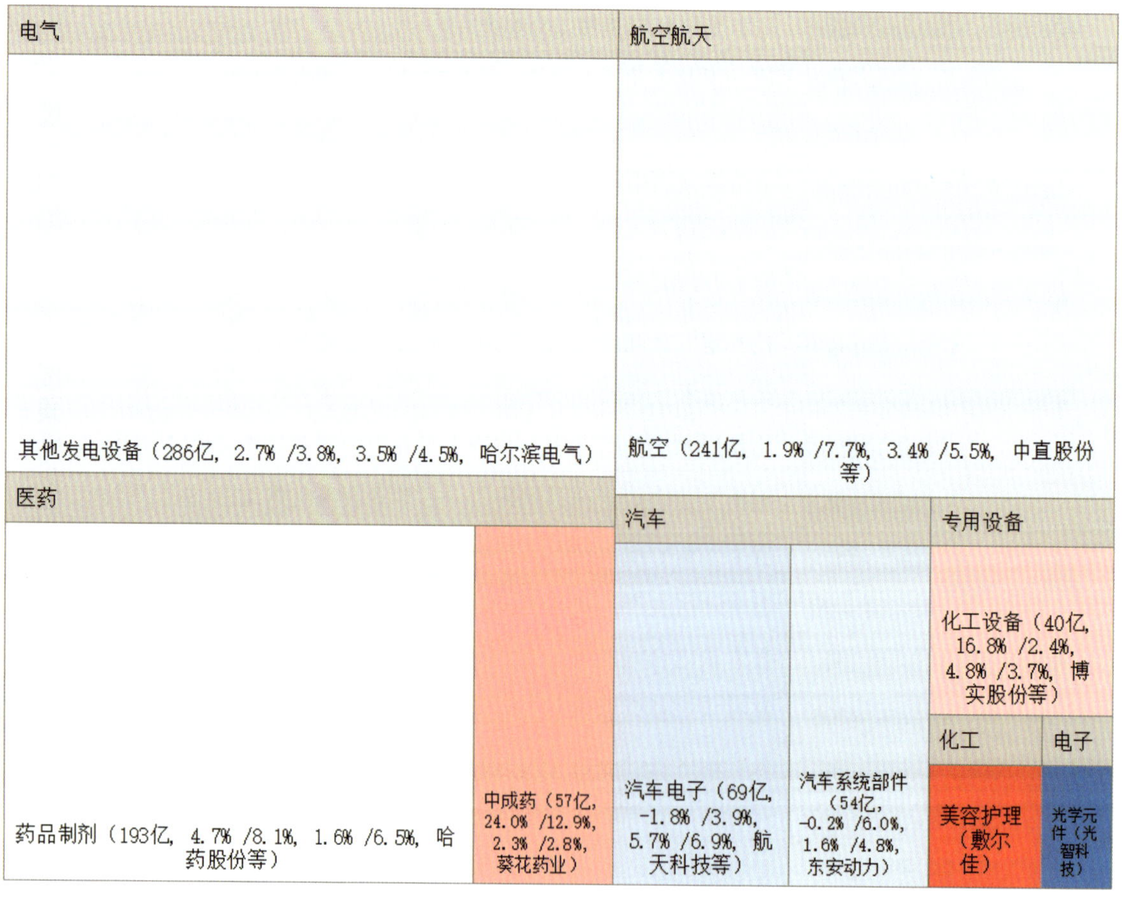

图2-197 哈尔滨制造业、科技服务业、IT业主要上市公司有关情况

哈尔滨创新能力指数为57.27，在全国地级及以上城市中排第34位（与上年相比上升6位），属于创新强市。从具体指标看，哈尔滨在人才培养、高层次科技人才、高水平研究型大学和科研机构、技术输出、高水平科技成果产出等方面具有相对优势，在经济活力、政府财力、企业经济效益、财政科技投入、经济发展水平等方面存在短板。

排名	指标	维度
34	哈尔滨创新能力指数 57.27	
41	全社会研发经费支出与地区生产总值之比 2.79%	创新治理力
181	财政科技支出占公共财政支出比重 0.98%	
45	私募股权和创业投资基金数 64只	
56	万名就业人员中研发人员 98.29人年	
10	万人普通高校在校学生数 781.87人	
257	地区生产总值增长率 3.1%	
22	基础研究经费占研发经费比重 12.36%	原始创新力
11	高层次科技人才数 33人	
12	高水平研究型大学和科研机构数 14个	
49	科技领军企业数 2家	
17	高水平科技成果数 36.43项当量	
124	规上工业企业研发经费支出与营业收入之比 1.24%	技术创新力
71	规上工业企业技术获取和改造经费支出与营业收入之比 0.46%	
47	上市科技型中小企业数 7家	
64	专精特新"小巨人"企业数 40家	
31	万人发明专利拥有量 33.28件	
89	技术输入合同成交额与地区生产总值之比 3.36%	成果转化力
35	高新技术企业数 2848家	
30	高新技术企业营业收入与规上工业企业营业收入之比 63.41%	
124	规上工业企业新产品销售收入占营业收入比重 19.95%	
216	规上工业企业营业收入利润率 3.76%	
56	万元地区生产总值技术国际收入 0.49美元	创新引领力
16	技术输出合同成交额与地区生产总值之比 6.14%	
65	高技术产业营业收入占规上工业营业收入比重 17.33%	
180	人均地区生产总值 5.57万元	
230	一般公共预算收入占地区生产总值比重 4.78%	
99	城镇居民人均可支配收入 4.40万元	

图 2-198 哈尔滨创新能力指标数据及全国排名

（四）长春

2022 年，长春地区生产总值 6745 亿元，在全国地级及以上城市中排第 40 位；常住人口 907 万人，排第 30 位。规上工业企业 1298 家，排第 108 位，营业收入 8455 亿元，排第 35 位。

截至 2023 年，长春有上市公司 35 家（居全国第 39 位），其中制造业、科技服务业、IT 业上市公司共 23 家，涉及汽车等 12 个行业大类、商用车等 18 个行业小类（图 2-199 中括号内数据分别为该行业小类上市公司营业收入、利润率/全国平均利润率、研发强度/全国平均研发强度、代表性上市公司；受版面限制，部分行业仅展示代表性上市公司，规模较小行业不在图中展示）。从图中可以看出，商用车（657 亿）、汽车内外饰（208 亿）、汽车系统部件（158 亿）等行业上市公司营业收入规模较大；其他生物药品（38.4%）、疫苗（30.7%）等行业利润率较高（图中底色偏红板块），商用车（0.5%）、电池部件及材料（2.1%）、其他汽车零部件（2.3%）等行业利润率较低（图中底色偏蓝板块）；其他生物药品（11.8%）、疫苗（10.9%）等行业研发强度较高。

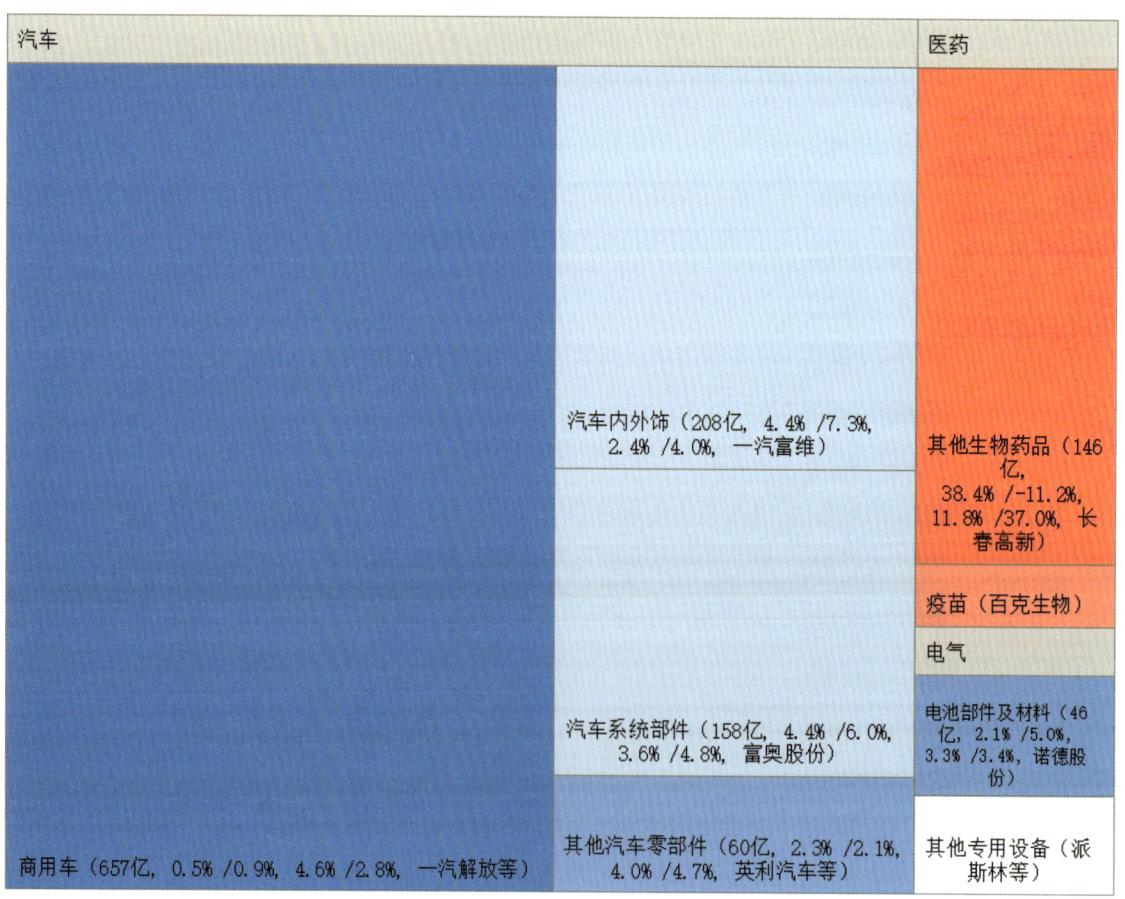

图 2-199 长春制造业、科技服务业、IT 业主要上市公司有关情况

长春创新能力指数为55.52，在全国地级及以上城市中排第39位（与上年相比下降12位），属于创新强市。从具体指标看，长春在高水平科技成果产出、高层次科技人才、高水平研究型大学和科研机构、人才培养等方面具有相对优势，在财政科技投入、高技术产业发展、居民收入、技术输出、企业研发投入等方面存在短板。

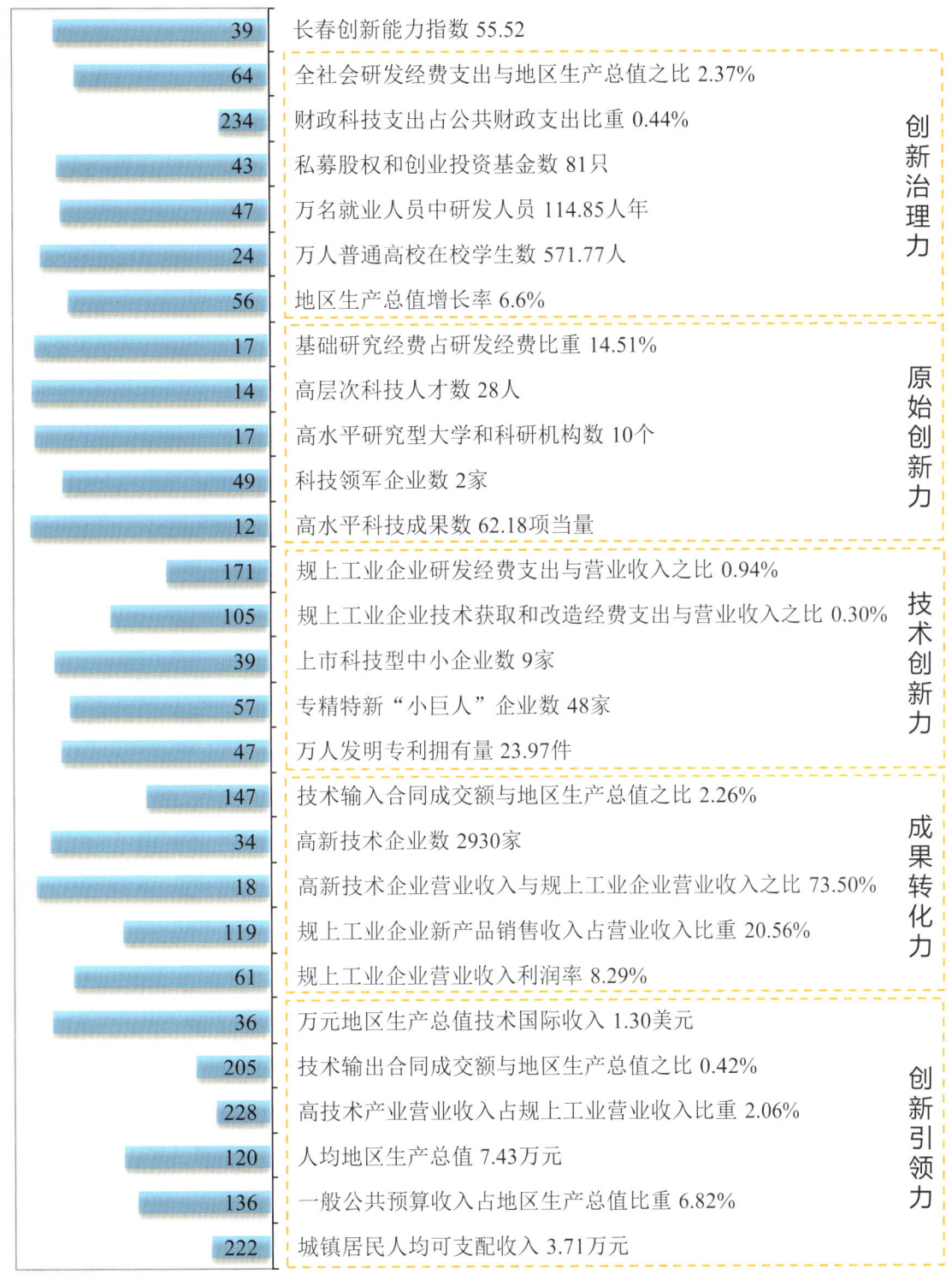

图 2-200　长春创新能力指标数据及全国排名

第三章 创新能力百强城市部分指标[1]

一、创新治理力部分指标

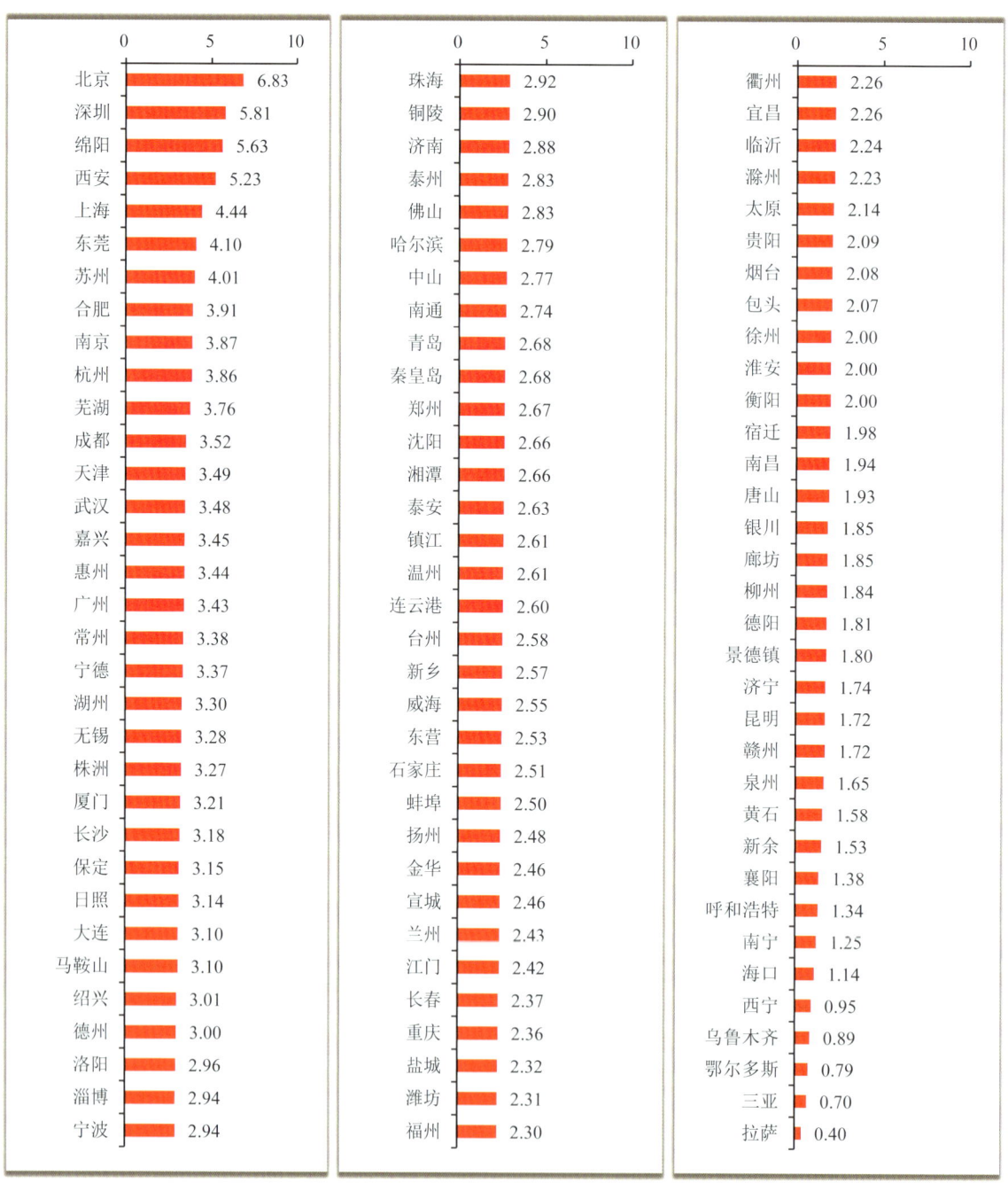

图 3-1 全社会研发经费支出与地区生产总值之比（单位：%）

---
[1] 此部分仅展示了进入全国创新能力百强城市的部分指标数据。

图 3-2 财政科技支出占公共财政支出比重（单位：%）

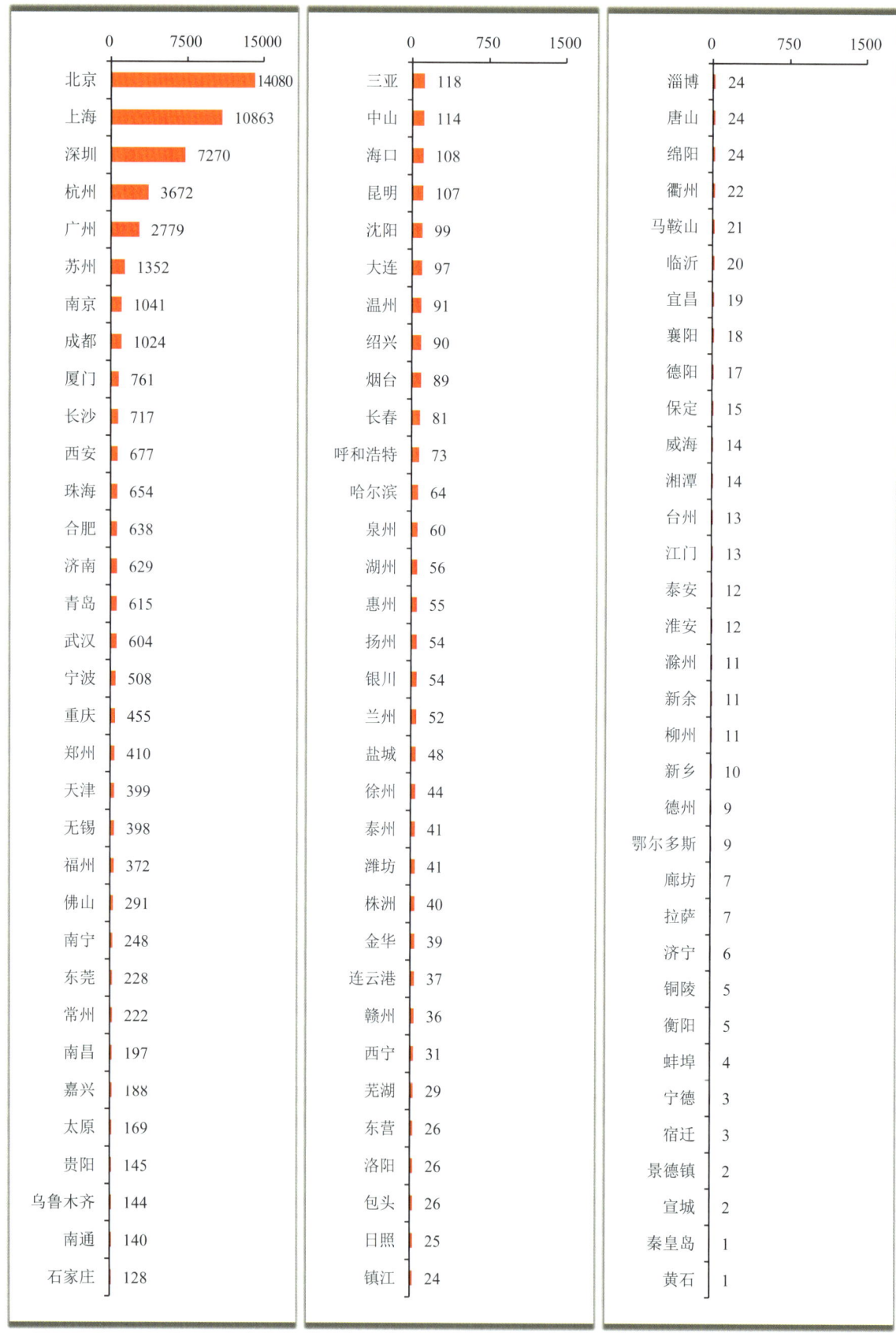

图 3-3 私募股权和创业投资基金数（单位：只）

图 3-4　万名就业人员中研发人员（单位：人年）

二、原始创新力部分指标

图 3-5　基础研究经费占研发经费比重（单位：%）

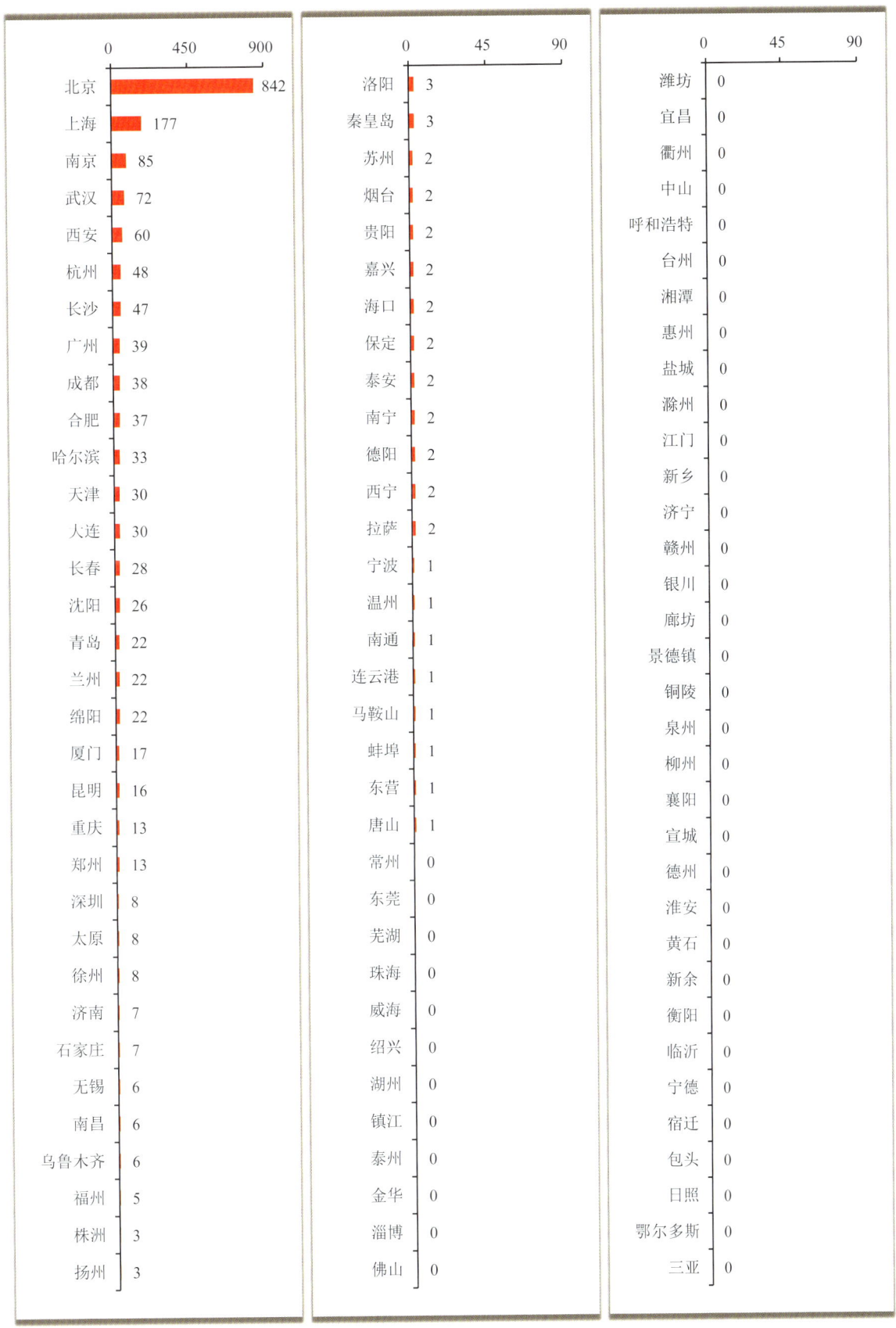

图 3-6　高层次科技人才数（单位：人）

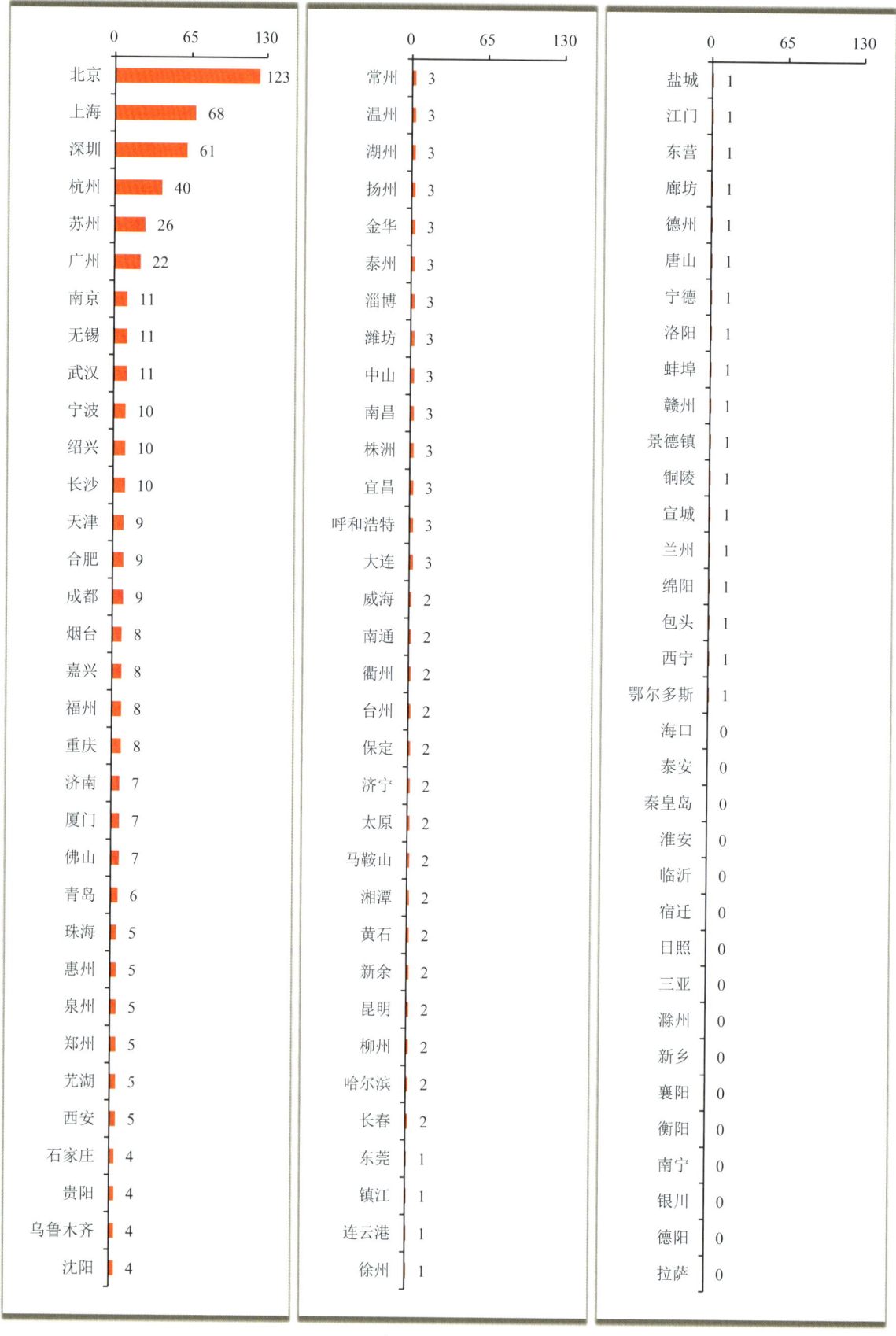

图 3-7　科技领军企业数（单位：家）

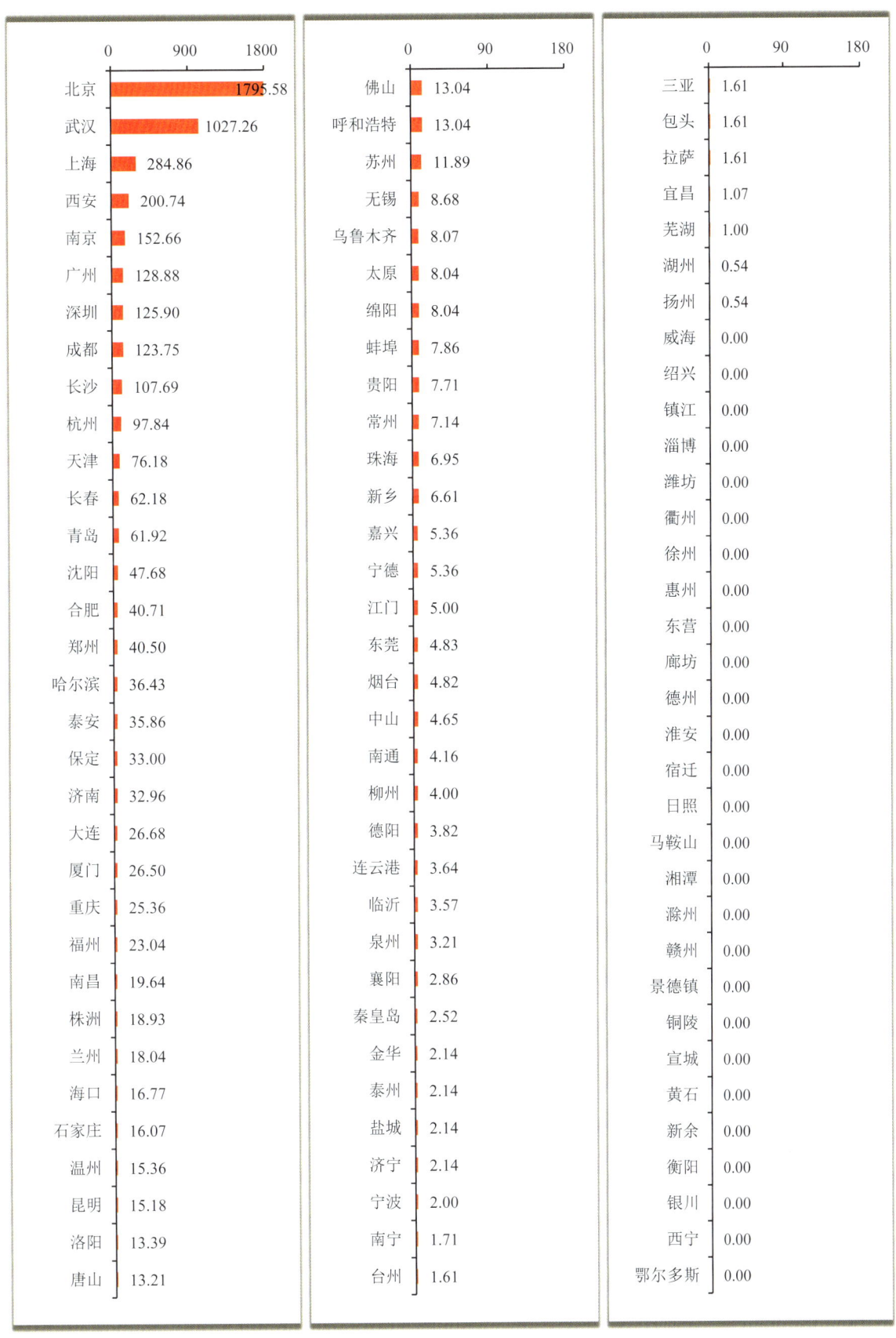

图 3-8 高水平科技成果数（单位：项当量）

三、技术创新力部分指标

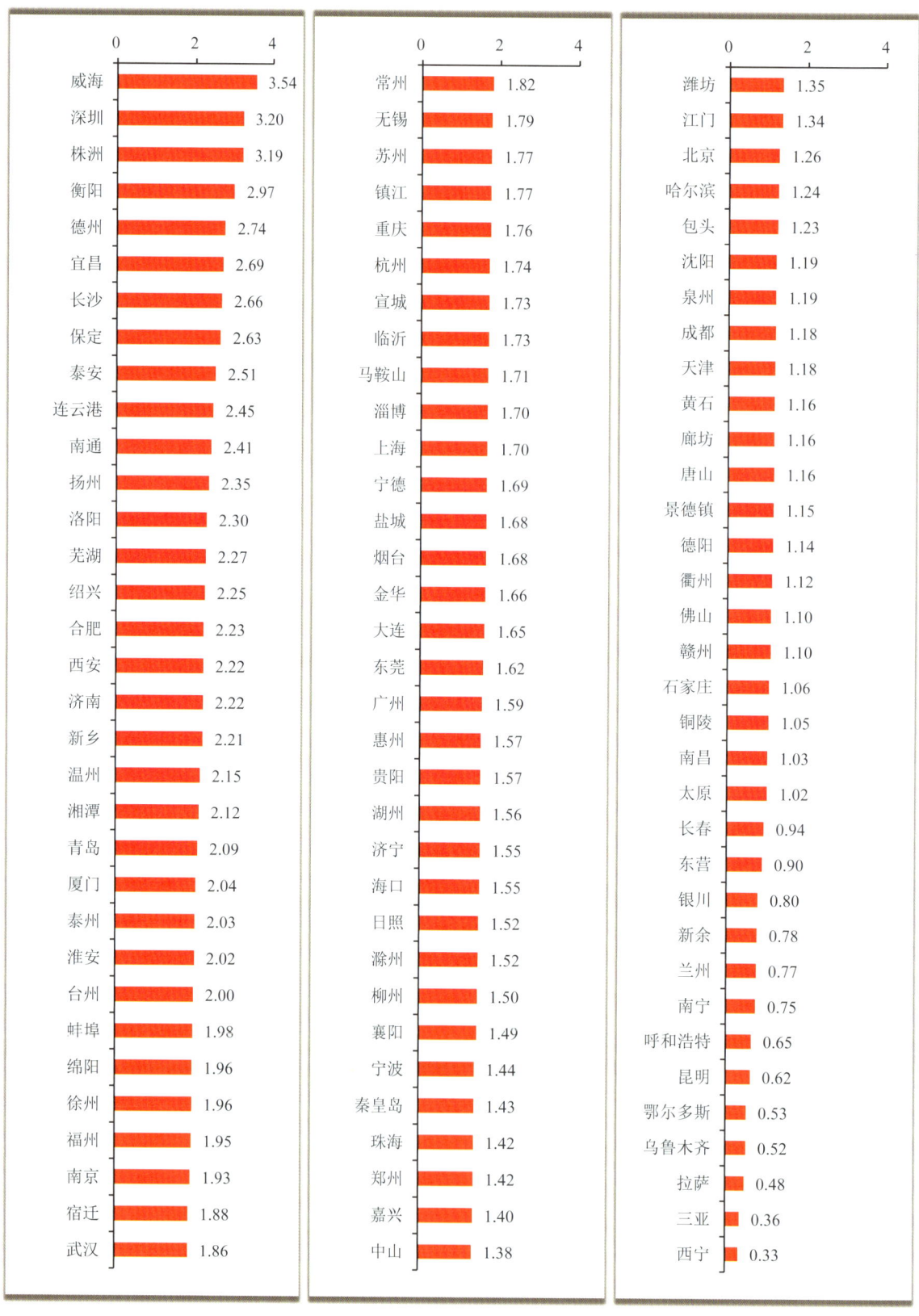

图 3-9　规上工业企业研发经费支出与营业收入之比（单位：%）

图 3-10 规上工业企业技术获取和改造经费支出与营业收入之比（单位：%）

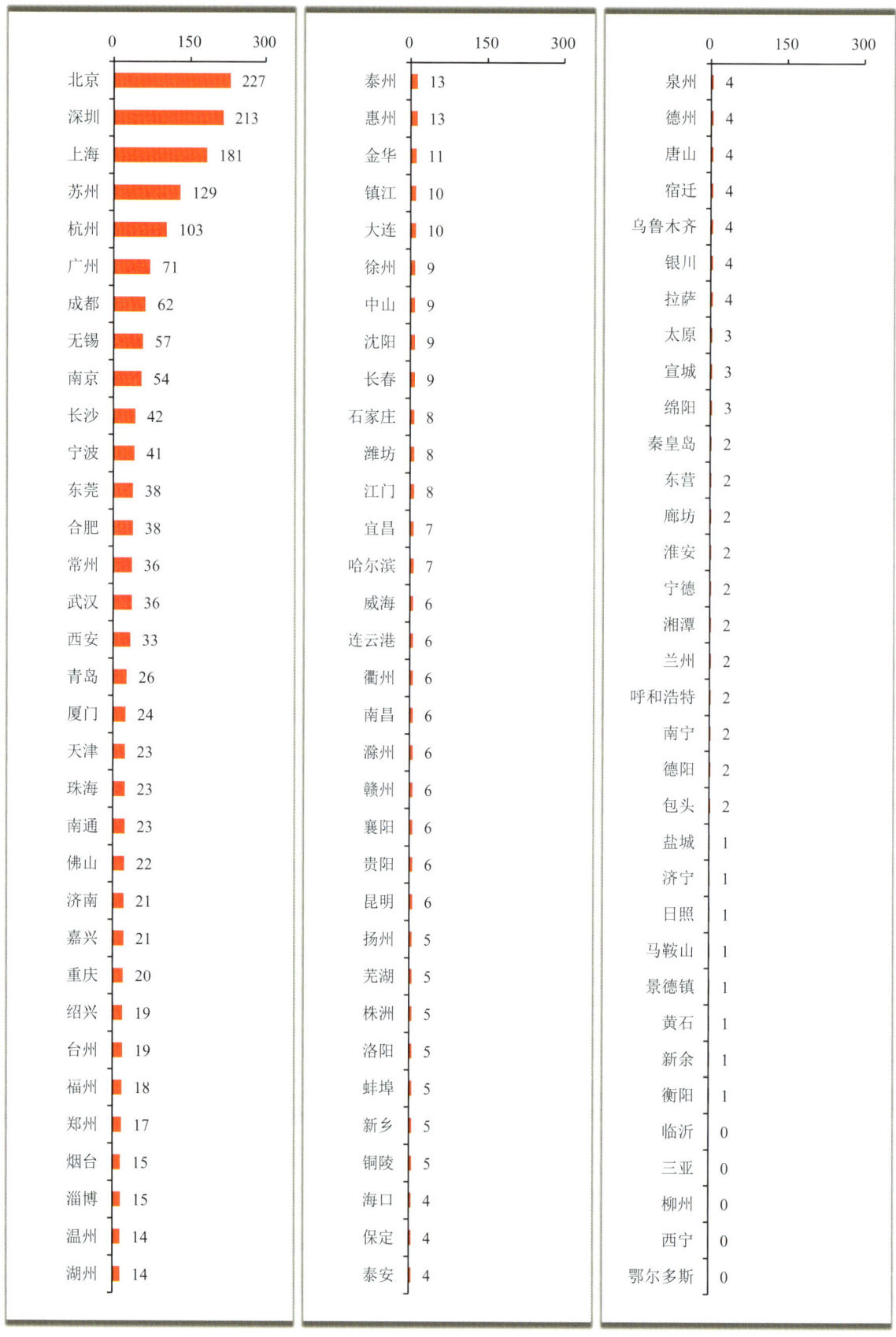

图 3-11　上市科技型中小企业数（单位：家）

图 3-12　万人发明专利拥有量（单位：件）

四、成果转化力部分指标

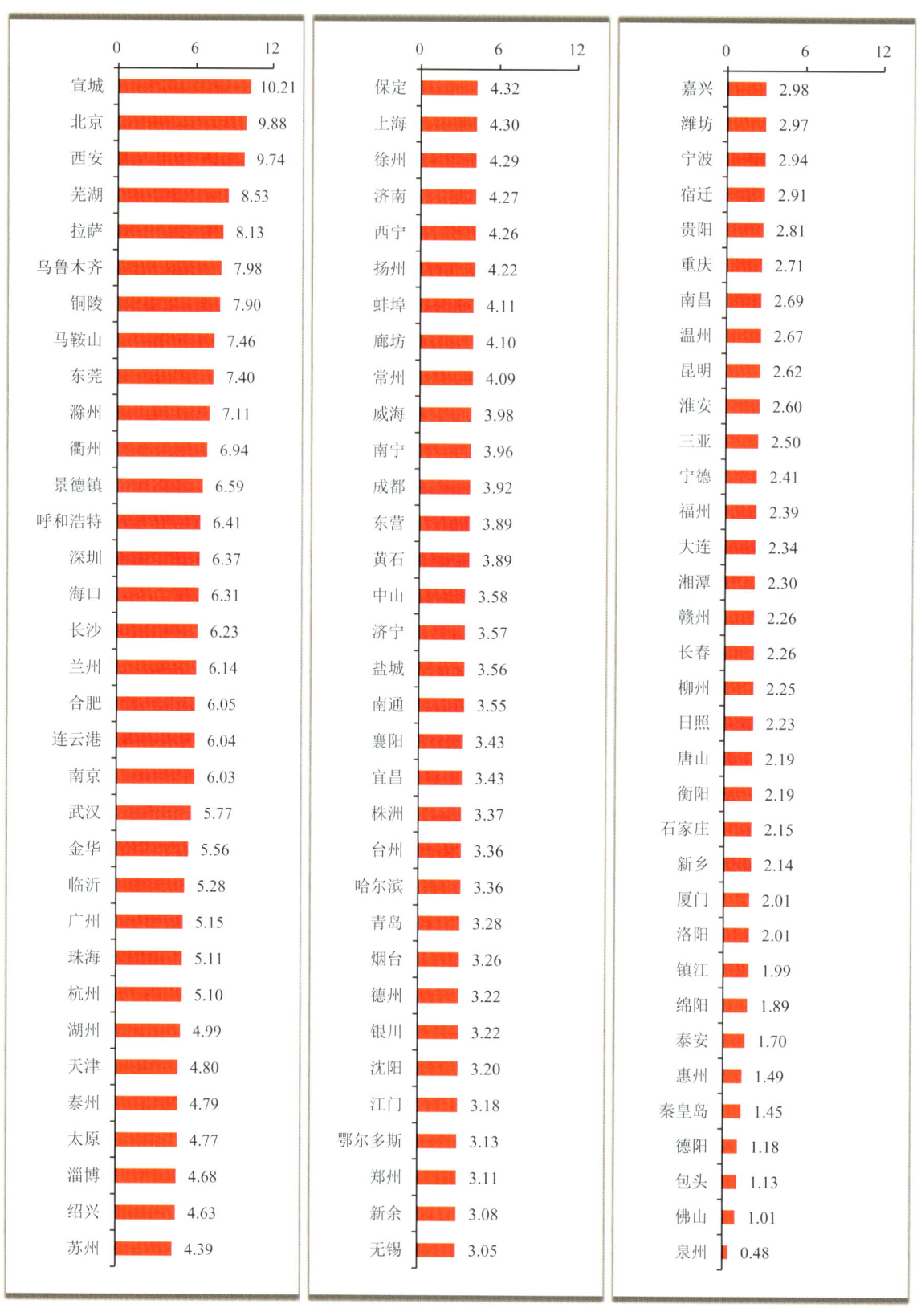

图 3-13　技术输入合同成交额与地区生产总值之比（单位：%）

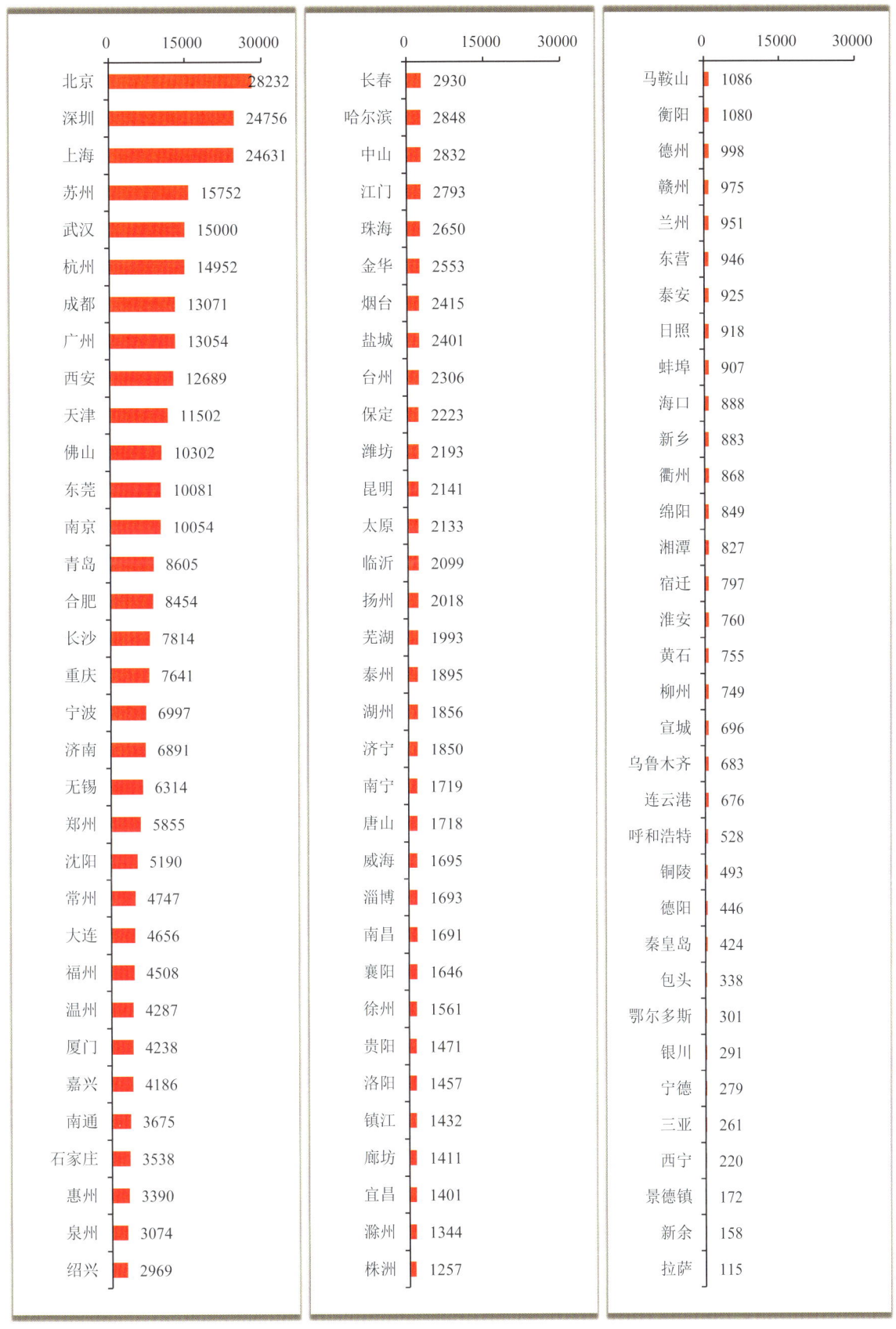

图 3-14 高新技术企业数（单位：家）

图 3-15 高新技术企业营业收入与规上工业企业营业收入之比（单位：%）

图 3-16 规上工业企业新产品销售收入占营业收入比重（单位：%）

图 3-17　规上工业企业营业收入利润率（单位：%）

五、创新引领力部分指标

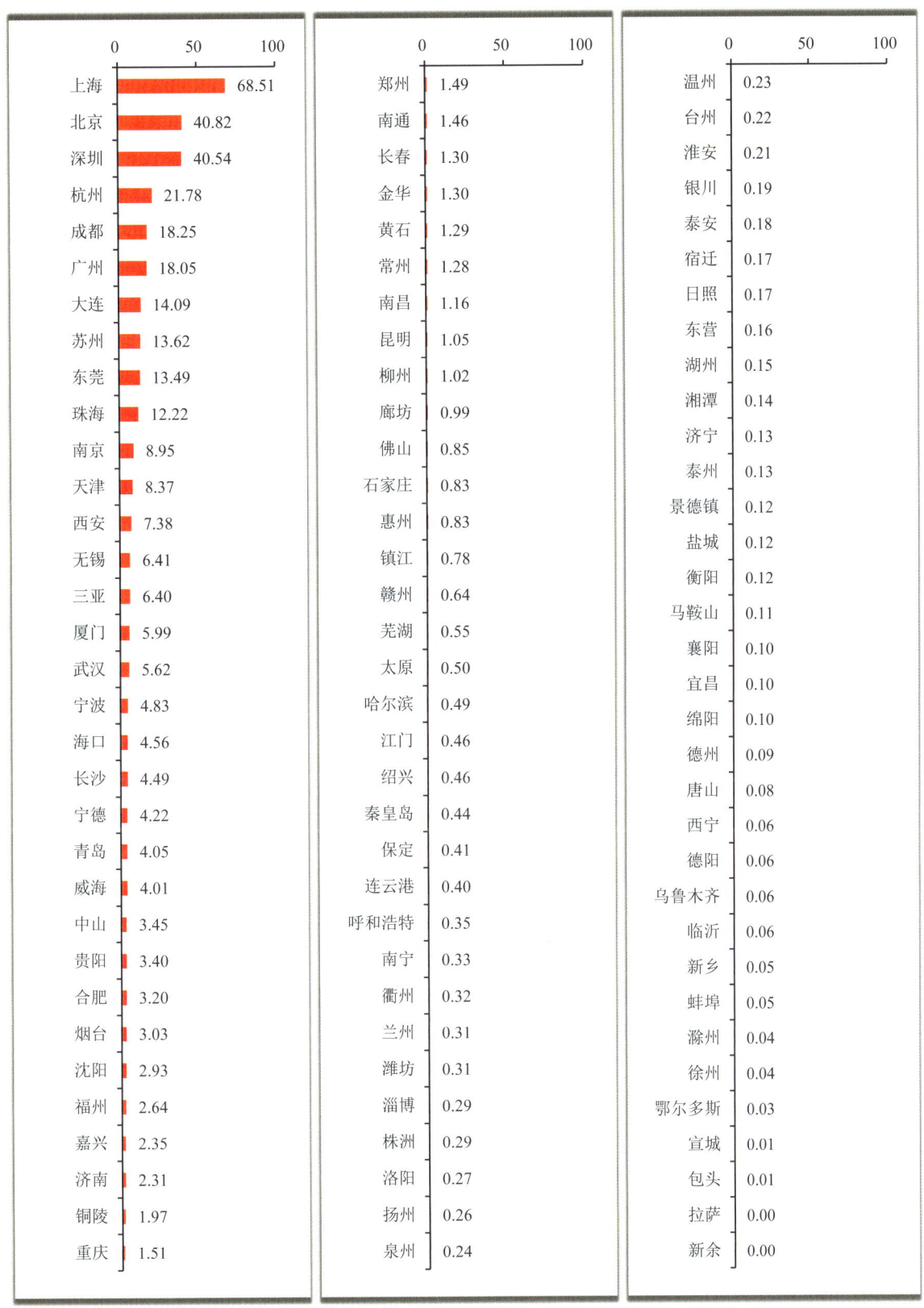

图 3-18 万元地区生产总值技术国际收入（单位：美元）

图 3-19　技术输出合同成交额与地区生产总值之比（单位：%）

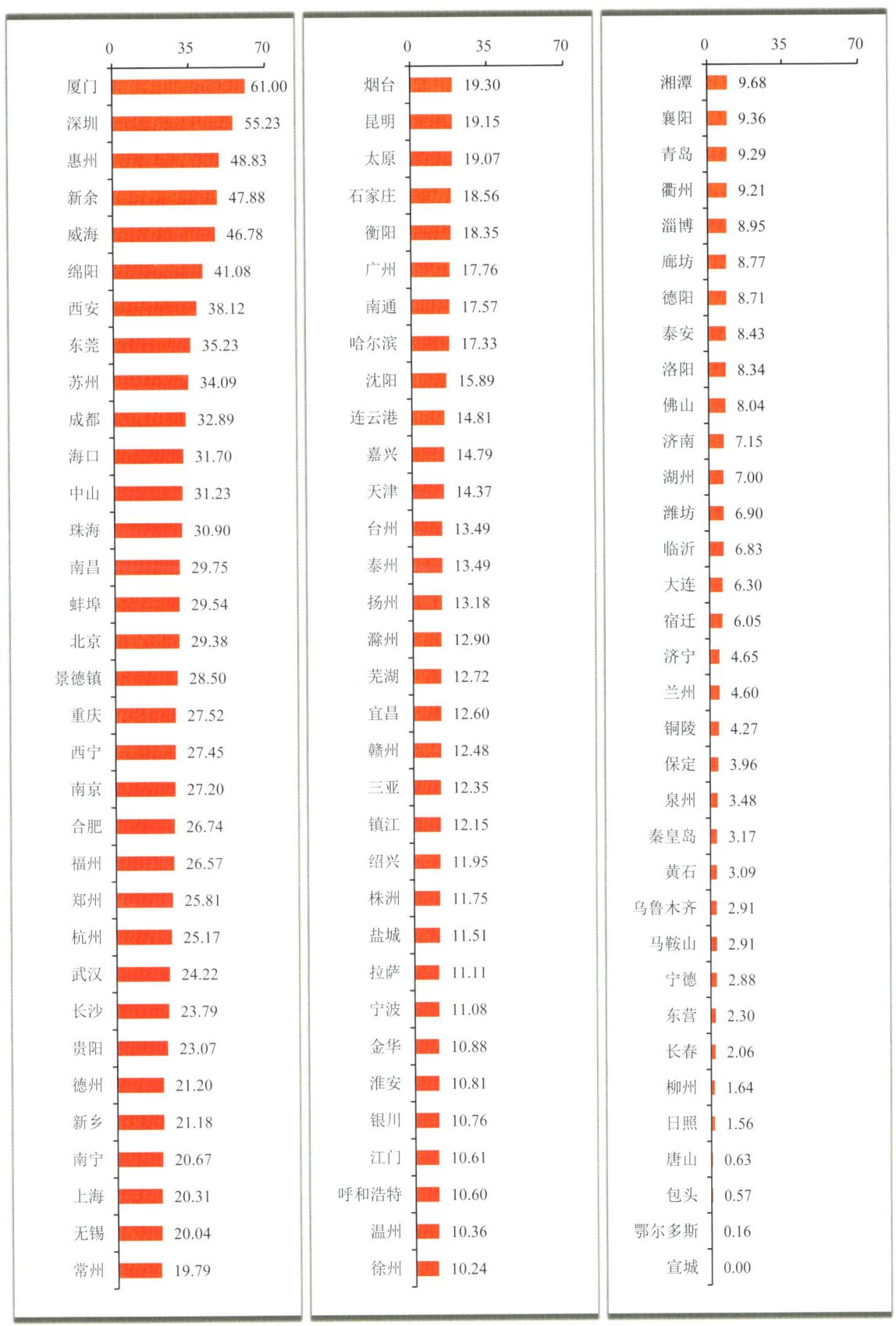

图 3-20 高技术产业营业收入占规上工业营业收入比重（单位：%）

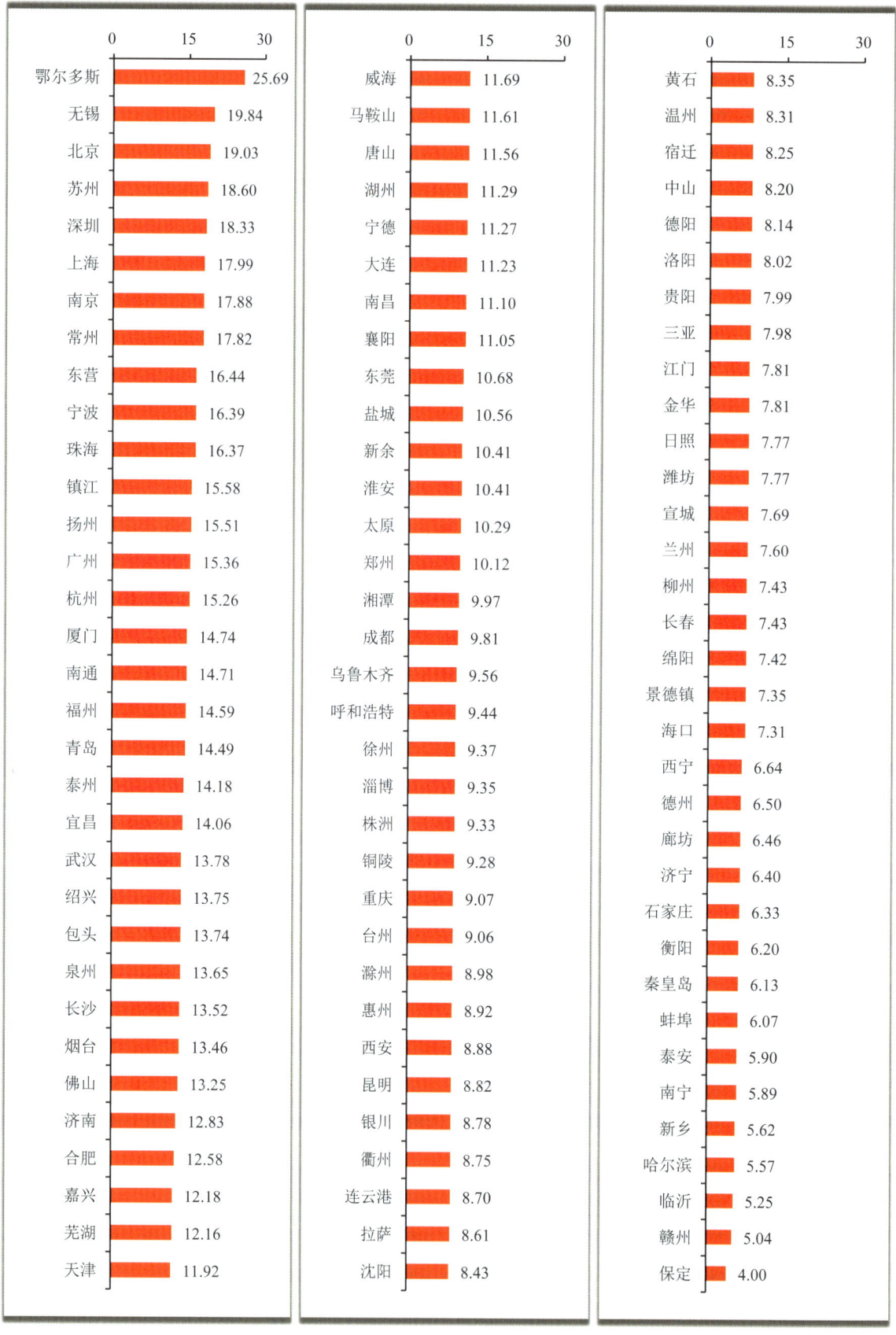

图 3-21　人均地区生产总值（单位：万元）

图 3-22 城镇居民人均可支配收入（单位：万元）

附 录

一、国家创新型城市名单

序号	地区	城市（区）
1	北京	海淀区
2	天津	滨海新区
3	河北	石家庄市、唐山市、秦皇岛市、邯郸市、保定市
4	山西	太原市、长治市
5	内蒙古	呼和浩特市、包头市
6	辽宁	沈阳市、大连市、营口市
7	吉林	长春市、吉林市
8	黑龙江	哈尔滨市
9	上海	杨浦区
10	江苏	南京市、无锡市、徐州市、常州市、苏州市、南通市、连云港市、淮安市、盐城市、扬州市、镇江市、泰州市、宿迁市
11	浙江	杭州市、宁波市、温州市、嘉兴市、湖州市、绍兴市、金华市、台州市
12	安徽	合肥市、芜湖市、蚌埠市、马鞍山市、铜陵市、滁州市
13	福建	福州市、厦门市、泉州市、龙岩市
14	江西	南昌市、景德镇市、萍乡市、新余市
15	山东	济南市、青岛市、淄博市、东营市、烟台市、潍坊市、济宁市、威海市、日照市、临沂市、德州市
16	河南	郑州市、洛阳市、新乡市、南阳市
17	湖北	武汉市、黄石市、宜昌市、襄阳市、荆门市
18	湖南	长沙市、株洲市、湘潭市、衡阳市
19	广东	广州市、深圳市、汕头市、佛山市、东莞市
20	广西	南宁市、柳州市
21	海南	海口市
22	重庆	沙坪坝区
23	四川	成都市、德阳市、绵阳市

续表

序号	地区	城市（区）
24	贵州	贵阳市、遵义市
25	云南	昆明市、玉溪市
26	西藏	拉萨市
27	陕西	西安市、宝鸡市、汉中市
28	甘肃	兰州市
29	宁夏	银川市
30	青海	西宁市
31	新疆	乌鲁木齐市、昌吉市、石河子市

二、指标解释及数据来源

（一）创新治理力

1. 全社会研发经费支出与地区生产总值之比

全社会研发经费支出是指调查单位在报告年度内用于内部开展研发活动的实际支出，包括用于研发项目（课题）活动的直接支出，以及间接用于研发活动的管理费、服务费、与研发有关的基本建设支出和外协加工费等。地区生产总值指一个地区所有常住单位在一定时期内生产活动的最终成果。计算公式：全社会研发经费支出/地区生产总值×100%。数据来源：国家统计局。

2. 财政科技支出占公共财政支出比重

财政科技支出是指用于科学技术方面的公共财政支出，包括科学技术管理事务、基础研究、应用研究、技术研究与开发、科技条件与服务、社会科学、科学技术普及、科技交流与合作等。公共财政支出是指地方财政将筹集起来的资金进行分配使用，以满足经济建设和各项事业的需要。计算公式：财政科技支出/公共财政支出×100%。数据来源：财政部。

3. 私募股权和创业投资基金数

私募股权和创业投资基金是指在中国证券投资基金协会备案的私募股权、创业投资基金（按基金办公地点统计）。数据来源：中国证券投资基金协会。

4. 万名就业人员中研发人员

研发人员数是指调查单位内部从事基础研究、应用研究和试验发展 3 类活动的全时人员加非全时人员按工作量折算为全时人员数的总和。就业人员是指 16 周岁及以上，从事一定社会劳动并取得劳动报酬或经营收入的人员。计算公式：研发人员数/就业人员数×10000。数据来源：国家统计局。

5. 万人普通高校在校学生数

普通高校是指通过国家普通高等学校招生全国统一考试，招收高中毕业生为主要培养对象，实施高等学历教育的全日制大学、独立设置的学院、独立学院和高等专科学校、高等职业学校及其他普通高教机构。计算公式：普通高校在校学生数/常住人口数×10000。数据来源：国家统计局。

6. 地区生产总值增长率

计算公式：（本年度地区生产总值－上一年度地区生产总值）/本年度地区生产总值×100%。数据来源：国家统计局。

（二）原始创新力

1. 基础研究经费占研发经费比重

基础研究是指为了获得关于现象和可观察事实的基本原理的新知识（揭示客观事物的本质、运动规律，获得新发展、新学说）而进行的实验性或理论性研究。基础研究经费是指用于基础研究的实际支出。计算公式：基础研究经费/全社会研发经费支出×100%。数据来源：国家统计局。

2. 高层次科技人才数

高层次科技人才是指中国科学院院士、中国工程院院士等国家最高学术机构认定的高层次科技人才。数据来源：中国科学院、中国工程院等。

3. 高水平研究型大学和科研机构数

高水平研究型大学是指教育部、工业和信息化部等国家部委所属普通高等学校，高水平科研机构是指农业农村部等国家部委及中国科学院、央企、等所属科研院所。数据来源：教育部、科技部。

4. 科技领军企业数

科技领军企业数暂按《欧盟工业研发投资记分牌》全球研发投入 2500 强工业企

业统计。数据来源：公开数据。

5．高水平基础研究类科技创新平台数

高水平基础研究类科技创新平台数是指全国重点实验室、国家重大科技基础设施数量之和。数据来源：科技部、国家发展改革委。

6．高水平科技成果数

高水平科技成果数是指获得国家自然科学奖、国家科学技术进步奖和国家技术发明奖的科技成果按照奖项的等级（以各等级奖项所颁发的奖金金额确定等级权重）和参与单位的排序（排在前面的单位权重较高）的加权平均数。数据来源：科技部。

（三）技术创新力

1．规上工业企业研发经费支出与营业收入之比

营业收入是指企业从事销售商品、提供劳务和让渡资产使用权等生产经营活动形成的经济利益流入。计算公式：规上工业企业研发经费支出/规上工业企业营业收入×100%。数据来源：国家统计局。

2．规上工业企业技术获取和改造经费支出与营业收入之比

技术获取和技术改造经费是指企业用于购买国内外技术以及进行技术消化吸收和改造的费用支出。计算公式：规上工业企业技术获取和改造经费支出/规上工业企业营业收入×100%。数据来源：国家统计局。

3．上市科技型中小企业数

上市科技型中小企业是指在上海证券交易所科创板、深圳证券交易所创业板和北京证券交易所主板上市的企业。计算公式：上海证券交易所科创板上市企业数+深圳证券交易所创业板上市企业数+北京证券交易所主板上市企业数。数据来源：上海证券交易所、深圳证券交易所、北京证券交易所。

4．专精特新"小巨人"企业数

专精特新"小巨人"企业是指按照《专精特新"小巨人"企业认定与培育办法》获得认定的企业。数据来源：工业和信息化部。

5．高水平技术创新类科技创新平台数

高水平技术创新类科技创新平台数是指国家技术创新中心、国家制造业创新中心、国家新兴产业创新中心、国家临床医学研究中心数量之和。数据来源：科技部、工业

和信息化部、国家发展改革委、卫健委。

6．万人发明专利拥有量

发明专利拥有量是指调查单位作为专利权人在报告年度拥有的、经国内外知识产权行政部门授权且在有效期内的发明专利件数。计算公式：发明专利拥有量/常住人口数×10000。数据来源：国家统计局。

（四）成果转化力

1．技术输入合同成交额与地区生产总值之比

技术输入合同成交额是指技术市场管理办公室认定登记的、技术受让方为当地企业或机构的技术合同的合同标的金额的总和。计算公式：技术输入合同成交额/地区生产总值×100%。数据来源：工业和信息化部。

2．高新技术企业数

高新技术企业是指按照《高新技术企业认定管理办法》获得认定的，持续进行研究开发与技术成果转化，形成企业核心自主知识产权，并以此为基础开展经营活动，在中国境内（不包括港澳台地区）注册的居民企业。数据来源：工业和信息化部。

3．高水平成果转化与产业化类科技创新平台数

高水平成果转化与产业化类科技创新平台数是指国家大学科技园、国家产业技术工程化中心（国家工程研究中心）、"一带一路"联合实验室数量之和。数据来源：教育部、国家发展改革委、科技部。

4．高新技术企业营业收入与规上工业企业营业收入之比

高新技术企业营业收入是指高新技术企业经营主要业务和其他业务所确认的收入总额。计算公式：高新技术企业营业收入/规上工业企业营业收入×100%。数据来源：科技部。

5．规上工业企业新产品销售收入占营业收入比重

新产品是指采用新技术原理、新设计构思研制、生产的全新产品，或在结构、材质、工艺等某一方面比原有产品有明显改进，从而显著提高了产品性能或扩大了使用功能的产品。计算公式：规上工业企业新产品销售收入/规上工业企业营业收入×100%。数据来源：国家统计局。

6．规上工业企业营业收入利润率

利润总额是指企业在一定会计期间的经营成果，是生产经营过程中各种收入扣除各种耗费后的盈余。计算公式：规上工业企业利润总额/规上工业企业营业收入×100%。数据来源：国家统计局。

（五）创新引领力

1．万元地区生产总值技术国际收入

技术国际收入是指向他国转让专利、非专利发明、商标等知识产权，提供研发服务和其他技术服务而获得的收入。计算公式：技术国际收入/地区生产总值×10000。数据来源：国家统计局。

2．技术输出合同成交额与地区生产总值之比

技术输出合同成交额是指技术市场管理办公室认定登记的、技术转让方为当地企业或机构的技术合同的合同标的金额的总和。计算公式：技术输出合同成交额/地区生产总值×100%。数据来源：工业和信息化部。

3．高技术产业营业收入占规上工业营业收入比重

高技术产业是指国民经济行业中研发经费投入强度相对高的制造业行业。计算公式：高技术产业营业收入/规上工业企业营业收入×100%。数据来源：国家统计局。

4．人均地区生产总值

计算公式：地区生产总值/常住人口数。数据来源：国家统计局。

5．一般公共预算收入占地区生产总值比重

一般公共预算收入是指地方财政参与社会产品分配所取得的收入，包括各项税收收入、行政事业性收费收入、国有资源（资产）有偿使用收入、转移性收入等。计算公式：一般公共预算收入/地区生产总值×100%。数据来源：国家统计局。

6．城镇居民人均可支配收入

城镇居民可支配收入是指城镇居民可用于最终消费支出和储蓄的总和，即居民可用于自由支配的收入。计算公式：被调查城镇居民可支配收入总额/被调查城镇居民数。数据来源：国家统计局。

三、制造业、科技服务业、IT业行业分类表

行业大类	序号	行业小类	行业大类	序号	行业小类
食品	1	肉制品	化工	30	无机盐
	2	调味品与食用油		31	钛白粉
	3	乳制品		32	其他化学原料
	4	休闲食品		33	民爆制品
	5	其他食品		34	涂料油墨
酒饮料茶	6	白酒		35	印染化学品
	7	啤酒		36	氟化工
	8	黄酒		37	有机硅
	9	葡萄酒		38	聚氨酯
	10	软饮料		39	胶黏剂及胶带
烟草	11	烟草		40	其他化学制品
纺织服装	12	纺织品		41	氮肥
	13	家用纺织		42	钾肥
	14	服装		43	复合肥
	15	鞋帽与配饰		44	农药
木材和造纸	16	林业产品		45	磷肥及磷化工
	17	纸制品		46	家庭用品
家具	18	家具		47	美容护理
	19	其他家居	医药	48	血液制品
印刷包装	20	商业印刷		49	疫苗
	21	包装		50	其他生物药品
	22	纸材料包装		51	原料药
文体用品	23	办公用品		52	药品制剂
	24	休闲用品		53	中药饮片
	25	奢侈品		54	中成药
燃料加工	26	燃油炼制		55	生物制药
	27	天然气加工	化纤	56	锦纶与涤纶
化工	28	纯碱		57	粘胶
	29	氯碱		58	氨纶及其他

续表

行业大类	序号	行业小类	行业大类	序号	行业小类
橡胶塑料	59	橡胶助剂	通用设备	90	其他通用设备
	60	橡胶制品	专用设备	91	工程机械
	61	改性塑料		92	采矿冶金设备
	62	合成树脂		93	化工设备
	63	膜材料		94	印刷包装设备
	64	其他塑料制品		95	纺织服装设备
非金属制品	65	水泥与混凝土		96	农业机械
	66	玻璃		97	半导体设备
	67	玻璃纤维		98	楼宇设备
	68	其他非金属材料		99	医疗器械
钢铁	69	普钢		100	其他专用设备
	70	特钢	汽车	101	汽车系统部件
	71	其他钢铁		102	汽车内外饰
有色金属	72	铜		103	汽车电子
	73	铝		104	轮胎
	74	铅锌		105	其他汽车零部件
	75	钴镍		106	乘用车
	76	黄金		107	商用车
	77	其他贵金属		108	摩托车
	78	稀土金属	铁路船舶	109	城轨铁路
	79	钨钼		110	船舶
	80	锂	航空航天	111	航空
	81	其他稀有金属		112	航天
	82	钛		113	国防装备
	83	其他有色金属	电气	114	光伏产品
通用设备	84	加工设备		115	风电设备
	85	动力设备		116	其他发电设备
	86	气液设备		117	电网自动化
	87	电动机与工控		118	输变电设备
	88	仪器仪表		119	配电设备
	89	磨具磨料		120	线缆及其他

续表

行业大类	序号	行业小类	行业大类	序号	行业小类
电气	121	电池	电子	138	集成电路封测
	122	电池部件及材料		139	分立器件
	123	其他储能设备		140	半导体材料
	124	白色家电		141	印制电路板
	125	黑色家电		142	被动元件
	126	小家电		143	面板
	127	照明电器		144	LED
	128	厨卫电器		145	光学元件
	129	家电零部件		146	电子化学品
电子	130	电脑与外设		147	其他电子
	131	消费电子终端	通信服务	148	通信技术服务
	132	消费电子组件		149	数据中心
	133	安防设备	软件	150	通用软件
	134	通信终端设备		151	行业应用软件
	135	通信系统设备	IT 服务	152	系统集成服务
	136	集成电路设计		153	云计算服务
	137	集成电路制造		154	互联网服务

注：行业分类主要参考中证指数有限公司发布的行业分类标准。